W9-DEW-642

La crítica ha dicho...

Sapiens

«Aborda las cuestiones más importantes de la historia y del mundo moderno y además está escrito con un estilo vívido e inolvidable.»

JARED DIAMOND, premio Pulitzer
y autor de *Armas, gérmenes y acero*

«Renueva la creencia en la capacidad de decidir de los propios lectores. El éxito más sorprendente y renovador de un libro de no ficción de la última década.»

SHMUEL ROSNER,
editor original (Israel)

«Interesante y provocador. Este libro nos da cierta perspectiva del poco tiempo que llevamos en la Tierra, de la corta vida de la ciencia y la agricultura, y de por qué no debemos dar nada por sentado.»

BARACK OBAMA

«Recomendaría este libro a cualquier persona interesada en una historia de la humanidad a la vez entretenida y desafiante. [...] No se puede dejar de leer.»

BILL GATES

«Un libro que invita a la reflexión.»

MARK ZUCKERBERG

«Por fin alguien ha escrito un libro como este.»

SEBASTIAN JUNGER

«Un repaso absorbente de la peripecia humana, escrito con rigor e irreverencia ilustrada.»

ANTONIO MUÑOZ MOLINA

«Me fascina la forma de pensar de este tipo.»

RISTO MEJIDE

«Monumental, brillante, provocadora.»

PABLO JÁUREGUI, *El Mundo*

Homo Deus

«Yuval Noah Harari, autor del fenómeno *Sapiens*, reflexiona sobre el futuro de la humanidad en *Homo Deus*, un libro de prosa inteligente, fresca y libre de prejuicios.»

JORGE WAGENSBERG, *Babelia*

«*Homo Deus* te impactará y te cautivará, pero sobre todo te hará pensar como nunca antes.»

DANIEL KAHNEMAN

«Harari se convierte en una especie de filósofo del futuro que desarrolla las intuiciones de la primera obra. […] Un ritmo y una energía que convierten *Homo Deus* en un libro francamente ameno.»

El Cultural

«El épico y mundialmente celebrado *Sapiens* recibe la secuela que necesitaba: una intensa y compulsiva investigación sobre el apocalipsis de la humanidad, en un futuro impulsado por la tecnología.»

The Guardian

«Un libro implacablemente fascinante que con toda probabilidad se convertirá en, y merece ser, un éxito de ventas.»

Kirkus Review

«Aún más legible, incluso más importante, que su excelente *Sapiens*.»

KAZUO ISHIGURO

«Un estimulante libro que lleva al lector a profundizar sobre cuestiones de identidad, conciencia e inteligencia.»

The Observer

«Un brebaje embriagador de ciencia, filosofía y futurismo.»

The Mail on Sunday

«Un estudio brillantemente original, estimulante e importante sobre hacia dónde se dirige la humanidad.»

Evening Standard

21 lecciones para el siglo XXI

21 lecciones para el siglo XXI

YUVAL NOAH HARARI

Traducción de
Joandomènec Ros

Título original: *21 Lessons for the 21st Century*

Primera edición con esta encuadernación: septiembre de 2018

© 2018, Yuval Noah Harari
© 2018, Penguin Random House Grupo Editorial, S. A. U.
Travessera de Gràcia, 47-49. 08021 Barcelona
© 2018, de la presente edición en castellano:
Penguin Random House Grupo Editorial USA, LLC.
8950 SW 74th Court, Suite 2010
Miami, FL 33156
© 2018, Joandomènec Ros i Aragonès, por la traducción

TODOS LOS DERECHOS RESERVADOS

Diseño de la cubierta: Penguin Random House Grupo Editorial
basado en el diseño original de Suzanne Dean
Imagen de la cubierta: © *We Share Our Chemistry with the Stars*,
Marc Quinn, óleo sobre tela. Cortesía de Marc Quinn Studio.

Penguin Random House Grupo Editorial apoya la protección del *copyright*.
El *copyright* estimula la creatividad, defiende la diversidad en el ámbito de las ideas y el conocimiento,
promueve la libre expresión y favorece una cultura viva. Gracias por comprar una edición autorizada
de este libro y por respetar las leyes del *copyright* al no reproducir, escanear ni distribuir ninguna
parte de esta obra por ningún medio sin permiso. Al hacerlo está respaldando a los autores
y permitiendo que PRHGE continúe publicando libros para todos los lectores.
Diríjase a CEDRO (Centro Español de Derechos Reprográficos, http://www.cedro.org)
si necesita fotocopiar o escanear algún fragmento de esta obra.

ISBN: 978-1-949061-00-0

Compuesto en M. I. Maquetación, S. L.

Impreso en Estados Unidos — *Printed in USA*

Penguin
Random House
Grupo Editorial

R0453604881

A mi marido, Itzik; a mi madre, Pnina, y a mi abuela, Fanny,
por su amor y apoyo a lo largo de muchos años

Índice

Parte I
El desafío tecnológico

Parte II
El desafío político

Parte III
Desesperación y esperanza

Parte IV
Verdad

Parte V
Resiliencia

Introducción

En un mundo inundado de información irrelevante, la claridad es poder. En teoría, cualquiera puede intervenir en el debate acerca del futuro de la humanidad, pero es muy difícil mantener una visión clara. Con frecuencia, ni siquiera nos damos cuenta de que se produce un debate, o de cuáles son las cuestiones clave. Somos miles de millones las personas que apenas podemos permitirnos el lujo de indagar en estos asuntos, porque tenemos cosas más acuciantes que hacer: ir a trabajar, cuidar de los niños u ocuparnos de unos padres ya ancianos. Lamentablemente, la historia no hace concesiones. Si el futuro de la humanidad se decide en nuestra ausencia, porque estamos demasiado ocupados dando de comer y vistiendo a nuestros hijos, ni ellos ni nosotros nos libraremos de las consecuencias. Esto es muy injusto, pero ¿quién dijo que la historia es justa?

Como historiador, no puedo proporcionar a la gente comida ni ropa, pero sí intentar ofrecer cierta claridad, y de este modo contribuir a nivelar el terreno de juego global. Si esto empodera aunque solo sea a un puñado de personas para que se incorporen al debate sobre el futuro de nuestra especie, habré hecho mi trabajo.

Mi primer libro, *Sapiens*, revisaba el pasado humano y analizaba cómo un simio insignificante acabó rigiendo el planeta Tierra.

Homo Deus, mi segundo libro, exploraba el futuro de la vida a largo plazo, contemplaba cómo los humanos podrían terminar convirtiéndose en dioses, y cuál podría ser el destino último de la inteligencia y la conciencia.

En este libro quiero centrarme en el aquí y el ahora. Para ello voy a abordar los asuntos actuales y el futuro inmediato de las sociedades humanas. ¿Qué está ocurriendo ahora mismo? ¿Cuáles son los mayores retos y opciones de hoy en día? ¿A qué debemos prestar atención? ¿Qué tenemos que enseñar a nuestros hijos?

Desde luego, 7.000 millones de personas tienen 7.000 millones de prioridades, y, como ya hemos dicho, pensar en el panorama global es un lujo relativamente escaso. Una madre soltera que intenta criar a dos niños en un suburbio de Bombay se centra en la siguiente comida; los refugiados que se encuentran en una barca en medio del Mediterráneo otean el horizonte en busca de algún indicio de tierra, y un hombre moribundo que yace en un hospital atestado de Londres reúne las fuerzas que le quedan para respirar una vez más. Todos ellos tienen problemas mucho más acuciantes que el calentamiento global o la crisis de la democracia liberal. No hay libro que pueda hacer justicia a todo ello, y no tengo lecciones que enseñar a personas que se hallen en tales situaciones. Solo puedo esperar aprender de ellas.

En esta obra mi plan es global. Observo las principales fuerzas que modelan las sociedades en el mundo, y que es probable que influyan en el futuro de nuestro planeta como un todo. El cambio climático quizá esté muy lejos de las preocupaciones de la gente que se encuentra en una emergencia de vida o muerte, pero puede que al final haga que los suburbios de Bombay sean inhabitables, que envíe nuevas y enormes oleadas de refugiados a través del Mediterráneo, y que conduzca a una crisis mundial de la atención sanitaria.

La realidad está compuesta de muchas hebras, y este libro intenta abarcar distintos aspectos de nuestro dilema global, sin pretender ser exhaustivo. A diferencia de *Sapiens* y *Homo Deus*, esta obra no está pensada como una narrativa histórica, sino como una selección de lecciones. Dichas lecciones no concluyen con respuestas simples. Su objetivo es fomentar más reflexión y ayudar a los lectores a participar en algunos de los principales debates de nuestra época.

En realidad, estas páginas se escribieron en conversación con el público. Muchos de los capítulos se compusieron en respuesta a preguntas que me formularon lectores, periodistas y colegas. Versiones previas de algunas partes se publicaron ya en formas diferentes, lo que me dio la oportunidad de recibir comentarios y pulir mis argumentos. Algunas secciones se centran en la tecnología, otras en la política, otras en la religión y otras en el arte. Determinados capítulos celebran la sabiduría humana, otros destacan el papel central de la estupidez humana. Pero la cuestión general sigue siendo la misma: ¿qué está ocurriendo hoy en el mundo y cuál es el significado profundo de los acontecimientos?

¿Qué implica el ascenso de Donald Trump? ¿Qué podemos hacer con la epidemia de noticias falsas? ¿Por qué está en crisis la democracia liberal? ¿Ha vuelto Dios? ¿Se aproxima una nueva guerra mundial? ¿Qué civilización domina el mundo: Occidente, China, el islam? ¿Tendría Europa que abrir sus puertas a los inmigrantes? ¿Puede el nacionalismo resolver los problemas de la desigualdad y del cambio climático? ¿Qué debemos hacer con respecto al terrorismo?

Aunque este libro adopta una perspectiva global, en él no descuido el plano personal. Por el contrario, quiero destacar las conexiones existentes entre las grandes revoluciones de nuestra era y la vida interior de los individuos. Por ejemplo, el terrorismo es a la vez un problema político global y un mecanismo psicológico interno. El terrorismo opera pulsando a fondo el botón del miedo en nuestra mente y secuestrando la imaginación individual de millones de personas. De forma similar, la crisis de la democracia liberal se desarrolla no solo en los parlamentos y los colegios electorales, sino también en las neuronas y las sinapsis. Es un tópico señalar que lo personal es lo político. Pero en una era en la que científicos, compañías y gobiernos aprenden a acceder ilegalmente al cerebro humano, este estereotipo resulta más siniestro que nunca. En consecuencia, el libro ofrece observaciones acerca de la conducta de los individuos, así como de las sociedades enteras.

Un mundo global ejerce una presión sin precedentes sobre nuestra conducta personal y nuestros valores. Cada uno de nosotros está atrapado por numerosas telarañas que lo abarcan todo, que por un lado restringen nuestros movimientos pero que al mismo tiempo transmiten nuestras más minúsculas sacudidas a destinos muy alejados. Nuestra rutina cotidiana influye en la vida de personas y animales que se hallan a medio mundo de distancia, y algunos gestos personales pueden incendiar el mundo entero, como ocurrió con la autoinmolación de Mohamed Bouazizi en Túnez, que desató la Primavera Árabe, y con las mujeres que compartieron sus experiencias de acoso sexual y desencadenaron el movimiento #MeToo.

Esta dimensión global de nuestra vida personal significa que es más importante que nunca poner al descubierto nuestros prejuicios religiosos y políticos, nuestros privilegios raciales y de género, y nuestra complicidad involuntaria con la opresión institucional. Pero ¿es esta una empresa realista? ¿Cómo puedo encontrar un terreno ético firme en un mundo que se extiende mucho más allá de mis horizontes, que gira completamente fuera del control humano y que considera sospechosos a todos los dioses y todas las ideologías?

El libro empieza con la revisión de la problemática política y tecnológica actual. Al finalizar el siglo XX parecía que las grandes batallas ideológicas entre el fascismo, el comunismo y el liberalismo daban como resultado la victoria abrumadora del liberalismo. La política democrática, los derechos humanos y el capitalismo de libre mercado parecían destinados a conquistar el mundo. Pero, como es habitual, la historia dio un giro inesperado, y ahora, tras el hundimiento del fascismo y el comunismo, el liberalismo se halla en apuros. Así pues, ¿hacia dónde nos dirigimos?

Esta pregunta resulta particularmente turbadora, porque el liberalismo está perdiendo credibilidad justo cuando las revoluciones paralelas en la tecnología de la información y en la biotecnología nos enfrentan a los mayores retos que nuestra especie ha encontrado nunca. La fusión de la infotecnología y la biotecnología puede hacer que muy pronto miles de millones de humanos queden fuera del mercado de trabajo y socavar tanto la libertad como la igualdad. Los algoritmos de macrodatos pueden crear dictaduras digitales en las que todo el poder esté concentrado en las manos de una élite minúscula al tiempo que la mayor parte de la gente padezca no ya explotación, sino algo muchísimo peor: irrelevancia.

14

Comenté extensamente la fusión de la infotecnología y la biotecnología en mi libro anterior, *Homo Deus*. Pero mientras que aquel libro se centraba en las expectativas a largo plazo y adoptaba la perspectiva de siglos e incluso de milenios, este se concentra en las crisis social, económica y política más inmediatas. Aquí mi interés no estriba tanto en la creación eventual de vida inorgánica como en la amenaza al estado del bienestar y a instituciones concretas, como la Unión Europea.

El libro no pretende abarcar todos los impactos de las nuevas tecnologías. En particular, aunque la tecnología encierra muchas promesas maravillosas, aquí mi intención es destacar principalmente las amenazas y los peligros. Puesto que las empresas y los emprendedores que encabezan la revolución tecnológica tienden naturalmente a cantar las alabanzas de sus creaciones, les toca a sociólogos, filósofos e historiadores como yo hacer saltar la alarma y explicar todas las maneras en que las cosas pueden ir terriblemente mal.

Después de esbozar los retos a los que nos enfrentamos, en la segunda parte del libro analizamos una amplia gama de respuestas potenciales. ¿Pueden los ingenieros de Facebook utilizar la inteligencia artificial (IA) para crear una comunidad global que salvaguarde la libertad y la igualdad humanas? ¿Quizá la respuesta sea invertir el proceso de globalización y volver a empoderar el estado nación? ¿Quizá tengamos que retroceder todavía más en el tiempo, y extraer esperanza y sabiduría de los manantiales de las antiguas tradiciones religiosas?

En la tercera parte del libro vemos que, aunque los retos tecnológicos no tienen precedentes y los desacuerdos políticos son grandes, la humanidad puede aprovechar la ocasión si controlamos nuestros temores y somos un poco más humildes respecto a nuestras ideas. En esa parte se investiga lo que puede hacerse ante la amenaza del terrorismo, ante el peligro de la guerra global y ante los prejuicios y los odios que desencadenan dichos conflictos.

La cuarta parte está dedicada a la noción de la posverdad, y pregunta hasta qué punto podemos comprender los acontecimientos globales y distinguir entre las fechorías y la justicia. ¿Es capaz *Homo sapiens* de dar sentido al mundo que ha creado? ¿Existe todavía una frontera clara que separe la realidad de la ficción?

En la quinta y última parte reúno las diferentes hebras y adopto una mirada más general sobre la vida en una época de desconcierto, cuando los relatos antiguos se han desplomado y, de momento, no ha surgido uno nuevo para sustituirlos. ¿Quiénes somos? ¿Qué debemos hacer en la vida? ¿Qué tipo de talentos necesitamos? Dado todo lo que sabemos y no sabemos acerca de la ciencia, acerca de Dios, acerca de la política y la religión, ¿qué podemos decir acerca del significado de la vida en la actualidad?

Esto puede parecer sumamente ambicioso, pero *Homo sapiens* no puede esperar. A la filosofía, a la religión y a la ciencia se les está acabando el tiempo. Durante miles de años se ha debatido sobre el significado de la vida. No podemos prolongar este debate de manera indefinida. La inminente crisis ecológica, la creciente amenaza de las armas de destrucción masiva y el auge de las nuevas tecnologías disruptivas no lo permitirá. Y quizá, lo que es más importante, la inteligencia artificial y la biotecnología están ofreciendo a la humanidad el poder de remodelar y rediseñar la vida. Muy pronto alguien tendrá que decidir cómo utilizar este poder, sobre la base de algún relato implícito o explícito acerca del significado de la vida. Los filósofos son personas muy pacientes, pero los ingenieros no lo son en la misma medida, y los inversores lo son aún menos. Si no sabemos qué hacer con el poder para diseñar vida, las fuerzas del mercado no esperarán mil años para que demos con una respuesta. La mano invisible del mercado nos obligará con su propia y ciega respuesta. A menos que nos contentemos con confiar el futuro de la vida a la merced de informes trimestrales de ingresos, necesitamos una idea clara sobre el sentido de la vida.

En el último capítulo me permito unas cuantas observaciones personales, y hablo como un sapiens lo haría a otro justo antes de que el telón caiga sobre nuestra especie y se inicie un drama de todo punto diferente.

Antes de embarcarme en este viaje intelectual, me gustaría destacar un aspecto crucial. Buena parte del libro cuestiona los defectos de la visión liberal del mundo y del sistema democrático. Lo hago no porque crea que la democracia liberal es singularmente problemática, sino más bien porque pienso que es el modelo político más versátil y de mayor éxito que los humanos han desarrollado hasta ahora para afrontar los retos del mundo moderno. Aunque quizá no sea apropiado para todas las sociedades en todas las fases del desarrollo, ha demostrado su valor en más sociedades y en más situaciones que ninguna de sus alternativas. Por tanto, cuando examinemos los nuevos retos que se nos presenten, será necesario comprender las limitaciones de la democracia liberal, y pensar cómo podemos adaptar y mejorar sus instituciones actuales.

Por desgracia, en el clima político actual cualquier pensamiento crítico sobre el liberalismo y la democracia podría acabar secuestrado por autócratas y diversos movimientos iliberales, cuyo único interés es desacreditar la democracia liberal en lugar de dedicarse a un debate abierto acerca del futuro de la humanidad. Si bien están más que dispuestos a debatir los problemas de la democracia liberal, casi no tienen tolerancia frente a cualquier crítica que se les dirija.

Como autor, por consiguiente, se me exigía que hiciera una elección difícil: ¿tenía que hablar con franqueza, arriesgándome a que mis palabras se interpretaran fuera de contexto y se usaran para justificar autocracias en expansión, o bien debía autocensurarme? Una característica de los regímenes iliberales es que dificultan más la libertad de expresión incluso fuera de sus fronteras. Debido a la expansión de tales regímenes, está resultando cada vez más peligroso pensar con actitud crítica en el futuro de nuestra especie.

Después de cierta introspección, elegí la discusión libre frente a la autocensura. Sin criticar el modelo liberal no podemos reparar sus faltas ni ir más allá de él. Pero advierta por favor el lector que este libro solo podía escribirse si la gente era todavía relativamente libre de pensar lo que quiere y de expresarse como quiere. Si el lector valora este libro, debería valorar también la libertad de expresión.

Parte I

El desafío tecnológico

La humanidad está perdiendo la fe en el relato liberal que ha dominado la política global en las últimas décadas, exactamente cuando la fusión de la biotecnología y la infotecnología nos enfrenta a los mayores desafíos que la humanidad ha conocido.

1

Decepción

El final de la historia se ha pospuesto

Los humanos pensamos más en relatos que en hechos, números o ecuaciones, y cuanto más sencillo es el relato, mejor. Cada persona, grupo y nación tiene sus propias fábulas y mitos. Pero durante el siglo XX las élites globales en Nueva York, Londres, Berlín y Moscú formularon tres grandes relatos que pretendían explicar todo el pasado y predecir el futuro del mundo: el relato fascista, el relato comunista y el relato liberal. La Segunda Guerra Mundial dejó fuera de combate el relato fascista, y desde finales de la década de 1940 hasta finales de la de 1980 el mundo se convirtió en un campo de batalla entre solo dos relatos: el comunista y el liberal. Después, el relato comunista se vino abajo, y el liberal siguió siendo la guía dominante para el pasado humano y el manual indispensable para el futuro del planeta, o eso es lo que le parecía a la élite global.

El relato liberal celebra el valor y el poder de la libertad. Afirma que durante miles de años la humanidad vivió bajo regímenes opresores que otorgaban al pueblo pocos derechos políticos, pocas oportunidades económicas o pocas libertades personales, y que restringían sobremanera los movimientos de individuos, ideas y bienes. Pero el pueblo luchó por su libertad, y paso a paso esta fue ganando terreno. Regímenes democráticos reemplazaron a dictaduras brutales. La libre empresa superó las restricciones económicas. Las personas aprendieron a pensar por sí mismas y a seguir su corazón, en lugar de obedecer ciegamente a sacerdotes intolerantes a y a tradiciones rígidas. Carreteras abiertas, puentes resistentes y aeropuertos atestados sustituyeron muros, fosos y vallas de alambre de espino.

El relato liberal reconoce que no todo va bien en el mundo, y que todavía quedan muchos obstáculos por superar. Gran parte de nuestro planeta está dominado por tiranos, e incluso en los países más liberales muchos ciudadanos padecen pobreza, violencia y opresión. Pero al menos sabemos qué tenemos que hacer a fin de superar estos problemas: conceder más libertad a la gente. Necesitamos proteger los derechos humanos, conceder el voto a todo el mundo, establecer mercados libres y permitir que individuos, ideas y bienes se muevan por todo el planeta con la mayor facilidad posible. Según esta panacea liberal (que, con variaciones mínimas, aceptaron tanto George W. Bush como Barack Obama), si continuamos liberalizando y globalizando nuestros sistemas políticos y económicos, generaremos paz y prosperidad para todos.[1]

Los países que se apunten a esta marcha imparable del progreso se verán recompensados muy pronto con la paz y la prosperidad. Los países que intenten resistirse a lo inevitable sufrirán las consecuencias, hasta que también ellos vean la luz, abran sus fronteras y liberalicen sus sociedades, su política y sus mercados. Puede que tome tiempo, pero al final incluso Corea del Norte, Irak y El Salvador se parecerán a Dinamarca o a Iowa.

En las décadas de 1990 y 2000 este relato se convirtió en un mantra global. Muchos gobiernos, desde Brasil hasta la India, adoptaron fórmulas liberales en un intento de incorporarse a la marcha inexorable de la historia. Los que no lo consiguieron parecían fósiles de una época obsoleta. En 1997, el presidente de Estados Unidos, Bill Clinton, reprendió confidencialmente al gobierno chino diciéndole que su negativa a liberalizar su política lo situaba «en el lado equivocado de la historia».[2]

Sin embargo, desde la crisis financiera global de 2008, personas de todo el mundo se sienten cada vez más decepcionadas del relato liberal. Los muros y las barras de control de acceso vuelven a estar de moda. La resistencia a la inmigración y a los acuerdos comerciales aumenta. Gobiernos en apariencia democráticos socavan la independencia del sistema judicial, restringen la libertad de prensa y califican de traición cualquier tipo de oposición. Los caudillos de países como Turquía y Rusia experimentan con nuevos tipos de democracia intolerante y dictadura absoluta. Hoy en día son pocos los que declararían de forma confidencial que el Partido Comunista chino se halla en el lado equivocado de la historia.

El año 2016, marcado sin duda por la votación sobre el Brexit en Gran Bretaña y el acceso de Donald Trump a la presidencia de Estados Unidos, fue el momento en que esta marea de desencanto alcanzó los estados liberales básicos de Europa occidental y de Norteamérica. Mientras que hace unos pocos años norteamericanos y europeos seguían intentando aún liberalizar Irak y Libia a punta de pistola, muchas personas en Kentucky y Yorkshire han terminado por considerar que la visión liberal es o bien indeseable o bien inalcanzable. Algunas han descubierto que les gusta el antiguo mundo jerárquico y, simplemente, no quieren renunciar a sus privilegios raciales, nacionales o de género. Otras han llegado a la conclusión (correcta o no) de que la liberalización y la globalización son un enorme chanchullo que empodera a una minúscula élite a costa de las masas.

En 1938 a los humanos se les ofrecían tres relatos globales entre los que elegir, en 1968 solo dos y en 1998 parecía que se imponía un único relato; en 2018 hemos bajado a cero. No es extraño que las élites liberales, que dominaron gran parte del mundo en décadas recientes, se hayan sumido en un estado de conmoción y desorientación. Tener un relato es la situación más tranquilizadora. Todo está perfectamente claro. Que de repente nos quedemos sin ninguno resulta terrorífico. Nada tiene sentido. Un poco a la manera de la élite soviética en la década de 1980, los liberales no comprenden cómo la historia se desvió de su ruta predestinada, y carecen de un prisma alternativo para interpretar la realidad. La desorientación los lleva a pensar en términos apocalípticos, como si el fracaso de la historia para llegar a su previsto final feliz solo pudiera significar que se precipita hacia el Armagedón. Incapaz de realizar una verificación de la realidad, la mente se aferra a situaciones hipotéticas catastróficas. Al igual que una persona que imagine que un fuerte dolor de cabeza implica un tumor cerebral terminal, muchos liberales temen que el Brexit y el ascenso de Donald Trump presagien el fin de la civilización humana.

DE MATAR MOSQUITOS A MATAR PENSAMIENTOS

La sensación de desorientación y de fatalidad inminente se agrava por el ritmo acelerado de la disrupción tecnológica. Durante la era industrial, el sistema político liberal se moldeó para gestionar un mundo de motores de vapor, refinerías de petróleo y televisores. Le cuesta tratar con las revoluciones en curso en la tecnología de la información y la biotecnología.

Tanto los políticos como los votantes apenas pueden comprender las nuevas tecnologías, y no digamos ya regular su potencial explosivo. Desde la década de 1990, internet ha cambiado el mundo probablemente más que ningún otro factor, pero la revolución internáutica la han dirigido ingenieros más que partidos políticos. ¿Acaso el lector votó sobre internet? El sistema democrático todavía está esforzándose para comprender qué le ha golpeado, y apenas está capacitado para habérselas con los trastornos que se avecinan, como el auge de la IA y la revolución de la cadena de bloques.

Ya en la actualidad, los ordenadores han hecho que el sistema financiero sea tan complicado que pocos humanos pueden entenderlo. A medida que la IA mejore, puede que pronto alcancemos un punto en el que ningún humano logre comprender ya las finanzas. ¿Qué consecuencias tendrá para el proceso político? ¿Puede el lector imaginar un gobierno que espere sumiso a que un algoritmo apruebe sus presupuestos o su nueva reforma tributaria? Mientras tanto, redes de cadenas de bloques entre iguales y criptomonedas como el bitcóin pueden renovar por completo el sistema monetario, de modo que las reformas tributarias radicales sean inevitables. Por ejemplo, podría acabar siendo imposible o irrelevante gravar los dólares, porque la mayoría de las transacciones no implicarán un intercambio claro de moneda nacional, o de ninguna moneda en absoluto. Por tanto, quizá los gobiernos necesiten inventar impuestos totalmente nuevos, tal vez un impuesto sobre la información (que será, al mismo tiempo, el activo más importante en la economía y la única cosa que se intercambie en numerosas transacciones). ¿Conseguirá el sistema político lidiar con la crisis antes de quedarse sin dinero?

Más importante todavía es el hecho de que las revoluciones paralelas en la infotecnología y la biotecnología podrían reestructurar no solo las economías y las sociedades, sino también nuestros mismos cuerpo y mente. En el pasado, los humanos aprendimos a controlar el mundo exterior a nosotros, pero teníamos muy poco control sobre nuestro mundo interior. Sabíamos cómo construir una presa y detener la corriente de un río, pero no cómo conseguir que el cuerpo dejara de envejecer. Sabíamos diseñar un sistema de irrigación, pero no teníamos ni idea de cómo diseñar un cerebro. Si los mosquitos nos zumbaban en los oídos y perturbaban nuestro sueño, sabíamos cómo matarlos; pero si un pensamiento zumbaba en nuestra mente y nos mantenía despiertos de noche, la mayoría no sabíamos cómo acabar con él.

Las revoluciones en la biotecnología y la infotecnología nos proporcionarán el control de nuestro mundo interior y nos permitirán proyectar y producir vida. Aprenderemos a diseñar cerebros, a alargar la vida y a acabar con pensamientos a nuestra discreción. Nadie sabe cuáles serán las consecuencias. Los humanos siempre han sido mucho más duchos en inventar herramientas que en usarlas sabiamente. Es más fácil reconducir un río mediante la construcción de una presa que predecir las complejas consecuencias que ello tendrá para el sistema ecológico de la región. De modo parecido, será más fácil redirigir el flujo de nuestra mente que adivinar cómo repercutirá esto en nuestra psicología individual o en nuestros sistemas sociales.

En el pasado conseguimos el poder para manipular el mundo que nos rodeaba y remodelar el planeta entero, pero debido a que no comprendíamos la complejidad de la ecología global, los cambios que hicimos involuntariamente alteraron todo el sistema ecológico, y ahora nos enfrentamos a un colapso ecológico. En el siglo que viene, la biotecnología y la infotecnología nos proporcionarán el poder de manipular nuestro mundo interior y remodelarnos, pero debido a que no comprendemos la complejidad de nuestra propia mente, los cambios que hagamos podrían alterar nuestro sistema mental hasta tal extremo que también este podría descomponerse.

Las revoluciones en la biotecnología y la infotecnología las llevan a cabo los ingenieros, los emprendedores y los científicos, que apenas son conscientes de las implicaciones políticas de sus decisiones, y que ciertamente no representan a nadie. ¿Pueden los parlamentos y los partidos tomar las riendas? Por el momento, no lo parece. La disrupción tecnológica no constituye siquiera un punto importante en los programas políticos. Así, durante la campaña presidencial de 2016 en Estados Unidos, la principal referencia a la tecnología disruptiva fue la debacle de los correos electrónicos de Hillary Clinton,[3] y a pesar de los discursos sobre la pérdida de empleos, ningún candidato abordó el impacto potencial de la automatización. Donald Trump advirtió a los votantes que mexicanos y chinos les quitarían el trabajo, y que por tanto tenían que erigir un muro en la frontera mexicana.[4] Nunca advirtió a los votantes que los algoritmos les quitarán el trabajo, ni sugirió que se construyera un cortafuegos en la frontera con California.

Esta podría ser una de las razones (aunque no la única) por las que incluso los votantes de los feudos del Occidente liberal pierdan su fe en el relato liberal y en el proceso democrático. Las personas de a pie quizá no comprendan la inteligencia artificial ni la biotecnología, pero pueden percibir que el futuro no las tiene en cuenta. En 1938, las condiciones del ciudadano de a pie en la Unión Soviética, Alemania o Estados Unidos tal vez fueran muy difíciles, pero constantemente se le decía que era la cosa más importante del mundo, y que era el futuro (siempre que, desde luego, se tratara de una «persona normal» y no un judío o un africano). Miraba los carteles de la propaganda (que solían presentar a mineros del carbón, operarios de acerías y amas de casa en actitudes heroicas) y se veía a sí mismo en ellos: «¡Estoy en este cartel! ¡Soy el héroe del futuro!».[5]

En 2018, el ciudadano de a pie se siente cada vez más irrelevante. En las charlas TED, en los comités de expertos del gobierno, en las conferencias sobre alta tecnología se difunden de forma entusiasta gran cantidad de conceptos misteriosos (globalización, cadenas de bloques, ingeniería genética, inteligencia artificial, *machine learning* o aprendizaje automático), y la gente de a pie puede sospechar con razón que ninguno tiene que ver con ella. El relato liberal era el de la gente de a pie. ¿Cómo puede seguir siendo relevante en un mundo de cíborgs y de algoritmos conectados en red?

En el siglo xx, las masas se rebelaron contra la explotación y trataron de convertir su papel vital en la economía en poder político. Ahora las masas temen la irrelevancia, y quieren usar frenéticamente el poder político que les resta antes de que sea demasiado tarde. El Brexit y el ascenso de Trump muestran así una trayectoria opuesta a la de las revoluciones socialistas tradicionales. Las revoluciones rusa, china y cubana las llevaron a cabo personas que eran vitales para la economía, pero que carecían de poder político; en 2016, Trump y el Brexit recibieron el apoyo de muchas personas que todavía gozaban de poder político pero que temían estar perdiendo su valor económico. Quizá en el siglo xxi las revueltas populistas se organicen no contra una élite económica que explota a la gente, sino contra una élite económica que ya no la necesita.[6] Esta bien pudiera ser una batalla perdida. Es mucho más difícil luchar contra la irrelevancia que contra la explotación.

El fénix liberal

No es esta la primera vez que el relato liberal se ha enfrentado a una crisis de confianza. Incluso desde el momento en que dicho relato consiguió influir en la esfera global, en la segunda mitad del siglo xx, ha experimentado crisis periódicas. La primera era de globalización y liberalización terminó con el baño de sangre de la Primera Guerra Mundial, cuando la política del poder imperial cortó de raíz la marcha del progreso. En los días que siguieron al asesinato del archiduque Francisco Fernando en Sarajevo, las grandes potencias creyeron mucho más en el imperialismo que en el liberalismo y, en lugar de unir el mundo mediante el comercio libre y pacífico, se dedicaron a conquistar una tajada mayor del globo mediante la fuerza bruta. Pero el liberalismo sobrevivió a ese momento de Francisco Fernando y surgió de la vorágine fortalecido, y prometió que aquella sería «la guerra que terminaría con todas las guerras». En teoría, aquella carnicería sin precedentes había enseñado a la humanidad el precio terrible del imperialismo, y la humanidad se hallaba por fin preparada para crear un nuevo orden mundial basado en los principios de la libertad y la paz.

A continuación llegó el momento de Hitler, cuando, en la década de 1930 y principios de la de 1940, el fascismo pareció por un breve período arrollador. La victoria sobre esta amenaza no hizo más que abrir paso a la siguiente. En el momento del Che Guevara, entre la década de 1950 y la de 1970, de nuevo daba la impresión de que el liberalismo se hallaba en las últimas, y que el futuro pertenecía al comunismo. Al final fue el comunismo el que se derrumbó. El supermercado demostró ser mucho más fuerte que el gulag. Y lo que es más importante: el relato liberal demostró ser mucho más flexible y dinámico que ninguno de sus oponentes. Triunfó sobre el imperialismo, el fascismo y el comunismo al adoptar algunas de las mejores ideas y prácticas de estos. En particular, el relato liberal aprendió del comunismo a ampliar el círculo de la empatía y a valorar la igualdad junto con la libertad.

Al principio, el relato liberal se centró sobre todo en las libertades y los privilegios de los hombres europeos de clase media, y parecía ciego a los apuros de la clase trabajadora, las mujeres, las minorías y los no occidentales. Cuando en 1918 la Gran Bretaña y la Francia victoriosas hablaban con entusiasmo de libertad, no pensaban en los súbditos de sus imperios mundiales. Por ejemplo, ante las demandas indias de autodeterminación se respondió con la masacre de Amritsar de 1919, en la que el ejército británico acabó con cientos de manifestantes desarmados.

Incluso después de la Segunda Guerra Mundial, a los liberales occidentales aún les costó mucho aplicar sus valores en teoría universales a personas no occidentales. Así, cuando en 1945 los holandeses se liberaron de cinco años de brutal ocupación nazi, casi lo primero que hicieron fue organizar un ejército y mandarlo a medio mundo de distancia para que volviera a ocupar su antigua colonia de Indonesia. Mientras que en 1940 los holandeses habían renunciado a su independencia tras poco más de cuatro días de lucha, combatieron durante más de cuatro largos y amargos años para acabar con la independencia de Indonesia. No es extraño que muchos movimientos de liberación nacional de todo el mundo pusieran sus esperanzas en las comunistas Moscú y Pekín y no en los sedicentes adalides de la libertad en Occidente.

Sin embargo, el relato liberal amplió poco a poco sus horizontes y, al menos en teoría, acabó valorando las libertades y los derechos de todos los seres humanos sin excepción. A medida que el círculo de libertad se expandía, el relato liberal terminó por reconocer la importancia de los programas de bienestar de estilo comunista. La libertad no vale mucho a menos que esté vinculada a algún tipo de sistema de seguridad social. Los estados socialdemócratas de bienestar combinaron la democracia y los derechos humanos con la educación y la atención sanitaria sufragadas por el Estado. Incluso Estados Unidos, ultracapitalista, se ha dado cuenta de que la protección de la libertad requiere al menos algunos servicios de bienestar facilitados por el gobierno. Los niños hambrientos no tienen libertades.

En los primeros años de la década de 1990, tanto pensadores como políticos saludaron «el fin de la historia» y afirmaron confiados que todas las cuestiones políticas y económicas ya habían sido zanjadas, y que el paquete liberal renovado de democracia, derechos humanos, mercados libres y prestaciones de bienestar gubernamentales seguía siendo la única alternativa. Dicho paquete parecía destinado a extenderse por el planeta, a vencer todos los obstáculos, a borrar todas las fronteras nacionales y a transformar a la humanidad en una comunidad global libre.[7]

Pero la historia no ha terminado, y después del momento de Francisco Fernando, del de Hitler y del del Che Guevara, ahora estamos en el momento de Trump. Sin embargo, esta vez el relato liberal no se enfrenta a un oponente ideológico coherente como el imperialismo, el fascismo o el comunismo. El momento Trump es mucho más nihilista.

Mientras que la visión de los principales movimientos del siglo XX abarcaba a toda la especie humana (ya se tratara de dominación global, de revolución o de liberación), no es esto lo que ofrece Donald Trump: es justo lo contrario. Su mensaje principal es que no es tarea de Estados Unidos formular y promover ninguna visión global. De manera similar, los brexiteros británicos apenas tienen un plan para el futuro del Reino Desunido: el futuro de Europa y del mundo queda mucho más allá de su horizonte. La mayoría de las personas que votaron a favor de Trump y del Brexit no rechazaron en su totalidad el paquete liberal: perdieron la fe sobre todo en su parte globalizadora. Todavía creen en la democracia, los mercados libres, los derechos humanos y la responsabilidad social, pero piensan que estas ideas magníficas pueden detenerse en la frontera. Es más: creen que con el objetivo de preservar la libertad y la prosperidad en Yorkshire o Kentucky lo mejor es construir un muro en la frontera y adoptar políticas intolerantes para con los extranjeros.

La superpotencia china en auge presenta una imagen casi especular. Recela de liberalizar su política doméstica, pero ha adoptado un enfoque mucho más liberal hacia el resto del mundo. De hecho, en lo que se refiere a libre comercio y cooperación internacional, Xi Jinping parece el sucesor real de Obama. Después de haber dejado en segundo plano el marxismo-leninismo, China parece encontrarse a gusto con el orden liberal internacional.

La Rusia renaciente se ve a sí misma como un rival mucho más contundente del orden liberal global, pero, aunque ha reconstituido su poder militar, desde el punto de vista ideológico está acabada. Vladímir Putin es sin duda popular tanto en Rusia como entre varios movimientos de extrema derecha de todo el mundo, pero carece de una visión global del mundo que pueda atraer a los españoles desempleados, a los brasileños insatisfechos o a los estudiantes soñadores de Cambridge.

Rusia sí ofrece un modelo alternativo a la democracia liberal, pero dicho modelo no es una ideología política coherente. Es más bien una práctica política en la que varios oligarcas monopolizan la mayor parte de las riquezas y el poder del país, y después utilizan su control sobre los medios de comunicación para ocultar sus actividades y afianzar su gobierno. La democracia se basa en el principio de

Abraham Lincoln de que «puedes engañar a toda la gente en algún momento, y a algunas personas todo el tiempo, pero no puedes engañar a toda la gente todo el tiempo». Si un gobierno es corrupto y no consigue mejorar la vida de la gente, un número suficiente de ciudadanos acabarán por darse cuenta de ello y lo sustituirán. Pero el control gubernamental de los medios de comunicación socava la lógica de Lincoln, pues impide que los ciudadanos se den cuenta de la verdad. Mediante su monopolio sobre los medios, la oligarquía gobernante puede acusar repetidamente de sus fracasos a otros y desviar la atención hacia amenazas externas, ya sean reales o imaginarias.

Cuando se vive bajo una oligarquía de este tipo, siempre surge alguna crisis que tiene prioridad sobre asuntos aburridos como la atención sanitaria y la contaminación. Si la nación se enfrenta a una invasión externa o a una subversión diabólica, ¿quién tiene tiempo de preocuparse por los hospitales abarrotados o los ríos contaminados? Creando un torrente interminable de crisis, una oligarquía corrupta puede prolongar su poder indefinidamente.[8]

Pero, aunque resiste en la práctica, este modelo oligárquico no atrae a nadie. A diferencia de otras ideologías que exponen con orgullo su visión, las oligarquías dominantes no están orgullosas de sus prácticas, y tienden a usar otras ideologías como cortina de humo. Así, Rusia pretende ser una democracia, y su liderazgo proclama lealtad a los valores del nacionalismo ruso y del cristianismo ortodoxo, y no a la oligarquía. Los extremistas de derechas en Francia y Gran Bretaña pueden basarse en la ayuda rusa y expresar admiración por Putin, pero ni siquiera a sus votantes les gustaría vivir en un país que copiara de verdad el modelo ruso: un país con corrupción endémica, servicios que no funcionan, sin imperio de la ley y una desigualdad abrumadora. Según determinados parámetros, Rusia es uno de los países con mayor desigualdad del mundo, donde el 87 por ciento de la riqueza se halla en manos del 10 por ciento de los más ricos.[9] ¿Cuántos votantes de clase trabajadora del Frente Nacional quieren copiar en Francia esta pauta de distribución de la riqueza?

Los humanos votan con los pies. En mis viajes por el mundo he encontrado a numerosas personas en muchos países que quieren emigrar a Estados Unidos, a Alemania, a Canadá o a Australia. He conocido a algunas que desean desplazarse a China o a Japón. Pero todavía no he encontrado a una sola que sueñe con emigrar a Rusia.

En cuanto al «islamismo global», atrae sobre todo a quienes nacieron en su seno. Aunque puede resultar atractivo para algunas personas en Siria e Irak, e incluso para jóvenes musulmanes alienados en Alemania y Gran Bretaña, cuesta pensar que Grecia o Sudáfrica, por no mencionar Canadá o Corea del Sur, se unan a un califato global como remedio para sus problemas. También en este caso la gente vota con los pies. Por cada joven musulmán de Alemania que viajó a Oriente Próximo para vivir bajo una teocracia musulmana, probablemente a cien jóvenes de Oriente Próximo les hubiera gustado hacer el viaje opuesto y empezar una nueva vida en la liberal Alemania.

Esto podría implicar que la crisis de fe actual sea menos grave que sus predecesoras. Cualquier liberal que se vea abocado a la desesperanza por los acontecimientos de los últimos años no tiene más que recordar que en 1918, 1938 o 1968 las cosas se veían mucho peor. Al final del día, la humanidad no abandonará el relato liberal, porque no tiene ninguna alternativa. La gente puede asestar al sistema un rabioso puñetazo en el estómago, pero, al no tener ningún otro lugar al que ir, acabará por volver a él.

Alternativamente, la gente puede decidir renunciar por completo a un relato global de cualquier tipo, y en cambio refugiarse en los relatos nacionalistas y religiosos locales. En el siglo XX, los movimientos nacionalistas fueron una pieza clave política, pero carecían de una visión coherente para el futuro del mundo, como no fuera apoyar la división del planeta en estados nación independientes. Así, los nacionalistas indonesios lucharon contra la dominación holandesa y los nacionalistas vietnamitas querían un Vietnam libre, pero no había un relato indonesio ni vietnamita pensado y válido para la humanidad como un todo. Cuando llegó el momento de explicar de qué manera Indonesia, Vietnam y las demás naciones libres debían relacionarse entre sí, y cómo debían enfrentarse los humanos a problemas globales tales como la amenaza de la guerra nuclear, los nacionalistas recurrieron invariablemente a las ideas liberales o comunistas.

Pero si tanto el liberalismo como el comunismo están ahora desacreditados, quizá los humanos deban renunciar a la idea misma de un único relato global. Después de todo, ¿no fueron todos estos relatos globales (incluso el comunismo) producto del imperialismo occidental? ¿Por qué habrían de depositar su fe los campesinos vietnamitas en la ocurrencia de un alemán de Trier y de un industrial de Manchester? Quizá cada país debería adoptar una senda idiosincrásica diferente, definida por sus propias y antiguas tradiciones. Tal vez incluso los occidentales deberían tomarse un descanso en su intento de gobernar el mundo y centrarse en sus propios asuntos, para variar.

Puede decirse que esto es lo que ocurre en todo el planeta, cuando el vacío creado por la descomposición del liberalismo está llenándose provisionalmente de fantasías nostálgicas acerca de algún pasado glorioso local. Donald Trump unió sus llamadas al aislacionismo estadounidense a la promesa de «hacer que América sea grande de nuevo»…, como si los Estados Unidos de las décadas de 1980 o 1950 fueran una sociedad perfecta que los estadounidenses tuvieran que recrear de alguna manera en el siglo XXI. Los brexiteros sueñan con convertir Gran Bretaña en una potencia independiente, como si aún vivieran en los tiempos de la reina Victoria y como si el «aislamiento glorioso» fuera una política viable en la era de internet y del calentamiento global. Las élites chinas han redescubierto sus herencias imperiales y confucianas nativas, como suplemento o incluso sustituto de la dudosa ideología marxista que importaron de Occidente. En Rusia, la visión oficial de Putin no es crear una oligarquía corrupta, sino resucitar el antiguo Imperio zarista. Un siglo después de la Revolución bolchevique, promete un retorno a las antiguas glorias zaristas con un gobierno autocrático mantenido a flote por el nacionalismo ruso y la piedad ortodoxa, que extienda su poderío desde el Báltico al Cáucaso.

Sueños nostálgicos parecidos que mezclan vínculos nacionalistas con tradiciones religiosas apuntalan los regímenes en la India, Polonia, Turquía y numerosos países más. En ningún lugar son estas fantasías más extremas que en Oriente Próximo, donde los islamistas quieren copiar el sistema establecido por el profeta Mahoma en la ciudad de Medina hace mil cuatrocientos años, mientras que los judíos fundamentalistas en Israel superan incluso a los islamistas y sueñan con retroceder dos mil quinientos años, a los tiempos bíblicos. Los miembros de la coalición de gobierno que gobierna en Israel hablan sin tapujos de su esperanza de expandir las fronteras del Israel moderno hasta que coincidan a la perfección con las del Israel bíblico, de reinstaurar la ley bíblica e incluso de reconstruir el antiguo Templo de Yahvé en Jerusalén en lugar de la mezquita de Al-Aqsa.[10]

Las élites liberales contemplan horrorizadas estas situaciones, y esperan que la humanidad retorne a la senda liberal a tiempo de evitar el desastre. En su discurso de despedida ante las Naciones Unidas, en septiembre de 2016, el presidente Obama desaconsejó a la audiencia que se volviera «a un mundo fuertemente dividido, y en último término en conflicto, a lo largo de antiguas líneas de nación y tribu, de raza y religión». En cambio, dijo, «los principios de mercados abiertos y gobierno responsable, de democracia y derechos humanos y ley internacional […] siguen siendo los cimientos más firmes para el progreso humano en este siglo».[11]

Obama ha señalado con acierto que, a pesar de los numerosos defectos del paquete liberal, este tiene un historial mucho mejor que cualquiera de sus alternativas. La mayoría de los humanos nunca han disfrutado de mayor paz o prosperidad que durante la tutela del orden liberal de principios del siglo XXI. Por primera vez en la historia, las enfermedades infecciosas matan a menos personas que la vejez, el hambre mata a menos personas que la obesidad y la violencia mata a menos personas que los accidentes.

Pero el liberalismo no tiene respuestas obvias a los mayores problemas a los que nos enfrentamos: el colapso ecológico y la disrupción tecnológica. Tradicionalmente, el liberalismo se basaba en el crecimiento económico para resolver como por arte de magia los conflictos sociales y políticos difíciles. El liberalismo reconciliaba al proletariado con la burguesía, a los fieles con los ateos, a los nativos con los inmigrantes y a los europeos con los asiáticos, al prometer a todos una porción mayor del pastel. Con un pastel que crecía sin parar, esto era posible. Sin embargo, el crecimiento económico no salvará al ecosistema global; justo lo contrario, porque es la causa de la crisis ecológica. Y el crecimiento económico no resolverá la disrupción tecnológica: esta se afirma en la invención de tecnologías cada vez más disruptivas.

El relato liberal y la lógica del capitalismo de mercado libre estimulan a la gente para que albergue grandes expectativas. Durante las últimas décadas del siglo XX, cada generación (ya fuera en Houston, Shangai, Estambul o São Paulo) disfrutó de una educación mejor, una atención sanitaria superior y unos ingresos más cuantiosos que la que la precedió. Sin embargo, en las décadas que vienen, debido a una combinación de disrupción tecnológica y colapso ecológico, la generación más joven podrá sentirse afortunada si al menos consigue subsistir.

En consecuencia, nos queda la tarea de crear un relato actualizado para el mundo. De la misma manera que los grandes cambios generados por la revolución industrial dieron origen a las nuevas ideologías del siglo XX, es probable que las revoluciones venideras en biotecnología y tecnología de la información requieran perspectivas nuevas. Por tanto, las próximas décadas podrían estar caracterizadas por grandes búsquedas espirituales y por la formulación de nuevos modelos sociales y políticos. ¿Podría reinventarse de nuevo el liberalismo, como hizo a raíz de las crisis de las décadas de 1930 y 1960, y renacer más atractivo que antes? ¿Podrían la religión y el nacionalismo tradicionales proporcionar las respuestas que se les escapan a los liberales, y usar la sabiduría antigua para crear una visión del mundo actualizada? ¿O quizá haya llegado el momento de cortar para siempre con el pasado y elaborar un relato completamente nuevo que vaya más allá no solo de los antiguos dioses y las antiguas naciones, sino incluso de la esencia de los valores modernos de la libertad y la igualdad?

En la actualidad, la humanidad está lejos de alcanzar un consenso sobre estas cuestiones. Nos hallamos todavía en el momento nihilista de la desilusión y la indignación, después de que la gente haya perdido la fe en los relatos antiguos, pero antes de que haya adoptado uno nuevo. Y entonces ¿qué hay que hacer? El primer paso es bajar el tono de las profecías del desastre, y pasar del modo de pánico al de perplejidad. El pánico es una forma de arrogancia. Proviene de la sensación petulante de que uno sabe exactamente hacia dónde se dirige el mundo: cuesta abajo. La perplejidad es más humilde y, por tanto, más perspicaz. Si el lector tiene ganas de correr por la calle gritando: «¡Se nos viene encima el apocalipsis!», pruebe a decirse: «No, no es eso. Lo cierto es que no entiendo lo que está ocurriendo en el mundo».

En los capítulos que siguen se intentará clarificar algunas de las perspectivas nuevas y desconcertantes a las que nos enfrentamos, y cómo deberíamos proceder a partir de ahí. Pero antes de explorar soluciones potenciales para los problemas de la humanidad, necesitamos comprender mejor el desafío que plantea la tecnología. Las revoluciones en la tecnología de la información y en la biotecnología se hallan todavía en una fase temprana, y es discutible hasta qué punto son en verdad responsables de la crisis actual del liberalismo. La mayoría de los habitantes de Birmingham, Estambul, San Petersburgo y Bombay solo son un poco conscientes, si acaso lo son, del incremento de la inteligencia artificial y de su impacto potencial sobre su vida. Sin embargo, es indudable que las revoluciones tecnológicas se acelerarán en las próximas décadas, y plantearán a la humanidad las mayores dificultades a las que nos hayamos enfrentado nunca. Cualquier relato que trate de ganarse a la humanidad será puesto a prueba, por encima de todo, por su capacidad para afrontar las revoluciones paralelas en la infotecnología y la biotecnología. Si el liberalismo, el nacionalismo, el islamismo o cualquier credo nuevo desea modelar el mundo de 2050, no solo necesitará dar sentido a la inteligencia artificial, a los algoritmos de macrodatos y a la bioingeniería: también tendrá que incorporarlos en una nueva narrativa que tenga significado.

Para entender la naturaleza de este desafío tecnológico, quizá sea mejor empezar por el mercado laboral. Desde 2015 he viajado por todo el mundo y he hablado con funcionarios gubernamentales, empresarios, activistas sociales y escolares acerca del atolladero humano. Siempre que se impacientan o se aburren con la cháchara sobre inteligencia artificial, algoritmos de macrodatos y bioingeniería, por lo general solo tengo que mencionar tres palabras mágicas para que presten atención inmediatamente: puestos de trabajo. Quizá la revolución tecnológica eche pronto del mercado de trabajo a miles de millones de humanos y cree una nueva y enorme clase inútil, que lleve a revueltas sociales y políticas que ninguna ideología existente sabrá cómo manejar. Todos los debates sobre tecnología e ideología pueden parecer muy abstractos y lejanos, pero la perspectiva muy real del desempleo masivo (o del desempleo personal) no deja indiferente a nadie.

2

Trabajo

Cuando te hagas mayor, puede que no tengas un empleo

No tenemos idea alguna de cómo será el mercado laboral en 2050. Por lo general, se está de acuerdo en que el aprendizaje automático cambiará casi todos los tipos de trabajo, desde la producción de yogures hasta la enseñanza del yoga. Sin embargo, hay opiniones contradictorias acerca de la naturaleza del cambio y de su inminencia. Algunos creen que apenas dentro de una o dos décadas miles de millones de personas se volverán innecesarias desde el punto de vista económico. Otros creen que, incluso a largo plazo, la automatización seguirá generando nuevos empleos y mayor prosperidad para todos.

Así pues, ¿nos hallamos a las puertas de un período convulso y terrible, o tales predicciones son solo otro ejemplo de histeria ludita infundada? Es difícil decirlo. Los temores de que la automatización genere un desempleo masivo se remontan al siglo XIX, y hasta ahora nunca se han materializado. Desde el inicio de la revolución industrial, para cada empleo que se perdía debido a una máquina se creó al menos uno nuevo, y el nivel de vida medio ha aumentado de manera espectacular.[1] Pero hay buenas razones para pensar que esta vez será diferente y que el aprendizaje automático conllevará un cambio real en las reglas del juego.

Los humanos tienen dos tipos de capacidades: la física y la cognitiva. En el pasado, las máquinas competían con los humanos principalmente en las capacidades físicas en bruto, mientras que estos tenían una enorme ventaja sobre las máquinas en cuanto a cognición. De ahí que cuando los trabajos manuales en la agricultura y la industria se automatizaron, aparecieron nuevos empleos de servicios que requerían capacidades cognitivas que solo los humanos poseían: aprender, analizar, comunicar y, por encima de todo, comprender las emociones humanas. Sin embargo, la IA está empezando ahora a superar a los humanos cada vez en más de estas capacidades, entre ellas la comprensión de las emociones humanas.[2] No conocemos un tercer campo de actividad (más allá del físico y el cognitivo) en el que los humanos se hallen siempre en situación de ventaja.

Es fundamental darse cuenta de que la revolución de la IA no tiene que ver solo con que los ordenadores sean cada vez más rápidos y listos. Está impulsada asimismo por descubrimientos en las ciencias de la vida y las ciencias sociales. Cuanto mejor comprendamos los mecanismos bioquímicos que subyacen a las emociones, los deseos y las elecciones humanas, mejores serán los ordenadores a la hora de analizar el comportamiento humano, de predecir las decisiones de los humanos y de sustituir a los conductores, banqueros y abogados humanos.

En las últimas décadas, la investigación en áreas tales como la neurociencia y la economía conductual ha permitido a los científicos acceder a los humanos, y en particular comprender mucho mejor cómo toman las decisiones. Se ha descubierto que todas las elecciones que hacemos, escoger desde la comida hasta la pareja, son resultado no de algún misterioso libre albedrío, sino del trabajo de miles de millones de neuronas que calculan probabilidades en una fracción de segundo. La tan cacareada «intuición humana» es en realidad «reconocimiento de patrones».[3] Los buenos conductores, banqueros y abogados no tienen intuiciones mágicas acerca del tráfico, la inversión o la negociación; lo que ocurre es que, al reconocer patrones recurrentes, divisan e intentan evitar a peatones despistados, a prestatarios ineptos y a delincuentes deshonestos. También se ha visto que los algoritmos bioquímicos del cerebro humano están lejos de ser perfectos. Se basan en el ensayo y el error, atajos y circuitos anticuados adaptados a la sabana africana y no a la jungla urbana. No es extraño que incluso los buenos conductores, banqueros y abogados cometan a veces errores tontos.

Esto significa que la IA puede superar a los humanos incluso en tareas que en teoría exigen «intuición». Si el lector cree que la IA debe competir con el alma humana en términos de corazonadas místicas, eso parece imposible. Pero si la IA debe competir con redes neurales en el cálculo de probabilidades y el reconocimiento de patrones, eso parece mucho menos abrumador.

En particular, la IA puede ser mejor en tareas que requieren intuiciones acerca de otras personas. Muchos tipos de trabajo, como conducir un vehículo en una calle atestada de peatones, prestar dinero a desconocidos o negociar un acuerdo comercial, exigen la capacidad de evaluar correctamente las emociones y los deseos de otras personas. ¿Está ese chico a punto de saltar a la carretera? ¿Acaso ese hombre del traje intenta quitarme el dinero y desaparecer? ¿Actuará ese abogado según las amenazas que profiere, o solo va de farol? Cuando se creía que tales emociones y deseos los generaba un espíritu inmaterial, parecía evidente que los ordenadores nunca serían capaces de sustituir a los conductores, banqueros y abogados humanos. Porque ¿cómo va a ser capaz un ordenador de comprender el espíritu humano, creado divinamente? Pero si tales emociones y deseos son en realidad poca cosa más que algoritmos bioquímicos, no hay razón alguna por la que los ordenadores no puedan descifrar dichos algoritmos y hacerlo mucho mejor que cualquier *Homo sapiens*.

Un conductor que predice las intenciones de un peatón, un banquero que evalúa la credibilidad de un prestatario potencial y un abogado que calibra el estado de ánimo en la mesa de negociación no hacen uso de la brujería. Por el contrario, y aunque no lo sepan, el cerebro de cada uno de ellos reconoce patrones bioquímicos al analizar expresiones faciales, tonos de voz, gestos de las manos e incluso olores corporales. Una IA equipada con los sensores adecuados podría hacer todo eso de manera mucho más precisa y fiable que un humano.

De ahí que la amenaza de pérdida de puestos de trabajo no sea simplemente el resultado del auge de la infotecnología. Es el resultado de la confluencia de la infotecnología con la biotecnología. El camino que va de la imagen por resonancia magnética funcional al mercado laboral es largo y tortuoso, pero todavía puede recorrerse en cuestión de pocas décadas. Lo que los científicos están descubriendo en la actualidad acerca de la amígdala y el cerebelo podría llevar a que los ordenadores superaran a los psiquiatras y guardaespaldas en 2050.

La IA no solo está a punto de suplantar a los humanos y de superarlos en lo que hasta ahora eran habilidades únicamente humanas. También posee capacidades exclusivamente no humanas, lo que hace que la diferencia entre una IA y un trabajador humano sea también de tipo, no simplemente de grado. Dos capacidades no humanas importantes de la IA son la conectividad y la capacidad de actualización.

Puesto que los humanos somos individuos, es difícil conectarnos entre nosotros para garantizar que todos nos mantengamos actualizados. En cambio, los ordenadores no son individuos, y resulta fácil integrarlos en una única red flexible. De ahí que a lo que nos enfrentamos no sea a la sustitución de millones de trabajadores humanos individuales por millones de robots y ordenadores individuales. Más bien es probable que los individuos humanos seamos sustituidos por una red integrada. Por tanto, cuando se piensa en la automatización, es erróneo comparar las capacidades de un único conductor humano con las de un único coche autónomo sin conductor, o las de un único médico humano con las de una única IA médica. Deberíamos comparar las capacidades de un conjunto de individuos humanos con las capacidades de una red integrada.

Por ejemplo, muchos conductores no están familiarizados con todas las normas de tráfico cambiantes y a menudo las incumplen. Además, dado que cada vehículo es una entidad autónoma, cuando dos vehículos se acercan al mismo cruce al mismo tiempo, los conductores podrían comunicar erróneamente sus intenciones y chocar. En cambio, todos los coches sin conductor pueden estar conectados entre sí. Cuando dos de esos vehículos se acercan al mismo cruce, no son en realidad dos entidades separadas: forman parte de un único algoritmo. Por ello las probabilidades de que se comuniquen mal y colisionen son mucho menores. Y si el Ministerio de Transporte decide modificar alguna norma de tráfico, todos los vehículos sin conductor podrán ponerse fácilmente al día justo en el mismo instante y, a menos que el programa esté afectado por algún virus, todos cumplirán la misma norma al pie de la letra.[4]

De forma parecida, si la Organización Mundial de la Salud identifica una nueva enfermedad o si un laboratorio produce un nuevo medicamento, es casi imposible que todos los médicos humanos del mundo se pongan al día acerca de esas novedades. En cambio, aunque tengamos 10.000 millones de IA médicas en el mundo y cada una de ellas supervise la salud de un único humano, aún es posible actualizarlas todas en una fracción de segundo, y todas pueden comunicarse entre sí sus impresiones acerca de la nueva enfermedad o el nuevo medicamento. Estas ventajas potenciales de la conectividad y de la capacidad de actualización son tan enormes que al menos en algunas profesiones podría tener sentido sustituir a todos los humanos por ordenadores, aunque de forma individual algunos humanos todavía hagan una tarea mejor que las máquinas.

El lector puede objetar que al pasar de los humanos individuales a una red de ordenadores perderemos las ventajas de la individualidad. Por ejemplo, si un médico humano comete un error en su diagnóstico, no mata a todos los pacientes del mundo, ni bloquea en su totalidad el desarrollo de todos los nuevos medicamentos. En cambio, si todos los médicos son realmente un único sistema y dicho sistema comete un error, los resultados podrían ser catastróficos. Sin embargo, lo cierto es que un sistema de ordenadores integrado es capaz de maximizar las ventajas de la conectividad sin perder los beneficios de la individualidad. Es posible ejecutar muchos algoritmos alternativos en la misma red, de modo que una paciente en una remota aldea de la jungla pueda acceder a través de su teléfono inteligente no solo a un único médico acreditado, sino en realidad a cien IA médicas diferentes, cuyo desempeño relativo se está comparando constantemente. ¿No le gusta lo que el médico de IBM le dijo? No pasa nada. Aunque se encuentre usted inmovilizado en algún lugar de las laderas del Kilimanjaro, podrá contactar fácilmente con el médico de Baidu, el motor de búsqueda chino, para tener una segunda opinión.

Es probable que los beneficios para la sociedad humana sean inmensos. Las IA médicas podrían proporcionar una atención sanitaria mucho mejor y más barata a miles de millones de personas, en particular a las que normalmente no reciben ningún tipo de atención sanitaria. Gracias a algoritmos de aprendizaje y a sensores biométricos, un campesino pobre de un país subdesarrollado podría llegar a gozar de una atención sanitaria mucho mejor mediante su teléfono inteligente que la que la persona más rica del mundo obtiene en la actualidad del hospital urbano más avanzado.[5]

De forma similar, los coches autónomos pueden proporcionar a las personas unos servicios de transporte mucho mejores, y en concreto reducir la mortalidad causada por accidentes de automóvil. Hoy en día, cerca de 1,25 millones de personas mueren al año en accidentes de tráfico (el doble de las que mueren por guerras, crímenes y terrorismo sumados).[6] Más del 90 por ciento de estos accidentes se deben a errores muy humanos: alguien que bebe alcohol y conduce, alguien que escribe un mensaje mientras conduce, alguien que se queda dormido al volante, alguien que sueña despierto en lugar de estar atento a la carretera. En 2012, la Administración Nacional de Seguridad del Tráfico en las Carreteras de Estados Unidos estimó que el 31 por ciento de los choques fatales en el país estaba relacionado con el abuso de alcohol, el 30 por ciento con la velocidad excesiva y el 21 por ciento con la distracción de los conductores.[7] Los vehículos autónomos nunca harán ninguna de estas cosas. Aunque tienen sus propios problemas y limitaciones, y aunque algunos accidentes son inevitables, se espera que sustituir a todos los conductores humanos por ordenadores reduzca las muertes y las lesiones en carretera en aproximadamente un 90 por ciento.[8] En otras palabras, es probable que pasar a los vehículos autónomos salve la vida de un millón de personas al año.

De ahí que sea una locura la idea de bloquear la automatización en campos tales como el transporte y la atención sanitaria con el único fin de salvaguardar los empleos humanos. Después de todo, lo que deberíamos proteger en último término es a los humanos, no los puestos de trabajo. Los conductores y médicos que sean innecesarios tendrán que encontrar otra cosa que hacer.

Mozart en la máquina

Al menos a corto plazo, es improbable que la IA y la robótica acaben con industrias enteras. Los empleos que requieran especialización en una estrecha gama de actividades rutinizadas se automatizarán. Pero será mucho más difícil sustituir a los humanos por máquinas en tareas menos rutinarias que exijan el uso simultáneo de un amplio espectro de habilidades, y que impliquen tener que afrontar situaciones imprevistas. Pensemos en la atención sanitaria, por ejemplo. Muchos médicos se ocupan de manera casi exclusiva a procesar información: recaban datos médicos, los analizan y emiten un diagnóstico. Las enfermeras, en cambio, necesitan también buenas habilidades motrices y emocionales a fin de administrar una inyección dolorosa, cambiar un vendaje o contener a un paciente agresivo. De ahí que quizá tengamos una IA médico de cabecera en nuestro teléfono inteligente décadas antes de que tengamos un robot enfermera fiable.[9] Es probable que la industria de los cuidados a personas (que se ocupa de los enfermos, los niños y los ancianos) siga siendo un bastión humano durante mucho tiempo. De hecho, dado que las personas viven más y tienen menos hijos, el cuidado de los ancianos será probablemente uno de los sectores del mercado de trabajo humano que más deprisa crezcan.

Junto con el cuidado a las personas, la creatividad plantea también obstáculos particularmente difíciles para la automatización. Ya no necesitamos a humanos que nos vendan música: podemos bajarla directamente del almacén de iTunes; pero los compositores, músicos, cantantes y DJ son todavía de carne y hueso. Recurrimos a su creatividad no solo para crear música completamente nueva, sino también para elegir entre una gama alucinante de posibilidades a nuestra disposición.

No obstante, a la larga ningún puesto de trabajo se librará por completo de la automatización. Incluso los artistas deben estar prevenidos. En el mundo moderno, el arte suele asociarse a las emociones humanas. Tendemos a pensar que los artistas canalizan fuerzas psicológicas internas, y que el objetivo general del arte es conectarnos con nuestras emociones o inspirar en nosotros algún sentimiento nuevo. En consecuencia, cuando nos decidimos a evaluar el arte, tendemos a juzgarlo por el impacto emocional que genera en la audiencia. Pero si el arte se define por las emociones humanas, ¿qué podría ocurrir una vez que algoritmos externos sean capaces de comprender y manipular las emociones humanas mejor que Shakespeare, Frida Kahlo o Beyoncé?

Al fin y al cabo, las emociones no son un fenómeno místico: son el resultado de un proceso bioquímico. De ahí que, en un futuro no muy lejano, un algoritmo de aprendizaje automático quizá analice los datos biométricos que surjan de sensores situados sobre y dentro de nuestro cuerpo, determine nuestro tipo de personalidad y nuestros humores cambiantes y calcule el impacto emocional que es probable que una canción concreta (incluso un tono musical determinado) pueda tener en nosotros.[10]

De todas las formas de arte, la música probablemente sea la más susceptible al análisis de macrodatos, porque tanto las entradas como las salidas se prestan a una caracterización matemática precisa. Las entradas son los patrones matemáticos de las ondas sonoras, y las salidas, los patrones electroquímicos de las tormentas neurales. En pocas décadas, un algoritmo que analice millones de experiencias musicales podría aprender a predecir de qué manera determinadas entradas producen determinadas salidas.[11]

Supongamos que acabamos de tener una desagradable discusión con nuestro novio. El algoritmo encargado de nuestro sistema de sonido discernirá de inmediato nuestra confusión emocional interna y, sobre la base de lo que conoce de nosotros personalmente y de la psicología humana en general, reproducirá canciones a medida para que resuenen con nuestra tristeza y se hagan eco de nuestra aflicción. Quizá tales canciones no funcionen bien con otros individuos, pero son perfectas para nuestra personalidad. Después de ayudarnos a entrar en contacto con las profundidades de nuestra tristeza, a continuación el algoritmo reproduciría la única canción del mundo que es probable que nos levante el ánimo, quizá porque nuestro subconsciente la relaciona con un recuerdo feliz de la infancia del que ni siquiera somos conscientes. Ningún DJ humano puede esperar igualar las habilidades de semejante IA.

El lector puede objetar que de esta manera la IA acabaría con la serendipia y nos encerraría en un estrecho capullo musical, tejido por nuestras preferencias y aversiones previas. ¿Y qué hay de explorar nuevos gustos y estilos musicales? Ningún problema. Podríamos ajustar con facilidad el algoritmo para que hiciera sus selecciones completamente al azar, de manera que nos emitiera de forma inesperada una grabación de un conjunto indonesio de gamelán, una ópera de Rossini o el último éxito de K-pop. Con el tiempo, al repasar nuestras reacciones, la IA podría determinar incluso el nivel ideal de aleatoriedad que optimizara la búsqueda al tiempo que evitara el fastidio, quizá reduciendo su nivel de serendipia al 3 por ciento o aumentándolo al 8 por ciento.

Otra posible objeción es que no está claro cómo pueda establecer el algoritmo su objetivo emocional. Si solo nos peleamos con nuestro novio, ¿debería pretender el algoritmo ponernos tristes o alegres? ¿Debería seguir a ciegas una rígida escala de emociones «buenas» y «malas»? ¿Quizá haya momentos en la vida en los que sea bueno sentirse triste? Desde luego, la misma pregunta podría formularse a músicos y DJ humanos. Pero en el caso de un algoritmo hay muchas soluciones interesantes a este acertijo.

Una opción es dejarlo sin más a la libre elección del cliente. Podemos evaluar nuestras emociones como queramos, y el algoritmo seguirá nuestros dictados. Ya deseemos regodearnos en la autocompasión o bien saltar de alegría, el algoritmo seguirá servilmente nuestro ejemplo. De hecho, podrá aprender a reconocer nuestros deseos incluso sin que seamos conscientes de ellos de forma explícita.

Alternativamente, si no confiamos en nosotros, podemos instruir al algoritmo para que siga las recomendaciones de cualquier psicólogo eminente en el que confiemos. Si nuestro novio acaba por dejarnos plantados, el algoritmo podrá llevarnos a pasar por las cinco fases del duelo, primero ayudándonos a negar lo que ocurrió reproduciendo la canción de Bobby McFerrin «Don't Worry, Be Happy», después avivando nuestro enfado con «You Oughta Know», de Alanis Morissette, luego animándonos a negociar con «Ne me quitte pas», de Jacques Brel, y «Come Back and Stay», de Paul Young, después dejándonos caer en el pozo de la depresión con «Someone Like You» y «Hello», de Adele, y, por último, ayudándonos a aceptar la situación con «I Will Survive», de Gloria Gaynor.

El paso siguiente es que el algoritmo empiece a trastear con las propias canciones y melodías, cambiándolas un poco para que se ajusten a nuestras peculiaridades. Quizá nos desagrada un pasaje concreto en una canción, por otro lado excelente. El algoritmo lo sabe porque nuestro corazón omite un latido y nuestros niveles de oxitocina descienden ligeramente siempre que oímos esa parte que no nos gusta. El algoritmo podría reescribir o eliminar las notas irritantes.

A la larga, los algoritmos quizá aprendan a componer canciones enteras, jugando con las emociones humanas como si estas fueran el teclado de un piano. Utilizando nuestros datos biométricos, podrían producir incluso melodías personalizadas que solo nosotros, en todo el universo, apreciaríamos.

A menudo se dice que las personas conectan con el arte porque se encuentran en él. Esto podría llevar a resultados sorprendentes y algo siniestros en el caso de que, por ejemplo, Facebook empezara a crear arte personalizado basado en cuanto sabe de nosotros. Si nuestro novio nos abandona, Facebook nos agasajará con una canción personalizada sobre ese cabrón concreto en lugar de sobre la persona desconocida que rompió el corazón de Adele o de Alanis Morissette. La canción nos recordará incidentes reales de nuestra relación, que nadie más en el mundo conoce.

Desde luego, podría ocurrir que el arte personalizado jamás arraigara, porque la gente continúe prefiriendo éxitos comunes que gustan a todo el mundo. ¿Cómo puede uno cantar una canción o bailar a su son si nadie más que nosotros la conoce? Pero tal vez los algoritmos podrían ser incluso más propensos a producir éxitos globales que rarezas personalizadas. Utilizando bases de datos biométricos masivos obtenidos de millones de personas, el algoritmo podría saber qué botones bioquímicos pulsar a fin de producir un éxito global que hiciera que todos se lanzaran como locos a las pistas de baile. Si el arte trata en verdad de inspirar (o manipular) las emociones humanas, pocos músicos humanos, o ninguno, tendrían la posibilidad de competir con un algoritmo de este tipo, porque no serían capaces de igualarlo a la hora de comprender el principal instrumento con el que están operando: el sistema bioquímico humano.

¿Resultará todo esto en un arte excepcional? Eso depende de la definición de arte. Si la belleza está verdaderamente en los oídos del oyente, y si el cliente siempre tiene razón, entonces los algoritmos biométricos disponen de la oportunidad de producir el mejor arte de la historia. Si el arte es algo más profundo que las emociones humanas y debe expresar una verdad más allá de nuestras vibraciones bioquímicas, los algoritmos biométricos no serán muy buenos artistas. Pero tampoco lo son la mayoría de los humanos. Para entrar en el mercado del arte y desplazar a muchos compositores y músicos humanos, los algoritmos no tendrán que empezar superando directamente a Chaikovski: bastará con que lo hagan mejor que Britney Spears.

¿Nuevos empleos?

La pérdida de muchos puestos de trabajo en todos los ámbitos, desde el arte a la atención sanitaria, se verá compensada en parte por la creación de nuevos empleos humanos. Los médicos de cabecera que se ocupan de diagnosticar enfermedades conocidas y de administrar tratamientos comunes serán sustituidos probablemente por IA médicas. Pero justo por eso, habrá mucho más dinero para pagar a médicos humanos y a ayudantes de laboratorio a fin de que realicen investigaciones punteras y desarrollen nuevos medicamentos o procedimientos quirúrgicos.[12]

La IA podrá colaborar en la creación de empleos humanos de otra manera. En lugar de que los humanos compitan con la IA, podrían centrarse en su mantenimiento y en su uso. Por ejemplo, la sustitución de pilotos humanos por drones ha acabado con algunos empleos, pero ha creado muchos puestos en mantenimiento, control remoto, análisis de datos y ciberseguridad. Las fuerzas armadas de Estados Unidos necesitan a treinta personas para operar cada dron Predator o Reaper no tripulado que sobrevuela Siria, mientras que analizar la cantidad de información resultante ocupa al menos a ochenta personas más. En 2015, la aviación de Estados Unidos carecía de suficientes humanos adiestrados para ocupar todos estos puestos de trabajo y, por tanto, irónicamente se enfrentó a una crisis cuando tuvo que a dedicar personal a sus vehículos aéreos no tripulados.[13]

Si es así, bien podría ocurrir que el mercado laboral de 2050 estuviera caracterizado por la cooperación humano-IA en lugar de por la competición entre uno y otra. En ámbitos que van desde la vigilancia hasta las operaciones bancarias, equipos de humanos-más-IA tal vez superen tanto a los humanos como a los ordenadores. Después de que el programa de ajedrez Deep Blue de IBM derrotara a Garri Kaspárov en 1997, los humanos no dejaron de jugar al ajedrez. En cambio, gracias a IA entrenadoras, los maestros de ajedrez humanos se hicieron mejores que nunca, y, al menos durante un tiempo, equipos de humanos-IA conocidos como «centauros» ganaron tanto a humanos como a ordenadores al ajedrez. De manera parecida, la IA podría ayudar a preparar a los mejores detectives, banqueros y soldados de la historia.[14]

Sin embargo, el problema de estos nuevos empleos es que probablemente exigirán un gran nivel de pericia y, por tanto, no resolverán los problemas de los trabajadores no cualificados sin empleo. Crear nuevos trabajos humanos podría resultar más fácil que volver a adiestrar a humanos para que ocuparan realmente dichos puestos. Durante los períodos de automatización anteriores, por lo general las personas podían pasar de un empleo rutinario que exigía poca pericia a otro. En 1920, un obrero agrícola al que echaban a raíz de la mecanización de la agricultura podía encontrar un nuevo empleo en una fábrica de tractores. En 1980, un obrero de una fábrica que se quedara en el paro podía empezar trabajando como cajero en un supermercado. Estos cambios ocupacionales eran posibles porque el paso de la granja a la fábrica y de la fábrica al supermercado solo requería un readiestramiento limitado.

Sin embargo, en 2050 podría ser difícil que un cajero o un obrero del sector textil que perdiera su trabajo debido a un robot empezara a trabajar como investigador del cáncer, como operador de drones o como parte de un equipo de banca humano-IA. No dispondrán de la pericia necesaria. En la Primera Guerra Mundial tenía sentido enviar a millones de reclutas bisoños a que cargaran con ametralladoras y murieran por millares. Sus habilidades individuales importaban poco. Hoy en día, a pesar de la escasez de operadores de drones, en las fuerzas aéreas de Estados Unidos son reacios a ocupar los puestos vacantes con personas despedidas de Walmart. A nadie le gustaría que un recluta sin experiencia confundiera una fiesta de boda afgana con una reunión de talibanes de alto rango.

En consecuencia, a pesar de la posibilidad de que aparecieran muchos nuevos empleos humanos, quizá presenciaríamos el surgimiento de una nueva clase «inútil». De hecho, podríamos tener lo peor de ambos mundos, y padecer a la vez unas tasas de desempleo elevadas y escasez de mano de obra especializada. Muchas personas no compartirían el destino de los conductores de carros del siglo XIX, que pasaron a conducir taxis, sino el de los caballos del siglo XIX, a los que se apartó poco a poco del mercado laboral hasta que desaparecieron de él por completo.[15]

Además, ningún empleo humano que quede estará jamás a salvo de la amenaza de la automatización futura, porque el aprendizaje automático y la robótica continuarán mejorando. Una cajera de Walmart de cuarenta años que se quede sin empleo y que con esfuerzos sobrehumanos consiga reinventarse como piloto de drones podría tener que reinventarse de nuevo diez años después, porque entonces quizá el vuelo de los drones también se habrá automatizado. Semejante inestabilidad hará asimismo que sea más difícil organizar sindicatos o conseguir derechos laborales. Ya en la actualidad, muchos empleos nuevos en economías avanzadas implican trabajo temporal no protegido, trabajadores autónomos y trabajo ocasional.[16] ¿Cómo se sindicaliza una profesión que surge de pronto y desaparece al cabo de una década?

De manera parecida, es probable que los equipos centauros de humanos y ordenadores se caractericen por un tira y afloja constante entre unos y otros, en lugar de establecerse como una empresa para toda la vida. Los equipos constituidos solo por humanos (como

Sherlock Holmes y el doctor Watson) suelen desarrollar jerarquías y rutinas permanentes que duran décadas. Pero un detective humano que haga equipo con el sistema informático Watson de IBM (que se hizo famoso después de ganar el concurso televisivo estadounidense *Jeopardy!* en 2011) se topará con que cada rutina es una invitación a la interrupción, y cada jerarquía, una invitación a la revolución. El compinche de ayer podría transformarse en el comisario de mañana, y todos los protocolos y manuales tendrán que reescribirse anualmente.[17]

Una mirada más atenta al mundo del ajedrez podría indicar hacia dónde irán las cosas a largo plazo. Es cierto que durante varios años después de que Deep Blue venciera a Kaspárov, la cooperación humano-ordenador floreció en el ajedrez. Pero en los últimos años, los ordenadores son tan buenos jugadores de ajedrez que sus colaboradores humanos han perdido su valor, y pronto podrían ser de todo punto irrelevantes.

El 7 de diciembre de 2017 se alcanzó un hito crítico no cuando un ordenador ganó a un humano al ajedrez (esto ya no es noticia), sino cuando el programa AlphaZero de Google derrotó al programa Stockfish 8. Stockfish 8 fue el campeón mundial de ajedrez en 2016. Tenía acceso a siglos de experiencia humana acumulada en ajedrez, así como a décadas de experiencia de ordenador. Podía calcular 70 millones de posiciones en el tablero por segundo. En cambio, AlphaZero solo realizaba 80.000 de tales cálculos por segundo, y sus creadores humanos nunca le enseñaron ninguna estrategia ajedrecística, ni siquiera aperturas estándar. En cambio, AlphaZero se sirvió de los últimos principios de aprendizaje automático para autoenseñarse ajedrez al jugar contra sí mismo. No obstante, de cien partidas que el novicio AlphaZero jugó contra Stockfish, AlphaZero ganó veintiocho y quedaron en tablas en setenta y dos. No perdió ni una sola vez. Puesto que AlphaZero no aprendió nada de ningún humano, muchos de sus movimientos y estrategias vencedoras parecían poco convencionales a los ojos humanos. Bien pudiera considerárselos creativos, si no geniales.

¿Adivina el lector cuánto tiempo le llevó a AlphaZero aprender ajedrez, prepararse para las partidas contra Stockfish y desarrollar sus intuiciones geniales? Cuatro horas. No se trata de ninguna errata. Durante siglos se ha considerado el ajedrez uno de los mayores logros de la inteligencia humana. AlphaZero pasó de la ignorancia más absoluta a la maestría creativa en cuatro horas, sin ayuda de ningún guía humano.[18]

AlphaZero no es el único programa imaginativo que existe. Hoy en día, muchos programas superan de manera rutinaria a jugadores humanos de ajedrez, no solo en cálculos simples, sino incluso en «creatividad». En los campeonatos de ajedrez exclusivos para humanos, los árbitros están vigilando en todo momento por si hay jugadores que intentan hacer trampa sirviéndose secretamente de la ayuda de ordenadores. Una de las maneras de descubrir a los que hacen trampas es supervisar el nivel de originalidad que muestran los jugadores. Si efectúan un movimiento excepcionalmente creativo, los árbitros sospecharán a menudo que no puede tratarse de un movimiento humano: ha de ser de ordenador. Al menos en el ajedrez, ¡la creatividad ya es propia de los ordenadores y no de los humanos! Así pues, si el ajedrez es nuestro canario en la mina, ya estamos bien avisados de que el canario se está muriendo. Lo que ahora ocurre a los equipos de ajedrez humanos-IA puede ocurrirles también a los equipos de humanos-IA en vigilancia, medicina y operaciones bancarias.[19]

En consecuencia, crear nuevos empleos y volver a formar a personas para que los ocupen no será el único esfuerzo. La revolución de IA no será un único punto de inflexión crucial después del cual el mercado laboral alcanzará un nuevo equilibrio. Más bien será una cascada de disrupciones cada vez mayores. Hoy ya son pocos los empleados que esperan ocupar el mismo empleo toda la vida.[20] En 2050, no solo la idea de «un trabajo para toda la vida», sino también la idea misma de «una profesión para toda la vida» podrían parecer antediluvianas.

Incluso si fuéramos capaces de inventar constantemente empleos nuevos y de volver a formar la fuerza laboral, ¿tendría el humano medio la resistencia emocional necesaria para llevar una vida de tantos y tan incesantes trastornos? El cambio es siempre estresante, y el mundo frenético de principios del siglo XXI ha producido una epidemia global de estrés.[21] A medida que aumente la volatilidad del mercado laboral y de las carreras individuales, ¿será capaz la gente de sobrellevarlo? Probablemente necesitaremos técnicas de reducción del estrés más efectivas (desde los fármacos a la meditación, pasando por la neurorretroalimentación) para impedir que la mente de los sapiens se quiebre. Hacia 2050 podría surgir una clase «inútil» debido no simplemente a una falta absoluta de trabajo o a una falta de educación pertinente, sino también a una resistencia mental insuficiente.

Como es evidente, la mayor parte de lo dicho son solo especulaciones. En el momento de escribir esto (principios de 2018), la automatización ha perturbado muchas industrias, pero no ha desembocado en un desempleo masivo. En realidad, en muchos países, como Estados Unidos, el paro se encuentra en un nivel bajo histórico. Nadie puede saber con seguridad qué tipo de impacto tendrán el aprendizaje automático y la automatización en las diferentes profesiones del futuro, y es muy difícil evaluar el calendario de los acontecimientos relevantes, sobre todo porque dependen tanto de decisiones políticas y de tradiciones culturales como de descubrimientos puramente tecnológicos. Así, incluso después de que los vehículos autónomos demuestren ser más seguros y baratos que los conductores humanos, los políticos y consumidores podrían no obstante impedir el cambio durante años, quizá décadas.

Sin embargo, no podemos permitirnos darnos por satisfechos. Es peligroso suponer simplemente que surgirán empleos nuevos suficientes para compensar las pérdidas. El hecho de que esto haya ocurrido en períodos anteriores de automatización no es en absoluto garantía de que ocurra de nuevo en las condiciones muy diferentes del siglo XXI. Las disrupciones sociales y políticas potenciales son tan alarmantes que incluso si la probabilidad de desempleo sistémico y masivo es baja, estamos obligados a tomárnosla muy en serio.

En el siglo XIX, la revolución industrial generó nuevas condiciones y problemas que ninguno de los modelos sociales, económicos y políticos existentes podía resolver. El feudalismo, la monarquía y las religiones tradicionales no estaban preparados para gestionar las metrópolis industriales, a los millones de obreros desarraigados o la naturaleza siempre cambiante de la economía moderna. En consecuencia, la humanidad tuvo que desarrollar modelos del todo nuevos (democracias liberales, dictaduras comunistas y regímenes fascistas), e hizo falta más de un siglo de guerras y revoluciones terribles para probar estos modelos, separar el grano de la paja y poner en marcha las mejores soluciones. El trabajo infantil en las minas de carbón dickensianas, la Primera Guerra Mundial y la Gran Hambruna ucraniana de 1932-1933 solo fueron una pequeña parte de la cuota de matrícula que la humanidad pagó.

El reto que la infotecnología y la biotecnología plantean a la humanidad en el siglo XXI es sin duda alguna mucho mayor que el que en épocas anteriores supusieron las máquinas de vapor, los ferrocarriles y la electricidad. Y dado el inmenso poder destructor de nuestra civilización, no podemos permitirnos más modelos fallidos, guerras mundiales ni revoluciones sangrientas. Esta vez, los modelos fallidos podrían acabar en guerras nucleares, monstruosidades diseñadas genéticamente y un colapso completo de la biosfera. En consecuencia, tenemos que hacerlo mejor de lo que lo hicimos cuando nos enfrentamos a la revolución industrial.

DE LA EXPLOTACIÓN A LA IRRELEVANCIA

Las soluciones posibles corresponden a tres categorías principales: qué hacer para evitar que se pierdan empleos, qué hacer para crear suficientes puestos de trabajo nuevos, y qué hacer si, a pesar de todos nuestros esfuerzos, la pérdida de empleo supera con mucho la creación.

Evitar la pérdida general de puestos de trabajo es una estrategia poco interesante y probablemente insostenible, porque supone abandonar el inmenso potencial positivo de la IA y la robótica. No obstante, tal vez los gobiernos reduzcan de manera deliberada el ritmo de la automatización, a fin de reducir los impactos que se deriven de aquella y dar tiempo a los reajustes. La tecnología nunca es determinista, y el hecho de que algo pueda hacerse no significa que tenga que hacerse. Las normativas gubernamentales pueden cerrar efectivamente el paso a las nuevas tecnologías aunque sean viables desde el punto de vista comercial y lucrativas desde el económico. Por ejemplo, durante décadas hemos dispuesto de la tecnología para crear un mercado de órganos humanos completo con «granjas de cuerpos» humanos en países subdesarrollados y una demanda casi insaciable de compradores ricos y desesperados. Tales granjas de cuerpos bien pudieran valer cientos de miles de millones de dólares. Pero las leyes han impedido el libre comercio de partes del cuerpo humano, y aunque existe un mercado negro de dichos órganos, es mucho menor y se halla más circunscrito de lo que cabría esperar.[22]

Reducir el ritmo del cambio quizá nos proporcionaría tiempo para crear suficientes puestos de trabajo que sustituyeran a la mayoría de los que se perderán. Pero, como se ha dicho, el espíritu emprendedor económico tendrá que ir acompañado de una revolución en la educación y la psicología. Suponiendo que los nuevos empleos no sean solo sinecuras gubernamentales, probablemente exigirán una gran pericia, y a medida que la IA continúe mejorando, los empleados humanos deberán aprender sin parar nuevas habilidades y cambiar de profesión. Los gobiernos tendrán que intervenir, tanto para subsidiar un sector educativo durante toda la vida como para proporcionar una red de seguridad durante los inevitables períodos de transición. Si una expiloto de drones de cuarenta años necesita tres para reinventarse como diseñadora de mundos virtuales, es muy probable que precise de mucha ayuda gubernamental para mantenerse y mantener a su familia durante dicho tiempo. (En la actualidad, este tipo de proyectos está empezando a ponerse en marcha en Escandinavia, donde los gobiernos siguen el lema «proteger a los obreros, no los empleos».)

Pero incluso si se dispone de ayuda suficiente del gobierno, ni mucho menos se da por descontado que miles de millones de personas sean capaces de reinventarse una y otra vez sin poner en riesgo su equilibrio mental. De ahí que, si a pesar de todos nuestros esfuerzos, hay un porcentaje significativo de la humanidad que resulta expulsada del mercado laboral, tendremos que buscar nuevos modelos para las sociedades, las economías y las políticas poslaborales. El primer paso es reconocer con honestidad que los modelos sociales, económicos y políticos que hemos heredado del pasado son inadecuados para afrontar este reto.

Pensemos, por ejemplo, en el comunismo. A medida que la automatización amenace con sacudir el sistema capitalista hasta sus cimientos, cabría suponer que el comunismo podría reaparecer. Pero el comunismo no se generó para explotar este tipo de crisis. El comunismo del siglo XX daba por sentado que la clase obrera era vital para la economía, y los pensadores comunistas intentaron enseñar al proletariado cómo convertir su inmenso poder económico en influencia política. El plan político comunista exigía una revolución de la clase trabajadora. ¿Cuán relevantes serán estas enseñanzas si las masas pierden su valor económico y, por tanto, necesitan luchar contra la irrelevancia en lugar de hacerlo contra la explotación? ¿Cómo se inicia una revolución de la clase obrera sin una clase obrera?

Algunos podrían aducir que los humanos nunca llegarán a ser irrelevantes desde el punto de vista económico, porque aun cuando no puedan competir con la IA en el puesto de trabajo siempre se los necesitará como consumidores. Sin embargo, no está en absoluto asegurado que la economía futura nos necesite siquiera como consumidores. Las máquinas y los ordenadores podrían serlo también. En teoría, podría existir una economía en la que una compañía minera produzca y venda hierro a una compañía robótica, la compañía robótica produzca y venda robots a la compañía minera, que de ese modo extraerá más hierro, que se usará para producir más robots, y así sucesivamente. Estas compañías podrían crecer y expandirse hasta los confines más remotos de la galaxia, y cuanto necesitarán será robots y ordenadores: no requerirán humanos ni siquiera para comprar sus productos.

De hecho, ya hoy en día ordenadores y algoritmos están empezando a funcionar como clientes además de como productores. En la Bolsa de valores, por ejemplo, los algoritmos se están convirtiendo en los compradores más importantes de bonos, acciones y mercancías. De forma parecida, en el negocio de la publicidad el cliente más importante de todos es un algoritmo: el algoritmo de búsqueda de Google. Cuando la gente diseña páginas web, a menudo satisface el gusto del algoritmo de búsqueda de Google en lugar del gusto de un ser humano.

Evidentemente, los algoritmos no tienen conciencia, de modo que, a diferencia de los consumidores humanos, no pueden disfrutar de lo que compran, y sus decisiones no están condicionadas por sensaciones y emociones. El algoritmo de búsqueda de Google no puede saborear los helados. Sin embargo, los algoritmos seleccionan cosas a partir de sus cálculos internos y de sus preferencias incorporadas, y dichas preferencias modelan nuestro mundo de manera creciente. El algoritmo de búsqueda de Google tiene un gusto muy refinado cuando se trata de ordenar las páginas web de vendedores de helados, y entre estos, los que más éxito tienen en el mundo son los que el algoritmo de Google sitúa en los primeros puestos, no los que hacen los helados más deliciosos.

Esto lo sé por experiencia propia. Cuando publico un libro, los editores me piden que escriba una descripción breve, que usan para la publicidad en línea. Pero cuentan con un experto especial, que adapta lo que yo escribo al gusto del algoritmo de Google. El experto lee mi texto y dice: «No uses esta palabra; usa esta otra en su lugar. De esta manera, el algoritmo de Google nos prestará más atención». Sabemos que si somos capaces de captar la atención del algoritmo, podemos dar por sentado que captaremos la de los humanos.

De modo que si los humanos no se necesitan como productores ni como consumidores, ¿qué amparará su supervivencia física y su bienestar psicológico? No debemos esperar a que la crisis irrumpa con toda su fuerza para ponernos a buscar respuestas. Entonces ya sería demasiado tarde. A fin de enfrentarnos a las disrupciones tecnológicas y económicas del siglo XXI, necesitamos desarrollar nuevos modelos sociales y económicos tan pronto como sea posible. Dichos modelos deberían guiarse por el principio de proteger a los humanos y no los empleos. Muchos trabajos resultan fastidiosos y aburridos, y no vale la pena conservarlos. Nadie sueña con convertirse en un cajero. En lo que tenemos que centrarnos es en satisfacer las necesidades básicas de la gente y en proteger su nivel social y su autoestima.

Un nuevo modelo, que despierta cada vez más interés, es la renta básica universal. La RBU propone que los gobiernos graven a los multimillonarios y a las empresas que controlan los algoritmos y los robots, y que utilicen el dinero para pagar a cada persona un salario generoso que cubra sus necesidades básicas. Esto atenuaría la pérdida de empleo de los pobres y sus problemas económicos, al tiempo que protegería a los ricos de la ira popular.[23]

Una idea relacionada propone ampliar la gama de actividades humanas que se consideran «empleos». En la actualidad, miles de millones de progenitores cuidan de sus hijos, los vecinos se ayudan mutuamente y los ciudadanos organizan comunidades, sin que ninguna de estas actividades valiosas se considere un empleo. Quizá sea necesario que accionemos un interruptor en nuestra mente y nos demos cuenta de que cuidar de un niño es, sin duda, la tarea más importante y exigente del mundo. Si es así, no habrá escasez de trabajo aunque los ordenadores y los robots sustituyan a todos los conductores, banqueros y abogados. La pregunta, desde luego, es: ¿quién evaluará y pagará estos empleos acabados de reconocer? Dando por hecho que los bebés de seis meses no pagarán un salario a sus mamás, probablemente el gobierno tenga que encargarse de ello. Dando por hecho, también, que querremos que dichos salarios cubran todas las necesidades básicas de una familia, acabaremos en algo que no diferirá mucho de la renta básica universal.

Alternativamente, los gobiernos podrían subvencionar servicios básicos universales en lugar de salarios. En lugar de dar dinero a las personas, que después comprarán todo lo que quieran, podrían subvencionar la educación gratuita, la atención sanitaria gratuita, el transporte gratuito, etcétera. En realidad, esta es la visión utópica del comunismo. Aunque el proyecto comunista de iniciar una revolución de la clase obrera podría estar ya anticuado, quizá todavía seríamos capaces de alcanzar el objetivo comunista por otros medios.

Es discutible si es mejor proporcionar a las personas una renta básica universal (el paraíso capitalista) o servicios básicos universales (el paraíso comunista). Ambas opciones tienen ventajas e inconvenientes. Pero, con independencia del paraíso que escojamos, el problema real es definir qué significan en realidad «universal» y «básico».

¿QUÉ ES UNIVERSAL?

Cuando la gente habla de una ayuda básica universal (ya sea en forma de renta o de servicios), generalmente se refiere a una ayuda básica nacional. Hasta la fecha, todas las iniciativas de RBU han sido estrictamente nacionales o municipales. En enero de 2017, Finlandia inició un experimento de dos años proporcionando a 2.000 finlandeses desempleados 560 euros al mes, con independencia de si encontraban trabajo o no. Experimentos similares están en marcha en la provincia canadiense de Ontario, en la ciudad italiana de Livorno y en varias ciudades holandesas.[24] (En 2016, Suiza celebró un referéndum sobre si se instituía un plan de renta básica nacional, pero los votantes rechazaron la idea.)[25]

Sin embargo, el problema de estos planes nacionales y municipales es que las principales víctimas de la automatización quizá no vivan en Finlandia, Ontario, Livorno o Amsterdam. Debido a la globalización, la población de un país depende por completo de mercados de otros países, pero la automatización podría desenredar grandes partes de esta red comercial global con consecuencias desastrosas para los eslabones más débiles. En el siglo XX, los países en vías de desarrollo que carecían de recursos naturales progresaron en el plano económico sobre todo vendiendo el trabajo barato de sus obreros no cualificados. Hoy en día, millones de bangladesíes se ganan la vida fabricando camisas y vendiéndolas a clientes de Estados Unidos, mientras que en Bangalore lo hacen en los servicios telefónicos de atención al cliente que tramitan las quejas de los clientes norteamericanos.[26]

Pero con el auge de la IA, los robots y las impresoras 3-D, el trabajo barato y no cualificado será mucho menos importante. En lugar de fabricar una camisa en Daca y enviarla a Estados Unidos, podremos comprar en línea en Amazon el código de la camisa e imprimirla en Nueva York. Las tiendas de Zara y Prada de la Quinta Avenida podrían ser sustituidas por centros de impresión 3-D en Brooklyn, y algunas personas incluso podrían tener una impresora en casa. Al mismo tiempo, en lugar de llamar al servicio de atención al cliente de Bangalore para quejarnos de nuestra impresora, tal vez habláramos con un representante de la IA en la nube de Google (cuyo acento y tono estarán ajustados a nuestras preferencias). Los obreros y operadores de los centros de atención al cliente que perderán su empleo en Daca y Bangalore carecen de la educación necesaria para ponerse a diseñar camisas de moda o programas informáticos; así pues, ¿cómo sobrevivirán?

Si la IA y las impresoras 3-D acaban relevando a bangladesíes y bangaloreses, los ingresos que antes fluían hacia el Sudeste Asiático llenarán las arcas de unos pocos gigantes tecnológicos en California. En lugar de que el crecimiento económico mejore las condiciones en todo el mundo, habrá riquezas nuevas e inmensas creadas en los centros de alta tecnología, como Silicon Valley, mientras que muchos países en vías de desarrollo se desmoronarán.

Desde luego, algunas economías emergentes (entre ellas, la India y Bangladesh) podrían avanzar lo bastante deprisa para incorporarse al equipo ganador. Si se les da el tiempo suficiente, los hijos o los nietos de los obreros textiles y de los operadores de los centros de atención al cliente podrían muy bien convertirse en los ingenieros y emprendedores que construyan y posean los ordenadores y las impresoras 3-D. Pero el tiempo para efectuar dicha transición se acaba. En el pasado, el trabajo barato y no cualificado ha servido de puente seguro para salvar la brecha económica global, e incluso si un país avanzaba despacio, podía esperar alcanzar finalmente la seguridad. Dar los pasos adecuados era más importante que hacer avances rápidos. Pero ahora el puente se tambalea, y podría derrumbarse pronto. Quienes ya lo han cruzado (progresando del trabajo barato a las industrias de alta especialización) estarán probablemente bien. Pero los que se demoren podrían encontrarse inmovilizados en el lado equivocado de la brecha, sin posibilidad alguna de cruzarla. ¿Qué hace uno cuando nadie necesita a sus obreros baratos y no cualificados, y carece de los recursos para construir un buen sistema de educación y enseñarles nuevas capacidades?[27]

¿Cuál será entonces la suerte de los rezagados? Cabe la posibilidad de que los votantes norteamericanos acordaran que los impuestos que pagan Amazon y Google por sus negocios en Estados Unidos se usaran para proporcionar salarios o servicios gratuitos a los mineros desempleados de Pensilvania y a los taxistas en paro de Nueva York. Sin embargo, ¿estarían también de acuerdo los votantes norteamericanos en que esos impuestos se enviaran para sostener a las personas desempleadas en lugares que el presidente Trump definió como «países de mierda»?[28] Si el lector lo cree, para el caso también podría creer que Santa Claus y el Conejito de Pascua resolverán el problema.

¿QUÉ ES BÁSICO?

La ayuda básica universal pretende satisfacer necesidades humanas básicas, pero no hay una definición aceptada al respecto. Desde una perspectiva puramente biológica, un sapiens necesita solo 1.500-2.500 calorías diarias para sobrevivir. Lo que pase de esta cantidad es lujo. Pero, además de este límite de pobreza biológica, todas las culturas en la historia han definido necesidades adicionales como «básicas». En la Europa medieval, el acceso a los servicios religiosos se consideraba incluso más importante que el alimento, porque cuidaban de nuestra alma eterna y no de nuestro cuerpo efímero. En la Europa actual se considera que unos servicios decentes de educación y de asistencia sanitaria son necesidades humanas básicas, y algunos aducen que incluso el acceso a internet es ahora esencial para todo hombre, mujer y niño. Si en 2050 el Gobierno Mundial Unido acuerda cobrar impuestos a Google, Amazon, Baidu y Tencent a fin de proporcionar el sustento básico a todos los seres humanos de la Tierra (tanto en Daca como en Detroit), ¿cómo definirá «básico»?

Por ejemplo, ¿qué incluye la educación básica: solo leer y escribir, o también diseñar programas informáticos y tocar el violín? ¿Solo seis años de escuela elemental, o lo necesario hasta obtener un doctorado? ¿Y qué hay de la asistencia sanitaria? Si hacia 2050 los avances médicos hacen posible demorar los procesos de envejecimiento y alargar de manera significativa la duración de la vida, ¿estarán los nuevos tratamientos disponibles para los 10.000 millones de humanos del planeta, o solo para algunos multimillonarios? Si la biotecnología permite que los padres mejoren a sus hijos, ¿se considerará esto una necesidad humana básica, o veremos que la humanidad se divide en diferentes castas biológicas, con superhumanos ricos que gozarán de capacidades que sobrepasarán con mucho las de los *Homo sapiens* pobres?

Sea cual sea la manera en que se definan las «necesidades humanas básicas», una vez que se proporcionen a todo el mundo libres de cargos, se darán por supuestas, y entonces las duras competiciones sociales y las luchas políticas se centrarán en lujos no básicos, ya sean los vehículos autónomos de moda, el acceso a los parques de realidad virtual o el cuerpo mejorado mediante bioingeniería. Pero si las masas de desempleados no obtienen recursos económicos, es difícil pensar de qué manera pueden esperar disfrutar de tales lujos. En consecuencia, la brecha entre ricos (los gestores de Tencent y los accionistas de Google) y pobres (los que dependan de la renta básica universal) puede hacerse no simplemente mayor, sino en verdad infranqueable.

De ahí que aun cuando algún plan universal de ayuda proporcionara a los pobres en 2050 una atención sanitaria y una educación mucho mejores que en la actualidad, podrían seguir muy enfadados por la desigualdad global y por la falta de movilidad social. La gente sentirá que el sistema está manipulado en su contra, que el gobierno sirve solo a los superricos y que el futuro será todavía peor para ellos y sus hijos.[29]

Homo sapiens no está hecho para la satisfacción. La felicidad humana depende menos de condiciones objetivas que de nuestras propias expectativas. Sin embargo, las expectativas tienden a adaptarse a las condiciones, incluidas las condiciones de otras personas. Cuando las cosas mejoran, las expectativas aumentan, y en consecuencia incluso mejoras espectaculares en las condiciones pueden dejarnos tan insatisfechos como antes. Si la ayuda básica universal se enfoca a mejorar las condiciones objetivas de una persona media en 2050, tiene una buena probabilidad de lograr éxito. Pero si pretende que la gente esté subjetivamente más satisfecha con lo que tiene y evitar el descontento social, es probable que fracase.

Para conseguir realmente sus objetivos, la ayuda básica universal tendrá que llevar el complemento de algunas actividades plenas, que vayan de los deportes a la religión. Quizá el experimento que más éxito haya tenido hasta la fecha sobre cómo llevar una vida satisfactoria en un mundo postrabajo se haya realizado en Israel. Allí, alrededor del 50 por ciento de los hombres judíos ultraortodoxos no trabajan. Dedican su vida a estudiar las sagradas escrituras y a cumplir con rituales religiosos. Ellos y sus familias no pasan hambre debido en parte a que sus esposas suelen trabajar, y en parte a que el gobierno les proporciona subsidios generosos y servicios gratuitos, lo que cubre las necesidades básicas de la vida. Esto es una ayuda básica universal *avant la lettre*.[30]

A pesar de que son pobres y están sin empleo, en todas las encuestas estos hombres judíos ultraortodoxos dan cuenta de niveles de satisfacción superiores a los de cualquier otro sector de la sociedad israelí. Ello se debe a la fuerza de sus vínculos con la comunidad, así como a la profunda realización que hallan en el estudio de las escrituras y en el cumplimiento de los rituales. Una pequeña sala llena de hombres judíos que debaten el Talmud podría muy bien generar más alegría, compromiso y entendimiento que una enorme fábrica textil llena de obreros que realizan un trabajo duro. En las encuestas globales de satisfacción vital, Israel suele situarse en alguno de los primeros lugares, gracias en parte a estas personas pobres y sin trabajo.[31]

Los israelíes seglares suelen quejarse amargamente de que los ultraortodoxos no contribuyen lo suficiente a la sociedad y viven aislados del duro trabajo de las otras personas. Los israelíes seglares también suelen argumentar que el modo de vida ultraortodoxo es insostenible, en especial porque las familias ultraortodoxas tienen un promedio de siete hijos.[32] Tarde o temprano, el Estado ya no podrá sustentar a tantas personas sin empleo, y los ultraortodoxos se verán obligados a trabajar. Pero podría muy bien ocurrir lo contrario. A medida que los robots y la IA vayan echando a los humanos del mercado laboral, los judíos ultraortodoxos quizá sean considerados el modelo del futuro en lugar de fósiles del pasado. No es que todo el mundo vaya a convertirse en judíos ultraortodoxos y se encierren en las yeshivás a estudiar el Talmud. Pero en la vida de todas las personas, la búsqueda de plenitud y de comunidad podría eclipsar la búsqueda de un puesto de trabajo.

Si conseguimos combinar una red de seguridad económica universal con comunidades fuertes y la búsqueda de una vida plena, perder nuestros puestos de trabajo frente a los algoritmos podría ser en verdad una bendición. Sin embargo, perder el control de nuestra existencia es una situación hipotética mucho más temible. A pesar del peligro del desempleo masivo, aquello que debería preocuparnos mucho más es el paso de la autoridad de los humanos a la de los algoritmos, lo que podría acabar con la poca fe que queda en el relato liberal y abrir el camino a la aparición de dictaduras digitales.

3

Libertad

Los macrodatos están observándote

El relato liberal considera la libertad humana el valor más importante. Aduce que toda autoridad surge en último término del libre albedrío de los individuos humanos, que se expresa en sus sentimientos, deseos y opciones. En política, el liberalismo cree que el votante sabe lo que le conviene. Por tanto, defiende las elecciones democráticas. En economía, el liberalismo mantiene que el cliente siempre tiene la razón. Por tanto, da la bienvenida a los principios del mercado libre. En cuestiones personales, el liberalismo anima a las personas a que se escuchen a sí mismas, a que sean fieles a sí mismas y a que sigan los dictados de su corazón, siempre y cuando no vulneren las libertades de los demás. Esta libertad personal queda consagrada en los derechos humanos.

En el discurso político occidental el término «liberal» se usa a veces hoy en día en un sentido partidista mucho más estricto, para denotar a los que apoyan causas específicas como el matrimonio gay, el control de las armas y el aborto. Pero la mayoría de los llamados conservadores también defienden la amplia visión liberal del mundo. Sobre todo en Estados Unidos, tanto republicanos como demócratas deberían tomarse de vez en cuando un respiro de sus acaloradas disputas para recordarse que todos están de acuerdo en cuestiones fundamentales como las elecciones libres, la judicatura independiente y los derechos humanos.

En particular, es vital recordar que héroes de la derecha, como Ronald Reagan y Margaret Thatcher, fueron grandes adalides no solo de las libertades económicas, sino también de las individuales.

En una famosa entrevista de 1987, Thatcher dijo: «No existe tal cosa como la sociedad. Existe un tapiz vivo de hombres y mujeres, [...] y la calidad de nuestra vida depende de lo mucho que cada uno esté preparado para responsabilizarse de sí mismo».[1]

Los herederos de Thatcher en el Partido Conservador estaban totalmente de acuerdo con el Partido Laborista en que la autoridad política procede de los sentimientos, las opciones y el libre albedrío de los votantes individuales. Así, cuando Gran Bretaña necesitó decidir si debía abandonar la Unión Europea, el primer ministro David Cameron no pidió a la reina Isabel II, al arzobispo de Canterbury ni a los rectores de Oxford y Cambridge que resolvieran la cuestión. Ni siquiera a los miembros del Parlamento. En cambio, convocó un referéndum en que a todos y a cada uno de los británicos se les preguntó: «¿Qué opina sobre la cuestión?».

El lector podría objetar que a la gente se le tenía que haber preguntado: «¿Qué piensa?» en lugar de: «¿Qué opina?», pero este es un error común. Los referéndums y las elecciones tienen siempre que ver con los sentimientos humanos, no con la racionalidad humana. Si la democracia fuera un asunto de toma de decisiones racionales, no habría ninguna razón para conceder a todas las personas los mismos derechos de voto o quizá ningún derecho de voto. Existe evidencia sobrada de que algunas personas están más informadas y son más racionales que otras, y en especial cuando se trata de cuestiones económicas y políticas específicas.[2] Después de la votación sobre el Brexit, el eminente biólogo Richard Dawkins protestó diciendo que nunca se le hubiera debido pedir a la inmensa mayoría de la opinión pública británica (él incluido) que votara en referéndum, porque carecían de los conocimientos suficientes de economía y ciencia política. «Por la misma razón podría convocarse un plebiscito nacional para decidir si Einstein hizo correctamente sus cálculos algebraicos, o dejar que los pasajeros de un avión votaran en qué pista debería aterrizar el piloto.»[3]

Sin embargo, para lo bueno y para lo malo, las elecciones y los referéndums no tratan de lo que pensamos. Tratan de lo que sentimos. Y cuando la cosa va de sentimientos, Einstein y Dawkins no son mejores que cualquier hijo de vecino. La democracia da por sentado que los sentimientos humanos reflejan un «libre albedrío» misterioso y profundo, que este «libre albedrío» es el origen último de la autoridad, y que mientras que algunas personas son más inteligentes que otras, todos los humanos son igualmente libres. Como Einstein y Dawkins, una sirvienta analfabeta también tiene libre albedrío, de modo que el día de las elecciones sus sentimientos (representados por su voto) cuentan tanto como los de cualquier otra persona.

Los sentimientos guían no solo a los votantes, sino también a los líderes. En el referéndum sobre el Brexit de 2016, la campaña del *Leave* estaba encabezada a la vez por Boris Johnson y Michael Gove. Tras la dimisión de David Cameron, Gove apoyó inicialmente a Johnson para el puesto de primer ministro, pero en el último minuto Gove declaró que Johnson era inadecuado para el cargo y anunció su propia intención de presentarse para el puesto. La acción de Gove, que acabó con las opciones de Johnson, se describió como un asesinato político maquiavélico.[4] Pero Gove defendió su conducta recurriendo a sus sentimientos, al explicar: «En cada fase de mi vida política me he hecho una misma pregunta: "¿Qué es lo correcto? ¿Qué me dice el corazón?"».[5] Esta es la razón por la que, según Gove, luchó con tanto ahínco por el Brexit, y por la que se sintió obligado a traicionar a su antiguo aliado Boris Johnson y a competir él mismo por la posición de macho alfa: porque su corazón le dijo que lo hiciera.

Esta confianza en el corazón puede ser el talón de Aquiles de la democracia liberal. Porque una vez que alguien (ya sea en Pekín o en San Francisco) disponga de la capacidad tecnológica de acceder al corazón humano y manipularlo, la política democrática se transformará en un espectáculo de títeres emocional.

ESCUCHA EL ALGORITMO

La creencia liberal en los sentimientos y las opciones libres de los individuos no es natural ni muy antigua. Durante miles de años la gente creyó que la autoridad procedía de leyes divinas y no del corazón humano, y que por tanto debíamos santificar la palabra de Dios y no la libertad humana. Solo en los últimos siglos el origen de la autoridad pasó de las deidades celestiales a los humanos de carne y hueso.

La autoridad puede cambiar de nuevo pronto: de los humanos a los algoritmos. De la misma manera que la autoridad divina estaba legitimada por mitologías religiosas y la autoridad humana estaba justificada por el relato liberal, así la revolución tecnológica que se avecina podría establecer la autoridad de los algoritmos de macrodatos, al tiempo que socavaría la idea misma de la libertad individual.

Tal como hemos indicado en el capítulo anterior, los descubrimientos científicos sobre la manera en que nuestro cerebro y nuestro cuerpo funcionan sugerirían que nuestros sentimientos no son una cualidad espiritual exclusivamente humana y que no reflejan ningún tipo de «libre albedrío». Por el contrario, los sentimientos son mecanismos bioquímicos que todos los mamíferos y aves emplean para calcular rápidamente probabilidades de supervivencia y de reproducción. Los sentimientos no están basados en la intuición, la inspiración o la libertad; están basados en el cálculo.

Cuando un mono, un ratón o un humano ve una serpiente, el miedo aflora porque millones de neuronas calculan muy deprisa en el cerebro los datos relevantes y concluyen que la probabilidad de muerte es elevada. Los sentimientos de atracción sexual surgen cuando otros algoritmos bioquímicos calculan que un individuo cercano ofrece una probabilidad elevada de apareamiento exitoso, de vinculación social o de otro objetivo ansiado. Los sentimientos morales, como la indignación, el remordimiento o el perdón, se derivan de mecanismos neurales que surgieron por evolución para permitir la cooperación en grupo. Todos estos algoritmos bioquímicos se perfeccionaron a lo largo de millones de años de evolución. Si los sentimientos de algún antiguo antepasado cometieron una equivocación, los genes que los modelaron no pasaron a la siguiente generación. Así, los sentimientos no son lo opuesto a la racionalidad: encarnan la racionalidad evolutiva.

Por lo general no nos damos cuenta de que los sentimientos son en realidad cálculos, porque el rápido proceso del cálculo tiene lugar muy por debajo de nuestro umbral de la conciencia. No sentimos los millones de neuronas en el cerebro que computan probabilidades de supervivencia y reproducción, de modo que creemos erróneamente que nuestro miedo a las serpientes, nuestra elección de pareja sexual o nuestras opiniones sobre la Unión Europea son el resultado de algún misterioso «libre albedrío».

No obstante, aunque el liberalismo se equivoca al pensar que nuestros sentimientos reflejan un libre albedrío, hasta el día de hoy todavía tenía un buen sentido práctico. Porque aunque no había nada mágico o libre en nuestros sentimientos, eran el mejor método en el universo para decidir qué estudiar, con quién casarse y a qué partido votar. Y ningún sistema externo podía esperar comprender mis sentimientos mejor que yo. Aun cuando la Inquisición española o el KGB soviético me espiaran cada minuto del día, carecían del conocimiento biológico y la capacidad de cómputo necesarios para acceder subrepticiamente a los procesos bioquímicos que modelan mis deseos y opciones. A efectos prácticos, era razonable argumentar que poseía libre albedrío, porque mi deseo estaba conformado principalmente por la interacción de fuerzas internas, que nadie externo a mí podía ver. Puedo gozar de la ilusión de que controlo mi liza interna y secreta, mientras que los extraños jamás podrán comprender en verdad lo que ocurre en mí y cómo tomo las decisiones.

En consecuencia, el liberalismo estaba en lo cierto al aconsejar a la gente que siguiera los dictados de su corazón en lugar de los de algún sacerdote o de algún *apparatchik* del partido. Sin embargo, pronto los algoritmos informáticos podrán aconsejarnos mejor que los sentimientos humanos. A medida que la Inquisición española y el KGB dejan paso a Google y a Baidu, es probable que el «libre albedrío» quede desenmascarado como un mito, y el liberalismo pueda perder sus ventajas prácticas.

Porque ahora nos hallamos en la confluencia de dos revoluciones inmensas. Por un lado, los biólogos están descifrando los misterios del cuerpo humano, y en particular del cerebro y los sentimientos. Al mismo tiempo, los informáticos nos proporcionan un poder de procesamiento de datos sin precedentes. Cuando la revolución de la biotecnología se fusione con la revolución de la infotecnología, producirá algoritmos de macrodatos que supervisarán y comprenderán mis sentimientos mucho mejor que yo, y entonces la autoridad pasará probablemente de los humanos a los ordenadores. Es posible que mi ilusión del libre albedrío se desintegre a medida que me tope diariamente con instituciones, compañías y organismos gubernamentales que comprendan y manipulen lo que hasta la fecha era mi fuero interno inaccesible.

Esto ya está ocurriendo en el campo de la medicina. Las decisiones médicas más importantes de nuestra vida no dependen de nuestras sensaciones de enfermedad o bienestar, ni siquiera de las predicciones informadas de nuestro médico, sino de los cálculos de ordenadores que comprenden nuestro cuerpo mucho mejor que nosotros. Dentro de unas pocas décadas, algoritmos de macrodatos alimentados por un flujo constante de datos biométricos podrán controlar nuestra salud a todas horas y todos los días de la semana. Podrán detectar el inicio mismo de la gripe, de un cáncer o del Alzheimer mucho antes de que notemos que algo va mal en nosotros. Entonces podrán recomendar tratamientos, dietas y regímenes diarios apropiados, hechos a medida para nuestro físico, nuestro ADN y nuestra personalidad únicos.

La gente gozará de la mejor atención sanitaria de la historia, pero justo por eso es probable que esté enferma todo el tiempo. Siempre hay algo que está mal en algún lugar del cuerpo. Siempre hay algo que puede mejorarse. En el pasado, nos sentíamos perfectamente sanos mientras no sufriésemos dolor o no padeciéramos una discapacidad aparente como una cojera. Pero en 2050, gracias a sensores biométricos y algoritmos de macrodatos, podrán diagnosticarse y tratarse las enfermedades mucho antes de que generen dolor o produzcan discapacidad. Como resultado, siempre nos encontraremos padeciendo alguna «enfermedad» y siguiendo esta o aquella recomendación algorítmica. Si nos negamos, quizá nuestro seguro sanitario quede invalidado, o nuestro jefe nos despida: ¿por qué habrían de pagar ellos el precio de nuestra testarudez?

Una cosa es seguir fumando a pesar de las estadísticas generales que relacionan el tabaco con el cáncer de pulmón, y otra muy distinta es continuar fumando a pesar de una advertencia concreta de un sensor biométrico que acaba de detectar diecisiete células cancerosas en la parte superior de nuestro pulmón izquierdo. Y si estamos dispuestos a desafiar al sensor, ¿qué haremos cuando el sensor transmita la advertencia a nuestra agencia de seguros, a nuestro jefe o a nuestra madre?

¿Quién dispondrá del tiempo y la energía para ocuparse de todas estas enfermedades? Con toda probabilidad, podremos sencillamente instruir a nuestro algoritmo de salud para que se ocupe de la mayoría de estos problemas como considere conveniente. En el mejor de los casos, enviará actualizaciones periódicas a nuestros teléfonos inteligentes, y nos dirá que «se detectaron y se destruyeron diecisiete células cancerosas». Los hipocondríacos quizá lean con responsabilidad esas actualizaciones, pero la mayoría seguramente las pasaremos por alto de la misma manera que hacemos caso omiso de esos avisos tan fastidiosos del antivirus en nuestros ordenadores.

El drama de la toma de decisiones

Es probable que lo que ya está empezando a ocurrir en medicina ocurra cada vez en más ámbitos. La invención clave es el sensor biométrico, que la gente puede llevar sobre su cuerpo o dentro del mismo, y que convierte procesos biológicos en información electrónica que los ordenadores pueden almacenar y analizar. Dados los suficientes datos biométricos y la suficiente potencia de cómputo, los sistemas externos de procesamiento de datos pueden acceder a todos nuestros deseos, decisiones y opiniones. Son capaces de saber con exactitud quiénes somos.

La mayoría de la gente no se conoce muy bien a sí misma. Cuando yo tenía veintiún años, comprendí de una vez por todas que era gay, después de varios años de negarme a aceptarlo. Esto no es nada excepcional. Muchos hombres gais pasan toda su adolescencia

71

inseguros sobre su sexualidad. Imagine ahora el lector la situación en 2050, cuando un algoritmo pueda decirle exactamente a un quinceañero en qué lugar se encuentra en un espectro de gais a heterosexuales (e incluso lo flexible que es dicha posición). Quizá el algoritmo nos muestre imágenes o vídeos de hombres y mujeres atractivos, siga los movimientos de nuestros ojos, la presión sanguínea y la actividad cerebral, y en cuestión de cinco minutos produzca un número en la escala de Kinsey.[6] Esto podría haberme ahorrado años de frustración. Quizá el lector no quiera realizar dicha prueba de forma individual, pero imagínese que se encuentra con un grupo de amigos en la aburrida fiesta de aniversario de Michelle, y que alguien sugiere que todos nos sometamos por turnos a este algoritmo nuevo y genial (y que todos estén alrededor observando los resultados y comentándolos). ¿Acaso el lector se marcharía?

Incluso en el caso de que lo hiciera, y aunque se escondiera de sí mismo y sus compañeros de clase, no podría esconderse de Amazon, Alibaba o la policía secreta. Mientras el lector navega por la web, mira algo en YouTube o lee las noticias de su red social, los algoritmos lo supervisarán y analizarán discretamente, y le dirán a Coca-Cola que si quiere venderle algún refresco, será mejor que en los anuncios utilice al chico descamisado antes que a la chica sin blusa. El lector ni siquiera lo sabrá. Pero ellos sí lo sabrán, y esta información valdrá miles de millones.

Y además, quizá todo esto se haga de manera abierta y la gente comparta su información a fin de obtener mejores recomendaciones, y al final para hacer que el algoritmo tome decisiones por ella. Se empieza por cosas sencillas, como decidir qué película ver. Mientras nos sentamos con un grupo de amigos para pasar una agradable tarde frente al televisor, primero hemos de elegir qué vamos a ver. Hace cincuenta años no teníamos opción, pero hoy en día, con el auge de los servicios de películas a la carta, existen miles de títulos disponibles. Llegar a un acuerdo puede ser bastante difícil, porque mientras que al lector le gustan las películas de ciencia ficción y suspense, Jack prefiere las comedias románticas y Jill vota por pretenciosos filmes franceses. Podría muy bien ocurrir que terminarais aviniéndoos a ver alguna película mediocre de serie B que os decepcione a todos.

Un algoritmo podría ayudar. Podríamos decirle qué películas anteriores nos han gustado de verdad a cada uno y, en función de su base de datos estadística masiva, el algoritmo encontraría entonces la combinación perfecta para el grupo. Por desgracia, es fácil que un algoritmo tan tosco esté mal informado, en particular porque es evidente que los informes personales suelen ser un indicador muy poco fiable de las verdaderas preferencias de la gente. Suele ocurrir que oímos a muchas personas elogiar una determinada película como una obra maestra, nos sentimos obligados a verla y, aunque nos quedamos dormidos a la mitad, no queremos parecer ignorantes, de modo que decimos a todo el mundo que fue una experiencia increíble.[7]

Sin embargo, estos problemas pueden resolverse si simplemente dejamos que el algoritmo recopile datos en tiempo real sobre nosotros mientras vemos los filmes, en lugar de basarnos en nuestros informes personales y dudosos. Para empezar, el algoritmo puede supervisar qué películas vimos enteras y cuáles dejamos a medio ver. Incluso si le decimos a todo el mundo que *Lo que el viento se llevó* es la mejor película jamás rodada, el algoritmo sabrá que nunca pasamos de la primera media hora y nunca vimos en verdad cómo se incendiaba Atlanta.

Pero el algoritmo incluso puede ir mucho más allá. Hoy en día algunos ingenieros están desarrollando programas informáticos capaces de detectar las emociones humanas sobre la base del movimiento de nuestros ojos y músculos faciales.[8] Añadamos una buena cámara a la televisión y ese programa sabrá qué escenas nos hicieron reír, qué escenas nos entristecieron y qué escenas nos aburrieron. A continuación, conectemos el algoritmo a sensores biométricos, y sabrá de qué modo cada fotograma ha influido en nuestro ritmo cardíaco, nuestra tensión sanguínea y nuestra actividad cerebral. Mientras vemos, pongamos por caso, *Pulp Fiction*, de Tarantino, el algoritmo puede advertir que la escena de la violación nos causó un asomo apenas perceptible de excitación sexual, que cuando Vincent disparó por accidente a la cara de Marvin nos hizo reír de forma culpable y que no captamos el chiste sobre la Gran Hamburguesa Kahuna, pero aun así nos reímos, para no parecer estúpidos. Cuando uno se obliga a reír, emplea circuitos cerebrales y músculos distintos que cuando nos reímos porque algo es realmente divertido. Los humanos no suelen detectar la diferencia. Pero un sensor biométrico podría hacerlo.[9]

La palabra «televisor» procede del griego *tele*, que significa «lejos», y del latín *visio*, «visión». Originalmente se concibió como un artilugio que nos permite ver desde lejos. Pero pronto nos permitirá que seamos vistos desde lejos. Tal como George Orwell imaginó en *1984*, la televisión nos estará observando mientras la vemos. Una vez hayamos visto toda la filmografía de Tarantino, quizá podamos olvidar la mayor parte de ella. Pero Netflix o Amazon o quienquiera que posea el algoritmo de la televisión conocerá nuestro tipo de personalidad y cómo pulsar nuestros botones emocionales. Estos datos pueden permitir a Netflix y a Amazon elegir filmes para nosotros con precisión asombrosa, pero también puede permitirles que tomen por nosotros las decisiones más importantes de nuestra vida, como qué estudiar, dónde trabajar y con quién casarnos.

Por supuesto, Amazon no acertará siempre. Eso es imposible. Los algoritmos cometerán errores repetidamente debido a datos insuficientes, a programación defectuosa, a definiciones confusas de los objetivos y a la naturaleza caótica de la vida.[10] Pero Amazon no tiene que ser perfecto. Solo necesita ser, de media, mejor que nosotros, los humanos. Y eso no es muy difícil, porque la mayoría de las personas no se conocen muy bien a sí mismas, y la mayoría de las personas suelen cometer terribles equivocaciones en las decisiones más importantes de su vida. Más incluso que los algoritmos, los humanos adolecen de insuficiencia de datos, de programación (genética y cultural) defectuosa, de definiciones confusas y del caos de la vida.

El lector podría hacer la lista de los muchos problemas que afectan a los algoritmos, y llegar a la conclusión de que las personas nunca confiarán en ellos. Pero eso es un poco como catalogar todos los inconvenientes de la democracia y concluir que ninguna persona en sus cabales elegiría nunca defender un sistema de este tipo. Es sabido que Winston Churchill dijo que la democracia es el peor sistema político del mundo, con excepción de todos los demás. Acertadamente o no, la gente podría llegar a las mismas conclusiones acerca de los macrodatos: tienen muchísimas trabas, pero carecemos de una alternativa mejor.

A medida que los científicos conozcan cada vez mejor la manera en que los humanos toman decisiones, es probable que la tentación de basarse en algoritmos aumente. Acceder a la toma de decisiones de los humanos no solo hará que los algoritmos de macrodatos sean más fiables, sino que los sentimientos humanos sean menos fiables. A medida que gobiernos y empresas consigan acceder al sistema operativo humano, estaremos expuestos a una andanada de manipulación, publicidad y propaganda dirigidos con precisión. Nuestras opiniones y emociones podrían resultar tan fáciles de manipular que nos viéramos obligados a fiarnos de los algoritmos de la misma manera que un piloto que sufre un ataque de vértigo no ha de hacer caso de lo que sus propios sentidos le dicen y debe depositar toda su confianza en la maquinaria.

En algunos países y en determinadas situaciones, quizá a la gente no se le dé ninguna opción, y esta se vea obligada a obedecer las decisiones de los algoritmos de macrodatos. Pero incluso en sociedades supuestamente libres, los algoritmos pueden ir ganando autoridad debido a que aprenderemos por experiencia a confiar en ellos en cada vez más cuestiones, y poco a poco perderemos nuestra capacidad para tomar decisiones por nosotros mismos. Piense simplemente el lector en la manera en que, en las dos últimas décadas, miles de millones de personas han llegado a confiar al algoritmo de búsqueda de Google una de las tareas más importantes de todas: buscar información relevante y fidedigna. Ya no buscamos información. En lugar de ello, «googleamos». Y a medida que confiamos cada vez más en Google para hallar respuestas, nuestra capacidad para buscar información por nosotros mismos disminuye. Ya hoy en día, la «verdad» viene definida por los primeros resultados de la búsqueda de Google.[11]

Esto ha ido ocurriendo también con las capacidades físicas, como el espacio para orientarse y navegar. La gente pide a Google que la guíe cuando conduce. Cuando llega a una intersección, su instinto puede decirle: «Gira a la izquierda», pero Google Maps le dice: «Gire a la derecha». Al principio hacen caso a su instinto, giran a la izquierda, quedan atascados en un embotellamiento de tráfico y no llegan a tiempo a una reunión importante. La próxima vez harán caso a Google, girarán a la derecha y llegarán a tiempo. Aprenden por experiencia a confiar en Google. Al cabo de uno o dos años, se basan a ciegas en lo que les dice Google Maps, y si el teléfono inteligente falla, se encuentran completamente perdidos.

En marzo de 2012, tres turistas japoneses que viajaban por Australia decidieron realizar una excursión de un día a una pequeña isla situada lejos de la costa, y acabaron con su coche dentro del océano Pacífico. La conductora, Yuzu Noda, de veintiún años, dijo después que no había hecho más que seguir las instrucciones del GPS: «Nos dijo que podríamos conducir hasta allí. No dejaba de decir que nos llevaría a una carretera. Quedamos atrapados».[12] En varios incidentes parecidos, los conductores acabaron dentro de un lago, o cayeron desde lo alto de un puente demolido, aparentemente por haber seguido las instrucciones del GPS.[13] La capacidad de orientarse es como un músculo: o lo usas o lo pierdes.[14] Lo mismo puede decirse de la capacidad de elegir cónyuge o profesión.

Todos los años, millones de jóvenes necesitan decidir qué estudiar en la universidad. Esta es una decisión muy importante y difícil. Los jóvenes se encuentran sometidos a la presión de sus padres, sus amigos y sus profesores, que tienen intereses y opiniones diferentes. Los jóvenes deben también enfrentarse a sus propios temores y fantasías. Su juicio está ofuscado y manipulado por éxitos de taquilla de Hollywood, malas novelas y refinadas campañas publicitarias. Es particularmente difícil tomar una decisión sensata porque los interesados no saben en realidad qué hace falta para medrar con éxito en las diferentes profesiones y tampoco tienen necesariamente una imagen realista de sus propias fortalezas y debilidades. ¿Qué se necesita para triunfar como abogado? ¿Cómo me comportaré bajo presión? ¿Sabré trabajar bien en equipo?

Una estudiante puede empezar la carrera de Derecho porque posee una imagen inexacta de sus propias capacidades, y una visión todavía más distorsionada de lo que implica en verdad ser abogado (no se sueltan discursos espectaculares ni se grita «¡Protesto, señoría!» a todas horas). Mientras tanto, su amiga decide cumplir un sueño de la infancia y estudiar ballet de manera profesional, aunque carece de la estructura ósea y la disciplina necesarias. Años más tarde, ambas lamentan mucho su elección. En el futuro, confiaremos en que Google tome estas decisiones por nosotros. Google podrá decirme que perderé el tiempo en la Facultad de Derecho o en la academia de ballet, pero que podré ser una excelente (y muy feliz) psicóloga o fontanera.[15]

Una vez que la IA decida mejor que nosotros las carreras e incluso las relaciones, nuestro concepto de la humanidad y de la vida tendrá que cambiar. Los humanos están acostumbrados a pensar en la existencia como un drama de toma de decisiones. La democracia liberal y el capitalismo de libre mercado ven al individuo como un agente autónomo que no para de tomar decisiones sobre el mundo. Las obras de arte (ya sean las piezas teatrales de Shakespeare, las novelas de Jane Austen o las chabacanas comedias de Hollywood) suelen centrarse en que el o la protagonista ha de tomar alguna decisión particularmente crucial. ¿Ser o no ser? ¿Hacer caso a mi mujer y matar al rey Duncan, o hacer caso a mi conciencia y perdonarlo? ¿Casarme con el señor Collins o con el señor Darcy? Las teologías cristiana y musulmana se centran de manera parecida en el drama de la toma de decisiones, y aducen que la salvación o la condena eternas dependen de haber tomado la decisión correcta.

¿Qué pasará con esta forma de entender la vida si cada vez confiamos más en la IA para que tome las decisiones por nosotros? En la actualidad nos fiamos de Netflix para que nos recomiende películas y de Google Maps para elegir si giramos a la derecha o a la izquierda. Pero una vez que empecemos a contar con la IA para decidir qué estudiar, dónde trabajar y con quién casarnos, la vida humana dejará de ser un drama de toma de decisiones. Las elecciones democráticas y los mercados libres tendrán poco sentido. Lo mismo ocurrirá con la mayoría de las religiones y de las obras de arte. Imagine el lector a Anna Karénina sacando su teléfono inteligente y preguntándole al algoritmo de Facebook si debe seguir casada con Karenin o fugarse con el conde Vronsky. O imagine el lector su obra teatral favorita de Shakespeare con todas las decisiones cruciales tomadas por el algoritmo de Google. Hamlet y Macbeth llevarían una vida mucho más confortable, pero ¿qué tipo de vida sería, exactamente? ¿Tenemos modelos para dar sentido a una existencia de este tipo?

Cuando la autoridad se transfiera de los humanos a los algoritmos, quizá ya no veamos el mundo como el patio de juegos de individuos autónomos que se esfuerzan para tomar las decisiones correctas. En lugar de ello, podríamos percibir todo el universo como un flujo de datos, concebir los organismos como poco más que algoritmos bioquímicos y creer que la vocación cósmica de la humanidad es crear un sistema de procesamiento de datos que todo lo abarque y después fusionarnos con él. Hoy en día ya nos estamos convirtiendo en minúsculos chips dentro de un gigantesco sistema de procesamiento de datos que nadie entiende en realidad. A diario absorbo innumerables bits de datos mediante correos electrónicos, tuits y artículos. No sé exactamente dónde encajo yo en el gran esquema de las cosas, ni cómo mis bits de datos se conectan con los bits producidos por miles de millones de otros humanos y de ordenadores. No tengo tiempo de descubrirlo, porque estoy demasiado ocupado contestando a todos estos correos electrónicos.

EL COCHE FILOSÓFICO

La gente tal vez objetará que los algoritmos nunca podrán tomar decisiones importantes por nosotros, porque las decisiones importantes suelen implicar una dimensión ética, y los algoritmos no entienden de ética. Pero no hay ninguna razón para suponer que no serán capaces de superar al humano medio incluso en ética. Ya hoy en día, cuando dispositivos como los teléfonos inteligentes y los vehículos autónomos toman decisiones que solían ser monopolio humano, empiezan a habérselas con el mismo tipo de problemas éticos que han atormentado a los humanos durante milenios.

Por ejemplo, supongamos que dos chicos que persiguen una pelota saltan delante de un automóvil autónomo. Basándose en sus cálculos instantáneos, el algoritmo que conduce el coche concluye que la única manera de evitar atropellar a los chicos es virar bruscamente al carril opuesto, y arriesgarse a colisionar con un camión que viene en sentido contrario. El algoritmo calcula que en tal caso existe un 70 por ciento de probabilidades de que el propietario del coche (que está profundamente dormido en el asiento posterior) muera en el impacto. ¿Qué debería hacer el algoritmo?[16]

Los filósofos llevan milenios debatiendo sobre estos «problemas del tranvía» (se llaman «problemas del tranvía» porque los ejemplos de manual en los debates filosóficos modernos se refieren a un tranvía fuera de control que se precipita por las vías, en lugar de a un automóvil autónomo).[17] Hasta ahora, resulta vergonzoso que estos debates hayan tenido poquísima influencia sobre el comportamiento real, porque en épocas de crisis los humanos suelen olvidar con demasiada frecuencia sus opiniones filosóficas y en cambio siguen sus emociones e instintos viscerales.

Uno de los experimentos más desagradables en la historia de las ciencias sociales se realizó en diciembre de 1970 con un grupo de estudiantes del Seminario Teológico de Princeton, que se estaban preparando para convertirse en ministros de la Iglesia presbiteriana. A cada estudiante se le pidió que se dirigiera apresuradamente a un aula alejada, y que allí diera una charla sobre la parábola del Buen Samaritano, que cuenta que un judío que viajaba de Jerusalén a Jericó fue asaltado y robado por criminales, que lo dejaron moribundo junto al camino. Después de algún tiempo, un sacerdote y un levita pasaron cerca, pero ninguno de ellos hizo caso del hombre. En cambio, un samaritano (un miembro de una secta muy despreciada por los judíos) se detuvo cuando vio a la víctima, cuidó de ella y le salvó la vida. La moraleja de la parábola es que el mérito de la gente ha de juzgarse por su comportamiento real y no por su filiación religiosa ni por sus opiniones filosóficas.

Los jóvenes e impacientes seminaristas corrieron al aula, mientras en el trayecto iban pensando cómo explicar mejor la parábola del Buen Samaritano. Pero los investigadores dispusieron en su ruta a una persona vestida con andrajos, que estaba sentada despatarrada en un portal, con la cabeza gacha y los ojos cerrados. Cada vez que un incauto seminarista pasaba rápidamente por su lado, la «víctima» tosía y gemía de forma lastimosa. La mayoría de los seminaristas ni siquiera se detuvieron para preguntar al hombre qué le pasaba, y mucho menos le ofrecieron ayuda. El estrés emocional generado por la necesidad de correr hasta el aula superó a su obligación moral de ayudar a un desconocido en apuros.[18]

Las emociones humanas superan a las teorías filosóficas en muchas otras situaciones. Esto hace que la historia ética y filosófica del mundo sea un relato bastante deprimente de ideas maravillosas y de comportamientos menos que ideales. ¿Cuántos cristianos ofrecen ahora la otra mejilla, cuántos budistas se elevan en realidad por encima de las obsesiones egoístas y cuántos judíos aman realmente a sus vecinos como a sí mismos? Esta es justo la manera como la selección natural ha modelado a *Homo sapiens*. Al igual que todos los mamíferos, *Homo sapiens* emplea las emociones para tomar rápidas decisiones de vida o muerte. Hemos heredado nuestra ira, nuestro miedo y nuestro deseo de millones de antepasados, los cuales pasaron los controles de calidad más rigurosos de la selección natural.

Por desgracia, lo que era bueno para la supervivencia y la reproducción en la sabana africana hace un millón de años no tiene por qué dar lugar necesariamente a un comportamiento responsable en las carreteras del siglo XXI. Todos los años, conductores humanos distraídos, enfadados y ansiosos matan a más de un millón de personas en accidentes de tráfico. Podemos enviar a todos nuestros filósofos, profetas y sacerdotes a que prediquen ética a dichos conductores, pero en la carretera seguirán predominando las emociones propias de los mamíferos y los instintos de la sabana. En consecuencia, los seminaristas apresurados no prestarán atención a personas en apuros y los conductores en un momento crítico atropellarán a infortunados peatones.

Esta disyunción entre el seminario y la carretera es uno de los mayores problemas prácticos en la ética. Immanuel Kant, John Stuart Mill y John Rawls ya pueden acomodarse en alguna acogedora aula universitaria y discutir durante días problemas teóricos de ética, pero ¿en verdad los conductores estresados aplicarán sus conclusiones en plena emergencia y en una fracción de segundo? Quizá Michael Schumacher (el campeón de Fórmula Uno del que a veces se ha dicho que ha sido el mejor conductor de la historia) tenía la capacidad de pensar en filosofía mientras conducía su coche, pero la mayoría no somos Schumacher.

De todos modos, los algoritmos informáticos no han sido conformados por la selección natural, y no tienen emociones ni instintos viscerales. De ahí que, en momentos críticos, puedan seguir directrices éticas mucho mejor que los humanos, siempre que encontremos una manera de codificar la ética en números y estadísticas precisos. Si enseñáramos a Kant, Mill y Rawls a escribir programas informáticos, podrían programar el automóvil autónomo en su confortable laboratorio, y estar seguros de que el coche seguiría sus órdenes en la autopista. En efecto, cada coche será conducido por Michael Schumacher e Immanuel Kant unidos en una única entidad.

Así, si programamos un automóvil autónomo para que se detenga y ayude a extraños en apuros, lo hará contra viento y marea (a menos, desde luego, que insertemos una cláusula de excepción para situaciones de vendavales y marejadas). De manera parecida, si nuestro automóvil autónomo se halla programado para pasar al otro carril a fin de esquivar a dos chicos situados en su trayectoria, podemos apostar la vida a que será justo esto lo que hará. Lo que significa que cuando diseñen su automóvil autónomo, Toyota o Tesla transformarán un problema teórico de la filosofía de la ética en un problema práctico de ingeniería.

Sin duda, los algoritmos filosóficos nunca serán perfectos. Todavía habrá errores, que acarrearán heridos, muertos y pleitos complicadísimos. (Por primera vez en la historia, podremos demandar a un filósofo por las desafortunadas consecuencias de sus teorías, porque por primera vez en la historia podremos demostrar una conexión causal directa entre ideas filosóficas y acontecimientos de la vida real.) Sin embargo, para ocupar el lugar de los conductores humanos, los algoritmos no tienen que ser perfectos. Solo mejor que los humanos. Dado que los conductores humanos matan al año a más de un millón de personas, no es pedir demasiado. A fin de cuentas, ¿preferirá el lector que el coche que está junto al suyo lo conduzca un adolescente ebrio o el equipo Schumacher-Kant?[19]

La misma lógica puede aplicarse no solo a la conducción de automóviles, sino a muchas otras situaciones. Pongamos como ejemplo la solicitud de empleo. En el siglo XXI, la decisión de contratar o no a alguien para un puesto de trabajo la tomarán cada vez más los algoritmos. No podemos basarnos en la máquina para establecer criterios éticos relevantes: será necesario que esto sigan haciéndolo los humanos. Pero una vez que hayamos decidido acerca de un criterio ético en el mercado laboral (por ejemplo, que está mal discriminar a los negros y a las mujeres), podemos confiar en las máquinas para que implementen y mantengan ese criterio mejor que los humanos.[20]

Un gestor humano puede saber e incluso estar de acuerdo en que no es ético discriminar a los negros y a las mujeres, pero cuando una mujer negra solicita un empleo, el gestor la discrimina de forma inconsciente, y decide no contratarla. Si permitimos que un ordenador evalúe solicitudes de empleo y lo programamos para que no tenga en absoluto en cuenta raza ni género, no cabe duda de que el ordenador en verdad pasará por alto estos factores, porque los ordenadores no tienen subconsciente. Desde luego, no será fácil diseñar un programa para evaluar solicitudes de empleo, y siempre existirá el peligro de que los ingenieros introduzcan de alguna manera sus propios prejuicios inconscientes en el programa.[21] Pero una vez que hayamos descubierto tales errores, seguramente será mucho más fácil corregir el programa que librar a los humanos de sus prejuicios racistas y misóginos.

Hemos visto que el auge de la inteligencia artificial podría expulsar a la mayoría de los humanos del mercado laboral, entre ellos a conductores y policía de tráfico (cuando los humanos pendencieros sean sustituidos por algoritmos obedientes, la policía de tráfico no será necesaria). Sin embargo, podría haber algunas nuevas vacantes para los filósofos, porque sus habilidades (que hasta ahora carecen de mucho valor de mercado) de repente serán muy demandadas. Así, si queremos estudiar algo que garantice un buen empleo en el futuro, quizá la filosofía no sea una mala apuesta.

Desde luego, los filósofos rara vez se ponen de acuerdo en el procedimiento adecuado. Pocos «problemas del tranvía» se han resuelto a gusto de todos los filósofos, y pensadores consecuencialistas como John Stuart Mill (que juzga las acciones por sus consecuencias) sostienen opiniones muy diferentes a los deontologistas como Immanuel Kant (que juzga las acciones mediante reglas absolutas). ¿Tendría que posicionarse realmente Tesla respecto a estos asuntos tan enrevesados para producir un automóvil?

Bueno, quizá Tesla simplemente deje esta cuestión al mercado. Fabricará dos modelos de automóvil autónomo: el Tesla Altruista y el Tesla Egoísta. En una emergencia, el Altruista sacrifica a su dueño por un bien mayor, mientras que el Egoísta hace cuanto está en su mano para salvar a su dueño, incluso si ello significa matar a los dos chicos. Entonces los clientes podrán comprar el coche que mejor se adapte a su opinión filosófica favorita. Si hay más personas que compran el Tesla Egoísta, no podremos culpar a Tesla. Al fin y al cabo, el cliente siempre tiene razón.

No es un chiste. En un estudio pionero de 2015, a unas personas se les presentó una situación hipotética en la que un automóvil autónomo estaba a punto de atropellar a varios peatones. La mayoría dijeron que en este caso el coche tenía que salvar a los peatones aun a costa de matar a su dueño. Cuando después se les preguntó si ellos comprarían un automóvil programado para sacrificar a su dueño por un bien mayor, la mayoría contestaron que no. Para ellos, preferirían el Tesla Egoísta.[22]

Imagine la lectora la situación: ha comprado un coche nuevo, pero antes de empezar a usarlo, ha de meterse en el menú de configuración y elegir una de varias opciones. En caso de un accidente, ¿quiere que el automóvil sacrifique su vida o que mate a la familia del otro vehículo? ¿Es esta una elección que desearía hacer? Piense solo en las discusiones que habrá de tener con su marido acerca de qué opción elegir.

¿Acaso el Estado debería intervenir para regular el mercado e imponer un código ético para todos los automóviles autónomos?

Algunos legisladores estarían sin duda entusiasmados con la oportunidad de promulgar por fin leyes que siempre se cumplan al pie de la letra. Otros legisladores podrían sentirse alarmados por semejante responsabilidad totalitaria y sin precedentes. Después de todo, a lo largo de la historia las limitaciones del cumplimiento de las leyes han sido un freno bien acogido a los prejuicios, errores y excesos de los legisladores. Fue una gran fortuna que leyes contra la homosexualidad y contra la blasfemia se hicieran cumplir solo parcialmente. ¿De verdad queremos un sistema en que las decisiones de políticos falibles se conviertan en algo tan inexorable como la fuerza de la gravedad?

DICTADURAS DIGITALES

La IA suele asustar a la gente porque esta no cree que vaya a ser siempre obediente. Hemos visto demasiadas películas de ciencia ficción sobre robots que se rebelan contra sus amos humanos, que corren descontrolados por las calles matando a todo el mundo. Pero el problema real con los robots es justo el contrario. Debemos temerlos porque probablemente obedecerán siempre a sus amos y nunca se rebelarán.

No hay nada malo en la obediencia ciega, desde luego, mientras los robots sirvan a amos benignos. Incluso en la guerra, basarse en robots asesinos puede asegurar que, por primera vez en la historia, las leyes de la guerra se respeten de verdad en el campo de batalla. A veces los soldados humanos se dejan llevar por sus emociones y asesinan, saquean y violan, transgrediendo así las leyes de la guerra. Solemos asociar las emociones con la compasión, el amor y la empatía, pero en tiempos de guerra, las emociones que predominan son con demasiada frecuencia el miedo, el odio y la crueldad. Puesto que los robots carecen de emociones, puede confiarse en que siempre cumplirán al pie de la letra el código militar, y que nunca se dejarán influir por temores y odios personales.[23]

El 16 de marzo de 1968, en la aldea sudvietnamita de My Lai, los soldados norteamericanos de un regimiento se volvieron locos y aniquilaron a unos 400 civiles. Este crimen de guerra fue el resultado de la iniciativa local de hombres que habían estado combatiendo durante varios meses en una guerra de guerrillas en la jungla. No tuvo ninguna finalidad estratégica, y contravino tanto el código legal como la política militar estadounidenses. Se debió a emociones humanas.[24] Si Estados Unidos hubiera hecho uso de robots asesinos en Vietnam, la masacre de My Lai jamás se hubiera producido.

No obstante, antes de que nos apresuremos a desarrollar y a usar robots asesinos, debemos recordar que los robots siempre reflejan y amplifican las cualidades de su programa. Si el programa es mesurado y benévolo, los robots serán probablemente una mejora enorme respecto al soldado humano medio. Pero si el programa es despiadado y cruel, los resultados serán catastróficos. El problema real de los robots no es su propia inteligencia artificial, sino más bien la estupidez y crueldad naturales de sus amos humanos.

En julio de 1995, tropas serbobosnias mataron a más de 8.000 musulmanes bosnios en los alrededores de la ciudad de Srebrenica. A diferencia de la masacre caótica de My Lai, los asesinatos de Srebrenica fueron una operación prolongada y bien organizada que reflejaba la política de los serbobosnios de «limpiar étnicamente» Bosnia de musulmanes.[25] Si los serbobosnios hubieran tenido robots asesinos en 1995, es probable que la atrocidad hubiera sido aún mayor. Ningún robot hubiera dudado ni un momento en cumplir las órdenes que se le hubieran dado, y no hubiera escatimado la vida de un solo niño musulmán por sentimientos de compasión, repulsión o simple letargia.

Un dictador despiadado armado con estos robots asesinos nunca debería temer que sus soldados se volvieran en su contra, con independencia de lo desalmadas y locas que fueran sus órdenes. Un ejército de robots habría sin duda estrangulado en su cuna a la Revolución francesa en 1789, y si en 2011 Hosni Mubarak hubiera dispuesto de un contingente de robots asesinos, habría podido desplegarlos contra el populacho sin temor a su defección. De forma parecida, un gobierno imperialista que se basara en un ejército de robots podría librar guerras impopulares sin preocuparse de si los robots pierden la motivación, o de si sus familias organizan protestas. Si Estados Unidos hubiera dispuesto de robots asesinos en la guerra de Vietnam, la masacre de My Lai podría haberse evitado, pero la contienda misma tal vez habría durado muchos más años, porque el gobierno estadounidense no hubiera tenido tantos problemas con soldados desmoralizados, manifestaciones multitudinarias contra la contienda o un movimiento de «robots veteranos contra la guerra» (algunos ciudadanos norteamericanos quizá aún se habrían opuesto a la guerra, pero sin el temor a ser reclutados, sin el recuerdo de haber cometido atrocidades personalmente y sin la dolorosa pérdida de un familiar querido, los manifestantes habrían sido probablemente menos numerosos y habrían estado menos motivados).[26]

Estos tipos de problemas son mucho menos relevantes para los vehículos civiles autónomos, porque ningún fabricante de coches programaría de forma malévola sus vehículos para que se dirigieran hacia las personas y las mataran. Pero los sistemas de armas autónomas suponen una catástrofe en ciernes, porque hay demasiados gobiernos que tienden a ser éticamente corruptos o directamente malvados.

El peligro no se limita a las máquinas asesinas. Los sistemas de vigilancia pueden ser igualmente peligrosos. En manos de un gobierno benévolo, los algoritmos de vigilancia potentes quizá sean lo mejor que le haya ocurrido nunca a la humanidad. Pero esos algoritmos de macrodatos podrían asimismo empoderar a un futuro Gran Hermano, de modo que termináramos sometidos a un régimen de vigilancia orwelliana en el que cada uno de los individuos fuera controlado todo el tiempo.[27]

De hecho, podríamos acabar de una manera que ni siquiera Orwell hubiera imaginado: con un régimen de vigilancia global que haga el seguimiento no solo de todas nuestras actividades y nuestras manifestaciones externas, sino que también logre incluso metérsenos bajo la piel para conocer nuestras experiencias internas. Considérese por ejemplo lo que el régimen de Kim en Corea del Norte sería capaz de hacer con la nueva tecnología. En el futuro, a cada ciudadano norcoreano se le podría exigir que llevara un brazalete biométrico que supervisara cuanto hiciera y dijera, así como su tensión sanguínea y su actividad cerebral. Mediante el uso de nuestro conocimiento creciente del cerebro humano, y empleando los inmensos poderes del aprendizaje automático, el régimen norcoreano podría, por primera vez en la historia, evaluar lo que todos y cada uno de los ciudadanos está pensando en cualquier momento. Si miramos una fotografía de Kim Jong-un y los sensores biométricos captan las señales que delatan la ira (aumento de la tensión sanguínea, actividad acrecentada en la amígdala), podríamos vernos en el gulag la mañana siguiente.

Por supuesto, debido a su aislamiento, al régimen de Corea del Norte le costaría desarrollar por sí mismo la tecnología necesaria. Sin embargo, dicha tecnología podría iniciarse en naciones más avanzadas técnicamente, y luego ser copiada o comprada por los norcoreanos y otras dictaduras atrasadas. Tanto China como Rusia están mejorando sin cesar sus instrumentos de vigilancia, como varios países democráticos más, desde Estados Unidos hasta mi patria, Israel. Llamada la «nación emprendedora», Israel tiene un sector de alta tecnología muy dinámico y una industria puntera de ciberseguridad. Al mismo tiempo, está también enzarzada en un conflicto letal con los palestinos, y al menos algunos de sus dirigentes, generales y ciudadanos se pondrían muy contentos si se creara un régimen de vigilancia total en Cisjordania tan pronto como se disponga de la tecnología necesaria.

Ya hoy en día, siempre que los palestinos realizan una llamada telefónica, publican algo en Facebook o viajan de una ciudad a otra, es probable que se los vigile con micrófonos, cámaras, drones o programas espía israelíes. Los datos obtenidos se analizan después mediante algoritmos de macrodatos. Esto ayuda a las fuerzas de seguridad israelíes a precisar y a neutralizar amenazas potenciales sin tener que desplazar demasiados efectivos sobre el terreno. Los palestinos pueden administrar algunas ciudades y pueblos en Cisjordania, pero los israelíes controlan el cielo, las ondas de radio y el ciberespacio. Por tanto, son necesarios muy pocos soldados israelíes para controlar de manera efectiva a alrededor de 2,5 millones de palestinos en Cisjordania.[28]

En un incidente tragicómico acaecido en octubre de 2017, un peón palestino publicó en Facebook una fotografía de sí mismo en su lugar de trabajo, al lado de un buldócer. Junto a la imagen escribió: «¡Buenos días!». Un algoritmo automático cometió un pequeño error cuando transliteró las letras arábigas. En lugar de «Ysabechhum!» (que significa «¡Buenos días!»), el algoritmo identificó las letras como «Ydbachhum!» (que significa «¡Mátalos!»). Al sospechar que el hombre podía ser un terrorista que intentaba utilizar un buldócer para atropellar a gente, las fuerzas de seguridad israelíes lo detuvieron de inmediato. Quedó en libertad cuando se dieron cuenta de que el algoritmo había cometido un error. No obstante, el post ofensivo se eliminó de Facebook. Nunca se es demasiado prudente.[29] Lo que los palestinos están viviendo hoy en día en Cisjordania podría ser simplemente un burdo anticipo de lo que miles de millones de personas acabarán por experimentar en todo el planeta.

A finales del siglo XX, las democracias superaban por lo general a las dictaduras porque aquellas eran mejores procesando los datos. La democracia difunde el poder para procesar información y la toma de decisiones se hace entre muchas personas e instituciones, mientras que la dictadura concentra la información y el poder en un punto. Dada la tecnología del siglo XX, era ineficiente concentrar demasiada información y poder en un punto. Nadie tenía la capacidad de procesar toda la información con suficiente rapidez y de tomar las decisiones adecuadas. Esa es una parte de la razón por la que la Unión Soviética tomó decisiones mucho peores que Estados Unidos, y por la que la economía soviética se hallaba muy por detrás de la norteamericana.

Sin embargo, puede que la inteligencia artificial haga que el péndulo se mueva en la dirección opuesta. La IA hace posible procesar cantidades enormes de información de manera centralizada. De hecho, podría lograr que los sistemas centralizados fueran mucho más eficientes que los sistemas difusos, porque el aprendizaje automático funciona mejor cuando es capaz de analizar mucha información. Si concentramos toda la información relacionada con mil millones de personas en una única base de datos, sin tener en cuenta los problemas de privacidad, podemos preparar algoritmos mucho mejores que si respetamos la intimidad individual y en nuestra base de datos solo disponemos de información parcial sobre un millón de personas. Por ejemplo, si un gobierno autoritario ordenara a todos sus ciudadanos que analizaran su ADN y que compartieran sus datos médicos con alguna autoridad central, obtendría una ventaja inmensa en genética e investigación médica con respecto a sociedades en que los datos médicos son estrictamente privados. La principal desventaja de los regímenes autoritarios en el siglo XX (el intento de concentrar toda la información en un punto) podría convertirse en su ventaja decisiva en el siglo XXI.

Cuando los algoritmos lleguen a conocernos tan bien, los gobiernos autoritarios se harán con un control absoluto sobre sus ciudadanos, más incluso que en la Alemania nazi, y la resistencia a tales regímenes podría ser de todo punto imposible. El régimen no solo sabrá exactamente cómo sentimos: podrá hacer que sintamos lo que quiera. El dictador tal vez no sea capaz de proporcionar a los ciudadanos asistencia sanitaria o igualdad, pero podrá hacer que lo amen y que odien a sus oponentes. En su forma actual, la democracia no sobrevivirá a la fusión de la biotecnología y la infotecnología. O bien se reinventa a sí misma con éxito y de una forma radicalmente nueva, o bien los humanos acabarán viviendo en «dictaduras digitales».

Esto no implicará un retorno a la época de Hitler y Stalin. Las dictaduras digitales serán tan diferentes de la Alemania nazi como la Alemania nazi lo era de la Francia del *ancien régime*. Luis XIV fue un autócrata centralizador, pero carecía de la tecnología necesaria para erigir un Estado totalitario moderno. Su reinado no sufrió ninguna oposición, pero en ausencia de radios, teléfonos y trenes, ejercía poco control sobre la vida cotidiana de los campesinos de las remotas aldeas bretonas, o incluso de los ciudadanos del centro de París. No tenía la voluntad ni la capacidad para establecer un partido de masas, un movimiento juvenil que abarcara a todo el país o un sistema de educación nacional.[30] Fueron las nuevas tecnologías del siglo XX las que proporcionaron a Hitler la motivación y el poder para hacer estas cosas. No podemos predecir cuáles serán las motivaciones ni la fuerza de las dictaduras digitales en 2084, pero es muy poco probable que se limiten a copiar a Hitler y a Stalin. Aquellos que se preparen para volver a librar las batallas de la década de 1930 podrían ser objeto de un ataque por sorpresa procedente de una dirección por completo distinta.

Incluso si la democracia consigue adaptarse y sobrevivir, las personas podrían ser víctimas de nuevos tipos de opresión y discriminación. En la actualidad, hay cada vez más bancos, empresas e instituciones que emplean algoritmos para analizar datos y tomar decisiones sobre nosotros. Cuando solicitamos un préstamo al banco, es probable que nuestra solicitud sea procesada por un algoritmo y no por un humano. El algoritmo analiza muchísimos datos sobre nosotros y estadísticas acerca de millones de otras personas, y decide si somos lo bastante solventes para concedernos el préstamo. A menudo, el trabajo que realiza el algoritmo es mejor que el de un banquero humano. Pero el problema radica en que si el algoritmo discrimina injustamente a algunas personas, es difícil saberlo. Si el banco se niega a concedernos el préstamo y preguntamos: «¿Por qué?», el banco contesta: «El algoritmo dijo que no». Y entonces preguntamos: «¿Y por qué dijo que no el algoritmo? ¿Qué problema hay?», y el banco responde: «No lo sabemos. No hay ningún humano que entienda este algoritmo, porque se basa en aprendizaje automático avanzado. Pero confiamos en nuestro algoritmo, de modo que no le concederemos el préstamo».[31]

Cuando la discriminación se dirige a grupos enteros, como mujeres o negros, estos grupos pueden organizarse y protestar contra su discriminación colectiva. Pero ahora un algoritmo es capaz de discriminarnos a nosotros de forma individual, y no tenemos ni idea de por qué. Quizá el algoritmo encontró algo en nuestro ADN, nuestra historia personal o nuestra cuenta de Facebook que no le gusta. El algoritmo nos discrimina no porque seamos una mujer o un afroamericano, sino porque somos nosotros. Hay algo específico en nosotros que no le gusta. No sabemos qué es, y aunque lo supiéramos no podríamos organizarnos con otras personas para protestar, porque no hay otras personas que padezcan el mismo prejuicio exacto. Solo nosotros. En lugar de simplemente discriminación colectiva, en el siglo XXI podríamos enfrentarnos a un problema creciente de discriminación individual.[32]

En las más altas esferas de la autoridad, probablemente seguirá habiendo hombres de paja humanos, que nos generarán la ilusión de que los algoritmos solo son consejeros y que la autoridad última se halla todavía en manos humanas. No designaremos una IA como el canciller de Alemania o el director ejecutivo de Google. Sin embargo, las decisiones que tomen el canciller y el director ejecutivo estarán determinadas por la IA. El canciller podrá elegir todavía entre varias opciones, pero todas serán el resultado del análisis de macrodatos y reflejarán más la manera como la IA entiende el mundo que la manera como lo entienden los humanos.

Por poner un ejemplo análogo: en la actualidad los políticos de todo el mundo pueden elegir entre varias políticas económicas diferentes, pero en casi todos los casos las diversas políticas que se ofrecen reflejan una perspectiva capitalista de la economía. Los políticos creen que están eligiendo, pero las decisiones realmente importantes ya las han tomado mucho antes los economistas, banqueros y empresarios que modelaron las diferentes opciones en el menú. Dentro de un par de décadas, los políticos podrían encontrarse eligiendo de un menú escrito por la IA.

INTELIGENCIA ARTIFICIAL Y ESTUPIDEZ NATURAL

Una buena noticia es que al menos en las próximas décadas no tendremos que habérnoslas con la elaborada pesadilla de la ciencia ficción en la que la IA adquiera conciencia y decida esclavizar o aniquilar a la humanidad. Cada vez nos basaremos más en los algoritmos para que tomen decisiones por nosotros, pero es improbable que estos empiecen conscientemente a manipularnos. No tendrán ninguna conciencia.

La ciencia ficción suele confundir la inteligencia con la conciencia, y supone que para equipararse a la inteligencia humana o superarla, los ordenadores tendrán que desarrollar conciencia. El argumento básico de casi todas las películas y novelas sobre IA gira en torno al instante mágico en el que un ordenador o un robot adquieren conciencia. Una vez ocurre, o bien el héroe humano se enamora del robot, o bien el robot intenta matar a todos los humanos, o bien suceden ambas cosas a la vez.

Pero en realidad no hay razón para suponer que la inteligencia artificial adquiera conciencia, porque inteligencia y conciencia son cosas muy distintas. La inteligencia es la capacidad de resolver problemas. La conciencia es la capacidad de sentir dolor, alegría, amor e ira. Tendemos a confundir ambas cosas porque en los humanos y otros mamíferos la inteligencia va de la mano de la conciencia. Los mamíferos resuelven la mayoría de los problemas mediante los sentimientos. Sin embargo, los ordenadores los resuelven de una manera diferente.

Simplemente, hay caminos distintos que conducen a una inteligencia elevada, y solo algunos de dichos caminos implican obtener conciencia. De la misma manera que los aviones vuelan más rápidos que las aves sin desarrollar plumas, así los ordenadores pueden llegar a resolver problemas mucho mejor que los mamíferos sin desarrollar sentimientos. Es cierto que la IA tendrá que analizar con exactitud los sentimientos humanos para tratar enfermedades humanas, identificar a terroristas humanos, recomendar a parejas humanas y circular por una calle llena de peatones humanos. Pero podrá hacerlo sin experimentar ningún sentimiento propio. Un algoritmo no necesita sentir alegría, ira o miedo para reconocer los diferentes patrones bioquímicos de simios alegres, contrariados o asustados.

Desde luego, no es del todo imposible que la IA desarrolle sentimientos propios. Todavía no sabemos bastante de la conciencia para estar seguros de ello. En general, hay tres opciones que es necesario considerar:

1. La conciencia está relacionada de algún modo con la bioquímica orgánica, de tal manera que nunca será posible crear la conciencia en sistemas no orgánicos.
2. La conciencia no está relacionada con la bioquímica orgánica, pero sí con la inteligencia, de tal manera que los ordenadores podrían desarrollar conciencia y los ordenadores ten-

drán que hacerlo si deben superar un determinado umbral de inteligencia.

3. No existen conexiones esenciales entre la conciencia y la bioquímica orgánica o la inteligencia superior. Por tanto, los ordenadores podrían desarrollar conciencia, pero no necesariamente; podrían llegar a ser superinteligentes al tiempo que siguieran sin tener conciencia.

En nuestro estado actual de conocimiento, no podemos descartar ninguna de estas alternativas. Pero precisamente porque sabemos tan pocas cosas de la conciencia, parece improbable que seamos capaces de programar muy pronto ordenadores conscientes. De ahí que a pesar del inmenso poder de la inteligencia artificial, por ahora su uso continuará dependiendo en cierta medida de la conciencia humana.

El peligro es que, si invertimos demasiado en desarrollar la IA y demasiado poco en desarrollar la conciencia humana, la inteligencia artificial muy sofisticada de los ordenadores solo servirá para fortalecer la estupidez natural de los humanos. Es improbable que nos enfrentemos a una rebelión de robots en las décadas venideras, pero podríamos tener que habérnoslas con multitud de bots que saben cómo pulsar nuestros botones emocionales mejor que nuestra madre, y utilizar esta asombrosa capacidad para intentar vendernos cosas, ya sea un automóvil, a un político o una ideología completa. Los bots podrían identificar nuestros temores, odios y antojos más profundos, y utilizar esta ventaja contra nosotros. Ya se nos ha dado una muestra de esto en elecciones y referéndums en todo el mundo, cuando los piratas informáticos han descubierto cómo manipular a los votantes individuales analizando los datos sobre ellos y explotando sus prejuicios.[33] Aunque las novelas y películas de ciencia ficción acaban en espectaculares apocalipsis de fuego y humo, en realidad podríamos enfrentarnos a un apocalipsis banal al pulsar una tecla.

Para evitar tales resultados, por cada dólar y cada minuto que invertimos en mejorar la inteligencia artificial sería sensato invertir un dólar y un minuto en promover la conciencia humana. Por desgracia, en la actualidad no hacemos mucho para investigarla y desarrollarla. Estamos investigando y desarrollando capacidades humanas sobre todo según las necesidades inmediatas del sistema económico y político, y no según nuestras propias necesidades a largo plazo como seres conscientes. Mi jefe quiere que conteste los mensajes electrónicos tan rápidamente como sea posible, pero le interesa poco mi capacidad para saborear y apreciar los manjares que como. En consecuencia, reviso los mensajes electrónicos incluso durante las comidas, al tiempo que pierdo mi capacidad de prestar atención a mis propias sensaciones. El sistema económico me presiona para que expanda y diversifique mi cartera de valores, pero me da cero incentivos para expandir y diversificar mi compasión. De modo que me esfuerzo para entender los misterios de la Bolsa de valores, al tiempo que dedico mucho menos esfuerzo a entender las causas profundas del sufrimiento.

En esto, los humanos nos asemejamos a otros animales domésticos. Hemos criado vacas dóciles que producen cantidades enormes de leche, pero que en otros aspectos son muy inferiores a sus antepasados salvajes. Son menos ágiles, menos curiosas y menos habilidosas.[34] Ahora estamos creando humanos mansos que generan cantidades enormes de datos y funcionan como chips muy eficientes en un enorme mecanismo de procesamiento de datos, pero estos datos-vacas en absoluto maximizan el potencial humano. De hecho, no tenemos ni idea de cuál es el potencial humano completo, porque sabemos poquísimo de la mente humana. Y sin embargo, apenas invertimos en la investigación de la mente humana y en cambio nos centramos en aumentar la velocidad de nuestras conexiones a internet y la eficiencia de nuestros algoritmos de macrodatos. Si no somos prudentes, terminaremos con humanos degradados que usarán mal ordenadores mejorados y que provocarán el caos en sí mismos y en el mundo.

Las dictaduras digitales no son el único peligro que nos espera. Junto a la libertad, el orden liberal depositó también muchas esperanzas en el valor de la igualdad. El liberalismo siempre valoró la igualdad política, y gradualmente llegó al convencimiento de que la igualdad económica tiene casi la misma importancia. Porque sin un sistema de seguridad social y una igualdad económica mínima, la libertad no tiene sentido. Pero de la misma manera que los algoritmos de macrodatos podrían acabar con la libertad, podrían al mismo tiempo crear las sociedades más desiguales que jamás hayan existido. Toda la riqueza y todo el poder podrían estar concentrados en manos de una élite minúscula, mientras que la mayoría de la gente sufriría no la explotación, sino algo mucho peor: la irrelevancia.

4

Igualdad

Quienes poseen los datos poseen el futuro

En las últimas décadas, a la gente de todo el planeta se le ha ido diciendo que la humanidad se halla en la senda hacia la igualdad, y que la globalización y las nuevas tecnologías nos ayudarán a llegar pronto a ella. En realidad, en el siglo XXI podrían surgir las sociedades más desiguales de la historia. Aunque la globalización e internet salvan la distancia entre países, amenazan con agrandar la brecha entre clases, y cuando parece que la humanidad está a punto de conseguir la unificación global, la propia especie podría dividirse en diferentes castas biológicas.

La desigualdad se remonta a la Edad de Piedra. Hace 30.000 años, las bandas de cazadores-recolectores enterraban a algunos de sus miembros en tumbas suntuosas repletas de miles de cuentas de marfil, brazaletes, joyas y objetos de arte, mientras que otros miembros tenían que conformarse con un simple agujero en el suelo. No obstante, las antiguas bandas de cazadores-recolectores eran todavía más igualitarias que cualquier sociedad humana posterior, porque tenían muy pocas propiedades. La propiedad es un prerrequisito para la desigualdad a largo plazo.

Tras la revolución agrícola, la propiedad se multiplicó, y con ella la desigualdad. A medida que los humanos se hacían con la propiedad de la tierra, de animales, de plantas y utensilios, surgieron rígidas sociedades jerárquicas, en que pequeñas élites monopolizaron la mayor parte de las riquezas y el poder de generación en generación. Los humanos acabaron por aceptar esta organización como algo natural e incluso ordenado por la divinidad. La jerarquía no era solo la norma, sino también el ideal. ¿Cómo puede haber orden sin una clara jerarquía entre los aristócratas y los plebeyos, entre hombres y mujeres, o entre padres e hijos? Sacerdotes, filósofos y poetas en todo el mundo explicaban con paciencia que de la misma manera que en el cuerpo humano no todos los miembros son iguales (los pies han de obedecer a la cabeza), así en la sociedad humana la igualdad no acarrearía más que caos.

Sin embargo, a finales de la era moderna la igualdad se convirtió en un ideal en casi todas las sociedades humanas. Ello se debió en parte al auge de las nuevas ideologías del comunismo y el liberalismo. Pero se debió también a la revolución industrial, que hizo que las masas fueran más importantes de lo que nunca habían sido. Las economías industriales se basaban en masas de obreros comunes, mientras que los ejércitos industriales se basaban en masas de soldados comunes. Los gobiernos tanto de las democracias como de las dictaduras invertían mucho en la salud, la educación y el bienestar de las masas, porque necesitaban millones de obreros sanos que trabajaran en las líneas de producción y millones de soldados leales que lucharan en las trincheras.

En consecuencia, la historia del siglo xx se centró en gran medida en la reducción de la desigualdad entre clases, razas y géneros. Aunque el mundo del año 2000 tenía todavía su cuota de jerarquías, era un lugar mucho más igualitario que el mundo de 1900. En los primeros años del siglo xxi, la gente esperaba que el proceso igualitario continuara e incluso se acelerara. En particular, esperaban que la globalización llevara la prosperidad económica por todo el planeta, y que como resultado en la India y en Egipto la gente llegara a disfrutar de las mismas oportunidades y los mismos privilegios que en Finlandia y Canadá. Toda una generación creció con esta promesa.

Ahora parece que esta promesa podría no cumplirse. Ciertamente, la globalización ha beneficiado a grandes segmentos de la humanidad, pero hay indicios de una desigualdad creciente tanto entre las sociedades como en el interior de las mismas. Algunos grupos monopolizan de forma creciente los frutos de la globalización, al tiempo que miles de millones de personas se quedan atrás. Ya hoy en día, el 1 por ciento más rico posee la mitad de las riquezas del mundo.

Y lo que es aún más alarmante: las 100 personas más ricas poseen más en su conjunto que los 4.000 millones de personas más pobres.[1]

Esto aún podría empeorar mucho. Como se ha visto en capítulos anteriores, el auge de la IA podría eliminar el valor económico y político de la mayoría de los humanos. Al mismo tiempo, las mejoras en biotecnología tal vez posibiliten que la desigualdad económica se traduzca en desigualdad biológica. Los superricos tendrán por fin algo que hacer que valga de verdad la pena con su extraordinaria riqueza. Mientras que hasta ahora podían comprar poco más que símbolos de estatus, pronto podrán comprar la vida misma. Si los nuevos tratamientos para alargar la vida y mejorar las condiciones físicas y cognitivas acaban siendo caros, la humanidad podría dividirse en castas biológicas. A lo largo de la historia, los ricos y la aristocracia siempre pensaron que sus capacidades eran superiores a las de todos los demás, y por ese motivo tenían el control. Por lo que sabemos, eso no era cierto. El duque medio no estaba más dotado que el campesino medio, sino que debía su superioridad solo a una discriminación legal y económica injusta. Sin embargo, hacia 2100 los ricos podrían estar realmente más dotados, ser más creativos y más inteligentes que la gente que habita en los suburbios. Una vez que se abra una brecha real en la capacidad entre los ricos y los pobres, resultará casi imposible salvarla. Si los ricos emplean sus capacidades superiores para enriquecerse todavía más, y si con más dinero pueden comprarse un cuerpo y un cerebro mejorados, con el tiempo la brecha no hará más que agrandarse. Hacia 2100, el 1 por ciento más rico podría poseer no solo la mayor parte de las riquezas del mundo, sino también la mayor parte de la belleza, la creatividad y la salud del mundo.

Los dos procesos juntos, la bioingeniería unida al auge de la IA, podrían por tanto acabar separando a la humanidad en una pequeña clase de superhumanos y una subclase enorme de *Homo sapiens* inútiles. Para empeorar todavía más una situación agorera, al perder las masas su importancia económica y su poder político, el Estado podría a su vez perder al menos algunos de los incentivos para invertir en su salud, su educación y su bienestar. Es muy peligroso no ser necesario. Así pues, el futuro de las masas dependerá de la buena voluntad de una pequeña élite. Quizá haya buena voluntad durante unas cuantas décadas. Pero en una época de crisis (como una catástrofe climática) resultará muy tentador y fácil echar por la borda a la gente no necesaria.

En países como Francia y Nueva Zelanda, con una larga tradición de creencias liberales y prácticas de estado del bienestar, quizá la élite siga haciéndose cargo de las masas aunque no las necesite. Sin embargo, en Estados Unidos, más capitalista, la élite podría usar la primera ocasión que se le presente para desmantelar lo que quede del estado del bienestar. Un problema todavía mayor acecha en grandes países en vías de desarrollo, como la India, China, Sudáfrica y Brasil. Allí, una vez que la gente de a pie pierda su valor económico, la desigualdad podría dispararse.

En consecuencia, la globalización, en vez de generar la unidad global, podría llevar a una «especiación»: la división de la humanidad en diferentes castas biológicas o incluso diferentes especies. La globalización unirá al mundo horizontalmente al borrar las fronteras nacionales, pero de manera simultánea dividirá a la humanidad verticalmente. Las oligarquías dominantes en países tan diversos como Estados Unidos y Rusia podrían fusionarse y hacer causa común contra la masa de sapiens ordinarios. Desde esta perspectiva, el resentimiento populista actual hacia «las élites» está bien fundado. Si no vamos con cuidado, los nietos de los magnates de Silicon Valley y de los multimillonarios de Moscú podrían convertirse en una especie superior para los nietos de los palurdos de Appalachia y los campesinos siberianos.

A la larga, una situación hipotética de este tipo sería capaz incluso de desglobalizar el mundo, pues la casta superior podría congregarse dentro de una autoproclamada «civilización» y construir muros y fosos que la separaran de las hordas de «bárbaros» del exterior. En el siglo XX, la civilización industrial dependía de los «bárbaros» para el trabajo barato, las materias primas y los mercados. Por tanto, los conquistó y absorbió. Pero en el siglo XXI, una civilización postindustrial que se base en la IA, la bioingeniería y la nanotecnología podría ser mucho más independiente y autosuficiente. No solo clases enteras, sino países y continentes enteros podrían resultar irrelevantes. Fortificaciones custodiadas por drones y robots podrían separar la zona autoproclamada civilizada, en la que los cíborgs lucharan entre sí con bombas lógicas, de las tierras bárbaras en que los humanos asilvestrados lucharan entre sí con machetes y kaláshnikovs.

A lo largo de este libro suelo usar la primera persona del plural para hablar del futuro de la humanidad. Digo lo que «nosotros» necesitamos hacer acerca de «nuestros» problemas. Pero quizá no haya «nosotros». Quizá uno de «nuestros» mayores problemas sea que diferentes grupos humanos tengan futuros completamente distintos. Quizá en algunas partes del mundo se deba enseñar a los niños a diseñar programas informáticos, mientras que en otros sea mejor enseñarles a desenfundar deprisa y a disparar de inmediato.

¿QUIÉN POSEE LOS DATOS?

Si queremos evitar la concentración de toda la riqueza y el poder en manos de una pequeña élite, la clave es regular la propiedad de los datos. En tiempos antiguos, la tierra era el bien más importante del mundo, la política era una lucha para controlar la tierra y evitar que se concentrara demasiada en unas pocas manos, la sociedad se dividía en aristócratas y plebeyos. En la época moderna, las máquinas y fábricas resultaron más importantes que la tierra, y las luchas políticas se centraron en controlar estos medios vitales de producción. Si demasiadas máquinas se concentraban en unas pocas manos, la sociedad se dividía en capitalistas y proletarios. En el siglo XXI, sin embargo, los datos eclipsarán a la vez la tierra y la maquinaria como los bienes más importantes, y la política será una lucha para controlar el flujo de datos. Si los datos se concentran en unas pocas manos, la humanidad se dividirá en diferentes especies.

La carrera para poseer los datos ya ha empezado, encabezada por gigantes de los datos como Google, Facebook, Baidu y Tencent. Hasta ahora, muchos de estos gigantes parecen haber adoptado el modelo de negocio de los «mercaderes de la atención».[2] Captan nuestra atención al proporcionarnos de forma gratuita información, servicios y diversión, y después revenden nuestra atención a los anunciantes. Pero las miras de los gigantes de los datos apuntan probablemente mucho más allá que cualquier mercader de la atención que haya existido. Su verdadero negocio no es en absoluto vender anuncios. Más bien, al captar nuestra atención consiguen acumular cantidades inmensas de datos sobre nosotros, que valen más que cualquier ingreso publicitario. No somos sus clientes: somos su producto.

A medio plazo, esta acumulación de datos abre el camino para un modelo de negocio radicalmente diferente cuya primera víctima será la misma industria de publicidad. El nuevo modelo se basa en transferir la autoridad de los humanos a los algoritmos, incluida la autoridad para elegir y comprar cosas. Una vez que los algoritmos elijan y compren cosas por nosotros, la industria tradicional de la publicidad quebrará. Pensemos en Google. Google quiere llegar a un punto en que podamos preguntarle cualquier cosa y conseguir la mejor respuesta del mundo. ¿Qué ocurrirá cuando podamos preguntar a Google: «¡Hola, Google! Basándote en todo lo que sabes de coches y en todo lo que sabes de mí (incluidas mis necesidades, mis costumbres, mis opiniones sobre el calentamiento global así como mis opiniones sobre la política en Oriente Próximo), ¿cuál es el mejor coche para mí?». Si Google puede darnos una buena respuesta, y si aprendemos por experiencia a confiar en la sabiduría de Google en lugar de en nuestros propios sentimientos, fácilmente manipulables, ¿qué utilidad tendrían los anuncios de automóviles?[3]

A largo plazo, al unir suficientes datos y suficiente poder de cómputo, los gigantes de los datos podrían acceder a los secretos más profundos de la vida, y después usar tal conocimiento no solo para elegir por nosotros o manipularnos, sino también para remodelar la vida orgánica y crear formas de vida inorgánicas. Vender anuncios puede ser necesario para sostener a los gigantes a corto plazo, pero a menudo estos valoran apps, productos y empresas según los datos que recogen más que según el dinero que generan. Una aplicación popular puede carecer de modelo de negocio e incluso perder dinero a corto plazo, pero mientras absorba datos podría valer miles de millones.[4] Incluso si no sabemos cómo sacar partido de los datos hoy en día, vale la pena mantenerla porque tal vez posea la clave para controlar y determinar la vida en el futuro. No tengo la certeza de que los gigantes de los datos piensen de forma explícita en estos términos, pero sus acciones indican que valoran la acumulación de datos más que los meros dólares y centavos.

A los humanos de a pie puede costarles mucho resistirse a este proceso. En la actualidad, a la gente le encanta revelar su bien más preciado (sus datos personales) a cambio de servicios gratuitos de correo electrónico y de divertidos vídeos de gatos. Es un poco como las tribus africanas y americanas nativas que sin darse cuenta vendieron países enteros a los imperialistas europeos a cambio de cuentas de colores y abalorios baratos. Si, más adelante, la gente común decidiera intentar bloquear el flujo de datos, quizá se daría cuenta de que cada vez resulta más difícil, en especial porque podría acabar dependiendo de la red para todas las decisiones que tomara, e incluso para el cuidado de su salud y su supervivencia física.

Humanos y máquinas podrían fusionarse de una manera tan completa que los humanos quizá no lograran sobrevivir si se desconectaran de la red. Estarían conectados desde el seno materno, y si más adelante eligiéramos desconectarnos, las agencias de seguros podrían rechazar asegurarnos, los patronos rehusar contratarnos y los servicios de asistencia sanitaria negarse a cuidar de nosotros. En la gran batalla entre la salud y la privacidad, es probable que gane la salud sin despeinarse.

A medida que cada vez más y más datos fluyan de nuestro cuerpo y cerebro a las máquinas inteligentes a través de los sensores biométricos, más fácil les resultará a las empresas y a los organismos gubernamentales conocernos, manipularnos y tomar decisiones en nuestro nombre. Y lo que es aún más importante: podrán descifrar los mecanismos íntimos de todos los cuerpos y cerebros, y de esta manera obtener el poder para diseñar la vida. Si queremos impedir que una reducida élite monopolice estos poderes cuasidivinos y evitar que la humanidad se divida en castas biológicas, la pregunta clave es: ¿quién posee los datos? Los datos sobre mi ADN, mi cerebro y mi vida, ¿me pertenecen a mí?, ¿pertenecen al gobierno?, ¿a una empresa?, ¿al colectivo humano?

Permitir a los gobiernos que nacionalicen los datos refrenará probablemente el poder de las grandes empresas, pero también podría desembocar en espeluznantes dictaduras digitales. Los políticos son un poco como los músicos, y los instrumentos que tocan son el sistema emocional y bioquímico humano. Sueltan un discurso, y una oleada de temor recorre el país. Tuitean, y se produce un conato de odio. No creo que debamos dar a estos músicos un instrumento más refinado para que lo toquen. Una vez que los políticos puedan pulsar nuestros botones emocionales directamente, generando ansiedad, odio, alegría y aburrimiento a voluntad, la política se convertirá en un mero circo emocional. Aunque hemos de temer mucho el poder de las grandes empresas, la historia sugiere que no estaremos necesariamente mejor en manos de gobiernos superpoderosos. En marzo de 2018, yo preferiría dar mis datos a Mark Zuckerberg que a Vladímir Putin (aunque el escándalo de Cambridge Analytica reveló que quizá no tengamos mucha elección, pues cualquier dato que confiemos a Zuckerberg bien podría acabar llegando a Putin).

La propiedad de nuestros datos puede resultar más atractiva que ninguna de estas dos opciones, pero no está claro qué significa eso en realidad. Tenemos miles de años de experiencia en la regulación de la propiedad de la tierra. Sabemos cómo construir una cerca alrededor de un campo, situar un guarda en la puerta y controlar quién entra. A lo largo de los dos últimos siglos hemos extremado en grado sumo la complejidad en la regulación de la propiedad de la industria; así, hoy en día puedo poseer un pedazo de General Motors y una pizca de Toyota si compro sus acciones. Pero no tenemos mucha experiencia en regular la propiedad de los datos, que es en sí misma una tarea mucho más difícil, porque a diferencia de la tierra y las máquinas, los datos están por todas partes y en ningún lugar al mismo tiempo, pueden desplazarse a la velocidad de la luz y podemos crear tantas copias de ellos como queramos.

De modo que lo mejor que podemos hacer es recurrir a nuestros abogados, políticos, filósofos e incluso poetas para que se centren en este misterio: ¿cómo regulamos la propiedad de los datos? Podría muy bien ser que esta fuera la pregunta más importante de nuestra era. Si no somos capaces de dar una respuesta pronto, nuestro sistema sociopolítico puede venirse abajo. La gente ya está notando el cataclismo que se avecina. Quizá por eso ciudadanos de todo el mundo estén perdiendo la fe en el relato liberal, que hace solo una década parecía convincente.

Así pues, ¿de qué manera avanzamos desde aquí y cómo nos enfrentamos a los inmensos retos de las revoluciones de la biotecnología y la infotecnología? ¿Quizá los mismísimos científicos y emprendedores que fueron los primeros en trastocar el mundo serían capaces de diseñar alguna solución tecnológica? Por ejemplo, ¿algoritmos conectados en red podrían formar el andamiaje para una comunidad humana global que pudiera poseer de manera colectiva todos los datos y supervisar el desarrollo futuro de la vida? Mientras la desigualdad global y las tensiones sociales aumentan en todo el mundo, quizá Mark Zuckerberg podría recurrir a sus 2.000 millones de amigos para que sumaran fuerzas e hicieran algo juntos.

Parte II

El desafío político

La fusión de la infotecnología y la biotecnología es una amenaza para los valores modernos fundamentales de la libertad y la igualdad. Cualquier solución al reto tecnológico tiene que pasar por la cooperación global. Pero el nacionalismo, la religión y la cultura dividen a la humanidad en campos hostiles y hacen muy difícil cooperar globalmente.

5

Comunidad

Los humanos tenemos cuerpo

California está acostumbrada a los terremotos, pero aun así el temblor político de las elecciones de 2016 en Estados Unidos fue un duro golpe para Silicon Valley. Al darse cuenta de que podrían ser parte del problema, los magos de la informática reaccionaron haciendo lo que mejor hacen los ingenieros: buscaron una solución técnica. En ningún lugar fue más contundente la reacción que en la sede central de Facebook en Menlo Park. Es comprensible: dado que el negocio de Facebook es la interconexión social, es extremadamente sensible a las perturbaciones sociales.

Después de tres meses de búsqueda introspectiva, el 16 de febrero de 2017 Mark Zuckerberg publicó un audaz manifiesto sobre la necesidad de construir una comunidad global y sobre el papel de Facebook en dicho proyecto.[1] En un discurso complementario en el acto inaugural de la Cumbre de las Comunidades, el 22 de junio de 2017, Zuckerberg explicó que los trastornos sociopolíticos de nuestra época (desde el consumo de drogas descontrolado hasta los regímenes totalitarios asesinos) son el resultado en gran medida de la desintegración de las comunidades humanas. Lamentó el hecho de que «durante décadas, la afiliación a todo tipo de grupos se ha reducido hasta una cuarta parte. Son muchísimas las personas que ahora necesitan encontrar un propósito y apoyo en algún otro lugar».[2] Prometió que Facebook lideraría la tarea de reconstruir estas comunidades y que sus ingenieros recogerían la carga que los párrocos habían desechado. «Empezaremos a introducir algunas herramientas para hacer más fácil la creación de comunidades», dijo.

Después siguió explicando: «Iniciamos un proyecto para ver si podríamos hacerlo mejor a la hora de sugerir grupos que fueran importantes para ustedes. Empezamos a crear inteligencia artificial a tal fin. Y funciona. En los primeros seis meses, ayudamos a un 50 por ciento más de personas a unirse a comunidades que merecen la pena». Su objetivo último es «ayudar a mil millones de personas a unirse a comunidades que merecen la pena. [...] Si podemos hacerlo, no solo se invertirá por completo la reducción en la afiliación a comunidades de que hemos sido testigos durante décadas, sino que además empezará a fortalecerse nuestro tejido social y el mundo estará más unido». Es este un objetivo tan importante que Zuckerberg prometió «cambiar toda la misión de Facebook para encargarse del mismo».[3] Zuckerberg tiene razón al lamentarse de la descomposición de las comunidades humanas. Pero algunos meses después de que hiciera esta promesa, y justo mientras este libro entraba en imprenta, el escándalo de Cambridge Analytica reveló que los datos que se confiaban a Facebook eran recogidos por terceras partes y usados para manipular las elecciones en todo el mundo. Esto convirtió en una burla las idealistas promesas de Zuckerberg e hizo añicos la confianza pública en Facebook. Solo cabe esperar que antes de emprender la creación de nuevas comunidades humanas, Facebook se comprometa a proteger la privacidad y la seguridad de las ya existentes.

No obstante, vale la pena considerar a fondo la visión comunitaria de Facebook y analizar si una vez que se haya fortalecido la seguridad, las redes sociales en línea pueden ayudar a la creación de una comunidad humana global. Aunque en el siglo XXI los humanos podrían ser mejorados en dioses, en 2018 seguimos siendo animales de la Edad de Piedra. Para prosperar aún necesitamos fundamentarnos en comunidades íntimas. Durante millones de años nos hemos adaptado a vivir en pequeñas bandas de no más de unas pocas docenas de personas. Incluso hoy en día a la mayoría nos parece imposible conocer a más de ciento cincuenta individuos, con independencia de que alardeemos de tener un elevado número de amigos en Facebook.[4] Fuera de estos grupos, los humanos se sienten solos y alienados.

Por desgracia, a lo largo de los dos últimos siglos las comunidades íntimas han ido desintegrándose. El intento de sustituir grupos pequeños de personas que de verdad se conocen entre sí con comunidades imaginadas de naciones y partidos políticos nunca será un éxito rotundo. Nuestros millones de hermanos en la familia nacional y nuestros millones de camaradas en el Partido Comunista no pueden proporcionarnos la cálida intimidad que un único hermano o amigo reales sí pueden. En consecuencia, la gente lleva vidas cada vez más solitarias en un planeta cada vez más conectado. El origen de muchas de las perturbaciones sociales y políticas de nuestra época puede rastrearse hasta este malestar general.[5]

Por lo tanto, el proyecto de Zuckerberg de volver a conectar a los humanos entre sí es oportuno. Pero las palabras son más baratas que los actos, y a fin de poner en marcha dicho proyecto, Facebook tendría que cambiar por completo su modelo de negocio. Difícilmente puede constituirse una comunidad global cuando se gana dinero a fuerza de captar la atención de la gente y vendérsela a los anunciantes. A pesar de ello, la disposición de Zuckerberg de al menos formular tal proyecto merece nuestro elogio. La mayoría de las empresas creen que tendrían que centrarse en ganar dinero, que los gobiernos deberían intervenir lo menos posible y que la humanidad debería confiar en que las fuerzas del mercado tomaran por nosotros las decisiones que de verdad son importantes.[6] De ahí que si Facebook pretende adoptar un compromiso ideológico real para crear comunidades humanas, los que teman su poder no deberían hacerla retroceder hasta la capa protectora empresarial a gritos de «¡Gran Hermano!». En cambio, deberíamos animar a otras empresas, instituciones y gobiernos a que compitan con Facebook adoptando sus propios compromisos ideológicos.

Desde luego, no escasean las organizaciones que lamentan la descomposición de las comunidades humanas y se esfuerzan por reconstruirlas. Todo el mundo, desde las activistas feministas hasta los fundamentalistas islámicos, está en el negocio de la creación de comunidades, y en capítulos posteriores analizaremos algunos de estos esfuerzos. Lo que hace que la maniobra de Facebook sea única es su ámbito global, su respaldo empresarial y su profunda fe en la tecnología. Zuckerberg parece estar convencido de que la nueva IA de Facebook puede no solo identificar «comunidades que merecen la pena», sino también «fortalecer nuestro tejido social y hacer que el mundo esté más unido». Eso es mucho más ambicioso que utilizar la IA para conducir un automóvil o diagnosticar el cáncer.

La visión de la comunidad de Facebook es quizá el primer intento explícito de usar la IA para la ingeniería social planificada centralmente a escala global. Por tanto, constituye un caso crucial que puede sentar precedente. Si tiene éxito, es probable que presenciemos muchos más intentos de este tipo, y se reconocerán los algoritmos como los nuevos líderes de las redes sociales humanas. Si fracasa, pondrá en evidencia las limitaciones de las nuevas tecnologías: los algoritmos pueden servir para la circulación de vehículos y la cura de enfermedades, pero cuando se trate de resolver problemas sociales, tendremos que seguir confiando en políticos y sacerdotes.

EN LÍNEA VERSUS FUERA DE LÍNEA

En los últimos años, el éxito de Facebook ha sido asombroso, y en la actualidad cuenta con más de 2.000 millones de usuarios activos en línea. Pero para poner en marcha su nuevo proyecto tendrá que salvar la brecha entre estar en línea, conectado, y fuera de línea, desconectado. Una comunidad quizá empiece como una reunión en línea, pero para fortalecerse de verdad también tendrá que echar raíces en el mundo fuera de línea. Si un día un dictador prohíbe Facebook en su país o cierra el grifo de internet, ¿se evaporarán las comunidades, o bien se reagruparán y contraatacarán? ¿Serán capaces de organizar una manifestación sin comunicación en línea?

Zuckerberg explicó en su manifiesto de febrero de 2017 que las comunidades conectadas ayudan a promover a las desconectadas. Esto es verdad a veces. Pero en muchos casos la conexión se produce a expensas de la desconexión, y hay una diferencia fundamental entre las dos. Las comunidades físicas tienen una profundidad que las comunidades virtuales no pueden igualar, al menos no en un futuro inmediato. Si me encuentro enfermo en Israel, mis amigos de California en línea pueden hablarme, pero no pueden traerme una sopa o una taza de té.

Los humanos tienen cuerpo. Durante el último siglo, la tecnología ha estado distanciándonos de nuestro cuerpo. Hemos ido perdiendo nuestra capacidad de prestar atención a lo que olemos y saboreamos. En lugar de ello, nos absorben nuestros teléfonos inteligentes y ordenadores. Estamos más interesados en lo que ocurre en el ciberespacio que en lo que está pasando en la calle. Es más fácil que nunca hablar con mi primo en Suiza, pero más difícil hablar con mi marido durante el desayuno, porque está todo el rato pendiente de su teléfono inteligente en lugar de estarlo de mí.[7]

En el pasado, los humanos no podían permitirse tal indiferencia. Los antiguos recolectores siempre estaban alerta y vigilantes. Mientras se desplazaban por el bosque en busca de setas, observaban el terreno, atentos a cualquier protuberancia reveladora. Percibían el menor movimiento en la hierba para descubrir si allí podría haber una serpiente al acecho. Cuando encontraban una seta comestible, la comían con suma atención para distinguirla de sus parientes venenosas. Los miembros de las sociedades pudientes actuales no necesitan esa percepción tan aguda. Podemos pasearnos entre las estanterías del supermercado mientras escribimos mensajes, y comprar cualquiera de un millar de productos alimenticios, todos ellos supervisados por las autoridades sanitarias. Pero escojamos lo que escojamos, podemos terminar comiéndolo apresuradamente frente a una pantalla mientras leemos los correos electrónicos o vemos la televisión, sin que apenas prestemos atención al gusto real de lo que comemos.

Zuckerberg dice que Facebook se ha comprometido «a continuar mejorando nuestras herramientas para proporcionarnos el poder de compartir nuestra experiencia» con los demás.[8] Pero lo que la gente podría necesitar en realidad son las herramientas para conectarse a sus propias experiencias. En nombre de «compartir experiencias», se anima a la gente a entender lo que les ocurre en términos de cómo lo ven los demás. Si sucede algo emocionante, el instinto visceral de los usuarios de Facebook es sacar sus teléfonos inteligentes, hacer una foto, publicarla en línea y esperar los «Me gusta». En el proceso, apenas se dan cuenta de lo que han sentido ellos. De hecho, lo que sienten está determinado cada vez más por las reacciones en línea.

111

Es probable que las personas separadas de su cuerpo, sentidos y ambiente físico se sientan alienadas y desorientadas. Los expertos suelen atribuir estos sentidos de alienación a la reducción de los vínculos religiosos y nacionales, pero perder el contacto con el propio cuerpo probablemente sea más importante. Los humanos han vivido millones de años sin religiones ni naciones; es probable que también puedan vivir felices sin ellas en el siglo XXI. Pero no pueden vivir felices si están desconectados de su cuerpo. Si uno no se siente cómodo en su cuerpo, nunca se sentirá cómodo en el mundo.

Hasta ahora, el modelo de negocio de Facebook animaba a la gente a pasar cada vez más tiempo en línea, aunque esto supusiera disponer de menos tiempo y energía para dedicar a las actividades fuera de línea. ¿Podrá adoptar un nuevo modelo que anime a la gente a conectarse solo cuando es realmente necesario y a dedicar mayor atención a su ambiente y a su propio cuerpo y sentidos? ¿Qué pensarían los accionistas de tal modelo? (Hace poco, Tristan Harris, un exgooglero y tecnofilósofo que ha dado con una nueva métrica del «tiempo bien invertido», ha sugerido un programa de dicho modelo alternativo.)[9]

Las limitaciones de las relaciones en línea también socavan la solución de Zuckerberg a la polarización social. Este empresario señala con acierto que solo conectar a las personas y exponerlas a diferentes opiniones no salvará las brechas sociales porque «mostrar a la gente un artículo acerca de la perspectiva opuesta, ahonda en realidad la polarización al enmarcar las demás perspectivas como extrañas». En lugar de ello, Zuckerberg sugiere que «las soluciones óptimas para mejorar el discurso pueden proceder de conocer a los demás como personas completas en lugar de hacerlo solo como opiniones, algo que Facebook puede estar muy preparado para hacer. Si conectamos con las personas respecto a lo que tenemos en común (equipos deportivos, espectáculos televisivos, intereses), es más fácil dialogar sobre aquello en lo que no estamos de acuerdo».[10]

Pero es muy difícil conocerse mutuamente como personas «completas». Ello exige mucho tiempo y una interacción física directa. Como ya se ha señalado, el *Homo sapiens* medio probablemente sea incapaz de conocer de manera íntima a más de 150 individuos. En un plano ideal, crear comunidades no debería ser un juego de suma cero. Los humanos pueden sentirse leales a diferentes grupos al mismo tiempo. Por desgracia, las relaciones íntimas posiblemente sean un juego de suma cero. Más allá de un punto determinado, el tiempo y la energía que invertimos para llegar a conocer a nuestros amigos en línea de Irán o Nigeria serán a expensas de nuestra capacidad para conocer a nuestros vecinos de al lado.

La prueba crucial de Facebook llegará cuando un ingeniero invente un nuevo instrumento que haga que la gente pase menos tiempo comprando en línea y más tiempo en actividades significativas fuera de línea con los amigos. ¿Adoptará o suprimirá Facebook un instrumento de este tipo? ¿Dará Facebook un verdadero voto de confianza y favorecerá las preocupaciones sociales por encima de los intereses financieros? Si lo hace y consigue evitar la quiebra, será una transformación trascendental.

Dedicar más tiempo al mundo desconectado que a sus informes trimestrales también es relevante para las políticas tributarias de Facebook. Al igual que Amazon, Google, Apple y otros gigantes tecnológicos, Facebook ha sido acusado repetidas veces de evasión fiscal.[11] Las dificultades inherentes a gravar las actividades en línea facilitan que estas empresas globales se dediquen a todo tipo de contabilidad creativa. Si pensamos que la gente vive principalmente en línea, conectada, y que les proporcionamos todos los instrumentos necesarios para su existencia en línea, podemos considerarnos un servicio social benéfico, aunque evitemos pagar impuestos a los gobiernos fuera de línea, desconectados. Pero una vez que recordamos que los humanos tienen cuerpo y que, por tanto, necesitan carreteras, hospitales y sistemas de alcantarillado, se hace mucho más difícil justificar la evasión fiscal. ¿Cómo pueden elogiarse las virtudes de la comunidad al tiempo que se rehúsa mantener económicamente los servicios comunitarios más importantes?

Solo cabe esperar que Facebook pueda cambiar su modelo de negocio, adoptar una política de impuestos más reconciliada con las actividades desconectadas, ayudar a unir el mundo… y seguir siendo rentable. Pero no debemos abrigar expectativas poco realistas acerca de su capacidad para llevar a cabo su proyecto de una comunidad global. Históricamente, las empresas no han sido el vehículo ideal para encabezar las revoluciones sociales y políticas. Una revolución real exige, tarde o temprano, sacrificios que las empresas, sus empleados y sus accionistas no están dispuestos a hacer. Esta es la razón por la que los revolucionarios fundan iglesias, partidos políticos y ejércitos. Las denominadas revoluciones de Facebook y Twitter en el mundo árabe se iniciaron en optimistas comunidades en línea, pero una vez que aparecieron en el caótico mundo fuera de línea, se las apropiaron fanáticos religiosos y juntas militares. Si ahora Facebook pretende instigar una revolución global, tendrá que cumplir una tarea mucho mejor a la hora de salvar la brecha entre lo conectado y lo desconectado. Facebook y los demás gigantes en línea suelen considerar que los humanos son animales audiovisuales: un par de ojos y un par de oídos conectados a diez dedos, una pantalla y una tarjeta de crédito. Un paso crucial hacia la unificación de la humanidad es apreciar que los humanos tienen cuerpo.

Desde luego, esta apreciación tiene su aspecto negativo. Darse cuenta de las limitaciones de los algoritmos en línea podría provocar únicamente que los gigantes tecnológicos expandieran más todavía su alcance. Dispositivos como Google Glass y juegos como Pokémon Go están diseñados para borrar la distinción entre en línea y fuera de línea, al fusionarlas en una única realidad aumentada. A un nivel todavía más profundo, los sensores biométricos y las interfaces directas cerebro-ordenador pretenden erosionar la frontera entre las máquinas electrónicas y los cuerpos orgánicos, y meterse literalmente bajo nuestra piel. Una vez que los gigantes tecnológicos lleguen a un acuerdo con el cuerpo humano, podrían acabar manipulándolo por completo igual que suelen manipular nuestros ojos, dedos y tarjetas de crédito. Podríamos llegar a echar en falta aquellos buenos y viejos tiempos en que lo en línea estaba separado de lo fuera de línea.

6

Civilización

Solo existe una civilización en el mundo

Mientras Mark Zuckerberg sueña con unir a la humanidad en línea, acontecimientos recientes en el mundo fuera de línea parecen insuflar nueva vida a la tesis del «choque de civilizaciones». Muchos expertos, políticos y ciudadanos corrientes creen que la guerra civil en Siria, el auge de Estado Islámico, el caos del Brexit y la inestabilidad de la Unión Europea son resultado de un enfrentamiento entre la «civilización occidental» y la «civilización islámica». Los intentos occidentales de imponer la democracia y los derechos humanos en las naciones musulmanas han provocado una violenta respuesta islámica, y una oleada de inmigración musulmana junto a ataques terroristas islamistas han hecho que los votantes europeos abandonen los sueños multiculturales en favor de identidades culturales xenófobas.

Según esta tesis, la humanidad ha estado dividida siempre en varias civilizaciones cuyos miembros entienden el mundo de maneras irreconciliables. Estas visiones incompatibles hacen que los conflictos entre civilizaciones sean inevitables. De la misma manera que en la naturaleza las diferentes especies luchan por la supervivencia según las leyes implacables de la selección natural, a lo largo de la historia las civilizaciones se han enfrentado repetidas veces y solo las más adaptadas han sobrevivido para contarlo. Los que pasan por alto este desagradable hecho, ya se trate de políticos liberales o de ingenieros que están en las nubes, lo hacen asumiendo su propio riesgo.[1]

La tesis del «choque de civilizaciones» tiene implicaciones políticas trascendentales. Sus defensores sostienen que cualquier intento de reconciliar «Occidente» con el «mundo musulmán» está destinado al fracaso. Los países musulmanes jamás adoptarán los valores occidentales y los países occidentales nunca podrán absorber con éxito a las minorías musulmanas. En consecuencia, Estados Unidos no debe admitir a inmigrantes de Siria o Irak, y la Unión Europea debe renunciar a su falacia multicultural en favor de una identidad occidental inmutable. A la larga, solo una civilización puede sobrevivir a las pruebas implacables de la selección natural, y si los burócratas de Bruselas rehúsan salvar a Occidente del peligro islámico, entonces será mejor que Gran Bretaña, Dinamarca o Francia vayan por su cuenta.

Aunque está muy generalizada, esta tesis es engañosa. Sin duda, el fundamentalismo islámico puede suponer un reto radical, pero la «civilización» a la que desafía es una civilización global y no un fenómeno únicamente occidental. No es casualidad que Estado Islámico consiguiera unir en su contra a Irán y a Estados Unidos. E incluso los fundamentalistas islámicos, con todas sus fantasías medievales, se basan mucho más en la cultura contemporánea global que en la Arabia del siglo VII. Se nutren de los miedos y las esperanzas de la juventud moderna y alienada más que de los de campesinos y mercaderes medievales. Como han planteado de manera convincente Pankaj Mishra y Christopher de Bellaigue, los islamistas radicales han estado influidos tanto por Marx y Foucault como por Mahoma, y heredan tanto el legado de los anarquistas europeos del siglo XIX como el de los califas omeyas y abasíes.[2] Por tanto, es mucho más exacto considerar que Estado Islámico es un brote descarriado de la cultura global que todos compartimos y no una rama de algún misterioso árbol foráneo.

Más importante todavía es que la analogía entre la historia y la biología que respalda la tesis del «choque de civilizaciones» es falsa. Los grupos humanos, desde las tribus pequeñas a las civilizaciones enormes, son fundamentalmente diferentes de las especies animales, y los conflictos históricos difieren muchísimo de los procesos de selección natural. Las especies animales poseen identidades objetivas que se mantienen durante miles y miles de generaciones. El que uno sea un chimpancé o un gorila depende de sus genes, no de sus creencias, y genes diferentes dictan comportamientos sociales distintos. Los chimpancés viven en grupos mixtos de machos y hembras. Compiten por el poder forjando coaliciones de adeptos de ambos sexos. Entre los gorilas, en cambio, un único macho dominante establece un harén de hembras, y por lo general expulsa a cualquier macho adulto que pueda poner en peligro su posición. Los chimpancés no son capaces de adoptar disposiciones sociales del tipo de la de los gorilas; los gorilas no son capaces de empezar a organizarse como los chimpancés, y, por lo que sabemos, justo los mismos sistemas sociales han caracterizado a chimpancés y a gorilas no solo en décadas recientes, sino a lo largo de cientos de miles de años.

No encontramos nada parecido entre los humanos. Sí, los grupos humanos pueden tener sistemas sociales distintos, pero no están determinados por la genética, y rara vez duran más de unos pocos siglos. Piénsese en los alemanes del siglo xx, por ejemplo. En menos de cien años, los alemanes se organizaron en seis sistemas muy diferentes: el Imperio Hohenzollern, la República de Weimar, el Tercer Reich, la República Democrática Alemana (es decir, la Alemania Oriental, comunista), la República Federal de Alemania (es decir, la Alemania Occidental) y por último la Alemania reunida y democrática. Desde luego, los alemanes conservan su idioma y su amor por la cerveza y el *bratwurst*. Pero ¿existe alguna esencia alemana única que los distinga de las demás naciones y que haya permanecido inalterable desde Guillermo II hasta Angela Merkel? Y si el lector encuentra alguna, ¿estaba también ahí hace mil o cinco mil años?

El Preámbulo de la Constitución Europea (no ratificado) empieza declarando que se inspira en «la herencia cultural, religiosa y humanista de Europa, a partir de la cual se han desarrollado los valores universales de los derechos inviolables e inalienables de la persona humana, la democracia, la igualdad, la libertad y el Estado de Derecho».[3] Así, fácilmente podría dar la impresión de que la civilización europea se define por los valores de los derechos humanos, la democracia, la igualdad y la libertad. Innumerables discursos y documentos trazan una línea directa que va de la antigua democracia ateniense a la Unión Europea actual, celebrando de ese modo 2.500 años de libertad y democracia europeas. Esto recuerda al proverbial ciego que palpa la cola de un elefante y llega a la conclusión de que un elefante es una especie de brocha. Sí, las ideas democráticas han formado parte de la cultura europea durante siglos, pero nunca en su totalidad.

A pesar de su prestigio e influencia, la democracia ateniense fue un experimento tímido que sobrevivió apenas doscientos años en un pequeño rincón de los Balcanes. Si la civilización europea en los últimos veinticinco siglos ha estado definida por la democracia y los derechos humanos, ¿qué decir entonces de Esparta y Julio César, de los cruzados y los conquistadores, de la Inquisición y del tráfico de esclavos, de Luis XIV y de Napoleón, de Hitler y Stalin? ¿Fueron todos ellos intrusos procedentes de alguna civilización extranjera?

Lo cierto es que la civilización europea es cuanto los europeos quieran que sea, del mismo modo que el cristianismo es cuanto los cristianos quieren que sea, el islamismo cuanto los musulmanes quieren que sea y el judaísmo cuanto los judíos quieren que sea. Y han querido que fueran cosas notablemente diferentes a lo largo de los siglos. Los grupos humanos se definen más por los cambios que experimentan que por ninguna continuidad, pero no obstante consiguen crearse identidades antiguas gracias a sus habilidades narrativas. No importa qué revoluciones vivan, por lo general pueden entretejer lo antiguo y lo nuevo en un único relato.

Incluso un individuo puede fusionar cambios personales revolucionarios en una historia vital coherente e intensa: «Soy una persona que antaño fue socialista, pero que después me hice capitalista; nací en Francia, y ahora vivo en Estados Unidos; estuve casado, y luego me divorcié; tuve un cáncer, y después me curé». De forma parecida, un grupo humano como los alemanes puede llegar a definirse por los mismos cambios que experimentó: «Antaño fuimos nazis, pero hemos aprendido la lección, y ahora somos pacíficos demócratas». No tenemos que buscar una única esencia alemana que se manifestara primero en Guillermo II, después en Hitler y finalmente en Merkel. Estas transformaciones radicales son justo lo que define la identidad alemana. Ser alemán en 2018 significa habérselas con la difícil herencia del nazismo al tiempo que se defienden valores liberales y democráticos. ¿Quién sabe lo que esto significará en 2050?

La gente suele negarse a reconocer estos cambios, sobre todo cuando se trata de valores políticos y religiosos fundamentales. Insistimos en que nuestros valores son una herencia preciosa de antiguos antepasados. Pero eso solo podemos decirlo porque nuestros antepasados hace mucho que murieron y no pueden hablar por sí mismos. Piénsese, por ejemplo, en las actitudes de los judíos hacia las mujeres. En la actualidad, los judíos ultraortodoxos prohíben las imágenes de mujeres en la esfera pública. Las vallas publicitarias y los anuncios dirigidos a los judíos ultraortodoxos suelen presentar solo hombres y chicos, nunca mujeres ni chicas.[4]

En 2011 se desató un escándalo cuando el diario ultraortodoxo de Brooklyn *Di Tzeitung* publicó una foto de unos funcionarios norteamericanos que contemplaban la incursión en el recinto de Osama bin Laden, de la que se había borrado digitalmente a todas las mujeres, incluida la secretaria de Estado, Hillary Clinton. El diario explicaba que se había visto obligado a hacerlo debido a las «leyes del recato» judías. Estalló un escándalo similar cuando el diario *HaMevaser* eliminó a Angela Merkel de una fotografía correspondiente a una manifestación en contra de la masacre de *Charlie Hebdo*, no fuera que su imagen provocara pensamientos lujuriosos en las mentes de los devotos lectores. El editor de un tercer diario ultraortodoxo, *Hamodia*, defendía esta política al explicar que «nos respaldan miles de años de tradición judía».[5]

En ningún lugar es más estricta la prohibición de ver a mujeres que en la sinagoga. En las sinagogas ortodoxas se las segrega minuciosamente de los hombres y son confinadas a una zona restringida donde están ocultas tras una cortina, de modo que ningún hombre pueda ver por casualidad la forma de una mujer mientras reza sus plegarias o lee las escrituras. Pero si todo esto lo respaldan miles de años de tradición judía y de leyes divinas inmutables, ¿cómo explicar que cuando los arqueólogos excavaron sinagogas antiguas en Israel, que databan de la época de la Mishná y el Talmud, no encontraran señal alguna de segregación por género, y en cambio descubrieran suelos con bellos mosaicos y pinturas en las paredes que representaban a mujeres, algunas de ellas bastante ligeras de ropa? Los rabinos que escribieron la Mishná y el Talmud solían rezar y estudiar en aquellas sinagogas, pero los judíos ortodoxos actuales lo considerarían una blasfema profanación de las antiguas tradiciones.[6]

Distorsiones similares de las tradiciones antiguas caracterizan todas las religiones. Estado Islámico se jacta de haber vuelto a la versión pura y original del islamismo, pero lo cierto es que su interpretación del islam es nueva. Sí, citan muchos textos venerables, pero eligen con sumo criterio qué textos citar y cuáles no, y cómo interpretarlos. En realidad, su actitud de «yo me lo guiso» a la hora de interpretar los textos sagrados es en sí misma muy moderna. Tradicionalmente, la interpretación era una prerrogativa de los doctos ulemas, eruditos que estudiaban la ley y la teología musulmanas en instituciones respetadas, como la escuela de Al-Azhar de El Cairo. Pocos dirigentes de Estado Islámico poseen tales credenciales, y los ulemas más respetados han despreciado a Abu Bakr al-Baghdadi y a los de su clase por criminales ignorantes.[7]

Eso no significa que Estado Islámico haya sido «no islámico» o «antiislámico», como algunos dicen. Resulta bastante irónico que líderes cristianos como Barack Obama tengan la temeridad de decir a los que se proclaman musulmanes, como Abu Bakr al-Baghdadi, qué significa ser musulmán.[8] La acalorada discusión acerca de la verdadera esencia del islam es, simplemente, inútil. El islam no tiene un ADN fijo. El islam es lo que los musulmanes quieren que sea.[9]

ALEMANES Y GORILAS

Una diferencia todavía más fundamental distingue a los grupos humanos de las especies animales. Las especies a menudo se dividen, pero nunca se fusionan. Hace unos siete millones de años, chimpancés y gorilas tenían antepasados comunes. Esta única especie ancestral se dividió en dos poblaciones que al final siguieron caminos evolutivos separados. Una vez que ocurrió esto, no había manera de volver atrás. Puesto que los individuos pertenecientes a especies diferentes no pueden tener descendientes fértiles, las especies nunca pueden fusionarse. Los gorilas no pueden fusionarse con los chimpancés, las jirafas no pueden fusionarse con los elefantes y los perros no pueden fusionarse con los gatos.

En cambio, las tribus humanas tendieron a unirse con el tiempo en grupos cada vez más grandes. Los alemanes modernos surgieron a partir de la fusión de sajones, prusianos, suabos y bávaros, que hasta no hace mucho se profesaban poco cariño entre sí. Se sabe que Otto von Bismarck dijo (después de haber leído *El origen de las especies* de Darwin) que el bávaro es el eslabón perdido entre el austríaco y el humano.[10] Los franceses se crearon por la unificación de francos, normandos, bretones, gascones y provenzales. Mientras tanto, al otro lado del Canal, ingleses, escoceses, galeses e irlandeses fueron uniéndose poco a poco (de forma voluntaria o no) para dar lugar a los británicos. En un futuro no muy lejano, alemanes, franceses y británicos podrían todavía unirse para formar europeos.

Las fusiones no siempre duran, como estos días saben muy bien los habitantes de Londres, Edimburgo y Bruselas. El Brexit podría iniciar la descomposición simultánea tanto del Reino Unido como de la Unión Europea. Pero a la larga, la dirección de la historia es clara. Hace diez mil años la humanidad estaba dividida en incontables tribus aisladas. Con cada milenio que pasaba, estas tribus se fusionaron en grupos cada vez mayores, creando cada vez menos civilizaciones diferentes. En las generaciones recientes, las pocas civilizaciones que perduraban han estado uniéndose en una única civilización global. Las divisiones políticas, étnicas, culturales y económicas resisten, pero no socavan la unidad fundamental. De hecho, algunas divisiones solo son posibles por una estructura común dominante. Por ejemplo, en economía la división del trabajo no puede funcionar a menos que todos compartan un mismo mercado. Un país no puede especializarse en producir automóviles o petróleo a menos que pueda comprar alimentos a otros países que cultivan trigo y arroz.

El proceso de unificación humana ha adoptado dos formas: establecer vínculos entre grupos distintos y homogenizar prácticas en los distintos grupos. Pueden formarse vínculos incluso entre grupos que continúan comportándose de manera muy diferente. De hecho, se establecen vínculos incluso entre enemigos declarados. La propia guerra puede generar algunos de los vínculos humanos más fuertes. Los historiadores suelen aducir que la globalización alcanzó su primer punto culminante en 1913, después experimentó una larga disminución durante la época de las guerras mundiales y la Guerra Fría, y solo se recuperó a partir de 1989.[11] Esto tal vez sea cierto respecto a la globalización económica, pero pasa por alto la dinámica, diferente aunque igual de importante, de la globalización militar. La guerra difunde ideas, tecnologías y personas mucho más deprisa que el comercio. En 1918, Estados Unidos estaba más estrechamente conectado con Europa que en 1913; ambos fueron separándose en los años de entreguerras, para acabar con sus destinos inextricablemente mezclados por la Segunda Guerra Mundial y la Guerra Fría.

La guerra también hace que las personas se interesen mucho más las unas por las otras. Estados Unidos nunca tuvo un contacto tan estrecho con Rusia como durante la Guerra Fría, cuando cada tos en un pasillo de Moscú hacía que algunas personas corrieran por las escaleras de Washington. La gente se preocupa mucho más por sus enemigos que por sus socios comerciales. Por cada película americana sobre Taiwán, probablemente haya cincuenta sobre Vietnam.

Las Olimpiadas medievales

El mundo de principios del siglo XXI ha ido mucho más allá de formar vínculos entre grupos diferentes. En todo el globo, las personas no solo están en contacto entre sí, sino que comparten cada vez más creencias y prácticas idénticas. Hace mil años, el planeta Tierra era terreno fértil para docenas de modelos políticos diferentes. En Europa podían encontrarse principados feudales que rivalizaban con ciudades estado independientes y con teocracias minúsculas. El mundo musulmán poseía su califato, que afirmaba tener soberanía universal, pero también contaba con reinos, sultanatos y emiratos. Los imperios chinos creían ser la única entidad política legítima, mientras que al norte y al oeste confederaciones tribales luchaban con júbilo entre sí. La India y el Sudeste Asiático eran un calidoscopio de regímenes, mientras que las organizaciones políticas en América, África y Australasia iban desde minúsculas bandas de cazadores-recolectores a extensos imperios. No es extraño que incluso a grupos humanos vecinos les costara ponerse de acuerdo en procedimientos diplomáticos comunes, por no mencionar en leyes internacionales. Cada sociedad se regía por su propio paradigma político, y encontraba difícil entender y respetar los conceptos políticos ajenos.

Hoy en día, en cambio, un único paradigma político es aceptado en todas partes. El planeta está dividido en unos 200 estados soberanos, que por lo general están de acuerdo en los mismos protocolos diplomáticos y en leyes internacionales comunes. En nuestros atlas, Suecia, Nigeria, Tailandia y Brasil están marcados con el mismo tipo de formas coloreadas; todos son miembros de las Naciones Unidas, y a pesar de múltiples diferencias, son reconocidos como estados soberanos que gozan de derechos y privilegios similares. De hecho, comparten muchas más ideas y prácticas políticas, que incluyen al menos una creencia testimonial en cuerpos representativos, partidos políticos, sufragio universal y derechos humanos. Hay parlamentos en Teherán, Moscú, Ciudad del Cabo y Nueva Delhi, así como en Londres y París. Cuando israelíes y palestinos, rusos y ucranianos, kurdos y turcos compiten por los favores de la opinión pública global, todos emplean el mismo discurso de derechos humanos, soberanía estatal y ley internacional.

El mundo puede estar salpicado de varios tipos de «estados fracasados», pero solo conoce un paradigma para un Estado con éxito. Así, la política global sigue el principio de Anna Karénina: todos los estados exitosos son iguales, pero cada Estado fracasado fracasa a su manera, al faltarle tal o cual ingrediente de la oferta política dominante. Recientemente, Estado Islámico destacaba por su rechazo total a esa oferta y por su intento de establecer un tipo de entidad política de todo punto diferente: un califato universal. Pero justo por eso ha fracasado. Numerosas fuerzas guerrilleras y organizaciones terroristas han conseguido establecer nuevos países o conquistar países ya existentes. Pero siempre lo han hecho aceptando los principios fundamentales del orden político global. Incluso los talibanes buscaron el reconocimiento internacional como el gobierno legítimo del país soberano de Afganistán. Ningún grupo que niegue los principios de la política global ha conseguido hasta ahora ejercer un control duradero de ningún territorio importante.

Quizá pueda apreciarse mejor la fuerza del paradigma político global si no analizamos duras cuestiones políticas de guerra y diplomacia, sino algo como los Juegos Olímpicos de 2016 en Río de Janeiro. Dediquemos un momento a reflexionar sobre la manera como se organizaron las Olimpiadas. Los 11.000 atletas se agruparon en delegaciones por su nacionalidad y no por su religión, clase o idioma. No había una delegación budista, una delegación proletaria, una delegación anglófona. Excepto en unos pocos casos (en particular, en los de Taiwán y Palestina), determinar la nacionalidad de los atletas fue sencillo.

En la ceremonia inaugural, el 5 de agosto de 2016, los atletas desfilaron en grupos, y cada grupo hacía ondear su bandera nacional. Cada vez que Michael Phelps ganaba otra medalla de oro, la bandera de las barras y estrellas se alzaba al son del «Star-Spangled Banner». Cuando Émilie Andéol consiguió la medalla de oro en judo, se alzó la bandera tricolor francesa y se interpretó «La Marsellesa».

Oportunamente, cada país del mundo tiene un himno que se ajusta al mismo modelo universal. Casi todos los himnos son fragmentos orquestales de unos pocos minutos de duración, en lugar de un cántico de veinte que solo puede ser ejecutado por una casta especial de sacerdotes ancestrales. Incluso países como Arabia Saudí, Pakistán y el Congo han adoptado para sus himnos convenciones musicales occidentales. La mayoría suenan como algo que hubiera compuesto Beethoven. (Se puede pasar una tarde con los amigos reproduciendo los distintos himnos que hay en YouTube e intentando adivinar cuál es cuál.) Incluso la letra es casi la misma en todo el mundo, lo que indica concepciones comunes de la política y la lealtad de grupo. Por ejemplo, ¿a qué nación piensa el lector que pertenece el siguiente himno? (solo he cambiado el nombre del país por el genérico «mi país»):

> *Mi país, mi patria,*
> *la tierra en la que he vertido mi sangre,*
> *aquí es donde estoy de pie,*
> *para ser el guardián de mi tierra natal.*
> *Mi país, mi nación,*
> *mi gente y mi patria,*
> *proclamemos:*
> *«¡Mi país, unámonos!».*
> *Larga vida a mi país, larga vida a mi Estado,*
> *mi nación, mi patria, en su totalidad.*

Construye su alma, despierta su cuerpo,
¡por mi gran país!
Mi gran país, independiente y libre
mi hogar y mi país, a los que quiero.
Mi gran país, independiente y libre,
¡larga vida a mi gran país!

La respuesta es Indonesia. Pero ¿se habría sorprendido el lector si le hubiera dicho que la respuesta era en realidad Polonia, Nigeria o Brasil?

Las banderas nacionales exhiben la misma monótona conformidad. Con una única excepción, todas las banderas son piezas de tela rectangulares que se caracterizan por un repertorio muy limitado de colores, bandas y formas geométricas. Nepal es el país anómalo, pues su bandera está compuesta por dos triángulos. (Pero nunca ha ganado una medalla olímpica.) La bandera indonesia consiste en una banda roja sobre una blanca. La polaca muestra una banda blanca sobre una roja. La bandera de Mónaco es idéntica a la de Indonesia. A una persona daltónica le costaría señalar la diferencia entre las banderas de Bélgica, El Chad, Costa de Marfil, Francia, Guinea, Irlanda, Italia, Mali y Rumanía: todas tienen tres bandas verticales de diversos colores.

Algunos de estos países han estado enzarzados unos contra otros en guerras implacables, pero durante el tumultuoso siglo XX solo se cancelaron tres olimpiadas debido a la guerra (en 1916, 1940 y 1944). En 1980, Estados Unidos y algunos de sus aliados boicotearon las Olimpiadas de Moscú, en 1984 el bloque soviético boicoteó las de Los Ángeles, y en otras varias ocasiones los Juegos Olímpicos se encontraron en el centro de una tormenta política (en especial en 1936, cuando el Berlín nazi fue el anfitrión de las Olimpiadas, y en 1972, cuando terroristas palestinos masacraron a la delegación israelí en las de Múnich). Pero, en su conjunto, las controversias políticas no han desbaratado el proyecto olímpico.

Remontémonos ahora mil años. Suponga el lector que quiere celebrar los Juegos Olímpicos Medievales en Río en 1016. Olvide por un momento que Río era entonces una pequeña aldea de indios tupí,[12] y que asiáticos, africanos y europeos ni siquiera eran conscientes de la existencia de América. Olvide los problemas logísticos de hacer llegar a los principales atletas del mundo a Río sin contar con aviones. Olvide también que pocos deportes eran compartidos en todo el mundo, e incluso que, aunque todos los humanos pueden correr, no todos podrían ponerse de acuerdo en las mismas reglas para una competición de carrera. Pregúntese simplemente el lector cómo agrupar a las delegaciones que competirían. En la actualidad, el Comité Olímpico Internacional invierte muchísimas horas discutiendo la cuestión de Taiwán y la de Palestina. Multiplique esto por 10.000 para estimar el número de horas que tendría que invertir en la política de la Olimpiada Medieval.

Para empezar, en 1016 el Imperio chino Song no reconocía a ninguna entidad política en la Tierra como su igual. Por tanto, sería una humillación inconcebible conceder a su delegación olímpica la misma categoría que se diera a las delegaciones del reino Koryo de Corea o al reino vietnamita de Dai Co Viet, por no mencionar las delegaciones de los primitivos bárbaros de allende los mares.

El califa de Bagdad afirmaba asimismo su hegemonía universal, y la mayoría de los musulmanes suníes lo reconocían como su jefe supremo. Sin embargo, en términos prácticos el califa apenas gobernaba la ciudad de Bagdad. Así, ¿querrían formar parte todos los atletas suníes de una única delegación del califato, o querrían separarse en las docenas de delegaciones de los numerosos emiratos y sultanatos del mundo suní? Pero ¿por qué quedarse en los emiratos y sultanatos? El desierto Arábigo estaba lleno de tribus de beduinos libres, que no reconocían a ningún jefe supremo salvo a Alá. ¿Tendría derecho cada una de ellas a enviar una delegación independiente para competir en tiro con arco o carreras de camellos? Europa daría al lector un número parecido de quebraderos de cabeza. Un atleta de la aldea normanda de Ivry, ¿competiría bajo el estandarte del conde de Ivry local, de su señor el duque de Normandía o quizá del débil rey de Francia?

Muchas de estas entidades políticas aparecieron y desaparecieron en cuestión de años. Cuando el lector estuviera preparándose para los Juegos Olímpicos de 1016, no podría saber de antemano qué delegaciones acudirían, porque nadie estaría seguro de qué entidades políticas seguirían existiendo al año siguiente. Si el reino de Inglaterra hubiera enviado una delegación a la Olimpiada de 1016, cuando los atletas hubieran retornado al hogar con sus medallas habrían descubierto que los daneses acababan de tomar Londres y que Inglaterra estaba siendo absorbida en el Imperio del mar del Norte del rey Canuto el Grande, junto con Dinamarca, Noruega y partes de Suecia. En cuestión de otras dos décadas aquel imperio se desintegró, pero treinta años más tarde Inglaterra fue conquistada de nuevo, por el duque de Normandía.

Ni que decir tiene que la inmensa mayoría de estas entidades políticas efímeras no disponían de himno que interpretar ni de bandera que enarbolar. Los símbolos políticos eran de suma importancia, desde luego, pero el lenguaje simbólico de la política europea era muy distinto de los lenguajes simbólicos de las políticas indonesia, china o tupí. Ponerse de acuerdo en un protocolo común para señalar la victoria habría sido casi imposible.

Así, cuando el lector vea los Juegos Olímpicos de Tokio en 2020, recuerde que la aparente competición entre naciones supone en realidad un asombroso acuerdo global. Aun con todo el orgullo nacional que la gente siente cuando su delegación gana una medalla de oro y se iza su bandera, hay muchísima más razón para sentir orgullo porque la humanidad sea capaz de organizar un acontecimiento de este tipo.

Un dólar para gobernarlos a todos

En la época premoderna, los humanos probaron no solo diversos sistemas políticos, sino también una variedad abrumadora de modelos económicos. Los boyardos rusos, los marajás hindúes, los mandarines chinos y los jefes tribales amerindios tenían ideas muy diferentes acerca del dinero, el comercio, los impuestos y el empleo. En la actualidad, en cambio, casi todo el mundo cree, con variaciones un poco distintas, en el mismo tema capitalista, y todos somos piezas de una única línea de producción global. Ya vivamos en el Congo o en Mongolia, en Nueva Zelanda o en Bolivia, nuestras rutinas cotidianas y nuestras riquezas económicas dependen de las mismas teorías económicas, las mismas compañías y bancos y los mismos flujos de capital. Si los ministros de Finanzas de Israel e Irán tuvieran que encontrarse para almorzar, compartirían un lenguaje económico y podrían fácilmente comprender las tribulaciones de cada uno y empatizar con ellas.

Cuando Estado Islámico conquistó gran parte de Siria e Irak, asesinó a decenas de miles de personas, demolió yacimientos arqueológicos, derribó estatuas y destruyó de manera sistemática los símbolos de los regímenes previos y de la influencia cultural occidental.[13] Pero cuando los combatientes de Estado Islámico entraron en los bancos locales y encontraron allí montones de dólares estadounidenses con las caras de presidentes estadounidenses y con lemas en inglés que ensalzaban los ideales políticos y religiosos americanos, no quemaron estos símbolos del imperialismo estadounidense. Porque los billetes de dólar son venerados universalmente a través de las separaciones políticas y religiosas. Aunque no tiene un valor intrínseco (no podemos comernos ni bebernos un billete), la confianza en el dólar y en la sensatez de la Reserva Federal es tan sólida que incluso la comparten los fundamentalistas islámicos, los señores de la droga mexicanos y los tiranos norcoreanos.

Pero la homogeneidad de la humanidad contemporánea es más aparente si consideramos nuestra visión del mundo natural y del cuerpo humano. Si uno enfermaba hace mil años, era muy importante dónde vivía. En Europa, el sacerdote del lugar le diría probablemente que había hecho enfadar a Dios y que para recuperar la salud tenía que dar algo a la iglesia, realizar una peregrinación a un lugar sagrado y rezar fervientemente por el perdón divino. O la bruja de la aldea le explicaría que lo había poseído un demonio al que podía expulsar mediante canciones, bailes y la sangre de un gallo joven negro.

En Oriente Próximo, los médicos formados en las tradiciones clásicas podrían decirle al enfermo que sus humores corporales estaban desequilibrados y que tenía que armonizarlos con una dieta adecuada y lociones malolientes. En la India, los expertos ayurvédicos ofrecerían sus propias teorías en relación con el equilibrio entre los tres elementos corporales conocidos como *doshas*, y recomendarían un tratamiento de hierbas, masajes y posturas de yoga. Los médicos chinos, los chamanes siberianos, los brujos africanos, los curanderos amerindios, cada imperio, reino y tribu contaban con sus propias tradiciones y expertos, cada uno de los cuales tenía ideas distintas del cuerpo humano y la naturaleza de la enfermedad, y cada uno de los cuales ofrecía su propio cuerno de la abundancia de rituales, brebajes y curas. Algunos de estos funcionaban increíblemente bien, mientras que otros casi suponían una sentencia de muerte. Lo único que unía las prácticas médicas europeas, chinas, africanas y americanas era que al menos un tercio de los niños morían antes de alcanzar la edad adulta y que la esperanza de vida media se hallaba muy por debajo de los cincuenta años.[14]

Hoy en día, si nos ponemos enfermos es mucho menos importante dónde vivamos. En Toronto, Tokio, Teherán o Tel Aviv se nos trasladará a hospitales de aspecto similar, donde encontraremos a médicos con bata blanca que aprendieron las mismas teorías científicas en las mismas facultades de Medicina. Seguirán idénticos protocolos y usarán idénticas pruebas para emitir diagnósticos muy similares. Después dispensarán las mismas medicinas producidas por las mismas empresas farmacéuticas internacionales. Sigue habiendo algunas diferencias culturales menores, pero los médicos canadienses, japoneses, iraníes e israelíes tienen opiniones muy parecidas del cuerpo humano y las enfermedades. Después de que Estado Islámico tomara Al Raqa y Mosul, no derribó los hospitales locales; en cambio, emitió un llamamiento a médicos y a enfermeras musulmanes de todo el mundo para que de forma voluntaria prestaran sus servicios allí.[15] Se supone que incluso los médicos y las enfermeras islamistas creen que el cuerpo está constituido por células, que las enfermedades las causan agentes patógenos y que los antibióticos matan las bacterias.

¿Y qué constituye estas células y bacterias? Y, de hecho, ¿qué constituye el mundo entero? Hace mil años, cada cultura tenía su propio relato del universo y de los ingredientes fundamentales del caldo cósmico. En la actualidad, las personas cultas de todo el mundo creen exactamente las mismas cosas sobre la materia, la energía, el tiempo y el espacio. Pongamos el ejemplo de los programas nucleares de Irán y Corea del Norte. Todo el problema reside en que iraníes y norcoreanos tienen exactamente el mismo parecer sobre la física que israelíes y estadounidenses. Si iraníes y norcoreanos creyeran que $E = mc^4$, a Israel y a Estados Unidos les importarían un comino sus programas nucleares.

La gente tiene todavía diferentes religiones e identidades nacionales. Pero cuando se trata de asuntos prácticos (cómo construir un estado, una economía, un hospital o una bomba), casi todos pertenecemos a la misma civilización. Existen discrepancias, sin duda, pero todas las civilizaciones tienen sus disputas internas. En realidad, tales disputas las definen. Cuando intentan describir su identidad, las personas suelen hacer una lista de la compra con rasgos comunes. Es un error. Les iría mucho mejor si hicieran una lista de conflictos y dilemas comunes. Por ejemplo, en 1618 Europa carecía de una sola identidad religiosa: estaba definida por el conflicto religioso. Ser europeo en 1618 significaba obsesionarse con diferencias doctrinales minúsculas entre católicos y protestantes o entre calvinistas y luteranos, y con estar dispuesto a matar o que te mataran debido a estas diferencias. Si en 1618 a un humano no le preocupaban estos conflictos, dicha persona sería quizá un turco o un hindú, pero sin duda no un europeo.

De forma similar, en 1940 Gran Bretaña y Alemania tenían valores políticos muy distintos, pero ambas formaban parte integral de la «civilización europea». Hitler no era menos europeo que Churchill. Más bien, la misma lucha entre ambos definió lo que era ser europeo en aquella coyuntura concreta de la historia. En contraste, en 1940 un cazador-recolector !kung no era europeo porque la confrontación europea interna acerca de la raza y el imperio habrían tenido poco sentido para él.

Las personas con quienes nos peleamos más a menudo son los miembros de nuestra propia familia. La identidad se define más por conflictos y dilemas que por acuerdos. ¿Qué significa ser europeo en 2018? No significa tener la piel blanca, creer en Jesucristo o defender la libertad. En cambio, significa debatir apasionadamente acerca de la inmigración, la Unión Europea y los límites del capitalismo, y también preguntarnos de manera obsesiva: «¿Qué define mi identidad?», así como preocuparnos por la población envejecida, el consumismo desbocado y el calentamiento global. En sus conflictos y dilemas, los europeos del siglo XXI son diferentes de sus antepasados de 1618 y 1940, pero son cada vez más parecidos a sus socios comerciales chinos e indios.

Cualesquiera que sean los cambios que nos aguardan en el futuro, es probable que impliquen una lucha fraterna en el seno de una única civilización en lugar de una confrontación entre civilizaciones extrañas. Los grandes desafíos del siglo XXI serán de naturaleza global. ¿Qué ocurrirá cuando el cambio climático desencadene catástrofes ecológicas? ¿Qué ocurrirá cuando los ordenadores superen a los humanos cada vez en más tareas y los sustituyan en un número creciente de empleos? ¿Qué ocurrirá cuando la biotecnología nos permita mejorar a los humanos y alargar la duración de la vida? Sin duda, tendremos grandes debates y amargos conflictos sobre estas cuestiones. Pero es improbable que dichos debates y conflictos nos aíslen a unos de otros. Justo lo contrario. Nos harán todavía más interdependientes. Aunque la humanidad está muy lejos de constituir una comunidad armoniosa, todos somos miembros de una única y revoltosa civilización global.

¿Cómo explicar, pues, la oleada nacionalista que se extiende por gran parte del mundo? Quizá en nuestro entusiasmo por la globalización hayamos despachado con demasiada celeridad a las buenas y antiguas naciones. El retorno al nacionalismo tradicional, ¿podría ser la solución para nuestras desesperadas crisis globales? Si la globalización conlleva tantos problemas, ¿por qué no abandonarla, simplemente?

7

Nacionalismo

Los problemas globales necesitan respuestas globales

Puesto que toda la humanidad constituye en la actualidad una única civilización, y toda la gente comparte retos y oportunidades comunes, ¿por qué británicos, norteamericanos, rusos y otros numerosos grupos se encaminan hacia el aislamiento nacionalista? ¿Acaso un retorno al nacionalismo ofrece soluciones reales a los problemas sin precedentes de nuestro mundo global, o se trata de un lujo escapista que puede condenar al desastre a la humanidad y a toda la biosfera?

A fin de responder a esta pregunta, primero hemos de disipar un mito muy extendido. Al contrario de lo que suele creerse, el nacionalismo no es una parte natural y eterna de la psique humana, y no está basado en la biología humana. Sin duda, los humanos son animales sociales de los pies a la cabeza y llevan la lealtad al grupo impresa en sus genes. Sin embargo, durante cientos de miles de años, *Homo sapiens* y sus antepasados homínidos vivían en pequeñas comunidades íntimas de no más de unas pocas docenas de personas. Los humanos desarrollan fácilmente lealtad a grupos pequeños e íntimos, como una tribu, una compañía de infantería o un negocio familiar, pero no es en absoluto natural para ellos ser leales a millones de completos desconocidos. Tales lealtades en masa han aparecido solo en los últimos miles de años (ayer por la mañana, en términos evolutivos) y requieren inmensos esfuerzos de construcción social.

La gente se impuso la dificultad de crear colectivos nacionales porque se enfrentaba a retos que una sola tribu no podía resolver. Pensemos, por ejemplo, en las antiguas tribus que vivían a lo largo del Nilo hace miles de años. El río era su elemento vital: irrigaba sus campos y transportaba su comercio. Pero era un aliado impredecible. Demasiada poca lluvia, y la gente se moría de hambre; demasiada lluvia, y las aguas se desbordaban de sus orillas y destruían aldeas enteras. Ninguna tribu podía resolver este problema por sí sola, porque cada una de ellas controlaba una pequeña sección del río y tan solo podía movilizar a unos cuantos cientos de obreros. Únicamente con un esfuerzo común para construir presas enormes y excavar cientos de kilómetros de canales se podía esperar contener y domeñar el poderoso río. Esta fue una de las razones por las que las tribus se fusionaron poco a poco en una única nación que tenía el poder de construir presas y canales, regular el flujo del río, acumular reservas de grano para los años de vacas flacas y establecer un sistema de transporte y comunicación en todo el país.

A pesar de tales ventajas, transformar tribus y clanes en una nación única nunca fue fácil, ni en épocas antiguas ni en la actualidad. Para darse cuenta de lo difícil que es identificarse con una nación de este tipo solo tenemos que preguntarnos: «¿Conozco a esta gente?». Puedo nombrar a mis dos hermanas y once primos y pasar todo un día hablando de sus personalidades, peculiaridades y relaciones. No puedo nombrar a los ocho millones de personas que comparten mi ciudadanía israelí, nunca he conocido a la mayoría de ellos y es muy improbable que llegue a conocerlos en el futuro. Mi capacidad, no obstante, para sentir lealtad hacia esa nebulosa masa no es una herencia de mis antepasados cazadores-recolectores, sino un milagro de la historia reciente. Un biólogo marciano que estuviera familiarizado únicamente con la anatomía y la evolución de *Homo sapiens* jamás podría adivinar que dichos simios fueran capaces de desarrollar vínculos comunitarios con millones de extraños. A fin de convencerme de ser leal a «Israel» y a sus ocho millones de habitantes, el movimiento sionista y el Estado israelí tuvieron que crear un gigantesco aparato de educación, propaganda y ondeo de banderas, así como sistemas nacionales de seguridad, sanidad y bienestar.

Eso no significa que haya algo malo en los vínculos nacionales. Los sistemas enormes no pueden funcionar sin lealtades en masa, y expandir el círculo de la empatía humana tiene sin duda sus méritos. Las formas más moderadas de patriotismo figuran entre las creaciones humanas más benignas. Creer que mi nación es única, que merece mi lealtad y que tengo obligaciones especiales para con sus miembros me impulsa a cuidar a otros y hacer sacrificios en su nombre. Es un error peligroso imaginar que sin nacionalismo todos viviríamos en un paraíso liberal. Es más probable que viviéramos en un caos tribal. Países pacíficos, prósperos y liberales como Suecia, Alemania y Suiza poseen un marcado sentido de nacionalismo. La lista de países que carecen de vínculos nacionales sólidos incluye Afganistán, Somalia, el Congo y la mayoría de los demás estados fracasados.[1]

El problema empieza cuando el patriotismo benigno se metamorfosea en ultranacionalismo patriotero. En lugar de creer que mi nación es única (lo que es cierto para todas las naciones), puedo comenzar a sentir que mi nación es suprema, que le debo toda mi lealtad y que no tengo obligaciones importantes para con nadie más. Este es terreno fértil para los conflictos violentos. Durante generaciones, la crítica más básica del nacionalismo era que conducía a la guerra. Pero la conexión entre nacionalismo y violencia no refrenó los excesos nacionalistas, en particular porque cada nación justificaba su propia expansión militar por la necesidad de protegerse de las maquinaciones de sus vecinos. Mientras la nación proporcionara a la mayoría de sus ciudadanos niveles inauditos de seguridad y prosperidad, estos se hallaban dispuestos a pagar el precio en sangre. En el siglo XIX y principios del XX, el acuerdo nacionalista parecía todavía muy atractivo. Aunque el nacionalismo conducía a conflictos horrendos a una escala sin precedentes, los estados nación modernos también creaban enormes sistemas de asistencia sanitaria, educación y bienestar. Gracias a los servicios nacionales de salud, parecía que Passchendaele y Verdún hubieran valido la pena.

Todo cambió en 1945. La invención de las armas nucleares alteró considerablemente las condiciones del acuerdo nacionalista. Después de Hiroshima, la gente ya no temía que el nacionalismo condujera a la simple guerra: empezó a temer que llevara a la guerra nuclear. La aniquilación total es capaz de aguzar la mente de la gente, y, gracias en no poca medida a la bomba atómica, ocurrió lo imposible y el genio nacionalista fue introducido en la lámpara, al menos la mitad del genio. De la misma manera que los antiguos aldeanos de la cuenca del Nilo redirigieron parte de su lealtad desde los clanes locales a un reino mucho mayor capaz de contener el peligroso río, en la era nuclear se desarrolló entre las diversas naciones una comunidad global, porque solo una comunidad así podría contener el demonio nuclear.

En la campaña presidencial de 1964 en Estados Unidos, Lyndon B. Johnson difundió el famoso «anuncio de la margarita», uno de los mayores éxitos de la propaganda en los anales de la televisión. El anuncio se inicia con una niñita que arranca y cuenta los pétalos de una margarita, pero cuando llega a diez, se oye una voz masculina y metálica que cuenta en sentido inverso de diez a cero, como en la cuenta atrás del lanzamiento de misiles. Al llegar a cero, el brillante destello de una explosión nuclear llena la pantalla, y el candidato Johnson se dirige al público norteamericano y dice: «Esto es lo que está en juego. Construir un mundo donde todos los niños de Dios puedan vivir, o dirigirse hacia la oscuridad. O hemos de amarnos los unos a los otros, o hemos de morir».[2] Solemos asociar el lema «Haz el amor, no la guerra» con la contracultura de finales de la década de 1960, pero en realidad ya en 1964 era algo aceptado incluso entre políticos duros como Johnson.

En consecuencia, durante la Guerra Fría el nacionalismo adoptó un papel secundario frente a una perspectiva más global de la política internacional, y cuando la Guerra Fría terminó, la globalización parecía ser la tendencia arrolladora del futuro. Se esperaba que la humanidad dejaría atrás las políticas nacionalistas, como una reliquia de épocas más primitivas que a lo sumo quizá atrajeran a los habitantes mal informados de unos pocos países subdesarrollados. Sin embargo, los acontecimientos de años recientes han demostrado que el nacionalismo tiene todavía un arraigo profundo incluso en los ciudadanos de Europa y Estados Unidos, por no mencionar Rusia, la India y China. Alienada por las fuerzas impersonales del capitalismo global y temiendo por el futuro de los sistemas nacionales de salud, educación y bienestar, la gente de todo el mundo busca seguridad y sentido en el regazo de la nación.

Pero la disyuntiva que planteó Johnson en el «anuncio de la margarita» es incluso más pertinente hoy de lo que era en 1964. ¿Crearemos un mundo donde todos los humanos puedan vivir juntos, o nos dirigiremos hacia la oscuridad? ¿Están salvando el mundo Donald Trump, Theresa May, Vladímir Putin, Narendra Modi y sus colegas al avivar nuestros sentimientos nacionales, o la actual avalancha nacionalista es una forma de escapismo ante los inextricables problemas globales a que nos enfrentamos?

EL RETO NUCLEAR

Empecemos con la némesis común del género humano: la guerra nuclear. Cuando en 1964 se emitió el «anuncio de la margarita», dos años después de la crisis de los misiles cubanos, la aniquilación nuclear era una amenaza palpable. Expertos y profanos temían por igual que la humanidad no tuviera la sensatez de evitar la destrucción y creían que solo era cuestión de tiempo que la Guerra Fría se volviera caliente y abrasadora. En realidad, la humanidad se enfrentó con éxito al reto nuclear. Norteamericanos, soviéticos, europeos y chinos cambiaron la manera como se ha realizado la geopolítica durante milenios, de forma que la Guerra Fría llegó a su fin con poco derramamiento de sangre, y un nuevo mundo internacional promovió una era de paz sin precedentes. No solo se evitó la guerra nuclear, sino que las contiendas de todo tipo se redujeron. Es sorprendente que desde 1945 muy pocas fronteras se hayan redibujado a raíz de una agresión brutal, y la mayoría de los países han dejado de utilizar la guerra como una herramienta política estándar. En 2016, a pesar de las guerras en Siria, Ucrania y varios otros puntos calientes, morían menos personas debido a la violencia humana que a la obesidad, los accidentes de tráfico o el suicidio.[3] Este podría muy bien haber sido el mayor logro político y moral de nuestra época.

Por desgracia, estamos ya tan acostumbrados a este logro que lo damos por hecho. Esta es en parte la razón por la que la gente se permite jugar con fuego. Rusia y Estados Unidos se han embarcado recientemente en una nueva carrera de armas nucleares y han desarrollado nuevos artilugios del fin del mundo que amenazan con destruir los logros tan duramente ganados de las últimas décadas, y volvernos a llevar al borde de la aniquilación nuclear.[4] Mientras tanto, la opinión pública ha aprendido a dejar de preocuparse y a amar a la bomba (tal como sugería *¿Teléfono rojo? Volamos hacia Moscú*), o simplemente ha olvidado su existencia.

Así, el debate sobre el Brexit en Gran Bretaña (una potencia nuclear importante) versó principalmente sobre cuestiones de economía e inmigración, mientras que la contribución vital de la Unión Europea a la paz europea y a la paz global se pasó en gran parte por alto. Después de siglos de matanzas terribles, franceses, alemanes, italianos y británicos han creado al final un mecanismo que asegura la armonía continental, solo para que el pueblo británico haya lanzado una llave inglesa dentro de la máquina milagrosa.

Fue extremadamente difícil construir el régimen internacionalista que evitó la guerra nuclear y salvaguardó la paz en el planeta. Sin duda necesitamos adaptar este régimen a las condiciones cambiantes del mundo, por ejemplo, dependiendo menos de Estados Unidos y confiriendo un papel más decisivo a potencias no occidentales como China y la India.[5] Pero abandonar por completo este régimen y retornar a la política del poder nacionalista sería una apuesta irresponsable. Cierto, en el siglo xix los países jugaron al juego nacionalista sin destruir la civilización humana, pero ocurrió en la era pre-Hiroshima. Desde entonces, las armas nucleares han hecho subir la apuesta y cambiado la naturaleza fundamental de la guerra y la política. Mientras los humanos sepan cómo enriquecer el uranio y el plutonio, su supervivencia dependerá de preferir la prevención de la guerra nuclear frente a los intereses de cualquier nación concreta. Los nacionalistas entusiastas que gritan: «¡Primero nuestro país!» deberían preguntarse si su país, por sí solo, sin un sistema sólido de cooperación internacional, puede proteger al mundo (o incluso protegerse a sí mismo) de la destrucción nuclear.

EL RETO ECOLÓGICO

Además de la guerra nuclear, en las décadas venideras la humanidad se enfrentará a una nueva amenaza existencial que apenas se registraba en los radares políticos en 1964: el colapso ecológico. Los humanos están desestabilizando la biosfera global en múltiples frentes. Cada vez tomamos más recursos del entorno, al tiempo que vertemos en él cantidades ingentes de desechos y venenos, lo que provoca cambios en la composición del suelo, del agua y de la atmósfera.

Apenas somos conscientes siquiera de las múltiples maneras en que alteramos el delicado equilibrio ecológico formado a lo largo de millones de años. Considérese, por ejemplo, el uso del fósforo como fertilizante. En pequeñas cantidades es un nutriente esencial para el crecimiento de las plantas. Pero en cantidades excesivas se vuelve tóxico. La agricultura industrial moderna se basa en la fertilización artificial de los campos con grandes cantidades de fósforo, pero la escorrentía cargada de fósforo procedente de los campos de cultivo envenena después ríos, lagos y océanos, y tiene un impacto devastador sobre la vida marina. Un agricultor que cultive maíz en Iowa podría, sin saberlo, estar matando peces en el golfo de México.

Debido a estas actividades, los hábitats se degradan, animales y plantas se extinguen y ecosistemas enteros, como la Gran Barrera de Coral australiana y la pluviselva amazónica, podrían acabar destruidos. Durante miles de años, *Homo sapiens* se ha comportado como un asesino ecológico en serie; ahora está transformándose en un asesino ecológico en masa. Si continuamos con esta trayectoria, no solo se llegará a aniquilar un gran porcentaje de todos los seres vivos, sino que también podrían debilitarse los cimientos de la civilización humana.[6]

Lo más preocupante de todo es la perspectiva del cambio climático. Los humanos llevan aquí cientos de miles de años y han sobrevivido a numerosas edades de hielo y períodos cálidos. Sin embargo, la agricultura, las ciudades y las sociedades complejas existen desde hace no más de diez mil años. Durante este período, conocido como Holoceno, el clima del planeta ha sido relativamente estable. Cualquier desviación de los patrones del Holoceno planteará a las sociedades humanas actuales problemas enormes que nunca han conocido. Será como realizar un experimento con final abierto con miles de millones de cobayas. Y aunque la civilización humana acabara por adaptarse a las nuevas condiciones, ¡quién sabe cuántas víctimas podrían perecer en el proceso de adaptación!

Este experimento terrorífico ya se ha puesto en marcha. A diferencia de la guerra nuclear, que es un futuro potencial, el cambio climático es una realidad actual. Los científicos están de acuerdo en que las actividades humanas, en particular la emisión de gases de efecto invernadero como el dióxido de carbono, hacen que el clima de la Tierra cambie a un ritmo alarmante.[7] Nadie sabe exactamente cuánto dióxido de carbono podemos continuar bombeando a la atmósfera sin desencadenar un cataclismo irreversible. Pero nuestras estimaciones científicas más optimistas indican que a menos que reduzcamos de forma drástica la emisión de gases de efecto invernadero en los próximos veinte años, las temperaturas medias globales aumentarán más de 2 °C,[8] lo que provocará la expansión de los desiertos, la desaparición de los casquetes polares, el aumento del nivel de los océanos y una mayor incidencia de acontecimientos meteorológicos extremos, como huracanes y tifones. Estos cambios alterarán a su vez la producción agrícola, inundarán ciudades, harán que gran parte del mundo se vuelva inhabitable y que cientos de millones de refugiados busquen nuevos hogares.[9]

Además, estamos acercándonos rápidamente a varios puntos de inflexión, más allá de los cuales incluso una reducción espectacular de las emisiones de gases de efecto invernadero no bastará para invertir la tendencia y evitar una tragedia mundial. Por ejemplo, a medida que el calentamiento global funde las capas de hielo polares, se refleja menos luz solar desde nuestro planeta al espacio exterior. Ello significa que la Tierra absorbe más calor, que las temperaturas aumentan todavía más y que el hielo se funde con mayor rapidez. Una vez que este bucle retroactivo traspase un umbral crítico alcanzará un impulso irrefrenable, y todo el hielo de las regiones polares se derretirá aunque los humanos dejen de quemar carbón, petróleo y gas. De ahí que no sea suficiente que reconozcamos el peligro al que nos enfrentamos. Es fundamental que realmente hagamos algo al respecto ahora.

Por desgracia, en 2018, en lugar de haberse reducido las emisiones de gases de efecto invernadero, la tasa de emisión global sigue aumentando. A la humanidad le queda muy poco tiempo para desengancharse de los combustibles fósiles. Es necesario que iniciemos la rehabilitación hoy mismo. No el año próximo o el mes próximo, sino hoy. «Hola, soy *Homo sapiens* y soy adicto a los combustibles fósiles.»

¿Dónde encaja el nacionalismo en este panorama alarmante? ¿Existe una respuesta nacionalista a la amenaza ecológica? ¿Puede una nación, por poderosa que sea, frenar el calentamiento global por sí sola? Sin duda, los países pueden adoptar a título individual toda una serie de políticas verdes, muchas de las cuales tienen gran sentido tanto ambiental como económico. Los gobiernos pueden cobrar impuestos a las emisiones de carbono, añadir el costo de las externalidades al precio del petróleo y el gas, promulgar leyes ambientales más restrictivas, recortar los subsidios a las industrias contaminantes e incentivar el cambio a energías renovables. También pueden invertir más dinero en investigar y desarrollar tecnologías respetuosas con el medio ambiente, en una especie de Proyecto Manhattan ecológico. Hay que agradecer al motor de combustión interna muchos de los avances de los últimos ciento cincuenta años, pero si hemos de mantener un ambiente físico y económico estable habrá que retirarlo ya y sustituirlo por nuevas tecnologías que no quemen combustibles fósiles.[10]

Los avances tecnológicos pueden ayudar en otros muchos ámbitos además de la energía. Considérese, por ejemplo, el potencial de desarrollar «carne limpia». En la actualidad, la industria de la carne no solo inflige un dolor incalculable a miles de millones de seres dotados de sensibilidad, sino que también es una de las principales causas del calentamiento global, una de las principales consumidoras de antibióticos y venenos, y una de las mayores contaminadoras de aire, tierra y agua. Según un informe de 2013 de la Institución de Ingenieros Mecánicos, hacen falta 15.000 litros de agua para producir un kilogramo de carne de res, en comparación con 287 litros de agua para un kilogramo de patatas.[11]

Es probable que la presión ambiental empeore a medida que el aumento de la prosperidad en países como China y Brasil permita a cientos de millones de personas más pasar de comer patatas a comer carne de manera regular. Sería difícil convencer a chinos y a brasileños (por no mencionar a estadounidenses y a alemanes) para que dejaran de comer bistecs, hamburguesas y salchichas. Pero ¿qué ocurriría si los ingenieros pudieran encontrar una manera de generar carne a partir de células? Si usted quiere una hamburguesa, simplemente cultívela, en lugar de criar y sacrificar una vaca entera (y transportar el cuerpo a miles de kilómetros).

Esto podría parecer ciencia ficción, pero la primera hamburguesa limpia del mundo se generó a partir de células (y después fue comida) en 2013. Costó 330.000 dólares. Cuatro años de investigación y desarrollo hicieron bajar el precio a 11 dólares la unidad, y se espera que al cabo de otra década la carne limpia sea más barata que la procedente de animales sacrificados. Este desarrollo tecnológico podría ahorrarles a miles de millones de animales una vida de dolor abyecto, podría alimentar a miles de millones de humanos desnutridos y, a la vez, ayudar a evitar el colapso ecológico.[12]

Así que hay muchas cosas que los gobiernos, empresas e individuos pueden hacer para evitar el cambio climático. Pero para ser efectivas, tienen que emprenderse a un nivel global. Cuando se trata del clima, los países ya no son soberanos. Se encuentran a merced de acciones que otras personas efectúan en la otra punta del planeta. La república de Kiribati (una nación insular en el océano Pacífico) podría reducir sus emisiones de gases a cero y no obstante verse sumergida bajo el oleaje creciente si otros países no hacen lo mismo. El Chad podría instalar un panel solar en cada tejado del país y sin embargo convertirse en un desierto yermo debido a las políticas ambientales irresponsables de extranjeros lejanos. Ni siquiera países poderosos como China y Japón son soberanos desde el punto de vista ecológico. Para proteger Shangai, Hong Kong y Tokio de inundaciones y tifones destructivos, los chinos y los japoneses tendrán que convencer a los gobiernos estadounidense y ruso de que abandonen su estrategia de «hacer lo de siempre».

El aislacionismo nacionalista probablemente sea incluso más peligroso en el contexto del cambio climático que en el de la guerra nuclear. Una guerra nuclear total amenaza con destruir a todas las naciones, de modo que todas las naciones tienen el mismo interés en evitarla. En cambio, el calentamiento global tendrá probablemente un impacto diferente en función de cada nación. Algunos países, y de manera notable Rusia, podrían en verdad beneficiarse de ello. Rusia tiene relativamente pocos recursos costeros, de manera que está mucho menos preocupada que China o Kiribati por el aumento del nivel del mar. Y mientras que las temperaturas más altas es probable que transformen El Chad en un desierto, al mismo tiempo podrían transformar Siberia en el granero del mundo. Además, a medida que el hielo se funda en el lejano norte, las vías marítimas árticas, dominadas por Rusia, podrían convertirse en la arteria del comercio global, y Kamchatka tal vez sustituyera a Singapur como encrucijada del mundo.[13]

De manera similar, es probable que la idea de sustituir los combustibles fósiles por fuentes de energía renovable resulte más interesante a algunos países que a otros. China, Japón y Corea del Sur dependen de la importación de enormes cantidades de petróleo y gas; estarían encantadas de librarse de esta carga. Rusia, Irán y Arabia Saudí dependen de la exportación de petróleo y gas; sus economías se desplomarían si el petróleo y el gas dejan paso de repente a la energía solar y la eólica.

En consecuencia, mientras que quizá algunas naciones como China, Japón y Kiribati se impliquen mucho en la reducción de las emisiones globales de carbono tan pronto como sea posible, otras naciones como Rusia e Irán podrían mostrarse mucho menos entusiastas. Incluso en países en que es evidente que perderán mucho debido al calentamiento global, como Estados Unidos, los nacionalistas podrían ser tan miopes y estar tan satisfechos de sí mismos para no apreciar el peligro. Un prueba de ello, nimia pero reveladora, se dio en enero de 2018, cuando Estados Unidos impuso un arancel del 30 por ciento a los paneles solares y a los equipos solares fabricados en el extranjero, pues preferían respaldar a los productores solares norteamericanos incluso al precio de ralentizar el paso a las energías renovables.[14]

Una bomba atómica es una amenaza tan evidente e inmediata que nadie puede pasarla por alto. En cambio, el calentamiento global es una amenaza más vaga y demorada en el tiempo. De ahí que siempre que las consideraciones ambientales a largo plazo exijan algún sacrificio doloroso a corto plazo, los nacionalistas podrían verse tentados a anteponer los intereses nacionales inmediatos y a tranquilizarse diciendo que ya se preocuparán más adelante del medioambiente, o bien dejar que lo haga la gente de otros sitios. O podrían sencillamente negar el problema. No es casual que el escepticismo respecto al cambio climático tienda a ser terreno de la derecha nacionalista. Rara vez se ve a los socialistas de izquierdas tuitear que «el cambio climático es un timo chino». Ya que no hay una respuesta nacional al problema del calentamiento global, algunos políticos nacionalistas prefieren creer que el problema no existe.[15]

El reto tecnológico

Es presumible que la misma dinámica dé al traste con cualquier antídoto nacionalista para la tercera amenaza existencial del siglo XXI: la disrupción tecnológica. Como hemos visto en capítulos anteriores, la fusión de la infotecnología y la biotecnología abre la puerta a un sinfín de situaciones hipotéticas sobre el tema del fin del mundo, que van de las dictaduras digitales a la creación de una clase inútil global. ¿Cuál es la respuesta nacionalista a estas amenazas?

No hay respuesta nacionalista. Con la disrupción tecnológica ocurre lo mismo que con el cambio climático: el estado nación es simplemente el marco equivocado para enfrentarse a esa amenaza. Puesto que la investigación y el desarrollo no son monopolio de ningún país, ni siquiera una superpotencia como Estados Unidos es capaz de limitarlos por sí sola. Si el gobierno estadounidense prohíbe manipular genéticamente embriones humanos, esto no impide que científicos chinos lo hagan. Y si los progresos resultantes confieren a China alguna ventaja económica o militar, Estados Unidos se sentirá tentado a incumplir su propia prohibición. En particular en un mundo xenófobo y de competición salvaje, aunque un solo país eligiera seguir la senda tecnológica de alto riesgo pero elevados beneficios, otros países se verían obligados a hacer lo mismo, porque nadie puede permitirse quedarse rezagado. Para evitar esta carrera hacia el abismo, probablemente la humanidad necesite algún tipo de identidad y de lealtad globales.

Además, mientras que la guerra nuclear y el cambio climático amenazan solo la supervivencia física de la humanidad, las tecnologías disruptivas podrían cambiar la naturaleza misma del género humano y, por tanto, están mezcladas con las creencias éticas y religiosas más profundas de las personas. Aunque esté de acuerdo con que se debería evitar la guerra nuclear y el desastre ecológico, la gente tiene opiniones muy diferentes acerca del uso de la bioingeniería y la IA para mejorar a los humanos y crear nuevas formas de vida. Si la humanidad no consigue concebir e impartir globalmente reglas éticas generales y aceptadas, se abrirá la veda del doctor Frankenstein.

Cuando se trata de formular estas reglas éticas generales, el nacionalismo adolece por encima de todo de falta de imaginación. Los nacionalistas piensan en términos de conflictos territoriales que duran siglos, mientras que las revoluciones tecnológicas del siglo XXI deberían entenderse en realidad en términos cósmicos. Después de 4.000 millones de años de vida orgánica que ha evolucionado mediante la selección natural, la ciencia da lugar a la era de la vida inorgánica modelada por el diseño inteligente.

En el proceso, es probable que el propio *Homo sapiens* desaparezca. En la actualidad somos todavía simios de la familia de los homínidos. Aún compartimos con neandertales y chimpancés la mayoría de nuestras estructuras corporales, capacidades físicas y facultades mentales. No solo nuestras manos, ojos y cerebro son claramente homínidos, sino también nuestro deseo sexual, nuestro amor, nuestra ira y nuestros vínculos sociales. Dentro de un siglo o dos, la combinación de la biotecnología y la IA podría resultar en características corporales, físicas y mentales que se liberen por completo del molde homínido. Hay quien cree incluso que la conciencia podría separarse de cualquier estructura orgánica y surfear por el ciberespacio, libre de toda limitación biológica y física. Por otra parte, podríamos asistir a la desvinculación completa de la inteligencia y la conciencia, y el desarrollo de la IA quizá diera como resultado un mundo dominado por entidades superinteligentes pero absolutamente no conscientes.

¿Qué opinan de ello el nacionalismo israelí, ruso o francés? Con el fin de tomar decisiones sensatas sobre el futuro de la vida necesitamos ir mucho más allá del punto de vista nacionalista y considerar las cosas desde una perspectiva global o incluso cósmica.

La nave espacial *Tierra*

Cada uno de estos problemas (la guerra nuclear, el colapso ecológico y la disrupción tecnológica) basta para amenazar el futuro de la civilización humana. Pero en su conjunto constituyen una crisis existencial sin precedentes, en especial porque es probable que se refuercen y se agraven mutuamente.

Por ejemplo, aunque la crisis ecológica amenaza la supervivencia de la civilización humana como la hemos conocido, es improbable que frene el desarrollo de la IA y de la bioingeniería. Si el lector cuenta con que el aumento del nivel de los océanos, la reducción de los recursos alimenticios y las migraciones en masa distraerán nuestra atención de algoritmos y genes, piénselo de nuevo. A medida que la crisis ecológica se intensifique, probablemente el desarrollo de tecnologías de elevado riesgo y de elevados beneficios no hará más que acelerarse.

En realidad, podría muy bien ocurrir que el cambio climático llegue a cumplir la misma función que las dos contiendas mundiales. Entre 1914 y 1918, y de nuevo entre 1939 y 1945, el ritmo del desarrollo tecnológico se disparó, porque las naciones enzarzadas en la guerra total abandonaran la prudencia y el ahorro, e invirtieron enormes recursos en todo tipo de proyectos audaces y fantásticos. Muchos de tales proyectos fracasaron, pero algunos acabaron en tanques, el radar, gases venenosos, aviones supersónicos, misiles intercontinentales y bombas nucleares. De forma parecida, las naciones que se enfrentan a un cataclismo climático podrían verse tentadas a depositar sus esperanzas en jugadas tecnológicas desesperadas. La humanidad tiene muchas preocupaciones justificadas respecto a la IA y a la bioingeniería, pero en épocas de crisis la gente hace cosas arriesgadas. Cualquiera que sea la opinión del lector ante la reglamentación de las tecnologías disruptivas, pregúntese si es probable que estas reglas se mantengan incluso si el cambio climático causa carestías alimentarias globales, si acaba por inundar ciudades en todo el mundo y si envía a cientos de millones de refugiados allende las fronteras.

A su vez, las disrupciones tecnológicas podrían aumentar el riesgo de que estallasen guerras apocalípticas, no solo al incrementar las tensiones globales, sino también al desestabilizar el equilibrio de poderes nucleares. Desde la década de 1950, las superpotencias han evitado los conflictos debido a que todas sabían que la guerra significaba una destrucción mutua asegurada. Pero al aparecer nuevos tipos de armas ofensivas y defensivas, una superpotencia tecnológica en auge podría llegar a la conclusión de que es capaz de destruir impunemente a sus enemigos. Y al revés: una potencia que se hallara en horas bajas podría temer que sus armas nucleares tradicionales quedaran pronto obsoletas y que sería mejor usarlas antes de perderlas. Tradicionalmente, las confrontaciones nucleares parecían una partida de ajedrez hiperracional. ¿Qué ocurrirá cuando los jugadores puedan usar ciberataques para arrebatar el control de las piezas de un rival, cuando terceras partes anónimas logren mover un peón sin que nadie sepa quién está haciendo el movimiento, o cuando AlphaZero deje atrás su dominio del ajedrez ordinario y se gradúe en ajedrez nuclear?

De la misma manera que es probable que los diferentes retos se agraven unos a otros, también la buena voluntad necesaria para enfrentarse a un reto puede acabar debilitada por problemas en otros frentes. Es improbable que los países enzarzados en una competición armada estén de acuerdo en restringir el desarrollo de la IA, y a los países que se esfuerzan por superar los logros tecnológicos de sus rivales les costará mucho acceder a un plan común para frenar el cambio climático. Mientras el mundo siga dividido en naciones rivales, será muy difícil superar a la vez los tres retos, y el fracaso incluso en un único frente podría resultar catastrófico.

Para concluir, la oleada nacionalista que recorre el mundo no puede hacer retroceder el reloj a 1939 o 1914. La tecnología lo ha cambiado todo al crear un conjunto de amenazas existenciales globales que ninguna nación puede resolver por sí sola. Un enemigo común es el mejor catalizador para forjar una identidad común, y ahora la humanidad tiene al menos tres de esos enemigos: la guerra nuclear, el cambio climático y la disrupción tecnológica. Si a pesar de estas amenazas comunes los humanos deciden anteponer sus lealtades nacionales particulares a lo demás, las consecuencias pueden ser mucho peores que en 1914 y 1939.

Un camino mucho mejor es el que se esboza en la Constitución de la Unión Europea, que afirma que «los pueblos de Europa, sin dejar de sentirse orgullosos de su identidad y su historia nacional, están decididos a superar sus antiguas divisiones y, cada vez más estrechamente unidos, a forjar un destino común».[16] Esto no significa abolir todas las identidades nacionales, abandonar cada una de las tradiciones locales y transformar a la humanidad en un menjunje gris homogéneo. Como tampoco denigrar toda expresión de patriotismo. De hecho, al proporcionar una cubierta protectora continental, militar y económica, puede decirse que la Unión Europea ha promovido el patriotismo local en Flandes, Lombardía, Cataluña y Escocia. La idea de establecer una Escocia independiente o una Cataluña independiente parece más interesante cuando no se teme una invasión alemana y cuando puede contarse con un frente común europeo contra el calentamiento global y las empresas globales.

Por tanto, los nacionalistas europeos se toman las cosas con calma. A pesar de toda la cháchara de retorno de la nación, pocos europeos están en verdad dispuestos a matar o morir por ello. Cuando los escoceses quisieron separarse del control de Londres, tuvieron que organizar un ejército para hacerlo. En cambio, ni una sola persona murió durante el referéndum escocés de 2014, y si en la próxima ocasión los escoceses votan por la independencia, es muy improbable que deban volver a librar la batalla de Bannockburn. El intento catalán de separarse de España ha generado más violencia, pero mucha menos que la carnicería que Barcelona vivió en 1939 o en 1714.

Cabe esperar, pues, que el resto del mundo aprenda del ejemplo europeo. Incluso en un planeta unido habrá mucho espacio para ese patriotismo que celebra la singularidad de mi nación y destaca mis obligaciones especiales hacia ella. Pero si queremos sobrevivir y prosperar, la humanidad no tiene otra elección que completar estas lealtades locales con obligaciones sustanciales hacia una comunidad global. Una persona puede y debe ser leal simultáneamente a su familia, sus vecinos, su profesión y su nación, ¿por qué no añadir a la humanidad y el planeta Tierra a dicha lista? Es cierto que cuando se tienen lealtades múltiples, a veces los conflictos son inevitables. Pero ¿quién dijo que la vida es sencilla? Lidiemos con ella.

En siglos anteriores las identidades nacionales se forjaron porque los humanos se enfrentaban a problemas y posibilidades que se hallaban mucho más allá del ámbito de las tribus locales, y que solo la cooperación a la escala de todo el país podía esperar gestionar. En el siglo XXI, las naciones se encuentran en la misma situación que las antiguas tribus: ya no son el marco adecuado para afrontar los retos más importantes de la época. Necesitamos una nueva identidad global porque las instituciones nacionales son incapaces de gestionar un conjunto de dilemas globales sin precedentes. Ahora tenemos una ecología global, una economía global y una ciencia global, pero todavía estamos empantanados en políticas solo nacionales. Esta falta de encaje impide que el sistema político se enfrente de manera efectiva a nuestros principales problemas. Para que la política sea efectiva hemos de hacer una de dos cosas: desglobalizar la ecología, la economía y la ciencia, o globalizar nuestra política. Ya que es imposible desglobalizar la ecología y el progreso de la ciencia, y ya que el coste de desglobalizar la economía seguramente sería prohibitivo, la única solución real es globalizar la política. Esto no significa establecer un «gobierno global», una visión dudosa e irrealista, sino más bien que las dinámicas políticas internas de los países e incluso de las ciudades den mucha más relevancia a los problemas y los intereses globales. En la tarea, es improbable que los sentimientos nacionalistas ayuden mucho. Así pues, ¿quizá podamos confiar en que las tradiciones religiosas universales de la humanidad ayudarán a unir el mundo? Hace cientos de años, religiones como el cristianismo y el islamismo ya pensaban en términos globales en lugar de locales, y se mostraban muy interesadas en las grandes cuestiones de la vida en lugar de solo en las luchas políticas de esta o aquella nación. Pero ¿siguen siendo relevantes las religiones tradicionales? ¿Conservan el poder para dar forma al mundo, o son solo reliquias inertes de nuestro pasado, lanzadas aquí y allá por las poderosas fuerzas de los estados, las economías y las tecnologías modernos?

8

Religión

Dios sirve ahora a la nación

Hasta ahora, las ideologías modernas, los científicos expertos y los gobiernos nacionales no han conseguido dar forma a una perspectiva viable para el futuro de la humanidad. ¿Puede obtenerse tal visión de los profundos pozos de las tradiciones religiosas humanas? Quizá la respuesta ha estado esperándonos todo este tiempo entre las páginas de la Biblia, el Corán o los Vedas.

Es probable que los seglares reaccionen ante esta idea con menosprecio o aprensión. Las Sagradas Escrituras quizá fueran relevantes en la Edad Media, pero ¿cómo van a guiarnos en la era de la inteligencia artificial, la bioingeniería, el calentamiento global y la ciberguerra? Sin embargo, los seglares son una minoría. Miles de millones de humanos profesan todavía más fe en el Corán y en la Biblia que en la teoría de la evolución; los movimientos religiosos determinan la política de países tan diversos como la India, Turquía y Estados Unidos, y las hostilidades religiosas impulsan conflictos desde Nigeria hasta Filipinas.

Así pues, ¿cuán relevantes son religiones tales como el cristianismo, el islamismo y el hinduismo? ¿Pueden ayudarnos a resolver los principales problemas a que nos enfrentamos? Para comprender el papel de las religiones tradicionales en el mundo del siglo XXI, necesitamos distinguir entre tres tipos de problemas:

1. Problemas técnicos. Por ejemplo, ¿cómo pueden los agricultores de países áridos habérselas con sequías severas debidas al calentamiento global?

2. Problemas políticos. Por ejemplo, ¿qué medidas han de adoptar los gobiernos para evitar el calentamiento global en primer lugar?

3. Problemas de identidad. Por ejemplo, ¿debo preocuparme incluso de los problemas de los agricultores del otro lado del mundo, o solo de los problemas de la gente de mi propia tribu y mi propio país?

Como veremos en las páginas que siguen, las religiones tradicionales resultan en gran parte irrelevantes a la hora de enfrentarnos a los problemas técnicos y políticos. En cambio, son muy relevantes respecto a los de identidad, pero en la mayoría de los casos constituyen una parte importante del problema más que de una solución potencial.

PROBLEMAS TÉCNICOS: LA AGRICULTURA CRISTIANA

En tiempos premodernos, las religiones eran responsables de solucionar una amplia gama de problemas técnicos en ámbitos tan prosaicos como la agricultura. Calendarios divinos determinaban cuándo plantar y cosechar, mientras que rituales en el templo aseguraban la lluvia y protegían contra las plagas. Si se presentaba una crisis agrícola debido a una sequía o una plaga de langostas, los agricultores se dirigían a los sacerdotes para que intercedieran con los dioses. También la medicina fue víctima del ámbito religioso. Casi todos los profetas, gurús y chamanes hacían además de curanderos. Así, Jesús dedicó gran parte de su tiempo a curar a los enfermos, haciendo que los ciegos vieran, que los mudos hablaran y que los locos sanaran. Ya viviera uno en el antiguo Egipto o en la Europa medieval, si se encontraba enfermo era más probable que se dirigiera al santero que al médico y que peregrinara a un templo famoso más que a un hospital.

En épocas más recientes, biólogos y cirujanos han relevado a sacerdotes y milagreros. Si ahora una plaga de langostas amenaza Egipto, podría muy bien ocurrir que los egipcios soliciten la ayuda de Alá (¿por qué no?), pero no se olvidarán de llamar a los químicos, entomólogos y genetistas para que desarrollen plaguicidas más potentes y cepas de trigo resistentes a los insectos. Si el hijo de un hindú devoto padece un caso grave de sarampión, el padre dirigirá una plegaria a Dhanvantari y ofrecerá flores y dulces al templo local, pero solo después de haber llevado de urgencia al pequeño al hospital más cercano y haberlo confiado al cuidado de sus médicos. Incluso la enfermedad mental (el último bastión de los curanderos religiosos) está pasando poco a poco a manos de los científicos, al sustituir la neurología a la demonología y al suplantar el Prozac al exorcismo.

El triunfo de la ciencia ha sido tan rotundo que nuestra idea misma de la religión ha cambiado. Ya no asociamos la religión a la agricultura y a la medicina. Incluso muchos fanáticos padecen ahora amnesia colectiva y prefieren olvidar que las religiones tradicionales siempre reclamaban para sí estos ámbitos. «¿Y qué pasa si acudimos a los ingenieros y los médicos? —dicen los fanáticos—. Eso no demuestra nada. Para empezar, ¿qué tiene que ver la religión con la agricultura y la medicina?»

Las religiones tradicionales han perdido mucho terreno porque, para ser francos, simplemente no lo hacían muy bien en agricultura ni en atención sanitaria. La verdadera pericia de sacerdotes y gurús nunca fue atraer la lluvia, curar, profetizar o hacer magia. En cambio, siempre ha sido la interpretación. Un sacerdote no es alguien que sabe cómo bailar la danza de la lluvia y acabar con la sequía. Un sacerdote es alguien que sabe cómo justificar por qué la danza de la lluvia no funcionó y por qué hemos de seguir creyendo en nuestro dios, aunque parezca sordo a nuestras plegarias.

Pero es precisamente su talento para la interpretación lo que sitúa a los líderes religiosos en desventaja cuando compiten contra los científicos. Los científicos también saben tomar atajos y distorsionar la evidencia, pero al final, el signo de la ciencia es la disposición a admitir el fracaso y a intentar una aproximación diferente. Por eso los científicos aprenden poco a poco a producir mejores cosechas y a elaborar medicamentos mejores, mientras que sacerdotes y gurús solo aprenden a pergeñar excusas mejores. A lo largo de los siglos, incluso los verdaderos creyentes han notado esa diferencia, razón por la que la autoridad religiosa ha estado reduciéndose en cada vez más campos técnicos. Y es también la razón por la que todo el mundo se ha convertido cada vez más en una única civilización. Cuando las cosas funcionan de verdad, todos las adoptan.

PROBLEMAS POLÍTICOS: LA ECONOMÍA MUSULMANA

La ciencia nos da respuestas claras a las cuestiones técnicas, como curar el sarampión, pero entre los científicos existe un considerable desacuerdo sobre las cuestiones políticas. Casi todos los científicos están de acuerdo en que el calentamiento global es un hecho, pero no existe consenso con relación a la reacción económica más conveniente ante tal amenaza. Eso no significa, sin embargo, que las religiones tradicionales puedan ayudarnos a resolver la cuestión. Las antiguas escrituras no son una buena guía para la economía moderna, y las principales brechas (por ejemplo, entre capitalistas y socialistas) no se corresponden con las divisiones entre las religiones tradicionales.

Es cierto que en países como Israel e Irán los rabinos y ayatolás tienen voz y voto directos en la política económica del gobierno, e incluso en países más seglares como Estados Unidos y Brasil, los líderes religiosos influyen sobre la opinión pública en cuestiones que van desde los impuestos hasta las normativas ambientales. Pero un análisis más detallado revela que en la mayoría de estos casos las religiones tradicionales desempeñan en realidad un papel secundario en relación con las teorías científicas modernas. Cuando el ayatolá Jamenei debe tomar una decisión crucial acerca de la economía iraní, no puede hallar la respuesta necesaria en el Corán, porque los árabes del siglo VII sabían muy poco de los problemas y las posibilidades de las economías industriales modernas y los mercados financieros globales. De modo que él, o sus ayudantes, han de acudir a Karl Marx, Milton Friedman, Friedrich Hayek y a la moderna ciencia de la economía para encontrar respuestas. Después de haberse convencido de aumentar las tasas de interés, reducir los impuestos, privatizar los monopolios del gobierno o firmar un acuerdo arancelario internacional, Jamenei puede entonces usar su conocimiento religioso y su autoridad para envolver la respuesta científica en los ropajes de tal o cual versículo del Corán, y presentarlo a las masas como la voluntad de Alá. Pero los ropajes poco importan. Cuando comparamos las políticas económicas del Irán chií, de la Arabia Saudí suní, del Israel judío, de la India hindú y de la América cristiana, sencillamente no vemos tanta diferencia.

Durante los siglos XIX y XX, los pensadores musulmanes, judíos, hindúes y cristianos despotricaron contra el materialismo moderno, contra el capitalismo desalmado y contra los excesos del estado burocrático. Prometieron que solo con que se les diera una oportunidad, resolverían todos los males de la modernidad y establecerían un sistema socioeconómico muy diferente, basado en los valores espirituales eternos de su fe. Bien, se les han dado unas cuantas oportunidades, y el único cambio perceptible que han hecho al edificio de las economías modernas es pintarlo de nuevo y colocar una enorme media luna, una cruz, una estrella de David o un «om» en el tejado.

Al igual que en el caso de propiciar la lluvia, cuando se trata de la economía, es la experiencia de los eruditos religiosos a la hora de reinterpretar textos, perfeccionada durante largo tiempo, la que vuelve la religión irrelevante. Da igual la política económica que elija Jamenei, siempre podrá adecuarla al Corán. De ahí que el Corán sea degradado de una fuente de verdadero conocimiento a una fuente de mera autoridad. Cuando uno se enfrenta a un dilema económico difícil, lee a Marx y a Hayek detenidamente, y ellos lo ayudan a entender mejor el sistema económico, a ver las cosas desde un nuevo ángulo y a pensar en soluciones posibles. Después de haber formulado una respuesta, entonces uno se dirige al Corán y lo lee con atención en busca de alguna sura que, interpretada con la suficiente imaginación, pueda justificar la solución que se obtuvo de Hayek o Marx. Con independencia de qué solución se encontró allí, si uno es un buen erudito en el Corán, siempre podrá justificarla.

Lo mismo vale para el cristianismo. Un cristiano puede ser tanto capitalista como socialista, y aunque algunas de las cosas que dijo Jesús suenan a comunismo total, durante la Guerra Fría buenos capitalistas norteamericanos seguían leyendo el Sermón de la Montaña sin apenas darse cuenta. Sencillamente, no existe una «economía cristiana», una «economía musulmana» o una «economía hindú».

Y no es que no haya ninguna idea económica en la Biblia, el Corán o los Vedas; lo que ocurre es que estas ideas no están actualizadas. La lectura que Mahatma Gandhi hizo de los Vedas llevó a que imaginara una India independiente como un conjunto de comunidades agrarias autosuficientes, cada una de las cuales tejía sus propias telas de *khadi*, exportaba poco e importaba todavía menos. La fotografía más famosa de Gandhi lo muestra hilando algodón con sus propias manos: él hizo de la humilde rueca el símbolo del movimiento nacionalista indio.[1] Pero esta visión arcádica era sencillamente incompatible con las realidades de la economía moderna, razón por la cual no ha quedado mucho de ello, excepto la radiante imagen de Gandhi en miles de millones de billetes de rupias.

Las teorías económicas modernas son mucho más relevantes que los dogmas tradicionales, al punto de que es común interpretar conflictos claramente religiosos en términos económicos, mientras que nadie piensa en hacer lo contrario. Por ejemplo, hay quien aduce que los *Troubles* en Irlanda del Norte entre católicos y protestantes surgieron en gran parte por los conflictos de clase. Debido a varios accidentes históricos, en Irlanda del Norte las clases altas eran principalmente protestantes y las clases bajas, principalmente católicas. De ahí que lo que a primera vista parece haber sido un conflicto teológico sobre la naturaleza de Cristo fuera en realidad una lucha típica entre pudientes y necesitados. En cambio, muy pocas personas afirmarían que los conflictos entre las guerrillas comunistas y los terratenientes capitalistas en Sudamérica en la década de 1970 no eran en realidad más que un pretexto para un desacuerdo mucho más profundo sobre la teología cristiana.

Así pues, ¿qué diferencia supondría la religión a la hora de enfrentarse a las grandes cuestiones del siglo XXI? Pongamos como ejemplo la cuestión de si conceder a la IA la autoridad para tomar decisiones acerca de la vida de la gente: que elija por nosotros qué estudiar, dónde trabajar y con quién casarnos. ¿Cuál es la posición musulmana sobre esta cuestión? ¿Cuál es la posición judía? Aquí no hay posiciones «musulmana» o «judía». Es probable que la humanidad se divida en dos bandos principales: los que estén a favor de conceder a la IA una autoridad importante y los que se opongan. Es probable que haya musulmanes y judíos en ambos, y que justifiquen la posición que adoptan con imaginativas interpretaciones del Corán y el Talmud.

Desde luego, los grupos religiosos podrían endurecer sus puntos de vista sobre temas concretos, y transformarlos en dogmas supuestamente sagrados y eternos. En la década de 1970, algunos teólogos latinoamericanos inventaron la teología de la liberación, que hizo que Jesús se pareciera un poco al Che Guevara. De forma similar, es fácil reclutar a Jesús para el debate sobre el cambio climático y hacer que las posiciones políticas actuales parezcan principios religiosos eternos.

Esto ya está empezando a suceder. La oposición a las normativas ambientales se incorpora a los sermones de fuego y alcrebite de algunos pastores evangélicos norteamericanos, mientras que el papa Francisco encabeza la carga contra el calentamiento global en nombre de Cristo (como atestigua su segunda encíclica, «Laudato si»).[2] De modo que quizá en 2070 con relación a las cuestiones ambientales supondrá una gran diferencia que uno sea evangélico o católico. Ni que decir tiene que los evangélicos pondrán objeciones a cualquier limitación a las emisiones de carbono, mientras que los católicos creerán que Jesús predicó que debemos proteger el medio ambiente.

Podremos apreciar las diferencias incluso en los coches que usarán. Los evangélicos conducirán enormes SUV trasegadores de gasolina, mientras que los católicos devotos se desplazarán en impecables coches eléctricos con un adhesivo en el parachoques que rezará: «¡Quema el planeta y quémate en el Infierno!». Sin embargo, aunque pueden citar varios pasajes bíblicos en defensa de sus posiciones, el origen real de su diferencia estará en las teorías científicas y en los movimientos políticos modernos, no en la Biblia. Desde esta perspectiva, la religión no puede en realidad contribuir mucho a los grandes debates políticos de nuestra época. Tal como dijo Karl Marx, es solo una fachada.

PROBLEMAS DE IDENTIDAD: LAS LÍNEAS EN LA ARENA

Pero Marx exageraba cuando rechazaba la religión como una mera superestructura que ocultaba poderosas fuerzas tecnológicas y económicas. Aunque el islamismo, el hinduismo y el cristianismo sean decoraciones de vivos colores sobre una estructura económica moderna, la gente suele identificarse con el decorado, y las identidades de la gente constituyen una fuerza histórica crucial. El poder humano depende de la cooperación de las masas, la cooperación de las masas depende de fabricar identidades de las masas, y todas las identidades de las masas se basan en relatos de ficción, no en hechos científicos, ni siquiera en necesidades económicas. En el siglo XXI, la división de los humanos en judíos y musulmanes o en rusos y polacos depende todavía de mitos religiosos. Los intentos de los nazis y los comunistas para determinar de manera científica las identidades humanas de raza y clase demostraron ser una pseudociencia peligrosa, y desde entonces los científicos han sido muy reacios a colaborar en la definición de cualesquiera identidades «naturales» respecto a los seres humanos.

De modo que en el siglo XXI las religiones no atraen la lluvia, no curan enfermedades, no fabrican bombas, pero sí determinan quiénes somos «nosotros» y quiénes son «ellos», a quién debemos curar y a quién bombardear. Como se ha indicado ya, en términos prácticos hay poquísimas diferencias entre el Irán chií, la Arabia Saudí suní y el Israel judío. Todos son estados nación burocráticos, todos siguen políticas más o menos capitalistas, todos vacunan a los niños contra la poliomielitis, y todos confían en químicos y físicos para la fabricación de bombas. No existe una burocracia chií, un capitalismo suní o una física judía. Así pues, ¿cómo hacer que la gente se sienta única, y sea leal a una tribu humana y hostil a otra?

A fin de trazar líneas firmes en las arenas cambiantes de la humanidad, la religión usa ritos, rituales y ceremonias. Chiíes, suníes y judíos ortodoxos llevan ropas diferentes, cantan plegarias diferentes y observan tabúes diferentes. Estas tradiciones religiosas diversas suelen llenar la cotidianidad con belleza y animan a la gente a comportarse de manera más amable y caritativa. Cinco veces al día, la voz melodiosa del almuédano se eleva sobre el ruido de bazares, oficinas y fábricas, y llama a los musulmanes a que hagan una pausa del ajetreo de las actividades mundanas e intenten conectar con una verdad eterna. Sus vecinos hindúes pueden alcanzar el mismo objetivo con ayuda de puyás diarias y recitado de mantras. Todas las semanas, los viernes por la noche, las familias judías se sientan a la mesa para disfrutar de una comida especial de alegría, acción de gracias y solidaridad. Dos días después, el domingo por la mañana, los coros cristianos de góspel aportan esperanza a la vida de millones de personas, con lo que ayudan a forjar vínculos comunitarios de confianza y afecto.

Otras tradiciones religiosas llenan el mundo de enorme fealdad y hacen que la gente se comporte de manera miserable y cruel. Por ejemplo, poco hay que decir en favor de la misoginia o de la discriminación de castas, inspiradas por la religión. Pero ya sean hermosas o feas, todas estas tradiciones religiosas unen a determinadas personas al tiempo que las diferencian de sus vecinos. Vistas desde fuera, las tradiciones religiosas que dividen a la gente suelen parecer insignificantes, y Freud ridiculizó la obsesión que las personas tienen sobre estas cuestiones llamándola «el narcisismo de las pequeñas diferencias».[3] Pero en historia y en política, las pequeñas diferencias pueden tener un recorrido muy largo. Así, el hecho de ser gay o lesbiana supone literalmente una cuestión de vida o muerte si uno vive en Israel, Irán o Arabia Saudí. En Israel, la comunidad LGBT goza de la protección de la ley, e incluso hay algunos rabinos que bendecirían el matrimonio entre dos mujeres. En Irán, gais y lesbianas son perseguidos de forma sistemática y en ocasiones incluso ejecutados. En Arabia Saudí, una lesbiana ni siquiera podía conducir un automóvil hasta 2018 solo por ser una mujer, no importaba que fuera lesbiana.

Quizá el mejor ejemplo del poder y la importancia continuados de las religiones tradicionales en el mundo moderno proceda de Japón. En 1853, una flota norteamericana obligó a Japón a abrirse al mundo moderno. En respuesta, el Estado japonés se embarcó en un proceso rápido y muy exitoso de modernización. Al cabo de pocas décadas, se convirtió en un poderoso Estado burocrático que se basó en la ciencia, el capitalismo y la tecnología militar más puntera para derrotar a China y a Rusia, ocupar Taiwán y Corea, y por último hundir la flota estadounidense en Pearl Harbor y destruir los imperios europeos del Lejano Oriente. Pero Japón no copió a ciegas el programa occidental. Estaba rotundamente decidido a proteger su identidad única y a asegurar que los japoneses modernos fueran leales a Japón y no a la ciencia, a la modernidad o a alguna nebulosa comunidad global.

A tal fin mantuvo la religión nativa del sintoísmo como piedra angular de la identidad japonesa. En realidad, el Estado japonés reinventó el sintoísmo. El sintoísmo tradicional era una mezcla de creencias animistas en diversas deidades, espíritus y fantasmas, y cada aldea y templo tenía sus propios espíritus favoritos y costumbres locales. A finales del siglo XIX y principios del XX, Japón creó una versión oficial del sintoísmo, mientras disuadía a sus súbditos de seguir muchas tradiciones locales. Este «sintoísmo de Estado» se fusionó con ideas muy modernas de nacionalidad y raza, que la élite tomó prestadas de los imperialistas europeos. Cualquier elemento en el budismo, el confucianismo y los valores feudales de los samuráis que pudiera ayudar a cimentar la lealtad al país se añadió a la mezcla. Para rematarlo, el sintoísmo de Estado consagró como su principio supremo la adoración al emperador japonés, considerado descendiente directo de la diosa solar Amaterasu, y él mismo no menos que un dios viviente.[4]

A simple vista, este extraño brebaje de lo viejo y lo nuevo parecía una elección muy inapropiada para un Estado que se embarcaba en un curso acelerado de modernización. ¿Un dios viviente? ¿Espíritus animistas? ¿Valores feudales? Sonaba más a un caciquismo neolítico que a una moderna potencia industrial.

Pero funcionó como por arte de magia. Los japoneses se modernizaron a un ritmo impresionante al tiempo que desarrollaron una lealtad fanática a su país. El símbolo mejor conocido del éxito del sintoísmo de Estado es el hecho de que Japón fue la primera potencia en desarrollar y usar misiles guiados con precisión. Décadas antes de que Estados Unidos sacara la bomba inteligente, y en una época en que la Alemania nazi estaba empezando apenas a desplegar los tontos cohetes V-2, Japón hundió docenas de buques aliados con misiles guiados con precisión. Conocemos estos misiles como «kamikazes». Mientras que en las municiones guiadas con precisión actuales la guía la dan los ordenadores, los kamikazes eran aviones ordinarios cargados de explosivos y guiados por pilotos humanos que deseaban participar en misiones de solo ida. Esta disposición era el producto del espíritu de sacrificio que desafiaba a la muerte cultivado por el sintoísmo de Estado. Así, los kamikazes se basaban en la combinación de la tecnología más avanzada con el adoctrinamiento religioso más avanzado.[5]

A sabiendas o no, en la actualidad numerosos gobiernos siguen el ejemplo japonés. Adoptan las herramientas y estructuras universales de modernidad al tiempo que se basan en religiones tradicionales para preservar una identidad nacional única. El papel del sintoísmo de Estado en Japón lo cumplen en un grado mayor o menor el cristianismo ortodoxo en Rusia, el catolicismo en Polonia, el islamismo chií en Irán, el wahabismo en Arabia Saudí y el judaísmo en Israel. Da igual lo arcaica que una religión parezca: con un poco de imaginación y reinterpretación casi siempre puede casarse con los últimos artilugios tecnológicos y las instituciones modernas más sofisticadas.

En algunos casos, los estados podrían crear una religión completamente nueva para reafirmar su identidad única. El ejemplo más extremo lo tenemos en la actualidad en Corea del Norte, antigua colonia de Japón. El régimen norcoreano adoctrina a sus súbditos con una religión de Estado fanática denominada «juche». Consiste en una mezcla de marxismo-leninismo, algunas tradiciones coreanas antiguas, una creencia racista en la pureza única de la raza coreana y la deificación del linaje familiar de Kim Il-sung. Aunque nadie afirma que los Kim sean descendientes de una diosa solar, son venerados con más fervor que casi cualquier dios en la historia. Quizá, a sabiendas de cómo el Imperio japonés acabó siendo derrotado, el juche norcoreano insistió también durante mucho tiempo en añadir armas nucleares a la mezcla, representando su desarrollo como un deber sagrado digno de sacrificios supremos.[6]

LA SIRVIENTA DEL NACIONALISMO

De ahí que, comoquiera que se desarrolle la tecnología, cabe esperar que los debates acerca de las identidades y los rituales religiosos continúen influyendo en el uso de las nuevas tecnologías, y que vayan a seguir teniendo el poder de incendiar el mundo. Los misiles nucleares más modernos y las ciberbombas podrían emplearse para zanjar una discusión doctrinal acerca de textos medievales. Religiones, ritos y rituales continuarán siendo importantes mientras el poder de la humanidad resida en la cooperación de las masas y mientras la cooperación de las masas resida en la creencia en ficciones compartidas.

Por desgracia, todo esto hace en realidad que las religiones tradicionales sean parte del problema de la humanidad, no del remedio. Las religiones ejercen todavía un gran poder político, puesto que pueden cimentar identidades nacionales e incluso desatar la Tercera Guerra Mundial. Pero cuando se trata de resolver los problemas globales del siglo XXI, y no de avivarlos, no parecen aportar mucho. Aunque numerosas religiones tradicionales promueven valores universales y afirman una validez cósmica, en la actualidad se usan sobre todo a modo de sirvienta del nacionalismo moderno, ya sea en Corea del Norte, en Rusia, Irán o Israel. Por tanto, hacen que sea todavía más difícil trascender las diferencias nacionales y encontrar una solución global a las amenazas de la guerra nuclear, el colapso ecológico y la alteración o disrupción tecnológica.

Así, cuando tratan del calentamiento global o de la proliferación nuclear, los clérigos chiíes animan a los iraníes a ver tales problemas desde una perspectiva iraní estricta, los rabinos israelíes inspiran a los israelíes a preocuparse sobre todo de lo que es bueno para Israel, y los sacerdotes ortodoxos instan a los rusos a anteponer los intereses rusos. Al fin y al cabo, somos la nación elegida por Dios, de manera que lo que es bueno para nuestra nación también es satisfactoria para Dios. Sin duda, hay sabios religiosos que rechazan los excesos nacionalistas y adoptan visiones mucho más universales. Lamentablemente, tales sabios no ostentan en la actualidad un gran poder político.

Así pues, estamos atrapados entre la espada y la pared. La humanidad constituye en la actualidad una única civilización, y problemas como la guerra nuclear, el colapso ecológico y la disrupción tecnológica solo pueden resolverse a nivel global. Por otro lado, el nacionalismo y la religión dividen todavía a nuestra civilización humana en campos diferentes y a menudo hostiles. Esta colisión entre problemas globales e identidades locales se manifiesta en la crisis actual que está sufriendo el mayor experimento multicultural del mundo: la Unión Europea. Erigida sobre la promesa de valores liberales universales, la Unión Europea se tambalea al borde de la desintegración debido a las dificultades de la integración y la inmigración.

9

Inmigración

Algunas culturas podrían ser mejores que otras

Aunque la globalización ha reducido muchísimo las diferencias culturales en todo el planeta, a la vez ha hecho que sea más fácil toparse con extranjeros y que nos sintamos molestos por sus rarezas. La diferencia entre la Inglaterra anglosajona y el Imperio Pala indio era mucho mayor que la diferencia entre la moderna Gran Bretaña y la India moderna, pero British Airways no ofrecía vuelos directos entre Delhi y Londres en los días del rey Alfredo el Grande.

A medida que cada vez más humanos cruzan cada vez más fronteras en busca de trabajo, seguridad y un futuro mejor, la necesidad de enfrentarse, de asimilar o de expulsar a extranjeros pone en tensión los sistemas políticos y las identidades colectivas que se crearon en épocas menos fluidas. En ningún lugar es más agudo el problema que en Europa. La Unión Europea se construyó sobre la promesa de trascender las diferencias culturales entre franceses, alemanes, españoles y griegos. Podría desmoronarse debido a su incapacidad para contener las diferencias culturales entre europeos y emigrantes de África y Oriente Próximo. Irónicamente, el gran éxito de Europa en la creación de un sistema multicultural próspero es lo que ha atraído a tantos emigrantes en primer lugar. Los sirios prefieren emigrar a Alemania antes que a Arabia Saudí, Irán, Rusia o Japón, no porque Alemania esté más cerca o sea más rica que los demás destinos potenciales, sino porque Alemania tiene un historial mucho mejor a la hora de recibir de buena manera y asimilar a los inmigrantes.

La creciente oleada de refugiados e inmigrantes produce reacciones contradictorias en los europeos y provoca ásperos debates sobre la identidad y el futuro de Europa. Algunos europeos exigen que Europa cierre de golpe sus puertas: ¿están traicionando los ideales multiculturales y tolerantes de Europa, o simplemente dando los pasos sensatos para evitar el desastre? Otros claman para que se abran más las puertas: ¿son fieles a los valores europeos fundamentales, o son culpables de endilgar al proyecto europeo expectativas imposibles? Esta discusión sobre la inmigración suele degenerar en una pelea a gritos en la que ninguna parte escucha a la otra. Para clarificar las cosas, quizá ayude contemplar la inmigración como un pacto con tres condiciones o términos básicos:

TÉRMINO 1. El país anfitrión permite la entrada de inmigrantes en su territorio.

TÉRMINO 2. A cambio, los inmigrantes deben adoptar al menos las normas y los valores fundamentales del país anfitrión, aunque ello implique abandonar algunas de sus normas y valores tradicionales.

TÉRMINO 3. Si los inmigrantes se asimilan hasta cierto grado, con el tiempo se convierten en miembros iguales y completos del país anfitrión. «Ellos» se transforman en «nosotros».

Estos tres términos dan origen a tres debates sobre el significado exacto de cada término. Un cuarto debate concierne al cumplimiento de los términos. Cuando la gente habla de inmigración, suele confundir los cuatro debates, de modo que nadie entiende de qué va en verdad la discusión. Por tanto, es mejor considerar cada uno de dichos debates por separado.

DEBATE 1. La primera cláusula del pacto de inmigración reza simplemente que el país anfitrión permite la entrada de inmigrantes. Pero ¿debe esto considerarse un deber o un favor? ¿Está obligado el país anfitrión a abrir sus puertas a todo el mundo, o tiene el derecho de seleccionar, e incluso de detener totalmente la inmigración? Los proinmigracionistas parecen pensar que los países tienen el deber moral de aceptar no solo a refugiados, sino también a personas de países azotados por la pobreza que buscan trabajo y un futuro mejor. En especial en un mundo globalizado, todos los humanos tienen obligaciones morales hacia los demás humanos, y quienes las eluden son egoístas o incluso racistas.

Además, muchos proinmigracionistas señalan que es imposible frenar completamente la inmigración, y que no importa cuántos muros y vallas erijamos, pues la gente desesperada siempre encontrará una manera de entrar. De modo que es mejor legalizar la inmigración y tratar con ella abiertamente que crear un enorme submundo de tráfico humano, trabajadores ilegales y niños sin papeles.

Los antiinmigracionistas replican que, usando la fuerza suficiente, puede detenerse por completo la inmigración, y excepto quizá en el caso de refugiados que huyen de una persecución brutal en un país vecino, no estamos obligados a abrir nuestras puertas. Turquía puede tener el deber moral de permitir que los desesperados refugiados sirios crucen su frontera. Pero si después dichos refugiados intentan desplazarse a Suecia, los suecos no están obligados a aceptarlos. En cuanto a los migrantes que buscan trabajo y beneficios sociales, depende totalmente del país anfitrión decidir si los quiere o no, y en qué condiciones.

Los antiinmigracionistas destacan que uno de los derechos más básicos de cada colectivo humano es defenderse contra la invasión, en forma ya sea de ejércitos, ya sea de migrantes. Los suecos han trabajado con mucho ahínco y han hecho numerosos sacrificios para crear una democracia liberal próspera, y si los sirios no han conseguido hacer lo mismo, no es culpa de los suecos. Si los votantes suecos no quieren que entren más inmigrantes sirios en su país, por la razón que sea, están en su derecho de negarles la entrada. Y si aceptan a algunos inmigrantes, debería quedar muy claro que es un favor que Suecia ofrece y no una obligación que cumple. Lo que significa que los inmigrantes a quienes se permita entrar en Suecia tienen que sentirse muy agradecidos por aquello que obtengan, en lugar de llegar con una lista de peticiones como si fueran los dueños del lugar.

Además, dicen los antiinmigracionistas, un país puede tener la política de inmigración que quiera, y evaluar a los inmigrantes no solo por sus antecedentes penales o talentos profesionales, sino incluso por cosas como la religión. Tal vez parezca desagradable que un país como Israel solo quiera permitir la entrada en él de judíos y uno como Polonia solo acceda a asumir refugiados de Oriente Próximo a condición de que sean cristianos, pero está perfectamente en consonancia con los derechos de los votantes israelíes y polacos.

Lo que complica las cosas es que en muchos casos la gente quiere nadar y guardar la ropa. Numerosos países hacen la vista gorda ante la inmigración ilegal, o incluso aceptan a trabajadores extranjeros por un tiempo, porque quieren beneficiarse de la energía, el talento y el trabajo barato de estos. Sin embargo, los países rehúsan después legalizar las condiciones de estas personas, alegando que no quieren la inmigración. A la larga, esto podría crear sociedades jerárquicas en las que una clase alta de ciudadanos con pleno derecho explota a una subclase de extranjeros impotentes, como ocurre en la actualidad en Catar y en otros estados del golfo Pérsico.

Mientras este debate no se zanje, es dificilísimo responder a todas las preguntas que conlleva la inmigración. Puesto que los proinmigracionistas piensan que la gente tiene derecho a inmigrar a otro país si así lo desea y los países anfitriones el deber de acogerlos, reaccionan con indignación moral cuando se viola el derecho de la gente a inmigrar y cuando hay países que no consiguen cumplir con su deber de acogida. Los antiinmigracionistas se quedan anonadados ante estas ideas. Consideran que la inmigración es un privilegio, y la acogida un favor. ¿Por qué acusar a la gente de ser racistas o fascistas solo porque rechacen la entrada en su propio país?

Desde luego, incluso si permitir la entrada de inmigrantes es un favor y no un deber, una vez que los inmigrantes se establecen, el país anfitrión contrae poco a poco numerosos deberes para con ellos y sus descendientes. Así, no podemos justificar el antisemitismo en el Estados Unidos actual aduciendo que «le hicimos un favor a tu bisabuela dejándola entrar en este país en 1910, de manera que ahora podemos trataros como nos plazca».

DEBATE 2. La segunda cláusula del pacto de la inmigración dice que si se les deja entrar, los inmigrantes tienen la obligación de integrarse en la cultura local. Pero ¿hasta dónde ha de llegar la integración? Si los inmigrantes pasan de una sociedad patriarcal a una liberal, ¿tienen que hacerse feministas? Si proceden de una sociedad profundamente religiosa, ¿es necesario que adopten una visión laica del mundo? ¿Deberían abandonar sus códigos tradicionales de vestimenta y sus tabúes alimentarios? Los antiinmigracionistas tienden a situar el listón alto, mientras que los proinmigracionistas lo colocan mucho más bajo.

Los proinmigracionistas aducen que la misma Europa es muy diversa, y que sus poblaciones nativas cuentan con un amplio espectro de opiniones, hábitos y valores. Esto es precisamente lo que hace que Europa sea dinámica y fuerte. ¿Por qué habría de obligarse a los inmigrantes a plegarse a alguna identidad europea imaginaria respecto a la cual pocos europeos están realmente a la altura? ¿Acaso quiere obligarse a los inmigrantes musulmanes del Reino Unido a convertirse en cristianos, cuando muchos ciudadanos británicos apenas pisan la iglesia? ¿Queremos pedir a los inmigrantes del Punjab que abandonen su curry y su masala en favor de la fritura de pescado con patatas y del pudin de Yorkshire? Si Europa posee algunos valores fundamentales reales, son los valores liberales de la tolerancia y la libertad, que implican que los europeos deben mostrar tolerancia también hacia los inmigrantes, y concederles tanta libertad como sea posible para que sigan sus propias tradiciones, siempre que estas no perjudiquen las libertades y los derechos de otras personas.

Los antiinmigracionistas están de acuerdo en que la tolerancia y la libertad son los valores europeos más importantes, y acusan a muchos grupos inmigrantes, sobre todo procedentes de países musulmanes, de intolerancia, misoginia, homofobia y antisemitismo. Justo porque Europa valora la tolerancia, no puede permitir demasiadas personas intolerantes en su seno. Mientras que una sociedad tolerante puede gestionar pequeñas minorías iliberales, si el número de tales extremistas excede un determinado umbral, la naturaleza de la sociedad al completo cambia. Si Europa admite la entrada de demasiados inmigrantes de Oriente Próximo, terminará pareciendo Oriente Próximo.

Otros antiinmigracionistas van mucho más allá. Afirman que una comunidad nacional es mucho más que un conjunto de personas que se toleran mutuamente. De ahí que no baste con que los inmigrantes se adhieran a los estándares europeos de tolerancia. Tienen que adoptar también muchas de las características únicas de la cultura británica, alemana o sueca, cualesquiera que sean estas. Al permitirles entrar, la cultura local asume un gran riesgo y un gasto enorme. No hay razón para que también se destruya. Al final brinda una igualdad completa, de modo que exige una integración completa. Si los inmigrantes tienen algún problema con determinadas peculiaridades de la cultura británica, alemana o sueca, se verá con buenos ojos que se vayan a otra parte.

Las dos cuestiones clave de este debate son la discrepancia acerca de la intolerancia de los inmigrantes y la discrepancia acerca de la identidad europea. Si los inmigrantes son en realidad culpables de una intolerancia incurable, muchos europeos liberales que ahora están a favor de la inmigración tarde o temprano se opondrán a ella de manera vehemente. Y, al contrario, si la mayoría de los inmigrantes demuestran ser liberales y tolerantes en su actitud hacia la religión, el género y la política, esto dará al traste con algunos de los argumentos más efectivos contra la inmigración.

Sin embargo, todavía dejará abierta la cuestión de las identidades nacionales únicas de Europa. La tolerancia es un valor universal. ¿Acaso existen normas y valores franceses únicos que debería aceptar quien inmigrara a Francia, y acaso hay normas y valores daneses únicos que los inmigrantes a Dinamarca han de adoptar? Mientras los europeos estén irreconciliablemente divididos respecto a esta cuestión, apenas tendrán una política clara de la inmigración. Y al revés, una vez que los europeos sepan quienes son, 500 millones de europeos no deberían tener ninguna dificultad en acoger a varios millones de refugiados... o en prohibirles la entrada.

DEBATE 3. La tercera cláusula del pacto de la inmigración dice que si los inmigrantes hacen de verdad un esfuerzo sincero por integrarse (y en particular por adoptar el valor de la tolerancia), el país anfitrión está obligado a tratarlos como ciudadanos de primera. Pero ¿cuánto tiempo ha de pasar antes de que los inmigrantes se conviertan en miembros de pleno derecho de la sociedad? ¿Deben sentirse agraviados los inmigrantes de primera generación procedentes de Argelia si todavía no se les ve del todo como franceses después de veinte años en el país? ¿Y qué hay de los inmigrantes de tercera generación cuyos abuelos llegaron a Francia en la década de 1970?

Los proinmigracionistas suelen pedir una pronta aceptación, mientras que los antiinmigracionistas quieren un período probatorio mucho más prolongado. Para los proinmigracionistas, si los inmigrantes de tercera generación no son vistos y tratados como ciudadanos iguales, esto significa que el país anfitrión no está cumpliendo sus obligaciones, y si ello provoca tensiones, hostilidad e incluso violencia, el país anfitrión no puede culpar a nadie de su propia intolerancia. Para los antiinmigracionistas, estas expectativas excesivas constituyen una parte fundamental del problema. Los inmigrantes han de ser pacientes. Si tus abuelos llegaron aquí hace solo cuarenta años y ahora tú estás participando en algaradas callejeras porque piensas que no se te trata como a un nativo, entonces no has superado la prueba.

La cuestión clave de este debate se refiere a la brecha entre la escala temporal personal y la escala temporal colectiva. Desde el punto de vista de los colectivos humanos, cuarenta años es un período corto. No puede esperarse que la sociedad asimile completamente a grupos extranjeros en cuestión de unas pocas décadas. En las civilizaciones del pasado que asimilaron a extranjeros y los hicieron ciudadanos de pleno derecho (como la Roma Imperial, el califato musulmán, los imperios chinos y Estados Unidos), se tardó siglos y no décadas en conseguir la transformación.

Pero desde un punto de vista personal, cuarenta años pueden ser una eternidad. Para una adolescente nacida en Francia veinte años después de que sus abuelos inmigraran allí, el viaje desde Argel a Marsella es historia antigua. Ella nació aquí, todos sus amigos nacieron aquí, habla francés en lugar de árabe y nunca ha estado en Argelia. Francia es el único hogar que ha conocido. ¿Y ahora la gente le dice que Francia no es su hogar y que tiene que «volver» a un lugar donde nunca vivió?

Es como si tomáramos una semilla de un eucalipto de Australia y la plantáramos en Francia. Desde una perspectiva ecológica, los eucaliptos son una especie invasora, y pasarán generaciones antes de que los botánicos los reclasifiquen como plantas europeas nativas.

Pero desde el punto de vista del árbol individual, es francés. Si no se lo riega con agua francesa, morirá. Si se intenta desarraigarlo, se descubrirá que ha arraigado profundamente en suelo francés, igual que las encinas y los pinos locales.

DEBATE 4. Además de estos desacuerdos en relación con la definición exacta del pacto de inmigración, la pregunta clave es si el pacto funciona de verdad. ¿Están ambas partes a la altura de sus obligaciones?

Los antiinmigracionistas suelen aducir que los inmigrantes no cumplen el término 2. No hacen un esfuerzo sincero por integrarse y muchos de ellos siguen aferrados a visiones del mundo intolerantes y prejuiciosas. De ahí que el país anfitrión no tenga motivo para cumplir el término 3 (tratarlos como ciudadanos de primera) y sí tenga todos los motivos para reconsiderar el término 1 (permitirles la entrada). Si personas de una determinada cultura han demostrado de manera fehaciente que están poco dispuestas a cumplir el pacto de la inmigración, ¿por qué permitir que entren más de ellas y crear un problema todavía mayor?

Los proinmigracionistas replican que es el país anfitrión el que no cumple con su parte del pacto. A pesar de los esfuerzos honestos de la enorme mayoría de los inmigrantes para integrarse, los anfitriones les dificultan conseguirlo y, peor todavía, aquellos inmigrantes que se integran con éxito siguen siendo tratados como ciudadanos de segunda, incluso en la segunda y la tercera generaciones. Desde luego, es posible que ambas partes no estén a la altura de sus compromisos, con lo que promueven las sospechas y los resentimientos de la otra parte en lo que se convierte en un círculo vicioso creciente.

Este cuarto debate no puede resolverse antes de dar la definición exacta de los tres términos. Mientras no sepamos si la integración es un deber o un favor, qué nivel de integración se exige a los inmigrantes y con qué rapidez los países anfitriones deben tratarlos como ciudadanos de pleno derecho, no podremos juzgar si las dos partes cumplen con sus obligaciones. Hay un problema adicional en la contabilidad. Cuando se evalúa el pacto de inmigración, ambas partes conceden mucho más peso a las infracciones que al cumplimiento. Si un millón de inmigrantes son ciudadanos respetuosos de las leyes, pero cien se unen a grupos terroristas y atacan al país anfitrión, ¿significa eso que en su conjunto los inmigrantes cumplen los términos del acuerdo o que los violan? Si una inmigrante de tercera generación pasea por la calle mil veces sin que se la moleste, pero en alguna ocasión algún racista la insulta a gritos, ¿significa eso que la población nativa acepta o rechaza a los inmigrantes?

Pero subyacente a todos estos debates acecha una cuestión mucho más fundamental, que concierne a nuestra visión de la cultura humana. ¿Participamos en el debate de la inmigración desde el supuesto de que todas las culturas son intrínsecamente iguales, o pensamos que algunas culturas podrían ser superiores a otras? Cuando los alemanes discuten acerca de asimilar a un millón de refugiados sirios, ¿se los puede justificar porque piensen que la cultura alemana es en algún aspecto mejor que la siria?

Del racismo al culturismo[*]

Hace un siglo, los europeos daban por sentado que algunas razas (en especial, la raza blanca) eran intrínsecamente superiores a otras. Después de 1945, estas ideas se convirtieron cada vez más en anatema. El racismo se veía no solo como algo pésimo desde el punto de vista moral, sino que también estaba desacreditado desde el científico. Los científicos de la vida, y en particular los genetistas, han dado pruebas científicas muy sólidas de que las diferencias biológicas entre europeos, africanos, chinos y norteamericanos nativos son nimias.

Sin embargo, al mismo tiempo, antropólogos, sociólogos, historiadores, economistas del comportamiento e incluso neurocientíficos han acumulado gran cantidad de datos de la existencia de diferencias importantes entre las culturas humanas. De hecho, si todas las culturas humanas fueran en esencia la misma, ¿por qué necesitaríamos a antropólogos y a historiadores? ¿Por qué invertir recursos en el

---

[*] «Culturismo» y «culturista» son neologismos del autor cuyo significado en el contexto del libro no se corresponde con sus homónimos en castellano, según el Diccionario de la RAE. *(N. del T.)*

estudio de las diferencias triviales? Como mínimo, tendríamos que dejar de financiar todas estas costosas expediciones de campo al Pacífico Sur y al desierto del Kalahari, y contentarnos con estudiar a la gente de Oxford o Boston. Si las diferencias culturales son insignificantes, entonces aquello que descubramos acerca de los estudiantes de Harvard también tiene que ser cierto para los cazadores-recolectores del Kalahari.

Cuando reflexiona, la mayoría de la gente admite la existencia de al menos algunas diferencias importantes entre las culturas humanas, en aspectos que van desde las costumbres sexuales hasta los hábitos políticos. ¿Cómo abordar entonces tales diferencias? Los relativistas culturales dicen que la diferencia no implica jerarquía, y que nunca hemos de preferir una cultura a otra. Los humanos pueden pensar y comportarse de maneras diversas, pero debemos celebrar dicha diversidad y conceder igual valor a todas las creencias y prácticas. Por desgracia, estas actitudes abiertas de miras no soportan el peso de la realidad. La diversidad humana puede ser grande en lo que a la cocina y a la poesía se refiere, pero pocos considerarán la quema de brujas, el infanticidio o la esclavitud como idiosincrasias humanas fascinantes que deban protegerse de las intrusiones del capitalismo global y del coca-colonialismo.

O bien pensemos en la manera en que las diferentes culturas se relacionan con los extranjeros, los inmigrantes y los refugiados. No todas las culturas se caracterizan por el mismo nivel de aceptación. La cultura alemana a principios del siglo XXI es más tolerante con los extranjeros y está más dispuesta a acoger a inmigrantes que la cultura saudí. Es mucho más fácil para un musulmán inmigrar en Alemania que para un cristiano inmigrar en Arabia Saudí. De hecho, incluso a un refugiado musulmán procedente de Siria probablemente le sea más fácil inmigrar en Alemania que en Arabia Saudí, y desde 2011 Alemania ha acogido a más refugiados sirios de los que han sido aceptados por Arabia Saudí.[1] De manera similar, el peso de la evidencia sugiere que la cultura de California a principios del siglo XXI es más favorable para los inmigrantes que la cultura de Japón. De ahí que si el lector cree que es bueno tolerar a los extranjeros y dar la bienvenida a inmigrantes, ¿debería pensar también que, al menos en este

aspecto, la cultura alemana es superior a la saudí y la cultura califor-
niana es mejor que la japonesa?

Además, aunque dos normas culturales sean igualmente válidas
en la teoría, en el contexto práctico de la inmigración todavía podría
estar justificado pensar que la cultura anfitriona es mejor. Las normas
y los valores que sirven en un país simplemente no funcionan bien en
circunstancias diferentes. Observemos con detenimiento un ejemplo
concreto. A fin de no ser presa de los prejuicios bien arraigados, ima-
ginemos dos países ficticios: Friolandia y Calidostán. Los dos países
tienen muchas diferencias culturales, entre las cuales figura su actitud
hacia las relaciones humanas y el conflicto interpersonal. A los friolandeses los educan desde la infancia para que si entran en conflicto
con alguien en la escuela, el trabajo o incluso la propia familia, lo mejor es que se contengan. Hay que evitar gritar, expresar rabia o enfrentarse a la otra persona: los arrebatos de ira no hacen más que empeorar
las cosas. Es mejor trabajarse los propios sentimientos, al tiempo que
se deja que las cosas se calmen. Mientras tanto, debe limitarse el contacto con la persona en cuestión, y si el contacto es inevitable, hay
que ser lacónico pero educado, y evitar cuestiones candentes.

A los calidostanos, en cambio, los educan desde la infancia para
que externalicen los conflictos. Si nos hallamos en un conflicto, no
hay que dejar que se acumule ni reprimir nada. Hay que aprovechar
la primera oportunidad para ventilar abiertamente nuestras emociones. Está bien enfadarse, gritar y decirle a la otra persona exactamente
cómo nos sentimos. Es la única manera de resolver a la vez las cosas,
de forma honesta y directa. Con un día de gritos puede resolverse un
conflicto que, de otro modo, tal vez se encone durante años y aunque
la confrontación directa nunca es agradable, después todos nos senti-
remos mucho mejor.

Ambos métodos tienen sus pros y sus contras, y es difícil decir cuál
es mejor. ¿Qué puede ocurrir, sin embargo, cuando un calidostano
inmigra en Friolandia y consigue trabajo en una empresa friolandesa?

Cada vez que surge un conflicto con un compañero de trabajo,
el calidostano da un puñetazo en la mesa y grita a voz en cuello, esperando que esto centre la atención en el problema y ayude a resol-
verlo enseguida. Varios años más tarde queda vacante un puesto

importante. Aunque el calidostano reúne todas las cualificaciones necesarias, la jefa prefiere promover a un empleado friolandés. Cuando se le pregunta la razón, la jefa explica: «Sí, el calidostano tiene muchas cualidades, pero también un grave problema con las relaciones humanas. Es exaltado, crea tensiones innecesarias a su alrededor y perturba nuestra cultura empresarial». La misma suerte corren otros inmigrantes calidostanos en Friolandia. La mayoría de ellos permanecen en puestos secundarios o no consiguen encontrar trabajo, porque los gerentes presuponen que si son calidostanos, probablemente serían empleados de temperamento sanguíneo y problemáticos. Puesto que los calidostanos nunca llegan a ocupar puestos de responsabilidad, es difícil que cambien la cultura empresarial friolandesa.

Les ocurre algo muy parecido a los friolandeses que inmigran a Calidostán. Un friolandés que empiece a trabajar en una empresa calidostana adquiere pronto la reputación de arrogante o antipático, y hace pocos amigos, o ninguno. La gente piensa que no es sincero, o que carece de las habilidades básicas para las relaciones humanas. Nunca progresa hasta ocupar puestos de responsabilidad y, por tanto, jamás tiene la oportunidad de cambiar la cultura empresarial. Los directores calidostanos concluyen que la mayoría de los friolandeses son ariscos o tímidos, y prefieren no contratarlos para trabajos que requieran el contacto con los clientes o la cooperación estrecha con otros empleados.

Ambos podrían parecer casos de racismo. Pero, en realidad, no son hechos racistas. Son «culturistas». La gente continúa llevando a cabo una heroica lucha contra el racismo tradicional sin darse cuenta de que el frente de batalla ha cambiado. El racismo tradicional está menguando, pero ahora el mundo está lleno de «culturistas».

El racismo tradicional estaba firmemente asentado sobre teorías biológicas. En las décadas de 1890 o 1930 se creía de manera general, por ejemplo en Gran Bretaña, Australia y Estados Unidos, que algún rasgo biológico hereditario hace que los africanos y los chinos sean de manera innata menos inteligentes, menos emprendedores y menos morales que los europeos. El problema residía en su sangre. Tales opiniones gozaban de respetabilidad política, así como de un amplio soporte científico. Hoy en día, en cambio, aunque muchos individuos realizan todavía este tipo de aseveraciones racistas, estas han perdido todo su respaldo científico y la mayor parte de su respetabilidad política, a menos que se replanteen en términos culturales. Decir que las personas negras suelen cometer crímenes porque tienen genes de calidad inferior no está de moda; decir que suelen cometer crímenes porque provienen de culturas disfuncionales está muy de moda.

En Estados Unidos, por ejemplo, algunos partidos y dirigentes apoyan abiertamente políticas discriminatorias y suelen hacer observaciones denigrantes de los afroamericanos, los latinos y los musulmanes; pero rara vez, o nunca, dicen que haya algo erróneo en su ADN. Se pretende que el problema radique en su cultura. Así, cuando el presidente Trump describió a Haití, el Salvador y algunas partes de África como «países de mierda», en teoría planteaba a la opinión pública una reflexión sobre la cultura de estos lugares y no sobre su constitución genética.[2] En otra ocasión dijo de los inmigrantes mexicanos a Estados Unidos que «cuando México envía a su gente, no manda a los mejores. Envía a gente que tiene muchos problemas y ellos traen esos problemas. Traen drogas, traen crímenes. Son violadores y algunos, supongo, son buena gente». Esta es una afirmación muy ofensiva, pero desde el punto de vista sociológico, no desde el biológico. Trump no está diciendo que la sangre mexicana sea un impedimento para la bondad; solo que los buenos mexicanos suelen quedarse al sur del río Grande.[3]

El cuerpo humano (el cuerpo latino, el cuerpo africano, el cuerpo chino) sigue todavía en el centro del debate. El color de la piel importa mucho. Andar por una calle de Nueva York con una piel con mucha melanina significa que, a donde sea que nos dirijamos, la policía podría mirarnos con un recelo añadido. Pero personas como el presidente Trump y el presidente Obama explicarán la importancia del color de la piel en términos culturales e históricos. La policía considera sospechoso el tono de nuestra piel no debido a ninguna razón biológica, sino más bien a la historia. Presumiblemente, los simpatizantes de Obama explicarán que este prejuicio de la policía es una herencia desafortunada de crímenes históricos como el esclavismo, mientras que los de la órbita de Trump explicarán que la criminalidad negra es una herencia desafortunada de errores históricos cometidos por liberales blancos y comunidades negras. En cualquier caso, incluso si uno es en realidad un turista de Nueva Delhi que no sabe nada acerca de la historia americana, tendrá que apechugar con las consecuencias de dicha historia.

El paso de la biología a la cultura no es solo un cambio de jerga y ya está. Es un cambio profundo con consecuencias prácticas trascendentales, algunas buenas, otras malas. En primer lugar, la cultura es más maleable que la biología. Esto significa, por un lado, que los culturistas de hoy en día podrían ser más tolerantes que los racistas tradicionales: si los «otros» adoptan nuestra cultura, los aceptaremos como nuestros iguales. Asimismo, podría dar pie a presiones mucho más fuertes en los «otros» para que se integren y una crítica mucho más severa si no lo consiguen.

No puede acusarse a una persona de piel oscura de no blanquear su piel, pero la gente puede acusar, y lo hace, a africanos y musulmanes de no adoptar las normas y los valores de la cultura occidental. Lo que no significa que dichas acusaciones estén necesariamente justificadas. En muchos casos, hay pocas razones para adoptar la cultura dominante y en muchos otros se trata de una misión casi imposible. Los afroamericanos de un suburbio azotado por la pobreza que intenten con honestidad encajar en la cultura norteamericana hegemónica para empezar podrían hallar su camino bloqueado por la discriminación institucional, solo para ser acusados después de que no hicieron el esfuerzo suficiente y de que, por tanto, solo deben culparse a sí mismos de sus problemas.

Una segunda diferencia clave entre hablar de biología y hablar de cultura es que, a diferencia de la intolerancia racista tradicional, los argumentos culturistas podrían en ocasiones tener sentido, como en el caso de Calidostán y Friolandia. Calidostanos y friolandeses tienen en verdad culturas diferentes, caracterizadas por distintos estilos de relaciones humanas. Puesto que las relaciones humanas son fundamentales para algunos empleos, ¿es poco ético que una empresa calidostana penalice a los friolandeses por comportarse según su herencia cultural?

Antropólogos, sociólogos e historiadores se sienten muy incómodos con esta cuestión. Por un lado, todo ello parece rozar peligrosamente el racismo. Por otro, el culturismo tiene una base científica mucho más firme que el racismo, y en particular los expertos en humanidades y ciencias sociales no pueden negar la existencia y la importancia de las diferencias culturales.

Desde luego, aunque aceptemos la validez de algunas afirmaciones culturistas, no tenemos que aceptarlas todas. Muchas adolecen de tres errores comunes. Primero, los culturistas suelen confundir la superioridad local con la superioridad objetiva. Así, en el contexto de Calidostán, el método calidostano de resolución de conflictos podría muy bien ser superior al método friolandés, en cuyo caso una empresa calidostana que opere en Calidostán tiene una buena razón para discriminar a los empleados introvertidos (lo que penalizará de manera desproporcionada a los inmigrantes friolandeses). Sin embargo, esto no significa que el método calidostano sea objetivamente mejor. Los calidostanos podrían quizá aprender un par de cosas de los friolandeses, y si las circunstancias cambian (por ejemplo, si la empresa calidostana se hace global y abre sucursales en muchos países), la diversidad podría convertirse de repente en un activo.

En segundo lugar, cuando se define con claridad un criterio, una época y un lugar, las declaraciones culturistas bien pueden ser sensatas desde el punto de vista empírico. Pero con demasiada frecuencia la gente adopta afirmaciones culturistas muy generales, lo que tiene poco sentido. Así, decir que «la cultura friolandesa es menos tolerante con los arrebatos públicos de cólera que la cultura calidostana» es una afirmación razonable, pero resulta mucho menos razonable decir que «la cultura musulmana es muy intolerante». Esta última afirmación es sumamente vaga. ¿Qué queremos decir con «intolerante»? ¿Intolerante con quién o con qué? Una cultura puede ser intolerante con las minorías religiosas y las opiniones políticas insólitas, mientras que a la vez puede ser muy tolerante con las personas obesas o los ancianos. ¿Y qué queremos decir con «cultura musulmana»? ¿Estamos hablando de la península Arábiga en el siglo VII? ¿Del Imperio otomano en el siglo XVI? ¿De Pakistán a principios del siglo XXI? Por último, ¿cuál es el estándar de comparación? Si nos ocupamos de la tolerancia hacia las minorías religiosas y comparamos el Imperio otomano en el siglo XVI con Europa occidental en el siglo XVI, podemos llegar a la conclusión de que la cultura musulmana es muy tolerante. Si comparamos el Afganistán de los talibanes con la Dinamarca contemporánea, llegaremos a una conclusión muy diferente.

Pero el peor problema de las afirmaciones culturistas es que, a pesar de su naturaleza estadística, suelen utilizarse demasiado a menudo para prejuzgar a individuos. Cuando un nativo calidostano y un inmigrante friolandés solicitan el mismo puesto en una empresa calidostana, el gerente puede preferir contratar al calidostano porque «los friolandeses son fríos e insociables». Incluso si eso es cierto estadísticamente, quizá ese friolandés concreto sea en realidad mucho más cálido y extravertido que ese calidostano en concreto. Aunque la cultura es importante, las personas son también modeladas por sus genes y su historia personal única. Los individuos desafían a menudo los estereotipos estadísticos. Tiene sentido que una empresa prefiera a empleados sociables y no a impávidos, pero no lo tiene preferir antes a calidostanos que a friolandeses.

Sin embargo, todo esto modifica las aseveraciones culturistas concretas sin desacreditar al culturismo en su conjunto. A diferencia del racismo, que es un prejuicio acientífico, los argumentos culturistas a veces resultan muy fiables. Si consultamos las estadísticas y descubrimos que las empresas calidostanas tienen a pocos friolandeses en puestos importantes, esto puede ser el resultado no de una discriminación racista, sino de decisiones acertadas. ¿Tendrían que albergar los inmigrantes friolandeses resentimiento ante esta situación, y afirmar que Calidostán reniega del pacto de inmigración? ¿Tendríamos que obligar a las empresas calidostanas a contratar a más gerentes friolandeses mediante medidas a favor de las minorías con la esperanza de enfriar la cultura empresarial exaltada de Calidostán? ¿O quizá el problema radique en los inmigrantes friolandeses que no consiguen integrarse en la cultura local y, por tanto, deberíamos hacer un esfuerzo mayor y más enérgico para inculcar a los niños friolandeses las normas y valores calidostanos?

Volviendo del ámbito de la ficción al de los hechos, vemos que el debate europeo sobre la inmigración está lejos de ser una batalla bien delimitada entre el bien y el mal. Sería erróneo considerar a todos los antiinmigracionistas «fascistas», del mismo modo que lo sería presentar a todos los proinmigracionistas como personas comprometidas con el «suicidio cultural». Por tanto, el debate sobre la inmigración no debiera desarrollarse como una lucha sin cuartel acerca de algún imperativo moral no negociable. Se trata de una discusión entre dos posiciones políticas legítimas, que habrá que dilucidar mediante procedimientos democráticos estándar.

En la actualidad no está en absoluto claro si Europa encontrará una vía intermedia que le permita mantener las puertas abiertas a los extranjeros sin que se vea desestabilizada por gente que no comparte sus valores. Si Europa consigue encontrar dicha vía, quizá su fórmula pueda copiarse al nivel global. Sin embargo, si el proyecto europeo fracasara, implicaría que la creencia en los valores liberales de la libertad y la tolerancia no bastan para resolver los conflictos culturales del mundo y para unir a la humanidad ante la guerra nuclear, el colapso ecológico y la disrupción tecnológica. Si griegos y alemanes no logran ponerse de acuerdo sobre un destino común, y si 500 millones de europeos ricos no son capaces de acoger a unos pocos millones de refugiados pobres, ¿qué probabilidades tiene la humanidad de superar los conflictos de mucha más enjundia que acosan a nuestra civilización global?

Algo que puede ayudar a Europa y al mundo en su conjunto a integrar mejor y a mantener abiertas las fronteras y las mentes es restar importancia a la histeria en relación con el terrorismo. Sería muy lamentable que el experimento europeo de libertad y tolerancia se desintegrara debido a un temor exagerado a los terroristas. Esto no solo cumpliría los objetivos de los propios terroristas, sino que también concedería a ese puñado de locos una influencia demasiado grande sobre el futuro de la humanidad. El terrorismo es el arma de un segmento marginal y débil de la humanidad. ¿Cómo ha llegado a dominar la política global?

Parte III

Desesperación y esperanza

Aunque los retos no tienen precedentes, y aunque los desacuerdos son enormes, la humanidad puede dar la talla si mantenemos nuestros temores bajo control y somos un poco más humildes respecto a nuestras opiniones.

10

Terrorismo

No nos asustemos

Los terroristas son maestros en el control de las mentes. Matan a muy pocas personas, pero aun así consiguen aterrorizar a miles de millones y sacudir enormes estructuras políticas como la Unión Europea o Estados Unidos. Desde el 11 de septiembre de 2001, los terroristas han matado anualmente a unas 50 personas en la Unión Europea y a unas 10 en Estados Unidos, a unas 7 en China y a hasta 25.000 en todo el mundo (la mayoría en Irak, Afganistán, Pakistán, Nigeria y Siria).[1] En comparación, los accidentes de tráfico matan anualmente a unos 80.000 europeos, a 40.000 norteamericanos, a 270.000 chinos y a 1,25 millones de personas en todo el mundo.[2] La diabetes y los niveles elevados de azúcar matan al año a hasta 3,5 millones de personas, mientras que la contaminación atmosférica, a alrededor de 7 millones.[3] Así, ¿por qué tememos más al terrorismo que al azúcar, y por qué hay gobiernos que pierden elecciones debido a esporádicos ataques terroristas, pero no debido a la contaminación atmosférica crónica?

Como indica el significado literal del término, el terrorismo es una estrategia militar que espera cambiar la situación política extendiendo el terror en lugar de causar daños materiales. Esta estrategia la adoptan casi siempre grupos muy débiles que no pueden infligir mucho daño material a sus enemigos. Desde luego, toda acción militar desata miedo. Pero en la guerra convencional, el miedo no es más que un subproducto de las pérdidas materiales, y por lo general es proporcional a la fuerza que causa las pérdidas. En el terrorismo, el miedo es el argumento principal, y existe una desproporción asombrosa entre la fuerza real de los terroristas y el miedo que consiguen inspirar.

No siempre es fácil cambiar la situación política mediante la violencia. El primer día de la batalla del Somme, el 1 de julio de 1916, murieron 19.000 soldados británicos y otros 40.000 resultaron heridos. Para cuando la batalla terminó, en noviembre, ambos bandos habían sufrido en conjunto más de un millón de bajas, entre ellas 300.000 muertos.[4] Pero esta terrible carnicería apenas alteró el equilibrio del poder en Europa. Hicieron falta otros dos años y millones de bajas más para que al final ocurriera algo.

Comparado con la ofensiva del Somme, el terrorismo es algo nimio. Los ataques en París de noviembre de 2015 mataron a 130 personas; las bombas de Bruselas de marzo de 2016, a 32, y las bombas en el Manchester Arena de mayo de 2017, a 22. En 2002, en el momento culminante de la campaña terrorista palestina contra Israel, cuando a diario se colocaban bombas en autobuses y restaurantes, la lista de bajas anual alcanzó los 451 israelíes.[5] En el mismo año, 542 israelíes murieron en accidentes de tráfico.[6] Unos pocos ataques terroristas, como la bomba en el vuelo 103 de Pan Am sobre Lockerbie en 1988, acabaron con la vida de cientos de personas.[7] Los ataques del 11-S supusieron un nuevo récord, al matar casi a 3.000.[8] Pero incluso estas cifras parecen insignificantes en comparación con el precio de la guerra convencional. Si se suman todas las personas muertas y heridas en Europa por ataques terroristas desde 1945, incluidas las víctimas de grupos nacionalistas, religiosos, de izquierdas y de derechas, el total sigue siendo muy inferior al de las bajas de cualquiera de las batallas poco conocidas de la Primera Guerra Mundial, como la tercera batalla del Aisne (250.000) o la décima batalla de Isonzo (225.000).[9]

Entonces ¿cómo es que los terroristas esperan lograr algo? Después de un acto de terrorismo, el enemigo continúa teniendo el mismo número de soldados, tanques y buques que antes. La red de comunicación, las carreteras y los ferrocarriles del enemigo están en gran parte intactos. Sus fábricas, puertos y bases apenas han sido tocados. Sin embargo, los terroristas esperan que aunque apenas pueden hacer mella en el poder material del enemigo, el miedo y la confusión provoquen que haga un uso incorrecto de su fuerza intacta y reaccione de manera desproporcionada. Los terroristas calculan que cuando el enemigo enfurecido use su enorme poder contra ellos, generará una tormenta militar y política mucho más violenta que la que los propios terroristas podían haber provocado. En cada tormenta ocurren muchas cosas no previstas: se cometen errores y atrocidades, la opinión pública titubea, los neutrales cambian de postura y el equilibrio de poder se desplaza.

De ahí que los terroristas se parezcan a una mosca que intenta destruir una cristalería. La mosca es tan débil que ni siquiera es capaz de mover una simple taza de té. Así pues, ¿cómo destruye una cristalería? Encuentra un toro, se introduce en su oreja y empieza a zumbar. El toro enloquece de miedo e ira, y destruye la cristalería. Eso ocurrió después del 11-S, cuando los fundamentalistas islámicos incitaron al toro norteamericano a destruir la cristalería de Oriente Próximo. Ahora medran entre los escombros. Y en el mundo no escasean los toros con malas pulgas.

Volviendo a barajar las cartas

El terrorismo es una estrategia militar muy poco interesante, porque deja todas las decisiones importantes en manos del enemigo. Ya que todas las opciones que el enemigo tenía antes de un ataque terrorista siguen estando a su disposición después de este, goza de completa libertad para escoger entre ellas. Por lo general, los ejércitos intentan evitar tales situaciones a toda costa. Cuando atacan, no quieren desplegar un espectáculo aterrador que enojaría al enemigo y daría lugar a que devolviera el golpe. En cambio, buscan infligirle daños materiales importantes y reducir su capacidad para contraatacar. En particular, tratan de eliminar sus armas y opciones más poderosas.

Esto es, por ejemplo, lo que hizo Japón en diciembre de 1941, cuando lanzó un ataque sorpresa sobre Estados Unidos y hundió la flota estadounidense del Pacífico en Pearl Harbor. No fue terrorismo. Era guerra. Los japoneses no podían saber qué represalias tomarían los estadounidenses ante el ataque, pero sí tenían una certeza: con independencia de lo que los norteamericanos decidieran hacer, no podrían enviar una flota a Filipinas o a Hong Kong en 1942.

Provocar al enemigo para que actúe, sin eliminar ninguna de sus armas u opciones, es un acto de desesperación que se adopta solo cuando no existe ninguna otra opción. Siempre que es posible ocasionar graves daños materiales, nadie renuncia a esta opción en favor del mero terrorismo. Si en diciembre de 1941 los japoneses hubieran torpedeado un buque civil de pasajeros para provocar a Estados Unidos mientras dejaban intacta la flota del Pacífico en Pearl Harbor, habría sido una locura.

Pero los terroristas tienen poca elección. Son tan débiles que no pueden librar una guerra. De modo que optan, en su lugar, por generar un espectáculo teatral con la esperanza de que provocará al enemigo y lo hará reaccionar de manera desproporcionada. Los terroristas montan un espectáculo aterrador de violencia que se apodera de nuestra imaginación y la vuelve contra nosotros. Al matar a unas cuantas personas, los terroristas consiguen que millones de ellas teman por su vida. Para apaciguar ese temor, los gobiernos reaccionan ante el teatro del terror con un espectáculo de seguridad, orquestando inmensas exhibiciones de fuerza, como la persecución de poblaciones enteras o la invasión de países extranjeros. En la mayoría de los casos, esta reacción exagerada al terrorismo genera una amenaza mucho mayor a nuestra seguridad que los propios terroristas.

De ahí que los terroristas no piensen como generales del ejército. En cambio, piensan como productores teatrales. El recuerdo de la opinión pública de los ataques del 11-S atestigua que todos entendemos esto intuitivamente. Si se pregunta a la gente qué ocurrió el 11-S, es probable que digan que Al Qaeda derribó las torres gemelas del World Trade Center. Pero no fue solo un ataque a las torres, sino que hubo otras dos acciones, en particular un ataque con éxito al Pentágono. ¿Cómo es que lo recuerdan tan pocas personas?

Si la operación del 11-S hubiera sido una campaña militar convencional, el ataque al Pentágono habría recibido la máxima atención. Con él, Al Qaeda consiguió destruir parte del cuartel general del enemigo, matando e hiriendo a jefes y a analistas importantes. ¿Por qué la memoria colectiva concede mucha más importancia a la destrucción de dos edificios civiles y al asesinato de corredores de Bolsa, contables y administrativos?

184

Pues porque el Pentágono es un edificio relativamente plano y sencillo, mientras que el World Trade Center era un alto tótem fálico cuyo desmoronamiento ocasionó un inmenso impacto audiovisual. Nadie que viera las imágenes de su derrumbe las olvidará nunca. Puesto que de forma intuitiva entendemos que el terrorismo es teatro, lo juzgamos más por su impacto emocional que por el material.

Al igual que los terroristas, los que combaten el terrorismo deben pensar también más como productores teatrales y menos como generales del ejército. Por encima de todo, si queremos combatir de manera efectiva el terrorismo, hemos de ser conscientes de que nada que los terroristas hagan podrá derrotarnos. Somos los únicos que podemos derrotarnos, si reaccionamos de manera excesiva y equivocada a las provocaciones terroristas.

Los terroristas emprenden una misión imposible: cambiar el equilibrio político del poder mediante la violencia, a pesar de no disponer de un ejército. Para conseguir su objetivo, plantean al Estado un reto imposible por sí mismo: demostrar que puede proteger a sus ciudadanos de la violencia política, en cualquier lugar y en cualquier momento. Los terroristas esperan que cuando el Estado intente realizar esta misión imposible, volverá a barajar las cartas políticas y les repartirá algún as imprevisto.

Es verdad que cuando el Estado está a la altura del desafío, por lo general logra aplastar a los terroristas. En las últimas décadas, diversos estados han eliminado cientos de organizaciones terroristas. En 2002-2004, Israel demostró que incluso es posible acabar con las campañas de terror más feroces mediante la fuerza bruta.[10] Los terroristas saben muy bien que en estas confrontaciones las probabilidades están en su contra. Pero puesto que son muy débiles y carecen de otra opción militar, no tienen nada que perder y sí mucho que ganar. De vez en cuando, la tormenta política creada por las campañas antiterroristas beneficia a los terroristas, lo que da sentido a la apuesta. Un terrorista es como un jugador con una mano especialmente mala que intenta convencer a sus rivales para que vuelvan a repartir las cartas. No puede perder nada y sí ganarlo todo.

Una pequeña moneda en un gran frasco vacío

¿Por qué tendría que aceptar el Estado volver a barajar las cartas? Puesto que el daño material causado por el terrorismo es nimio, en teoría el Estado podría no hacer nada al respecto, o tomar medidas contundentes pero discretas lejos de cámaras y micrófonos. De hecho, los estados suelen hacer justo esto. Pero de vez en cuando pierden los estribos y reaccionan de una manera demasiado vehemente y pública, con lo que caen en el juego de los terroristas. ¿Por qué son tan sensibles los estados a las provocaciones terroristas?

La respuesta es que les cuesta soportar estas provocaciones porque la legitimidad del Estado moderno se basa en su promesa de mantener la esfera pública libre de violencia política. Un régimen puede soportar catástrofes terribles, e incluso ignorarlas, siempre y cuando su legitimidad no se base en evitarlas. Por otro lado, un régimen puede desmoronarse debido a un problema menor, si se considera que socava su legitimidad. En el siglo XIV, la peste negra eliminó a entre la cuarta parte y la mitad de las poblaciones europeas, pero a raíz de ello ningún rey perdió su trono y tampoco ningún rey hizo ningún gran esfuerzo para erradicar la peste. Por aquel entonces, nadie pensaba que evitar pestes fuera una de las tareas reales. En cambio, los gobernantes que permitieron que herejías religiosas se extendieran por sus dominios se arriesgaban a perder la corona, e incluso la cabeza.

Hoy en día, un gobierno puede adoptar una perspectiva más indulgente frente a la violencia doméstica y sexual que frente al terrorismo, porque a pesar de movimientos como #MeToo, la violación no socava la legitimidad gubernamental. En Francia, por ejemplo, se informa a las autoridades de más de 10.000 casos de violación al año y probablemente haya decenas de miles de casos más de los que no se informa.[11] Sin embargo, los violadores y maridos maltratadores no se ven como una amenaza existencial al Estado francés, porque históricamente este no se construyó sobre la promesa de eliminar la violencia sexual. En cambio, los casos muchísimo más raros de terrorismo se consideran una amenaza letal para la República francesa, porque a lo largo de los últimos siglos los estados occidentales modernos han ido basando gradualmente su legitimidad sobre la promesa explícita de no tolerar la violencia política dentro de sus fronteras.

En la Edad Media, la esfera pública rebosaba de violencia política. De hecho, la capacidad de usar la violencia era el pasaje de entrada al juego político, y quien carecía de esta capacidad no tenía voz política. Numerosas familias nobles poseían fuerzas armadas, como las poseían pueblos, gremios, iglesias y monasterios. Cuando moría un abad y surgía una disputa acerca de su sucesión, las facciones rivales (constituidas por monjes, dirigentes locales y vecinos preocupados) solían emplear la fuerza armada para dirimir la cuestión.

El terrorismo no tenía lugar en aquel mundo. Quien no fuera lo bastante fuerte para causar daños materiales importantes no contaba. Si en 1150 unos cuantos musulmanes fanáticos hubieran asesinado a algunos civiles en Jerusalén, exigiendo que los cruzados abandonaran Tierra Santa, la reacción habría sido de desprecio más que de terror. Si uno quería que se le tomara en serio, al menos tenía que haber conseguido conquistar uno o dos castillos fortificados. El terrorismo no preocupaba a nuestros antepasados medievales, porque tenían problemas mucho mayores de que ocuparse.

Durante la era moderna, los estados centralizados redujeron gradualmente el nivel de violencia política dentro de sus territorios, y en las últimas décadas los países occidentales han conseguido erradicarla casi por entero. Los ciudadanos de Francia, Gran Bretaña o Estados Unidos pueden luchar por el control de ciudades, empresas, organizaciones e incluso el propio gobierno sin ninguna necesidad de una fuerza armada. El control de billones de dólares, millones de soldados y miles de buques, aviones y misiles nucleares pasa de un grupo de políticos a otro sin que se dispare un solo tiro. La gente se acostumbró pronto a esto, y lo considera un derecho natural. En consecuencia, incluso actos esporádicos de violencia política que matan a algunas docenas de personas se ven como una amenaza letal a la legitimidad e incluso a la supervivencia del Estado. Una pequeña moneda agitada dentro de un gran frasco vacío hace mucho ruido.

Por ese motivo tiene tanto éxito el teatro del terrorismo. El Estado ha creado un espacio enorme, vacío de violencia política, que ahora funciona como una caja de resonancia y amplifica el impacto de cualquier ataque armado, por pequeño que sea. Cuanta menos violencia política hay en un Estado concreto, mayor es la conmoción pública ante un acto de terrorismo. Matar a unas pocas personas en Bélgica atrae mucha más atención que matar a cientos de ellas en Nigeria o Irak. Paradójicamente, pues, el mismo éxito de los estados modernos a la hora de evitar la violencia política los hace vulnerables en particular al terrorismo.

El Estado ha insistido muchas veces en que no tolerará violencia política dentro de sus fronteras. Los ciudadanos, por su parte, se han acostumbrado a una violencia política cero. De ahí que el teatro del terror genere temores viscerales de anarquía, que llevan a la gente a sentirse como si el orden social estuviera a punto de derrumbarse. Después de siglos de luchas sangrientas hemos salido arrastrándonos del agujero negro de la violencia, pero notamos que el agujero negro sigue ahí, esperando con paciencia el momento de volver a engullirnos. Unas pocas atrocidades espantosas, e imaginamos que ya estamos cayendo de nuevo en él.

Para aplacar estos temores, el Estado se ve impelido a responder al teatro del terror con su propio teatro de la seguridad. La respuesta más eficiente al terrorismo podría ser un buen servicio de inteligencia y acciones clandestinas contra las redes financieras que lo alimentan. Pero eso los ciudadanos no pueden verlo por televisión. Los ciudadanos han sido testigos del teatro terrorista del derrumbamiento del World Trade Center. El Estado necesita representar un contraespectáculo igualmente llamativo, incluso con más fuego y más humo. De modo que, en lugar de actuar de manera silenciosa y eficiente, desencadena una poderosa tormenta, que no es infrecuente que satisfaga los sueños más preciados de los terroristas.

Así pues, ¿cómo debería el Estado lidiar con el terrorismo? Para que una lucha antiterrorista tenga éxito debe emprenderse en tres frentes. Primero, los gobiernos han de centrarse en acciones clandestinas contra las redes terroristas. Segundo, los medios de comunicación han de mantener el asunto en perspectiva y evitar la histeria. El teatro del terror no puede tener éxito sin publicidad. Por desgracia, con demasiada frecuencia los medios ofrecen dicha publicidad gratis. Informan obsesivamente de los ataques terroristas y aumentan mucho su peligro, porque las noticias sobre terrorismo hacen que los periódicos se vendan mucho más que las que tratan de la diabetes o la contaminación atmosférica.

El tercer frente es la imaginación de cada uno. Los terroristas tienen cautiva nuestra imaginación y la usan contra nosotros. Una y otra vez volvemos a representar el ataque terrorista en el escenario de nuestra mente, recordando el 11-S o los últimos suicidas con bombas. Los terroristas matan a cien personas y hacen que cien millones imaginen que hay un asesino acechando detrás de cada árbol. Es responsabilidad de cada ciudadano liberar su imaginación de los terroristas y ser consciente de las verdaderas dimensiones de esta amenaza. Es nuestro propio terror interior lo que hace que los medios se obsesionen con el terrorismo y los gobiernos reaccionen de manera desproporcionada.

El éxito o el fracaso del terrorismo depende, pues, de nosotros. Si permitimos que nuestra imaginación caiga presa de los terroristas y después reaccionamos de manera exagerada ante nuestros propios temores, el terrorismo triunfará. Si liberamos nuestra imaginación de los terroristas y reaccionamos de una manera equilibrada y fría, el terrorismo fracasará.

EL TERRORISMO SE HACE NUCLEAR

Este análisis vale para el terrorismo según lo hemos conocido en los dos últimos siglos y aún se manifiesta en la actualidad en las calles de Nueva York, Londres, París y Tel Aviv. Sin embargo, si los terroristas adquieren armas de destrucción masiva, la naturaleza no solo del terrorismo, sino también del Estado y de la política global, cambiará de manera radical. Si organizaciones minúsculas que representan a unos pocos fanáticos pueden destruir ciudades enteras y matar a millones de personas, ya no habrá una esfera pública libre de violencia política.

De ahí que mientras que el terrorismo actual es en gran parte teatro, el futuro terrorismo nuclear, el ciberterrorismo o el bioterrorismo plantearía una amenaza mucho más seria, y exigiría una reacción mucho más drástica de los gobiernos. Justo debido a ello, hemos de ir con mucho cuidado para diferenciar estos escenarios hipotéticos futuros de los ataques terroristas reales que hasta ahora hemos presenciado. El temor de que los terroristas puedan un día hacerse con una bomba nuclear y destruir Nueva York o Londres no justifica una reacción histérica desproporcionada ante un terrorista que mata a una docena de transeúntes con un rifle automático o un camión fuera de control. Los estados deberían ser más cuidadosos incluso para no empezar a perseguir a todos los grupos disidentes dando por hecho que un día podrían intentar hacerse con armas nucleares, o que podrían apoderarse de nuestros automóviles inteligentes y transformarlos en una flota de robots asesinos.

Asimismo, aunque no hay duda de que los gobiernos deben vigilar a los grupos radicales y emprender acciones para evitar que se hagan con el control de armas de destrucción masiva, necesitan mantener el equilibrio entre el temor al terrorismo nuclear y otras situaciones amenazadoras. En las dos últimas décadas, Estados Unidos ha malgastado billones de dólares y mucho capital político en su guerra contra el terror. George W. Bush, Tony Blair, Barack Obama y sus gabinetes pueden aducir, con cierta justificación, que persiguiendo a los terroristas los obligaron a pensar más en la supervivencia que en adquirir bombas nucleares. De esa manera podrían haber salvado al mundo de un 11-S nuclear. Puesto que se trata de una afirmación contrafactual («Si no hubiéramos lanzado la guerra contra el terror, Al Qaeda habría adquirido armas nucleares»), es difícil juzgar si es cierta o no.

Sin embargo, no cabe duda de que al dedicarse a la guerra contra el terror, los norteamericanos y sus aliados no solo han provocado una destrucción inmensa por todo el planeta, sino que también han incurrido en lo que los economistas denominan «costes de oportunidad». El dinero, el tiempo y el capital político invertido en luchar contra el terrorismo no se han invertido en luchar contra el calentamiento global, el sida y la pobreza; en aportar paz y prosperidad al África subsahariana, o en forjar mejores vínculos con Rusia y China. Si Nueva York o Londres acaban hundiéndose bajo un océano Atlántico cuyo nivel va en ascenso, o si las tensiones con Rusia estallan en una guerra abierta, la gente bien podría acusar a Bush, Blair y Obama de haberse centrado en el frente equivocado.

Es difícil establecer prioridades en tiempo real, a la vez que es demasiado fácil anticipar prioridades en retrospectiva. Acusamos a los líderes de no haber prevenido las catástrofes que ocurrieron, pero a la vez permanecemos felizmente ignorantes de los desastres que nunca se materializaron. Así, la gente piensa en retrospectiva en el gobierno de Clinton en la década de 1990 y lo acusa de pasar por alto la amenaza de Al Qaeda. Pero en la década de 1990, pocas personas imaginaban que los terroristas islámicos pudieran desencadenar un conflicto global al estrellar aviones de pasajeros contra los rascacielos de Nueva York. En cambio, muchos temían que Rusia pudiera desmoronarse por completo y perdiera el control no solo de su vasto territorio, sino también de miles de bombas nucleares y biológicas. Una preocupación añadida fue que las sangrientas guerras en la antigua Yugoslavia pudieran extenderse a otras partes de Europa oriental, y provocar conflictos entre Hungría y Rumanía, entre Bulgaria y Turquía, o entre Polonia y Ucrania.

A muchos incluso los inquietaba más la reunificación de Alemania. Solo cuatro décadas y media después de la caída del Tercer Reich, muchísima gente albergaba todavía temores viscerales frente al poder alemán. Libre de la amenaza soviética, ¿no se convertiría Alemania en una superpotencia que dominara el continente europeo? ¿Y qué pasaría con China? Alarmada por el hundimiento del bloque soviético, China podría abandonar sus reformas, volver a las políticas maoístas duras y terminar como una versión mayor de Corea del Norte.

Hoy en día podemos mofarnos de estos siniestros escenarios, porque sabemos que no se materializaron. La situación en Rusia se estabilizó, la mayor parte de Europa oriental se integró pacíficamente en la Unión Europea, la Alemania reunificada es considerada en la actualidad líder del mundo libre y China se ha convertido en el motor económico del planeta. Todo esto se consiguió, al menos en parte, gracias a políticas constructivas de Estados Unidos y la Unión Europea. ¿Habría sido más sensato que Estados Unidos y la Unión Europea se hubieran centrado en la década de 1990 en los extremistas islámicos y no en la situación del antiguo bloque soviético o en China?

Simplemente, no podemos prepararnos para todas las eventualidades. En consecuencia, aunque no cabe duda de que hemos de evitar el terrorismo nuclear, este no puede ocupar el punto número uno en el programa de la humanidad. Y, por supuesto, no debemos usar la amenaza teórica del terrorismo nuclear como justificación para reaccionar de manera desproporcionada ante el terrorismo común. Se trata de problemas diferentes que exigen soluciones diferentes.

Si a pesar de nuestros esfuerzos los grupos terroristas acaban por hacerse con armas de destrucción masiva, es difícil predecir cómo se llevarán a cabo las luchas políticas, pero serán muy diferentes de las campañas de terrorismo y antiterrorismo de principios del siglo XXI. Si en 2050 el mundo está lleno de terroristas nucleares y bioterroristas, sus víctimas mirarán hacia atrás, al mundo de 2018, con una nostalgia teñida de incredulidad: ¿cómo pudo gente que vivía una vida tan segura haberse sentido aun así tan amenazada?

Desde luego, la sensación actual de peligro que experimentamos no se debe solo al terrorismo. Muchísimos expertos y gente de a pie temen que la Tercera Guerra Mundial se halle solo a la vuelta de la esquina, como si ya hubiéramos visto esta película hace un siglo. Al igual que en 1914, en 2018 las crecientes tensiones entre las grandes potencias junto a problemas globales inextricables parecen arrastrarnos hacia una guerra global. ¿Está dicha ansiedad más justificada que nuestro temor sobredimensionado del terrorismo?

11

Guerra

Jamás subestimemos la estupidez humana

Las últimas décadas han sido las más pacíficas de la historia de la humanidad. Mientras que en las primeras sociedades agrícolas la violencia de los humanos causaba hasta el 15 por ciento de todas las muertes humanas, y en el siglo XX causó el 5 por ciento, en la actualidad es responsable de solo el 1 por ciento.[1] Pero dado que desde la crisis financiera global de 2008 la situación internacional está deteriorándose muy deprisa, el belicismo vuelve a estar de moda, y el gasto militar aumenta sobremanera.[2] Tanto los ciudadanos de a pie como los expertos temen que, del mismo modo que en 1914 el asesinato de un archiduque austríaco provocó la Primera Guerra Mundial, en 2018 algún incidente en el desierto sirio o algún movimiento imprudente en la península de Corea pueda prender la mecha de un conflicto global.

Dadas las tensiones crecientes en el mundo y la personalidad de los líderes en Washington, Pionyang y otros lugares más, desde luego no faltan motivos para preocuparse. Pero hay varias diferencias clave entre 2018 y 1914. En particular, la guerra de 1914 tuvo un gran atractivo para las élites de todo el mundo porque disponían de muchos ejemplos concretos de cómo las guerras exitosas contribuían a la prosperidad económica y al poder político. En cambio, en 2018 las guerras exitosas parecen ser una especie amenazada.

Desde la época de los asirios y los qin, los grandes imperios solían crearse mediante la conquista violenta. También en 1914 las principales potencias debían su condición a guerras coronadas con éxito. Por ejemplo, el Japón Imperial se convirtió en una potencia regional debido a sus victorias sobre China y Rusia; Alemania se convirtió en el mandamás de Europa después de sus triunfos sobre Austria–Hungría y Francia, y Gran Bretaña creó el mayor y más próspero imperio del mundo mediante una serie de guerras reducidas y gloriosas por todo el planeta. Así, en 1882 Gran Bretaña invadió y ocupó Egipto, y apenas perdió unos 57 soldados en la decisiva batalla de Tel el-Kebir.[3] Mientras que hoy en día la ocupación de un país musulmán es la esencia de las pesadillas occidentales, después de Tel el-Kebir los británicos encontraron poca resistencia armada, y durante más de seis décadas controlaron el valle del Nilo y el decisivo canal de Suez. Otras potencias europeas emularon a los británicos, y cada vez que los gobiernos en París, Roma o Bruselas se planteaban enviar tropas Vietnam, Libia o el Congo, su único temor era que alguna otra potencia llegara allí antes.

Incluso Estados Unidos debía su condición de gran potencia a la acción militar y no solo a las empresas económicas. En 1846 invadió México y conquistó California, Nevada, Utah, Arizona, Nuevo México y partes de Colorado, Kansas, Wyoming y Oklahoma. El tratado de paz confirmó asimismo la anexión previa de Texas por Estados Unidos. Unos 13.000 soldados norteamericanos murieron en la guerra, que añadió 2,3 millones de kilómetros cuadrados a Estados Unidos (más territorio que Francia, Gran Bretaña, Alemania, España e Italia juntos).[4] Fue la ganga del milenio.

De ahí que en 1914 las élites de Washington, Londres y Berlín supieran exactamente cómo era una guerra con éxito, y lo mucho que se podía ganar con ella. En cambio, en 2018 las élites globales tienen buenas razones para sospechar que este tipo de guerra podría haberse extinguido. Aunque algunos dictadores del Tercer Mundo y actores no estatales consiguen todavía medrar a costa de la guerra, por lo visto las principales potencias ya no saben cómo hacerlo.

La mayor victoria de los últimos tiempos (la de Estados Unidos frente a la Unión Soviética) se obtuvo sin ninguna confrontación militar importante. Luego, Estados Unidos saboreó fugazmente la gloria militar chapada a la antigua en la primera guerra del Golfo, pero esto solo lo tentó para malgastar billones de dólares en humillantes fracasos militares en Irak y Afganistán. China, la potencia en auge de principios del siglo XXI, ha evitado con tesón todos los conflictos armados desde su fracasada invasión de Vietnam en 1979, y debe su ascenso a factores estrictamente económicos. En esto ha emulado no a los imperios japonés, alemán e italiano de la era anterior a 1914, sino a los imperios japonés, alemán e italiano de la era posterior a 1945. En todos estos casos, prosperidad económica e influencia geopolítica se consiguieron sin disparar un solo tiro.

Incluso en Oriente Próximo (el ring del mundo), las potencias regionales no saben cómo enzarzarse en guerras victoriosas. Irán no ganó nada con el prolongado baño de sangre de la guerra contra Irak, y luego evitó todas las confrontaciones militares directas. Los iraníes financian y arman movimientos locales desde Irak hasta Yemen, y han enviado a sus Guardianes de la Revolución para que ayuden a sus aliados en Siria y el Líbano, pero por el momento se han mostrado comedidos y no han invadido ningún país. Recientemente, Irán se ha convertido en la potencia regional hegemónica no a fuerza de alguna brillante victoria en el campo de batalla, sino más bien por defecto. Sus dos principales enemigos (Estados Unidos e Irak) se enzarzaron en una guerra que acabó con Irak y el apetito norteamericano por los embrollos en Oriente Próximo, con lo que dejaron a Irán disfrutando del botín.

De Israel puede decirse algo muy parecido. Su última guerra victoriosa se libró en 1967. Desde entonces, el país ha prosperado a pesar de sus muchas guerras, no gracias a ellas. La mayoría de sus territorios ocupados le suponen pesadas cargas económicas y obligaciones políticas que lo perjudican. De manera parecida a Irán, Israel ha mejorado últimamente su posición geopolítica no por haber librado guerras victoriosas, sino por haber evitado aventuras militares. Mientras que la guerra ha devastado a sus antiguos enemigos en Irak, Siria y Libia, Israel ha permanecido apartado. No haber acabado absorbido por la guerra civil en Siria ha sido sin duda el mayor logro político de Netanyahu (al menos hasta marzo de 2018). Si hubieran querido, las Fuerzas de Defensa de Israel podrían haber tomado Damasco en cuestión de una semana, pero ¿qué habrían ganado con ello? Habría sido incluso más fácil para las FDI conquistar Gaza y derrocar el régimen de Hamás, pero Israel se ha negado repetidas veces a hacerlo. A pesar del coraje militar y la retórica militarista de los políticos israelíes, Israel sabe que hay poco que ganar con la guerra. Al igual que Estados Unidos, China, Alemania, Japón e Irán, parece comprender que en el siglo XXI la estrategia de mayor éxito es sentarse a esperar y dejar que otros luchen por uno.

LA PERSPECTIVA DEL KREMLIN

Hasta ahora, la única invasión exitosa llevada a cabo por una potencia importante en el siglo XXI ha sido la conquista rusa de Crimea. En febrero de 2014, fuerzas rusas invadieron la vecina Ucrania y ocuparon la península de Crimea, que luego quedó anexionada a Rusia. Sin apenas luchar, Rusia consiguió un territorio vital desde el punto de vista estratégico, atemorizó a sus vecinos y volvió a establecerse como potencia mundial. Sin embargo, la conquista triunfó debido a un conjunto extraordinario de circunstancias. Ni el ejército ucraniano ni la población local opusieron mucha resistencia a los rusos, mientras que otras potencias se abstuvieron de intervenir directamente en la crisis. Tales circunstancias serán difíciles de reproducir en otros lugares del mundo. Si la condición previa para una guerra victoriosa es la ausencia de enemigos que estén dispuestos a resistir al agresor, las oportunidades quedarán seriamente limitadas.

De hecho, cuando Rusia intentó reproducir su éxito en Crimea en otras partes de Ucrania, se enfrentó a una oposición sustancialmente más firme, y la guerra en Ucrania oriental se empantanó en un punto muerto improductivo. Peor, incluso (desde la perspectiva de Moscú), pues la guerra ha avivado sentimientos antirrusos en Ucrania y el país ha pasado de ser aliado a enemigo declarado. De la misma manera en que el éxito en la primera guerra del Golfo tentó a Estados Unidos para extralimitarse en Irak, el éxito en Crimea pudo haber tentado a Rusia para extralimitarse en Ucrania.

Analizadas en su conjunto, las guerras de Rusia en el Cáucaso y Ucrania a principios del siglo XXI difícilmente pueden considerarse muy exitosas. Aunque han impulsado el prestigio de Rusia como gran potencia, también han hecho que aumentara la desconfianza y la animosidad hacia Rusia, y en términos económicos han sido una empresa con pérdidas. Las instalaciones turísticas en Crimea y las destartaladas fábricas de la era soviética en Lugansk y Donetsk apenas compensan lo que ha costado financiar la guerra, y ciertamente no contrarrestan los costes de la fuga de capitales y de sanciones internacionales. Para darse cuenta de las limitaciones de la política rusa, solo hay que comparar el inmenso progreso económico de la pacífica China en los últimos veinte años con el estancamiento de la «victoriosa» Rusia en el mismo período.[5]

A pesar del discurso triunfalista de Moscú, la élite rusa es probablemente muy consciente de los costes y los beneficios reales de sus aventuras militares, razón por la cual hasta ahora ha tenido mucho cuidado en no incrementarlas. Rusia ha estado comportándose como el abusón de un patio de colegio: «Elige al niño más débil, y no le pegues mucho, no sea que el maestro intervenga». Si Putin hubiera dirigido sus guerras con el espíritu de Stalin, Pedro el Grande o Gengis Kan, entonces haría ya mucho que los tanques rusos se habrían dirigido rápidamente a Tiflis y Kiev, si no a Varsovia y a Berlín. Pero Putin no es Gengis Kan ni Stalin. Parece saber mejor que nadie que en el siglo XXI el poder militar no puede ir muy lejos, y que enzarzarse en una guerra victoriosa significa enzarzarse en una guerra limitada. Incluso en Siria, a pesar de la crueldad de los bombardeos aéreos rusos, Putin ha tenido cuidado en minimizar la intervención rusa, en dejar a otros entablar la lucha seria y en evitar que la guerra se desborde hacia los países vecinos.

De hecho, desde la perspectiva rusa, todos los movimientos recientes supuestamente agresivos no fueron las maniobras abiertas de una nueva guerra global, sino más bien un intento de apoyar defensas expuestas. Los rusos pueden señalar justificadamente que después de sus retiradas pacíficas a finales de la década de 1980 y principios de la de 1990 los trataron como a un enemigo derrotado. Estados Unidos y la OTAN se aprovecharon de la debilidad rusa y, a pesar de las promesas en sentido contrario, expandieron la OTAN por Europa oriental e incluso a algunas antiguas repúblicas soviéticas. Occidente siguió pasando por alto los intereses de Rusia en Oriente Próximo, invadió Serbia e Irak con pretextos dudosos y, en general, dejó muy claro a Rusia que podía contar únicamente con su propio poderío militar para proteger su esfera de influencia de las incursiones de Occidente. Desde esta perspectiva, los responsables de las jugadas militares rusas recientes pueden ser tanto Bill Clinton y George W. Bush como Vladímir Putin.

Desde luego, las acciones militares rusas en Georgia, Ucrania y Siria bien pudieran ser al final las salvas iniciales de un impulso imperial mucho más atrevido. Incluso si hasta ahora Putin no ha albergado planes serios de conquistas globales, los éxitos pueden alentar sus ambiciones. Sin embargo, también estaría bien recordar que la Rusia de Putin es mucho más débil que la Unión de Repúblicas Socialistas Soviéticas de Stalin, y a menos que se le unan otros países como China, no puede sostener una nueva Guerra Fría, por no hablar de una guerra mundial total. Rusia tiene una población de 150 millones de personas y un PIB de 4 billones de dólares. Tanto en población como en producción queda muy por debajo de Estados Unidos (325 millones de personas y 19 billones de dólares) y de la Unión Europea (500 millones de personas y 21 billones de dólares).[6] En total, Estados Unidos y la Unión Europea tienen 5 veces más población que Rusia y 10 veces más dólares.

Los avances tecnológicos recientes han hecho que esta brecha sea todavía mayor de lo que parece. La Unión Soviética alcanzó su apogeo a mediados del siglo XX, cuando la industria pesada era la locomotora de la economía global, y el sistema centralizado soviético destacaba en la producción en masa de tractores, camiones, tanques y misiles intercontinentales. En la actualidad, la tecnología de la información y la biotecnología son más importantes que la industria pesada, pero Rusia no sobresale en ninguna de estas. Aunque tiene unas capacidades de ciberguerra impresionantes, carece del sector civil de las tecnologías de la información (TI), y su economía se basa de manera unánime en los recursos naturales, en particular petróleo y gas. Esto puede ser bastante beneficioso para enriquecer a unos pocos oligarcas y mantener a Putin en el poder, pero no es suficiente para vencer en una carrera armamentística digital o biotecnológica.

Y lo que es aún más importante: la Rusia de Putin carece de una ideología universal. Durante la Guerra Fría, la Unión Soviética se basaba en el atractivo global del comunismo tanto como en el alcan ce global del Ejército Rojo. El putinismo, en cambio, tiene poco que ofrecer a cubanos, vietnamitas o intelectuales franceses. El nacionalismo autoritario podría estar extendiéndose por el mundo, pero por su propia naturaleza no contribuye al establecimiento de bloques internacionales cohesionados. Mientras que el comunismo polaco y el ruso estaban comprometidos, al menos en teoría, con los intereses universales de una clase obrera internacional, el nacionalismo polaco y el ruso están comprometidos, por definición, con intereses opuestos. Al generar el auge de Putin un incremento notable del nacionalismo polaco, esto solo hará que Polonia sea más antirrusa que antes.

De ahí que aunque Rusia se haya embarcado en una campaña global de desinformación y subversión que pretende dividir la OTAN y la Unión Europea, no parece probable que esté decidida a embarcarse en una campaña global de conquista física. Cabe esperar, con cierta justificación, que la anexión de Crimea y las incursiones rusas en Georgia y Ucrania oriental sigan siendo ejemplos aislados más que heraldos de una nueva era de guerra.

El arte perdido de ganar las guerras

¿Por qué les resulta tan difícil a las grandes potencias emprender guerras con éxito en el siglo XXI? Una razón es el cambio en la naturaleza de la economía. En el pasado, los activos económicos eran sobre todo materiales, por lo que resultaba bastante fácil enriquecerse mediante la conquista. Si se derrotaba a los enemigos en el campo de batalla, podía sacarse tajada saqueando sus ciudades, vendiendo a sus civiles en los mercados de esclavos y ocupando valiosos trigales y minas de oro. Los romanos prosperaron vendiendo a griegos y a galos cautivos, y los norteamericanos del siglo XIX medraron ocupando las minas de oro de California y los ranchos ganaderos de Texas.

Pero en el siglo XXI, de este modo solo pueden obtenerse beneficios exiguos. Hoy en día, los principales activos económicos consisten en el conocimiento técnico e institucional más que en los trigales, las minas de oro o incluso los campos petrolíferos, y el conocimiento no se conquista mediante la guerra. Una organización como Estado

Islámico puede medrar aún saqueando ciudades y pozos petrolíferos en Oriente Próximo (se apoderaron de más de 500 millones de dólares de los bancos iraquíes y en 2015 consiguieron otros 500 con la venta de petróleo),[7] pero para una gran potencia como China o Estados Unidos dichas sumas son insignificantes. Con un PIB anual de más de 20 billones de dólares, es improbable que China inicie una guerra por unos irrisorios 1.000 millones. En cuanto a gastar billones de dólares en un enfrentamiento contra Estados Unidos, ¿cómo podría China devolver esos gastos y equilibrar todos los daños producidos por la guerra y las oportunidades comerciales perdidas? ¿Acaso el victorioso Ejército Popular de Liberación saquearía Silicon Valley? Es verdad que empresas como Apple, Facebook y Google valen cientos de miles de millones de dólares, pero esas fortunas no se pueden conseguir por la fuerza. No hay minas de silicio en Silicon Valley.

Una guerra con éxito en teoría todavía podría producir beneficios enormes si permitiera al vencedor redistribuir a su favor el sistema de comercio global, como hizo Gran Bretaña después de su victoria sobre Napoleón y como hizo Estados Unidos tras su victoria sobre Hitler. Sin embargo, los cambios en la tecnología militar dificultan repetir esta hazaña en el siglo XXI. La bomba atómica ha convertido en un suicidio colectivo la victoria en una guerra mundial. No es casual que desde Hiroshima las superpotencias nunca hayan luchado directamente entre sí, y se hayan enzarzado solo en lo que (para ellas) eran conflictos en los que se jugaban poco, en los que la tentación de utilizar armas nucleares para evitar la derrota era pequeña. De hecho, incluso atacar a una potencia nuclear de segunda categoría como Corea del Norte es una propuesta muy poco atractiva. Asusta pensar lo que la familia Kim podría hacer si se enfrentara a la derrota militar.

La ciberguerra hace que las cosas sean todavía peores para los imperialistas en potencia. En los buenos y viejos tiempos de la reina Victoria y de la ametralladora Maxim, el ejército británico podía masacrar a los *fuzzy-wuzzies** en algún desierto lejano sin que peligrara

* Así llamaban los británicos a los guerreros hadendoas a quienes combatieron en la guerra del Mahd, en Sudán, a finales del siglo XIX, y cuyo valor ensalzó Rudyard Kipling en el poema homónimo. *(N. del T.)*

la paz en Manchester y Birmingham. Incluso en los días de George W. Bush, Estados Unidos podía sembrar el caos en Bagdad y Faluya mientras que los iraquíes no tenían manera de contraatacar en San Francisco o Chicago. Pero si ahora Estados Unidos ataca a un país con capacidades para la ciberguerra, incluso moderadas, la contienda podría trasladarse a California o Illinois en cuestión de minutos. Programas malignos y bombas lógicas podrían interrumpir el tráfico aéreo en Dallas, hacer que chocaran trenes en Filadelfia y provocar la caída de la red eléctrica en Michigan.

En la gran época de los conquistadores, la guerra era un asunto de daños reducidos y grandes beneficios. En la batalla de Hastings, en 1066, Guillermo el Conquistador se hizo con toda Inglaterra en un solo día al precio de apenas unos pocos miles de muertos. Por el contrario, las armas nucleares y la ciberguerra son tecnologías de daños elevados y pocos beneficios. Se pueden emplear estas herramientas para destruir países enteros, pero en absoluto para construir imperios rentables.

De ahí que en un mundo que está llenándose de ruido de sables y de malas vibraciones, quizá la mejor garantía de paz que tenemos sea que las principales potencias no estén familiarizadas con ejemplos recientes de guerras victoriosas. Aunque Gengis Kan y Julio César podían invadir un país extranjero a las primeras de cambio, los líderes nacionalistas de la actualidad, como Erdogan, Modi y Netanyahu, que no se reprimen al hablar, son sin embargo muy cuidadosos a la hora de emprender una guerra. Desde luego, si alguien encuentra una fórmula para desencadenar una guerra victoriosa dadas las condiciones del siglo XXI, las puertas del infierno podrían abrirse de golpe. Por eso el éxito ruso en Crimea es un presagio particularmente alarmante. Esperemos que siga siendo una excepción.

El desfile de la locura

Por desgracia, aunque las guerras sigan siendo un negocio improductivo en el siglo XXI, esto no nos da una garantía absoluta de paz. Jamás debemos subestimar la estupidez humana. Tanto en el plano personal como en el colectivo, los humanos son propensos a dedicarse a actividades autodestructivas.

En 1939, la guerra era probablemente un paso contraproducente para las potencias del Eje, pero eso no salvó al mundo. Una de las cosas sorprendentes de la Segunda Guerra Mundial es que tras la contienda las potencias derrotadas prosperaron como nunca lo habían hecho. Veinte años después de la aniquilación completa de sus ejércitos y del hundimiento absoluto de sus imperios, alemanes, italianos y japoneses gozaban de niveles de riqueza sin precedentes. Así pues, ¿por qué fueron a la guerra, para empezar? ¿Por qué infligieron una muerte y una destrucción innecesarias a innumerables millones de personas? Todo se debió a un estúpido error de cálculo. En la década de 1930, generales, almirantes, economistas y periodistas japoneses estaban de acuerdo en que, sin el control de Corea, Manchuria y la costa de China, Japón estaba condenado al estancamiento económico.[8] Todos se equivocaron. De hecho, el famoso milagro económico japonés no se inició hasta que Japón perdió todas sus conquistas en el continente.

La estupidez humana es una de las fuerzas más importantes de la historia, pero a veces tendemos a pasarla por alto. Políticos, generales y estudiosos ven el mundo como una gran partida de ajedrez, en la que cada movimiento obedece a meticulosos cálculos racionales. Esto es correcto hasta cierto punto. Pocos dirigentes en la historia han estado locos en el sentido estricto del término, y se han puesto a mover peones y caballos aleatoriamente. El general Tojo, Sadam Husein y Kim Jong-il tenían razones racionales para cada paso que dieron. El problema es que el mundo es mucho más complejo que un tablero de ajedrez, y la racionalidad humana no está a la altura del desafío de entenderlo realmente. De ahí que incluso los líderes racionales terminen con frecuencia haciendo cosas muy estúpidas.

Así, ¿cuánto hemos de temer una guerra mundial? Es mejor evitar dos extremos. Por un lado, y definitivamente, la guerra sin duda no es inevitable. El final pacífico de la Guerra Fría demuestra que cuando los humanos toman las decisiones adecuadas, incluso los conflictos entre las superpotencias pueden resolverse por la vía pacífica. Además, es muy peligroso suponer que una nueva guerra mundial sea inevitable.

Sería una profecía que se cumple. Una vez que los países asumen que la guerra es inevitable, refuerzan sus ejércitos, se embarcan en una espiral de carreras armamentistas, rehúsan comprometerse en cualquier conflicto y sospechan que los gestos de buena voluntad son solo trampas. Esto garantiza el estallido de la guerra.

Por otro lado, sería ingenuo suponer que la guerra es imposible. Incluso si es catastrófica para todos, no hay dios ni ley de la naturaleza que nos proteja de la estupidez humana.

Un remedio potencial para la estupidez humana es una dosis de humildad. Las tensiones nacionales, religiosas y culturales empeoran por el sentimiento grandioso de que mi nación, mi religión y mi cultura son las más importantes del mundo; de ahí que mis intereses se hallen por encima de los intereses de cualquier otro, o de la humanidad en su conjunto. ¿Cómo podemos hacer que las naciones, las religiones y las culturas sean un poco más realistas y modestas respecto a su verdadero lugar en el mundo?

12

Humildad

No somos el centro del mundo

La mayoría de la gente suele creer que es el centro del mundo y su cultura, el eje de la historia humana. Muchos griegos creen que la historia empezó con Homero, Sófocles y Platón, y que todas las ideas e invenciones importantes nacieron en Atenas, Esparta, Alejandría o Constantinopla. Los nacionalistas chinos replican que la historia empezó en verdad con el Emperador Amarillo y las dinastías Xia y Shang, y que lo que consiguieron los occidentales, musulmanes o indios no es más que una pálida copia de los descubrimientos chinos originales.

Los nativistas hindúes rechazan tales presunciones chinas y aducen que incluso los aviones y las bombas atómicas fueron inventados por antiguos sabios en el subcontinente indio mucho antes de Confucio o Platón, por no mencionar a Einstein o a los hermanos Wright. ¿Sabía el lector, por ejemplo, que fue Maharishi Bhardwaj quien inventó los cohetes y los aviones, que Vishwamitra no solo inventó los misiles, sino que además los usó, que Acharya Kanad fue el padre de la teoría atómica, y que el *Mahabharata* describe con todo detalle las armas nucleares?[1]

Los musulmanes piadosos consideran que toda la historia previa al profeta Mahoma es en buena medida irrelevante, y creen que la historia posterior a la revelación del Corán gira alrededor de la *umma** musulmana. Las principales excepciones son los nacionalistas turcos, iraníes y egipcios, que argumentan que incluso antes de Mahoma su nación en concreto fue el manantial de cuanto resultó bueno para la

* Comunidad de creyentes. *(N. del T.)*

humanidad, y que incluso después de la revelación del Corán fue principalmente su pueblo el que conservó la pureza del islamismo y extendió su gloria.

Ni que decir tiene que británicos, franceses, alemanes, estadounidenses, rusos, japoneses e incontables otros grupos están convencidos de manera similar de que la humanidad habría vivido en la ignorancia bárbara e inmoral de no haber sido por los espectaculares logros de su nación. A lo largo de la historia, algunas personas llegaron incluso a imaginar que sus instituciones políticas y sus prácticas religiosas eran esenciales para las leyes mismas de la física. Así, los aztecas estaban convencidos de que sin los sacrificios que efectuaban anualmente el sol no saldría y el universo al completo se desintegraría.

Todas estas afirmaciones son falsas. Combinan una terca ignorancia de la historia con más de un indicio de racismo. Ninguna de las religiones o las naciones de hoy en día existían cuando los humanos colonizaron el mundo, domesticaron plantas y animales, construyeron las primeras ciudades o inventaron la escritura y el dinero. La moral, el arte, la espiritualidad y la creatividad son capacidades humanas universales incrustadas en nuestro ADN. Su génesis tuvo lugar en el África de la Edad de Piedra. Por tanto, es de un craso egoísmo adscribirles un lugar y una época más recientes, ya sea China en la época del Emperador Amarillo, Grecia en la época de Platón o Arabia en la época de Mahoma.

Personalmente, estoy más que familiarizado con este craso egoísmo, porque los judíos, mi propio pueblo, piensan también que son lo más importante del mundo. Nómbrese cualquier logro o invención humanos, y de inmediato reclamarán el reconocimiento por ello. Y puesto que los conozco íntimamente, también sé que están convencidos de manera genuina de dichas afirmaciones. Una vez tuve un profesor de yoga en Israel que, en la clase introductoria, explicó con toda seriedad que el yoga lo inventó Abraham, ¡y que todas las posturas básicas del yoga se derivaban de la forma de las letras del alfabeto hebreo! (Así, la postura *trikonasana* imita la forma de la letra hebrea *aleph*, la *tuladandasana* la letra *daled*, etcétera.) Abraham enseñó estas posturas al hijo de una de sus concubinas, que viajó a la India y enseñó yoga a los indios. Cuando le pregunté si tenía alguna prueba de ello, el maestro citó un versículo bíblico: «A los hijos de las concubinas les hizo donaciones; pero, viviendo él todavía, los separó de su hijo Isaac, hacia oriente, a la tierra de oriente»* (Génesis 25, 6). ¿Qué crees que fueron esas donaciones? Como ves, incluso el yoga fue en verdad inventado por los judíos.

Considerar que Abraham inventó el yoga es una idea radical. Pero el judaísmo dominante sostiene de manera solemne que el cosmos entero existe para que los rabinos puedan estudiar sus Sagradas Escrituras y que si los judíos cesaran en esta práctica, el universo tocaría a su fin. China, la India, Australia e incluso las galaxias lejanas serían aniquiladas si en Jerusalén y en Brooklyn los rabinos no debatieran más el Talmud. Este es un artículo de fe básico de los judíos ortodoxos, y quien se atreve a dudar de él es considerado un tonto ignorante. Los judíos seglares pueden ser un poco más escépticos a propósito de esta grandilocuente afirmación, pero también creen que el pueblo judío son los héroes centrales de la historia y el manantial último de la moral, la espiritualidad y el saber humanos.

Aquello de lo que mi pueblo carece en número de personas y en influencia real lo compensa de sobra con desfachatez. Puesto que es más educado criticar a nuestra propia gente que criticar a los extranjeros, utilizaré el ejemplo del judaísmo para ilustrar lo ridículos que son estos discursos sobre la importancia propia, y dejaré que los lectores de todo el mundo pinchen los globos de aire caliente que han inflado sus propias tribus.

La madre de Freud

Mi libro *Sapiens. De animales a dioses. Breve historia de la humanidad* fue escrito originalmente en hebreo, para un público israelí. Tras publicarse la edición en hebreo en 2011, la pregunta que más veces me hicieron los lectores israelíes era por qué apenas mencionaba el ju-

---

* Según la versión española de la Sagrada Biblia (de E. Nácar y A. Colunga, Madrid, BAC, 1966), de donde se han tomado también las demás citas. *(N. del T.)*

daísmo en mi historia de la raza humana. ¿Por qué escribía extensamente sobre el cristianismo, el islamismo y el budismo, pero solo dedicaba unas pocas palabras a la religión y al pueblo judíos? ¿Pasaba por alto deliberadamente su inmensa contribución a la historia humana? ¿Me motivaba a ello algún programa político siniestro?

Tales preguntas las formulan naturalmente los judíos israelíes, que desde la guardería son educados para pensar que el judaísmo es la superestrella de la historia humana. Los niños israelíes suelen acabar doce años de escuela sin tener ninguna imagen clara de los procesos históricos globales. Casi no se les enseña nada sobre China, la India o África, y aunque estudian el Imperio romano, la Revolución francesa y la Segunda Guerra Mundial, estas piezas de rompecabezas sueltas no constituyen ninguna narración global. En cambio, la única historia coherente que ofrece el sistema educativo israelí empieza con el Antiguo Testamento hebreo, continúa hasta la época del Segundo Templo, pasa por varias comunidades judías de la Diáspora y culmina con el auge del sionismo, el Holocausto y el establecimiento del Estado de Israel. La mayoría de los estudiantes abandonan la escuela convencidos de que ese debe de ser el principal hilo argumental de todo el relato humano. Porque incluso cuando los pupilos oyen hablar del Imperio romano o de la Revolución francesa, la discusión en clase se centra en la manera como el Imperio romano trató a los judíos o sobre la situación política de los judíos en la República francesa. A la gente alimentada con una dieta histórica de este tipo le cuesta mucho digerir la idea de que el judaísmo tuvo relativamente poco impacto en el mundo en su conjunto.

Pero lo cierto es que el judaísmo desempeñó solo un papel modesto en los anales de nuestra especie. A diferencia de religiones universales como el cristianismo, el islamismo y el budismo, el judaísmo ha sido siempre una fe tribal. Se centra en el destino de una nación pequeña y una tierra minúscula, y le interesa poco la suerte de los demás pueblos y países. Por ejemplo, le preocupan poco los acontecimientos en Japón, o la gente del subcontinente indio. No es extraño, por tanto, que su papel histórico haya sido limitado.

Es verdad que el judaísmo dio origen al cristianismo, y que influyó en el nacimiento del islamismo, dos de las religiones más importantes de la historia. Sin embargo, el reconocimiento por los logros globales del cristianismo y el islamismo, así como la culpa por sus muchos crímenes, es para los propios cristianos y musulmanes y no para los judíos. De la misma manera que sería injusto acusar a los judíos de las matanzas en masa de las cruzadas (el cristianismo es culpable al cien por cien), tampoco hay razón alguna para atribuir al judaísmo la importante idea cristiana de que todos los seres humanos son iguales ante Dios (una idea que entra en contradicción directa con la ortodoxia judía, que incluso en la actualidad sostiene que los judíos son intrínsecamente superiores a los demás humanos).

El papel del judaísmo en el relato de la humanidad es algo así como el papel de la madre de Freud en la historia occidental moderna. Para bien o para mal, Sigmund Freud ejerció una influencia inmensa sobre la ciencia, la cultura, el arte y el saber popular del Occidente moderno. También es cierto que sin la madre de Freud no hubiéramos tenido a Freud, y que es probable que la personalidad, las ambiciones y las opiniones de Freud fueran modeladas de manera importante por sus relaciones con su madre, como él sería el primero en admitir. Pero cuando se escribe la historia del Occidente moderno, nadie espera un capítulo entero dedicado a la madre de Freud. De manera parecida, sin el judaísmo no habría cristianismo, pero eso no merece conceder mucha importancia al judaísmo cuando se escribe la historia del mundo. La cuestión crucial es qué hizo el cristianismo con la herencia de su madre judía.

Ni que decir tiene que el pueblo judío es un pueblo único con una historia asombrosa (aunque esto valga para la mayoría de los pueblos). Asimismo, ni que decir tiene que la tradición judía está llena de conocimientos profundos y valores nobles (aunque también de algunas ideas discutibles, y de actitudes racistas, misóginas y homofóbicas). También es verdad que, en relación con su número, el pueblo judío ha tenido un impacto desproporcionado en la historia de los últimos dos mil años. Pero cuando se analiza el panorama general de nuestra historia como especie, desde la aparición de *Homo sapiens* hace más de cien mil años, es evidente que la contribución judía a la historia ha sido muy limitada. Los humanos se establecieron en todo el planeta, adoptaron la agricultura, construyeron las primeras ciudades e inventaron la escritura y el dinero miles de años antes de la aparición del judaísmo.

Incluso en los dos últimos milenios, si se considera la historia desde la perspectiva de los chinos o de los indios norteamericanos nativos, es difícil hallar alguna contribución judía importante excepto a través de la mediación de cristianos o musulmanes. Así, el Antiguo Testamento hebreo se convirtió al final en una piedra angular de la cultura humana global porque fue adoptado sinceramente por el cristianismo e incorporado a la Biblia. En cambio, el Talmud (cuya importancia para la cultura judía sobrepasa con mucho la del Antiguo Testamento) fue rechazado por el cristianismo, y en consecuencia siguió siendo un texto esotérico apenas conocido por los árabes, los polacos o los holandeses, por no mencionar a los japoneses y a los mayas. (Lo que es una pena, porque el Talmud es un libro muchísimo más reflexivo y compasivo que el Antiguo Testamento.)

¿Puede el lector citar una gran obra de arte inspirada por el Antiguo Testamento? ¡Oh!, es fácil: el *David* de Miguel Ángel, *Nabucco* de Verdi, *Los diez mandamientos* de Cecil B. DeMille. ¿Conoce el lector alguna obra famosa inspirada por el Nuevo Testamento? Pan comido: *La última cena* de Leonardo, la *Pasión según San Mateo* de Bach, *La vida de Brian* de los Monty Python. Y ahora la prueba real: ¿puede mencionar algunas obras de arte inspiradas por el Talmud?

Aunque las comunidades judías que estudiaban el Talmud se expandieron por grandes partes del mundo, no desempeñaron un papel importante en la creación de los imperios chinos, en los viajes de descubrimiento europeos, en el establecimiento del sistema democrático o en la revolución industrial. La moneda, la universidad, el parlamento, la banca, la brújula, la imprenta y la máquina de vapor fueron inventos de los gentiles.

ÉTICA ANTES DE LA BIBLIA

Los israelíes suelen usar la frase «las tres grandes religiones», pensando que dichas religiones son el cristianismo (2.300 millones de adeptos), el islamismo (1.800 millones) y el judaísmo (15 millones). El hinduismo, con sus 1.000 millones de creyentes, y el budismo, con sus 500 millones de seguidores (por no mencionar la religión sintoísta, con 50, y la sij, con 25), no cuentan.[2] Este concepto distorsionado de «las tres grandes religiones» implica a menudo que en la mente de los israelíes las principales religiones y las tradiciones éticas surgieran del seno del judaísmo, que fuera la primera religión que predicó normas éticas universales. Como si los humanos anteriores a los días de Abraham y Moisés hubieran vivido en un estado de naturaleza hobbesiano sin ningún compromiso moral, y como si toda la moralidad contemporánea se derivara de los Diez Mandamientos. Esta es una idea insolente e infundada, que pasa por alto muchas de las tradiciones éticas más importantes del mundo.

Las tribus de cazadores-recolectores de la Edad de Piedra poseían códigos morales decenas de miles de años antes de Abraham. Cuando los primeros colonos europeos llegaron a Australia a finales del siglo XVIII, se encontraron con tribus de aborígenes que tenían una visión ética del mundo bien desarrollada, a pesar de ser totalmente ignorantes de Moisés, Jesús y Mahoma. Sería difícil aducir que los colonos cristianos que desposeyeron de forma violenta a los nativos hicieron gala de códigos morales superiores.

Hoy en día, los científicos señalan que en realidad la moral tiene profundas raíces evolutivas anteriores en millones de años a la aparición de la humanidad. Todos los animales sociales, como lobos, delfines y monos, poseen códigos éticos, adaptados por la evolución para promover la cooperación del grupo.[3] Por ejemplo, cuando los lobeznos juegan entre sí siguen normas de «juego limpio». Si un lobezno muerde demasiado fuerte, o continúa mordiendo a un oponente que se ha tumbado sobre el lomo y se ha rendido, los demás lobeznos dejarán de jugar con él.[4]

En los grupos de chimpancés se espera que los miembros dominantes respeten los derechos de propiedad de los miembros más débiles. Si una hembra joven de chimpancé encuentra una banana, incluso el macho alfa evitará por lo general robársela para quedársela. Si rompe esta norma, es probable que pierda su posición social.[5] Los simios no solo evitan sacar ventaja de los miembros débiles del grupo, sino que a veces los ayudan de manera activa. Un macho de chimpancé pigmeo llamado Kidogo, que vivía en el zoológico municipal de Milwaukee, padecía una dolencia cardíaca grave que hacía que estuviera débil y confuso. Al ser trasladado por primera vez al zoo, no conseguía orientarse ni comprendía las instrucciones de los cuidadores. Cuando los demás chimpancés percibieron su apuro, intervinieron. A menudo cogían a Kidogo de la mano y lo llevaban a donde necesitaba ir. Si Kidogo se perdía, emitía fuertes señales de angustia, y algún simio acudía enseguida a ayudarlo.

Uno de los principales ayudantes de Kidogo era el macho de mayor rango en el grupo, Lody, que no solo guiaba a Kidogo, sino que también lo protegía. Aunque casi todos los miembros del grupo trataban con cariño a Kidogo, un macho joven llamado Murph lo incordiaba con frecuencia sin piedad. Cuando Lody advertía este comportamiento, a menudo hacía huir al abusón, o colocaba un brazo protector alrededor de Kidogo.[6]

Un caso todavía más conmovedor tuvo lugar en las junglas de Costa de Marfil. Después de que un joven chimpancé apodado Oscar perdiera a su madre, se esforzó por sobrevivir solo. Ninguna de las demás hembras estaba dispuesta a adoptarlo y a cuidarlo, porque ya tenían a su cargo a sus propias crías. Poco a poco, Oscar perdió peso, salud y vitalidad. Pero cuando todo parecía perdido, Oscar fue «adoptado» por el macho alfa del grupo, Freddy. Este se aseguraba de que Oscar comiera bien e incluso lo trasladaba cargándolo a cuestas. Las pruebas genéticas demostraron que Freddy no estaba emparentado con Oscar.[7] Solo podemos especular acerca de lo que llevó al viejo y huraño jefe a tomar a su cargo al joven huérfano, pero por lo visto los cabecillas de los simios desarrollaron la tendencia a ayudar a los pobres, necesitados y huérfanos millones de años antes de que la Biblia instruyera a los antiguos israelitas en que «no dañarás a la viuda ni al huérfano» (Éxodo 22, 21), y antes de que el profeta Amós se quejara de las élites sociales «que oprimís a los débiles y maltratáis a los pobres» (Amós 4, 1).

Ni siquiera entre los *Homo sapiens* que vivían en el Oriente Próximo antiguo los profetas bíblicos carecían de precedentes. «No matarás» y «No robarás» eran bien conocidos en los códigos legales y éticos de las ciudades estado sumerias, en el Egipto faraónico y en el Imperio babilónico. Días de descanso periódicos anteceden con mucho al Sabbat judío. Mil años antes de que el profeta Amós recriminara a las élites israelitas su comportamiento opresor, el rey Hammurabi de Babilonia explicaba que los grandes dioses le habían instruido «para que demostrara justicia en la tierra, destruyera el mal y la maldad, impidiera que los poderosos explotaran a los débiles».[8]

Entretanto, en Egipto (siglos antes del nacimiento de Moisés) los escribas redactaron «el relato del campesino elocuente», que cuenta la historia de un pobre campesino cúya propiedad le había robado un terrateniente codicioso. El campesino fue a ver a los funcionarios corruptos del faraón, y cuando no lo protegieron, empezó a explicarles por qué debían impartir justicia y en particular defender a los pobres ante los ricos. En una vívida alegoría, este campesino egipcio explicó que las escasas posesiones de los pobres son como el mismo aire que respiran, y que la corrupción de los funcionarios los asfixia al obturar sus orificios nasales.[9]

Muchas leyes bíblicas copian las reglas que eran aceptadas en Mesopotamia, Egipto y Canaán siglos e incluso milenios antes de la fundación de los reinos de Judá e Israel. Si el judaísmo bíblico dio a dichas leyes un giro único, fue porque las transformó de normas universales aplicables a todos los humanos en códigos tribales dirigidos sobre todo al pueblo judío. La moral judía se modeló al principio como un asunto tribal y exclusivo, y así ha permanecido en cierta medida hasta hoy en día. El Antiguo Testamento, el Talmud y muchos rabinos (aunque no todos) sostenían que la vida de un judío es más valiosa que la de un gentil, razón por la que, por ejemplo, se permite a los judíos profanar el Sabbat a fin de salvar a un judío de la muerte, pero les está prohibido hacerlo simplemente para salvar a un gentil (Talmud babilónico, Yomá 84, 2).[10]

Algunos sabios judíos han argumentado que incluso el famoso mandamiento «Amarás a tu prójimo como a ti mismo» se refiere solo a los judíos y que no existe ningún mandamiento para amar a los gentiles. De hecho, el texto original del Levítico reza: «No te vengues y no guardes rencor contra los hijos de tu pueblo. Amarás a tu prójimo como a ti mismo» (Levítico 19, 18), que plantea la sospecha de que «tu prójimo» se refiera únicamente a los miembros de «tu pueblo». Esta sospecha está muy reforzada por el hecho de que la Biblia ordena a los judíos exterminar a determinados pueblos, como por ejemplo los amalequitas y los cananeos: «No dejarás con vida a nada de cuanto respira», decreta el libro sagrado, «darás el anatema a esos pueblos, a los heteos, amorreos, cananeos, ferezeos, heveos y jebuseos, como Yahvé, tu Dios, te lo ha mandado» (Deuteronomio 20, 16-17). Este es uno de los primeros casos registrados en la historia humana en que el genocidio se presentaba como un deber religioso coercitivo.

Solo los cristianos fueron los que escogieron algunos fragmentos seleccionados del código moral judío, los transformaron en mandamientos universales y los difundieron por el mundo. De hecho, el cristianismo se separó del judaísmo justo por esa razón. Mientras que muchos judíos todavía creen que el llamado «pueblo elegido» está más cerca de Dios que otras naciones, el fundador del cristianismo (el apóstol san Pablo) estipuló en su famosa Epístola a los Gálatas que «no hay ya judío o griego, no hay siervo o libre, no hay varón o hembra, porque todos sois uno en Cristo Jesús» (Gálatas 3, 28).

Y hemos de insistir de nuevo en que, a pesar del enorme impacto del cristianismo, esta no fue en absoluto la primera vez que un humano predicó una ética universal. La Biblia está lejos de ser la fuente exclusiva de la moral humana (y menos mal, dadas las numerosas actitudes racistas, misóginas y homofóbicas que contiene). Confucio, Lao-Tse, Buda y Mahavira establecieron códigos éticos universales mucho antes que san Pablo y Jesús, sin saber nada de la tierra de Canaán ni de los profetas de Israel. Confucio enseñó que cada persona debe amar a los demás como se ama a sí misma unos quinientos años antes de que el rabino Hillel el Viejo dijera que esa era la esencia de la Torá. Y en una época en que el judaísmo todavía exigía el sacrificio de animales y el exterminio sistemático de poblaciones humanas enteras, Buda y Mahavira ya instruían a sus seguidores para que evitaran hacer daño no solo a todos los seres humanos, sino a cualquier ser vivo, incluidos los insectos. Por tanto, no tiene en absoluto ningún sentido atribuir al judaísmo y a su descendencia cristiana y musulmana la creación de la moral humana.

El nacimiento del fanatismo

Entonces ¿y el monoteísmo? ¿No merece al menos el judaísmo una mención especial por haber propuesto por vez primera la creencia en un único Dios, lo que no tenía ningún paralelismo en el mundo (aunque esta creencia la propagaran después por los cuatro puntos de la Tierra los cristianos y musulmanes más que los judíos)? Podemos poner alguna objeción incluso a esto, ya que la primera prueba clara de monoteísmo procede de la revolución religiosa del faraón Akenatón hacia 1350 a. C., y documentos como la Estela Mesha (erigida por el rey moabita Mesha) indican que la religión del Israel bíblico no era tan diferente de la religión de reinos vecinos, como Moab. Mesha describe a su gran dios Quemos casi de la misma manera como el Antiguo Testamento a Yahvé. Pero el verdadero problema de la idea de que el monoteísmo es una contribución del judaísmo al mundo es que no puede estar orgulloso precisamente de ello. Desde una perspectiva ética, no hay duda de que el monoteísmo fue una de las peores ideas de la historia humana.

El monoteísmo hizo poco para mejorar las normas morales de los humanos; ¿de verdad piensa el lector que los musulmanes son intrínsecamente más éticos que los hindúes, solo porque los primeros creen en un único dios mientras que los segundos creen en muchos dioses? ¿Eran los conquistadores cristianos más éticos que las tribus nativas americanas paganas? Lo que sin duda hizo el monoteísmo fue conseguir que mucha gente se volviera mucho más intolerante que antes, con lo que contribuyó a la expansión de las persecuciones religiosas y las guerras santas. Los politeístas encontraban perfectamente aceptable que diferentes personas adoraran a dioses distintos y realizaran diversos ritos y rituales. Raramente o nunca luchaban, perseguían o mataban a gente debido solo a sus creencias religiosas. Los monoteístas, en cambio, creían que su Dios era el único, y que exigía obediencia universal. En consecuencia, a medida que el cristianismo y el islamismo se extendían por el mundo, también lo hizo la incidencia de cruzadas, yihads, inquisiciones y discriminaciones religiosas.[11]

Compárese, por ejemplo, la actitud del emperador Ashoka de la India en el siglo III a. C. con la de los emperadores cristianos del Imperio romano tardío. El emperador Ashoka gobernaba un imperio que bullía de religiones, sectas y gurús. Se concedió a sí mismo el título de Amado de los Dioses y El que Contempla a Todos con Afecto. Hacia el año 250 a. C. decretó un edicto imperial de tolerancia que proclamaba:

> El Amado de los Dioses, el Rey que Contempla a Todos con Afecto, honra tanto a los ascetas como a los dueños de la casa de todas las religiones [...] y valora que debe haber crecimiento en lo esencial de todas las religiones. El crecimiento en lo esencial puede hacerse de diferentes maneras, pero todas ellas tienen como base la templanza a la hora de hablar, es decir, no alabar la propia religión, o condenar la religión de otros sin buena causa. [...] Quienquiera que elogia su propia religión, debido a devoción excesiva, y condena las demás con el pensamiento «Dejadme glorificar mi propia religión», no hace más que dañar a su misma religión. Por tanto, el contacto entre religiones es bueno. Deben escucharse y respetarse las doctrinas profesadas por otros. El Amado de los Dioses, el Rey que Contempla a Todos con Afecto, desea que todo sea bien aprendido en las buenas doctrinas de otras religiones.[12]

Quinientos años después, el Imperio romano tardío era tan múltiple como la India de Ashoka, pero cuando el cristianismo tomó el relevo, los emperadores adoptaron una estrategia muy distinta respecto a la religión. Empezando con Constantino el Grande y su hijo Constancio II, los emperadores cerraron todos los templos no cristianos y prohibieron los rituales calificados de «paganos» so pena de muerte. La persecución culminó bajo el reinado del emperador Teodosio (cuyo nombre significa «dado por Dios»), que en 391 proclamó los Decretos Teodosianos, a raíz de los cuales todas las religiones, excepto el cristianismo y el judaísmo, fueron ilegales (el judaísmo también era perseguido de muchas maneras, pero practicarlo seguía siendo legal).[13] Según las nuevas leyes, un ciudadano podía ser ejecutado incluso por adorar a Júpiter o a Mitra en la intimidad de su propia casa.[14] Como parte de su campaña para barrer del imperio toda herencia infiel, los emperadores cristianos suspendieron asimismo los Juegos Olímpicos. Tras haberse celebrado durante más de mil años, la última olimpiada antigua tuvo lugar en algún momento a finales del siglo IV o principios del V.[15]

Desde luego, no todos los gobernantes monoteístas fueron tan intolerantes como Teodosio, y muchos gobernantes rechazaron el monoteísmo sin adoptar las políticas tolerantes de Ashoka. No obstante, al insistir en que «no hay otro dios que nuestro Dios», la idea monoteísta tendió a promover el fanatismo. Los judíos harían bien en restar importancia a su participación en la diseminación de este peligroso meme, y dejar que cristianos y musulmanes carguen con esa culpa.

FÍSICA JUDÍA, BIOLOGÍA CRISTIANA

Solo en los siglos XIX y XX vemos que los judíos realizan una contribución extraordinaria al conjunto de la humanidad mediante el importantísimo papel desempeñado por ellos en la ciencia moderna. Además de nombres tan conocidos como Einstein y Freud, alrededor del 20 por ciento de todos los galardonados con el Premio Nobel de Ciencia han sido judíos, aunque en total estos constituyen menos del 0,2 por ciento de la población mundial.[16] Pero debe destacarse que ha sido una contribución de judíos individuales y no del judaísmo como religión o cultura. La mayoría de los científicos judíos importantes de los últimos doscientos años trabajaron fuera de la esfera religiosa judía. De hecho, los judíos empezaron a efectuar su notable contribución a la ciencia solo cuando abandonaron las yeshivás en favor de los laboratorios.

Antes de 1800, la influencia de los judíos en la ciencia era limitada. Por supuesto, no desempeñaron ningún papel decisivo en el progreso de la ciencia en China, la India o en la civilización maya. En Europa y en Oriente Próximo algunos pensadores judíos como Maimónides ejercieron una influencia considerable en sus colegas gentiles, pero el impacto judío global fue más o menos proporcional a su peso demográfico. Durante los siglos XVI, XVII y XVIII, el judaísmo no fue decisivo para el inicio de la revolución científica. Excepto por Spinoza (que fue excomulgado por sus aspectos conflictivos por la comunidad judía), apenas puede nombrarse un solo judío que fuera fundamental para el nacimiento de la física, la química, la biología o las ciencias sociales modernas. No sabemos qué hacían los antepasados de Einstein en los días de Galileo y Newton, pero seguro que estaban más interesados en estudiar el Talmud que en estudiar la luz.

El gran cambio se produjo ya en los siglos XIX y XX, cuando la secularización y la Ilustración judía hicieron que muchos hebreos adoptaran la visión del mundo y el estilo de vida de sus vecinos gentiles. Entonces empezaron a frecuentar las universidades y los centros de investigación de Alemania, Francia y Estados Unidos. Desde los guetos y los *shtetls*,* los estudiosos judíos llevaron consigo importantes legados culturales. El valor fundamental de la educación en la cultura judía fue una de las principales razones para el éxito extraordinario de los científicos judíos. Otros factores fueron el deseo de una minoría perseguida de demostrar su valor y las barreras que impedían que judíos de talento progresaran en instituciones más antisemitas, como el ejército y la administración del Estado.

Pero mientras que los científicos judíos aportaban desde las yeshivás una disciplina férrea y una profunda fe en el valor del conocimiento, no llevaban consigo ningún equipaje útil de ideas e intuiciones concretas. Einstein era judío, pero la teoría de la relatividad no era «física judía». ¿Qué tiene que ver la fe en el carácter sagrado de la Torá con la intuición de que la energía es igual a la masa multiplicada por la velocidad de la luz al cuadrado? Puestos a comparar, Darwin era cristiano e incluso inició en Cambridge estudios que le habrían permitido convertirse en un sacerdote anglicano. ¿Implica eso que la teoría de la evolución es una teoría cristiana? Sería ridículo poner en una lista la teoría de la relatividad como contribución judía a la humanidad, de la misma manera que sería ridículo atribuir al cristianismo la teoría de la evolución.

De forma parecida, es difícil ver nada particularmente judío en la invención del proceso para sintetizar amoníaco por parte de Fritz

* Pueblos con una población mayoritariamente judía. *(N. del T.)*

Haber (Nobel de Química en 1918); en el descubrimiento del antibiótico estreptomicina por Selman Waksman (Nobel de Fisiología o Medicina en 1952), o en el descubrimiento de los cuasicristales por Dan Shechtman (Nobel de Química en 2011). En el caso de los estudiosos de las humanidades y las ciencias sociales (como Freud), su herencia judía tuvo probablemente mayor impacto en sus intuiciones. Pero incluso en tales casos, las discontinuidades son más patentes que los eslabones que sobreviven. Las ideas de Freud sobre la psique humana eran muy diferentes de las del rabino Joseph Caro o las del rabino Yochanan ben Zakkai, y no descubrió el complejo de Edipo al leer detenidamente la Shulhan Arukh (el código de la ley judía).

En resumen: aunque la importancia dada por los judíos a la educación probablemente constituyera un elemento decisivo en el éxito excepcional de los científicos judíos, fueron los pensadores gentiles quienes pusieron los cimientos para los logros de Einstein, Haber y Freud. La revolución científica no fue un proyecto judío, y los judíos solo encontraron su lugar en ella cuando pasaron de las yeshivás a las universidades. De hecho, la costumbre judía de buscar respuestas a todas las preguntas mediante la lectura de textos antiguos supuso un obstáculo importante para la integración judía en el mundo de la ciencia moderna, donde las respuestas proceden de observaciones y experimentos. Si algo intrínseco a la religión judía lleva necesariamente a los descubrimientos científicos, ¿por qué entre 1905 y 1933 diez judíos alemanes seglares ganaron el Premio Nobel en Química, Medicina y Física, pero en el mismo período ni un solo judío ultraortodoxo o ni un solo judío búlgaro o yemenita obtuvieron ninguno?

Para no parecer un «judío que se odia a sí mismo» o un antisemita, quisiera insistir en que no digo que el judaísmo fuera una religión particularmente malévola o ignorante. Lo único que digo es que no fue en particular importante para la historia de la humanidad. Durante muchos siglos, fue la humilde religión de una pequeña minoría perseguida que prefería leer y contemplar en lugar de conquistar países alejados y quemar a herejes en la hoguera.

Los antisemitas suelen pensar que los judíos son muy importantes. Imaginan que los judíos controlan el mundo, o el sistema bancario, o al menos los medios de comunicación, y que son los culpables de todo, desde el calentamiento global hasta los ataques del 11-S. Esta paranoia antisemita es tan ridícula como la megalomanía judía. Los judíos pueden ser un pueblo muy interesante, pero cuando se observa el panorama en su totalidad, hay que reconocer que han tenido un impacto muy limitado en el mundo.

A lo largo de la historia, los humanos han creado cientos de religiones y sectas diferentes. De ellas, unas cuantas (el cristianismo, el islamismo, el hinduismo, el confucianismo y el budismo) influyeron en miles de millones de personas (no siempre para bien). La inmensa mayoría de credos (como las religiones bon, yoruba y judía) tuvieron un impacto mucho menor. Personalmente, me gusta la idea de descender no de brutales conquistadores del mundo, sino de gente insignificante que rara vez metía la nariz en los asuntos de otras personas. Muchas religiones elogian el valor de la humildad pero después imaginan ser el centro del universo. Mezclan llamadas a la mansedumbre personal con una descarada arrogancia colectiva. Humanos de todas las creencias harían bien en tomarse más en serio la humildad.

Y entre todas las formas de humildad, quizá la más importante sea la humildad ante Dios. Cuando hablan de Dios, con gran frecuencia los humanos profesan una modestia supina, pero después usan el nombre de Dios para tratar despóticamente a sus hermanos.

13

Dios

No tomes el nombre de Dios en vano

¿Existe Dios? Eso depende del Dios que el lector tenga en mente. ¿El misterio cósmico o el legislador mundano? A veces, cuando la gente habla de Dios, se refiere a un enigma grandioso e impresionante, acerca del cual no sabemos absolutamente nada. Invocamos a ese Dios misterioso para explicar los enigmas más profundos del cosmos. ¿Por qué hay algo, en lugar de nada? ¿Qué modeló las leyes fundamentales de la física? ¿Qué es la conciencia y de dónde procede? No tenemos respuestas para estas preguntas, y damos a nuestra ignorancia el nombre grandioso de Dios. La característica fundamental de este Dios misterioso es que no podemos decir nada concreto sobre Él. Es el Dios de los filósofos, el Dios del que hablamos cuando nos sentamos alrededor de una fogata en el campo a altas horas de la noche y nos preguntamos sobre el sentido de la vida.

En otras ocasiones, la gente ve a Dios como un legislador severo y mundano, acerca del cual sabemos demasiado. Sabemos exactamente qué piensa sobre la moda, la comida, el sexo y la política, e invocamos a este Hombre Enojado en el Cielo para justificar un millón de normas, decretos y conflictos. Se molesta cuando las mujeres llevan blusas de manga corta, cuando dos hombres practican sexo entre sí o cuando los adolescentes se masturban. Algunas personas dicen que a Él no le gusta que bebamos alcohol, mientras que según otras Él exige absolutamente que bebamos vino todos los viernes por la noche o las mañanas del domingo. Se han escrito bibliotecas enteras para explicar hasta el más mínimo detalle qué es exactamente lo que Él quiere y lo que no le gusta. La característica fundamental de este legislador mundano es que podemos decir cosas muy concretas de Él. Es el Dios de los cruzados y de los yihadistas, de los inquisidores, los misóginos y los homófobos. Es el Dios del que hablamos cuando nos encontramos alrededor de una pira encendida, lanzando piedras e insultos a los herejes que están quemándose en ella.

Cuando a los creyentes se les pregunta si Dios de verdad existe, suelen empezar hablando de los misterios enigmáticos del universo y de los límites del conocimiento humano. «La ciencia no puede explicar el big bang —exclaman—, de modo que tiene que haberlo hecho Dios.» Pero, al igual que un mago que engaña al público sustituyendo de manera imperceptible una carta por otra, los creyentes sustituyen con rapidez el misterio cósmico por el legislador mundano. Después de haber dado el nombre «Dios» a los secretos desconocidos del cosmos, lo utilizan para condenar de alguna manera biquinis y divorcios. «No comprendemos el big bang; por tanto, debes cubrirte el pelo en público y votar contra el matrimonio gay.» No solo no existe ninguna conexión lógica entre ambas cosas, sino que en realidad son contradictorias. Cuanto más profundos son los misterios del universo, menos probable es que a quienquiera que sea responsable de ellos le importen un pimiento los códigos de la vestimenta femenina o el comportamiento sexual humano.

El eslabón perdido entre el misterio cósmico y el legislador mundano suele proporcionarlo algún libro sagrado. El libro está lleno de las normas más tontas, pero no obstante se atribuye al misterio cósmico. En teoría lo compuso el creador del espacio y del tiempo, pero Él se preocupó de iluminarnos sobre todo acerca de algunos arcanos rituales del templo y tabúes alimentarios. Lo cierto es que no tenemos ninguna evidencia, de ningún tipo, de que la Biblia o el Corán o el Libro de Mormón o los Vedas o cualquier otro texto sagrado fuera compuesto por la fuerza que determinó que la energía sea igual a la masa multiplicada por la velocidad de la luz al cuadrado, y que los protones sean 1.837 veces mayores que los electrones. Hasta donde llega nuestro conocimiento científico, todos estos libros sagrados fueron escritos por *Homo sapiens* imaginativos. Solo son narraciones inventadas por nuestros antepasados con el fin de legitimar normas sociales y estructuras políticas.

Yo siempre estoy preguntándome acerca del misterio de la existencia, pero nunca he comprendido qué tiene que ver con las exasperantes leyes del judaísmo, el cristianismo o el hinduismo. Estas leyes fueron sin duda muy útiles a la hora de establecer y mantener el orden social durante miles de años. Pero en esto no son fundamentalmente diferentes de las leyes de los estados e instituciones seculares.

El tercero de los Diez Mandamientos bíblicos instruye a los humanos a no hacer nunca un uso arbitrario del nombre de Dios. Muchas personas creen en esto de una manera infantil, como una prohibición de pronunciar el nombre explícito de Dios (como en la famosa escena de los Monty Python «Si dices Jehová...»). Quizá el significado profundo de este mandamiento sea que nunca hemos de usar el nombre de Dios para justificar nuestros intereses políticos, nuestras ambiciones económicas o nuestros odios personales. La gente odia a alguien y dice: «Dios lo odia»; la gente codicia algo y dice: «Dios lo quiere». El mundo sería un lugar mejor si siguiéramos de manera más devota el tercer mandamiento. ¿Quieres emprender la guerra contra tus vecinos y robarles su tierra? Deja a Dios fuera de la cuestión y encuentra otra excusa.

A fin de cuentas, se trata de una cuestión de semántica. Cuando uso la palabra «Dios», pienso en el Dios de Estado Islámico, de las cruzadas, de la Inquisición y de las banderolas «Dios odia a los maricones». Cuando pienso en el misterio de la existencia, prefiero usar otras palabras, para evitar la confusión. Y a diferencia del Dios de Estado Islámico y de las cruzadas (al que preocupan mucho los nombres y sobre todo Su nombre más sagrado), al misterio de la existencia le importa un comino qué nombres le demos nosotros, los simios.

ÉTICA IMPÍA

Por supuesto, el misterio cósmico no nos ayuda lo más mínimo a mantener el orden social. La gente suele defender que tenemos que creer en un dios que proporcionó algunas leyes muy concretas a los humanos; de lo contrario, la moral desaparecería y la sociedad se sumiría en un caos primigenio.

Es verdad que la creencia en dioses fue vital para varios órdenes sociales y que a veces tuvo consecuencias positivas. De hecho, las mismas religiones que inspiran odio y fanatismo en algunas personas inspiran amor y compasión en otras. Por ejemplo, a principios de la década de 1960, el reverendo metodista Ted McIlvenna fue consciente de la difícil situación en que se encontraba el colectivo LGBT de su comunidad. Empezó a analizar la situación de gais y lesbianas en la sociedad en general, y en mayo de 1964 convocó una reunión de tres días para fomentar el diálogo entre clérigos y activistas gais y lesbianas en el White Memorial Retreat Center en California. Luego los participantes establecieron el Consejo sobre Religión y el Homosexual, que además de a los activistas incluía a ministros metodistas, episcopalianos, luteranos y de la Iglesia Unida de Cristo. Esta fue la primera organización norteamericana que se atrevió a usar la palabra «homosexual» en su nombre oficial.

En los años siguientes, las actividades del CRH abarcaron desde organizar fiestas de disfraces hasta emprender acciones legales contra la discriminación y persecución injustas. El CRH se convirtió en la semilla del movimiento de los derechos de los gais en California. El reverendo McIlvenna y los otros hombres de Dios que se le unieron eran muy conscientes de los mandatos bíblicos contra la homosexualidad, pero pensaron que era más importante ser fieles al espíritu compasivo de Cristo que a la palabra estricta de la Biblia.[1]

Sin embargo, aunque los dioses pueden inspirarnos para que seamos compasivos, la fe religiosa no es una condición necesaria para el comportamiento moral. La idea de que necesitamos un ser sobrenatural que nos haga actuar moralmente implica que hay algo no natural en lo moral. Pero ¿por qué? La moral de algún tipo es natural. Todos los mamíferos sociales, desde los chimpancés hasta las ratas, poseen códigos éticos que ponen límites a cosas como el robo y el homicidio. Entre los humanos, la moral está presente en todas las sociedades, aunque no todas crean en el mismo dios, o no crean en ningún dios. Los cristianos actúan con caridad incluso sin creer en el panteón hindú, los musulmanes valoran la honestidad a pesar de rechazar la divinidad de Cristo, y los países seculares, como Dinamarca y la República Checa, no son más violentos que los países devotos, como Irán y Pakistán.

La moral no significa «seguir los mandatos divinos». Significa «reducir el sufrimiento». De ahí que para actuar moralmente no haga falta creer en ningún mito o relato. Solo necesitamos comprender de manera profunda el sufrimiento. Si comprendemos en verdad cómo un acto causa un sufrimiento innecesario, a nosotros mismos o a otros, nos abstendremos naturalmente de ella. No obstante, la gente asesina, viola y roba porque solo entiende de manera superficial la desgracia que ello causa. Se obsesiona en satisfacer su lujuria o su avaricia inmediatas, sin preocuparse por el impacto que causa en los demás, o incluso por el impacto a largo plazo sobre ellos mismos. Aun los inquisidores que deliberadamente infligen a su víctima tanto dolor como sea posible, suelen emplear varias técnicas insensibilizadoras y deshumanizadoras para distanciarse de lo que están haciendo.[2]

El lector podría objetar que todo humano busca de manera natural evitar sentirse desgraciado, pero ¿por qué habría de preocuparse un humano por las desgracias de los demás, a menos que algún dios lo exigiera? Una respuesta evidente es que los humanos son animales sociales, de modo que su felicidad depende en una medida muy grande de sus relaciones con los demás. Sin amor, amistad y comunidad, ¿quién puede ser feliz? Una vida egocéntrica y solitaria casi siempre es garantía de infelicidad. De modo que, como mínimo, para ser felices necesitamos preocuparnos de nuestra familia, nuestros amigos y los miembros de nuestra comunidad.

¿Y qué pasa, entonces, con quienes nos son totalmente extraños? ¿Por qué no matar a los extraños y arrebatarles sus posesiones para enriquecerme yo y enriquecer a mi tribu? Muchos pensadores han construido complicadas teorías sociales que explican que, a la larga, este comportamiento es contraproducente. No querríamos vivir en una sociedad donde a los extraños se les roba y asesina de forma rutinaria. No solo nos hallaríamos en peligro constante, sino que además no nos beneficiaríamos de cosas como el comercio, que depende de la confianza entre extraños. Los mercaderes no suelen visitar los antros de ladrones. Esta es la manera como los teóricos seculares, desde la antigua China hasta la moderna Europa, han justificado la regla de oro de «no hagas a los demás lo que no querrías que ellos te hicieran».

Pero en verdad no hacen falta teorías tan complejas y a largo plazo de este tipo para encontrar una base natural de la compasión universal. Olvidemos el comercio por un momento. En un plano mucho más inmediato, hacer daño a los demás siempre me hace daño también a mí. Cada acto violento en el mundo empieza con un deseo violento en la mente de alguien, que perturba la paz y la felicidad de dicha persona antes de perturbar la paz y la felicidad de alguna otra. Así, la gente rara vez roba a menos que primero desarrolle en su mente mucha avaricia y envidia. La gente no suele matar a menos que primero genere ira y odio. Las emociones como la avaricia, la envidia, la ira y el odio son muy desagradables. No podemos experimentar alegría y armonía si estamos llenos de odio o envidia. De modo que mucho antes de que matemos a alguien, nuestra ira ya ha matado nuestra paz de espíritu.

De hecho, podríamos sentir ira durante años sin llegar a matar realmente al objeto de nuestra ira. En cuyo caso no hemos dañado a nadie, pero sí nos hemos hecho daño a nosotros mismos. Por tanto, es nuestro propio interés natural (y no el mandamiento de un dios) lo que debería inducirnos a actuar respecto a nuestra ira. Si estuviéramos completamente libres de ira nos sentiríamos muchísimo mejor que si matáramos a un enemigo odioso.

En el caso de algunas personas, la firme creencia en un dios compasivo que nos ordena poner la otra mejilla puede ayudar a refrenar la ira. Esta ha sido una contribución enorme de la fe religiosa a la paz y la armonía del mundo. Por desgracia, en otras personas la fe religiosa aviva y justifica en realidad su ira, en especial si alguien se atreve a insultar a su dios o a no hacer caso de sus deseos. De modo que el valor del dios legislador depende en último término del comportamiento de sus devotos. Si actúan bien, pueden creer lo que quieran. De manera similar, el valor de los ritos religiosos y los lugares sagrados depende del tipo de sentimientos y comportamientos que inspiran. Si visitar un templo hace que la gente experimente paz y armonía, es maravilloso. Pero si un templo en concreto provoca violencia y conflictos, ¿para qué lo necesitamos? Es a todas luces un templo disfuncional. De la misma manera que no tiene sentido luchar por un árbol enfermo que produce espinas en lugar de frutos, también carece de sentido luchar por un templo defectuoso que genera enemistad en lugar de armonía.

No visitar ningún templo ni creer en ningún dios es también una opción viable. Como se ha demostrado en los últimos siglos, no hace falta invocar el nombre de Dios para llevar una vida moral. El laicismo puede proporcionarnos todos los valores que necesitamos.

14

Laicismo

Acepta tu sombra

¿Qué significa ser laico, secular o seglar? La laicidad se define a veces como la negación de la religión y, por tanto, a las personas laicas se las caracteriza por lo que no creen y no hacen. Según esta definición, las personas seculares no creen en dioses ni en ángeles, no van a iglesias ni a templos y no realizan ritos ni rituales. De esta manera, el mundo laico parece vacío, nihilista y amoral: una caja vacía a la espera de ser llenada con algo.

Pocas personas adoptarían una identidad tan negativa. Quienes se profesan laicos consideran el laicismo o secularismo de una manera muy diferente. Para ellos, el secularismo es una visión del mundo muy positiva y activa, que se define por un código de valores coherente y no por oposición a esta o a aquella religión. En realidad, varias tradiciones religiosas comparten muchos de los valores laicos. A diferencia de algunas sectas que insisten en que tienen el monopolio de toda la sabiduría y la bondad, una de las principales características de las personas laicas es que no reclaman dicho monopolio. No creen que la moral y la sabiduría bajen de los cielos en un lugar y momento determinados. Más bien, la moral y la sabiduría son la herencia natural de todos los humanos. De ahí que solo quepa esperar que al menos algunos valores surjan en las sociedades humanas por todo el mundo, y que sean comunes a musulmanes, cristianos, hindúes y ateos.

Los líderes religiosos suelen plantear a sus seguidores una elección rigurosa de esto o aquello: o bien eres musulmán, o bien no lo eres. Y si eres musulmán, debes rechazar las demás doctrinas. En cambio, las personas laicas están cómodas con identidades híbridas múltiples. En lo que concierne al laicismo, uno puede considerarse musulmán y continuar orando a Alá, comer comida halal y efectuar el *haj* a La Meca, pero también ser un buen miembro de la sociedad seglar, mientras se acepte el código ético seglar. Este código ético (que, de hecho, es aceptado por millones de musulmanes, cristianos e hindúes, así como por los ateos), consagra los valores de la verdad, la compasión, la igualdad, la libertad, el valor y la responsabilidad. Constituye los cimientos de las instituciones científicas y democráticas modernas.

Como todos los códigos éticos, el código laico es un ideal al que aspirar más que una realidad social. De la misma manera que las sociedades y las instituciones cristianas se desvían a menudo del ideal cristiano, también las sociedades e instituciones seculares suelen quedarse muy lejos del ideal secular. La Francia medieval era un reino que se autoproclamó cristiano, pero hizo incursiones en todo tipo de actividades no muy cristianas (y si no, que se lo pregunten al campesinado oprimido). La Francia moderna es un Estado que se autoproclamó laico, pero desde los días de Robespierre se ha tomado algunas libertades preocupantes respecto a la definición misma de libertad (y si no, que se lo pregunten a las mujeres). Esto no significa que las personas laicas (en Francia o en algún otro lugar) carezcan de una brújula moral o de compromiso ético. Simplemente significa que no es fácil vivir a la altura de un ideal.

EL IDEAL LAICO

¿Qué es, pues, el ideal laico? El compromiso secular más importante es con la VERDAD, que se basa en la observación y la evidencia y no en la simple fe. Los seglares se esfuerzan para no confundir verdad con fe. Si tenemos una gran fe en algún relato, esto puede decirnos muchísimas cosas interesantes sobre nuestra psicología, sobre nuestra infancia y sobre nuestra estructura cerebral, pero no demuestra que el relato sea cierto. (A menudo se necesita una gran fe justo cuando el relato no es cierto.)

Además, los seglares no santifican ningún grupo, a ninguna persona ni ningún libro como si ellos, y solo ellos, fueran los únicos custodios de la verdad. En lugar de eso, las personas laicas santifican la verdad allá donde pueda revelarse: en antiguos huesos fosilizados, en imágenes de lejanas galaxias, en tablas de datos estadísticos o en los escritos de las diversas tradiciones humanas. Este compromiso con la verdad está en la base de la ciencia moderna, que ha permitido a la humanidad desintegrar el átomo, descifrar el genoma, seguir la huella de la evolución de la vida y comprender la historia de la humanidad misma.

El otro compromiso fundamental de las personas laicas es con la COMPASIÓN. La ética laica se basa no en la obediencia de los edictos de este o aquel dios, sino en una profunda comprensión del sufrimiento. Por ejemplo, la gente secular se abstiene del homicidio no porque algún libro antiguo lo prohíba, sino porque matar inflige un sufrimiento inmenso a seres conscientes. Hay algo hondamente preocupante y peligroso en las personas que evitan matar solo porque «Dios así lo dice». Estas personas que están motivadas por la obediencia, no por la compasión, ¿qué harán si acaban creyendo que su Dios les ordena matar a herejes, a brujas, a adúlteros o a extranjeros?

Desde luego, en ausencia de mandamientos divinos absolutos la ética secular se enfrenta a veces a dilemas difíciles. ¿Qué ocurre cuando la misma acción daña a una persona pero ayuda a otra? ¿Es ético gravar con impuestos elevados a los ricos con el fin de ayudar a los pobres? ¿Emprender una guerra sangrienta para derrocar a un dictador brutal? ¿Permitir la entrada de un número ilimitado de refugiados en nuestro país? Cuando las personas laicas se enfrentan a este tipo de dilemas, no preguntan: «¿Qué es lo que Dios ordena?». En cambio, sopesan con cuidado los sentimientos de todas las partes concernidas, analizan una amplia gama de observaciones y posibilidades, y buscan una vía intermedia que cause tan poco daño como sea posible.

Considérense, por ejemplo, las actitudes en relación con la sexualidad. ¿Cómo deciden las personas laicas si respaldar u oponerse a la violación, a la homosexualidad, a la bestialidad y al incesto? Analizando los sentimientos. La violación es obviamente inmoral, no porque vulnere algún mandamiento divino, sino porque hace daño a personas. En cambio, una relación de amor entre dos hombres no daña a nadie, de modo que no hay razón para prohibirla.

¿Y qué hay de la bestialidad? He participado en numerosos debates privados y públicos sobre el matrimonio gay, y con demasiada frecuencia algún listillo pregunta: «Si el matrimonio entre dos hombres está bien, ¿por qué no permitir el matrimonio entre un hombre y una cabra?». Desde una perspectiva seglar, la respuesta es evidente. Las relaciones saludables requieren profundidad emocional, intelectual e incluso espiritual. Un matrimonio que carezca de esta profundidad hará que estemos frustrados, solos y atrofiados psicológicamente. Mientras que dos hombres pueden satisfacer sin duda las necesidades emocionales, intelectuales y espirituales mutuas, una relación con una cabra no puede. De modo que si se considera que el matrimonio es una institución dirigida a promover el bienestar humano, como hacen las personas laicas, ni se nos ocurriría plantear esta extraña pregunta. Solo las personas que ven el matrimonio como una especie de ritual milagroso podrían formularla.

Y entonces ¿qué hay de las relaciones entre un padre y su hija? Ambos son humanos, de manera que ¿qué hay de malo en ello? Bueno, numerosos estudios psicológicos han demostrado que tales relaciones causan un daño inmenso y por lo general irreparable en la chica. Además, reflejan e intensifican las tendencias destructivas en el progenitor. La evolución ha modelado la psique de los sapiens de tal forma que los vínculos románticos no se mezclan bien con los parentales. Por tanto, no es necesario acudir a Dios o a la Biblia para oponerse al incesto; solo hay que leer los estudios psicológicos relevantes.[1]

Esta es la razón profunda de por qué las personas laicas aprecian la verdad científica: no con el fin de satisfacer su curiosidad, sino para saber cuál es la mejor manera de reducir el sufrimiento en el mundo. Sin la guía de los estudios científicos, nuestra compasión suele ser ciega.

Los compromisos hermanados con la verdad y la compasión resultan también en un compromiso con la IGUALDAD. Aunque las opiniones difieren en lo que concierne a cuestiones de igualdad económica y política, las personas laicas sospechan en esencia de todas las jerarquías apriorísticas. El sufrimiento es el sufrimiento, da igual quién lo padezca; y el saber es el saber, con independencia de quién lo descubra. Es probable que dar un trato de favor a las experiencias o los descubrimientos de una nación, una clase o un género concretos nos haga insensibles e ignorantes. Las personas seglares están sin duda orgullosas del carácter único de su nación, su país y su cultura concretos, pero no confunden «carácter único» con «superioridad». De ahí que, aunque los laicos reconocen sus deberes especiales hacia su nación y su país, no piensan que sean exclusivos, y al mismo tiempo reconocen sus deberes hacia la humanidad como un todo.

No podemos buscar la verdad y la manera de acabar con el sufrimiento sin la LIBERTAD de pensar, investigar y experimentar. De ahí que las personas laicas aprecien la libertad y eviten conceder autoridad suprema a ningún texto, institución o líder como jueces últimos de lo que es verdad y lo que está bien. Los humanos deberían conservar siempre la libertad de dudar, de volver a comprobar, de escuchar una segunda opinión, de escoger un camino distinto. Los laicos admiran a Galileo Galilei, que se atrevió a poner en cuestión que la Tierra se hallara en verdad inmóvil en el centro del universo; admiran a las masas de personas de a pie que asaltaron la Bastilla en 1789 y derrocaron el régimen despótico de Luis XVI, y admiran a Rosa Parks, que tuvo la valentía de sentarse en un asiento de autobús reservado únicamente a pasajeros blancos.

Se requiere mucha VALENTÍA para luchar contra los prejuicios y los regímenes opresivos, pero todavía se necesita más para admitir que no sabemos y aventurarnos en lo desconocido. La educación laica nos enseña que si ignoramos algo, no deberíamos tener miedo de reconocerlo ni de buscar nueva información. Incluso si creemos que sabemos algo, no deberíamos tener miedo de dudar de nuestras opiniones y de volver a comprobarlo. Muchas personas temen lo desconocido y quieren respuestas claras para cada pregunta. El miedo a lo desconocido puede paralizarnos más que cualquier tirano. A lo largo de la historia, a la gente le ha preocupado el hecho de que si no depositábamos toda nuestra fe en algún conjunto de respuestas absolutas, la sociedad humana se desmoronaría. En realidad, la historia moderna ha demostrado que una sociedad de individuos valientes dispuestos a admitir la ignorancia y a plantear preguntas difíciles suele ser no solo más próspera, sino también más pacífica que las sociedades en que todos deben aceptar sin cuestionarla una única respuesta. Las personas que temen perder su verdad tienden a mostrarse más violentas que las personas que están acostumbradas a considerar el mundo desde distintos puntos de vista. Las cuestiones a las que no podemos responder suelen ser mucho mejores para nosotros que las respuestas que no podemos cuestionar.

Por último, las personas laicas valoran la RESPONSABILIDAD. No creen en ningún poder superior que se encargue del mundo, castigue a los malos, recompense a los justos y nos proteja del hambre, la peste o la guerra. De ahí que nosotros, mortales de carne y hueso, hemos de aceptar la responsabilidad por lo que sea que hagamos o no hagamos. Si el mundo está lleno de desgracia, es nuestro deber encontrar soluciones. Los laicos se enorgullecen de los inmensos logros de las sociedades modernas, como los de curar epidemias, dar de comer a los hambrientos y llevar la paz a grandes regiones del mundo. No necesitamos atribuir a ningún protector divino estos logros: son el resultado de humanos que desarrollaron su propio saber y compasión. Pero, justo por la misma razón, debemos aceptar toda la responsabilidad por los crímenes y fracasos de la modernidad, desde los genocidios hasta la degradación ecológica. En lugar de rezar para que ocurran milagros, necesitamos preguntar qué podemos hacer nosotros para ayudar.

Estos son los principales valores del mundo laico. Como ya se ha indicado, ninguno de dichos valores es en exclusiva secular. Los judíos también valoran la verdad, los cristianos valoran la compasión, los musulmanes valoran la igualdad, los hindúes valoran la responsabilidad, etcétera. Las sociedades e instituciones laicas se complacen en reconocer estos vínculos y en recibir con los brazos abiertos a judíos, a cristianos, a musulmanes y a hindúes religiosos, siempre que cuando el código laico entre en conflicto con la doctrina religiosa, esta última ceda el paso. Por ejemplo, para ser aceptados en la sociedad laica, se espera que los judíos ortodoxos traten a los no judíos como sus iguales, que los cristianos eviten quemar a los herejes en la hoguera, que los musulmanes respeten la libertad de expresión y que los hindúes renuncien a la discriminación basada en las castas.

En cambio, no se espera que las personas religiosas renieguen de Dios ni abandonen sus ritos y rituales tradicionales. El mundo seglar juzga a la gente según su comportamiento y no sus vestidos ni ceremonias favoritos. Una persona puede seguir el código de vestir sectario más estrafalario y practicar las más extrañas ceremonias religiosas, pero comportarse mostrando un profundo compromiso hacia los valores laicos fundamentales. Hay muchísimos científicos judíos, ambientalistas cristianos, musulmanes feministas e hindúes activistas por los derechos humanos. Si son leales a la verdad científica, a la compasión, a la igualdad y a la libertad, son miembros de pleno derecho del mundo laico, y no hay en absoluto ninguna razón para pedirles que se quiten sus marmullas, sus cruces, sus hiyabs o sus tilakas.

Por razones parecidas, la educación laica no significa un adoctrinamiento negativo que enseñe a los niños a no creer en Dios y a no participar en ninguna ceremonia religiosa. Más bien, la educación laica enseña a los niños a distinguir la verdad de las creencias, a desarrollar la compasión hacia todos los seres que sufren, a apreciar la sabiduría y las experiencias de todos los moradores de la Tierra, a pensar libremente sin temer lo desconocido, y a ser responsable de sus actos y del mundo en su conjunto.

¿Era laico Stalin?

Por tanto, no tiene ningún fundamento criticar el laicismo por carecer de compromisos éticos o de responsabilidades sociales. En realidad, el principal problema del laicismo es justo el contrario: probablemente coloque demasiado alto el listón ético. La mayoría de la gente no puede estar a la altura de un código tan exigente, y las sociedades grandes no pueden ser gobernadas sobre la base de la búsqueda abierta de la verdad y la compasión. En especial en épocas de emergencia (como la guerra o una crisis económica), las sociedades han de actuar rápida y enérgicamente, incluso si no están seguras de cuál es la verdad y cuál es la acción más compasiva que puede emprenderse. Necesitan guías claras, consignas pegadizas y gritos de batalla inspiradores. Dado que es difícil enviar soldados a la batalla o imponer reformas económicas radicales en el nombre de conjeturas dudosas, los movimientos laicos mutan de forma repetida en credos dogmáticos.

Karl Marx, por ejemplo, empezó afirmando que todas las religiones eran engaños opresivos, y animó a sus seguidores a investigar por sí mismos la verdadera naturaleza del orden global. En las décadas que siguieron, las presiones de la revolución y la guerra endurecieron el marxismo, y en la época de Stalin la línea oficial del Partido Comunista soviético establecía que el orden global era demasiado complicado para que la gente de a pie lo comprendiera, de manera que siempre era mejor confiar en la sabiduría del partido y hacer cuanto este dijera, aunque dispusiera el encarcelamiento y el exterminio de decenas de millones de personas inocentes. Puede parecer espantoso pero, como los ideólogos del partido no se cansaban nunca de explicar, la revolución no es un pícnic, y para hacer una tortilla es necesario romper algunos huevos.

Que se considere o no a Stalin un líder laico o secular depende, por tanto, de cómo definimos el secularismo. Si empleamos la definición negativa minimalista («La gente laica no cree en Dios»), entonces Stalin era sin duda laico. Si empleamos una definición positiva («Las personas laicas rechazan todos los dogmas acientíficos y están comprometidas con la verdad, la compasión y la libertad»), entonces Marx era una luminaria secular, pero Stalin no lo era en absoluto. Era el profeta de la religión sin dios, pero totalmente dogmática, del estalinismo.

El estalinismo no es un caso aislado. En el otro extremo del espectro político, también el capitalismo empezó como una teoría científica muy amplia de miras, pero poco a poco se consolidó como un dogma. Muchos capitalistas siguen repitiendo el mantra de los mercados libres y del crecimiento económico, con independencia de las realidades sobre el terreno. Da igual las consecuencias espantosas que resulten ocasionalmente de la modernización, la industrialización o la privatización: los verdaderos creyentes en el capitalismo las rechazan como simples «dolores de crecimiento», y prometen que todo irá muy bien con un poco más de crecimiento.

Los demócratas liberales comunes y corrientes han sido más leales a la búsqueda laica de la verdad y la compasión, pero incluso ellos la abandonan a veces en favor de dogmas reconfortantes. Así, cuando se enfrentan al desorden de las dictaduras brutales y los estados fallidos, los liberales suelen poner su fe indiscutible en el ritual estupendo de las elecciones generales. Luchan en guerras y gastan miles de millones en lugares como Irak, Afganistán y el Congo con el firme convencimiento de que celebrar elecciones generales transformará por arte de magia esos sitios en versiones más soleadas de Dinamarca. Y eso a pesar de los repetidos fracasos, y a pesar del hecho de que incluso en lugares con una tradición establecida de elecciones generales tales rituales llevan ocasionalmente al poder a populistas autoritarios, y dan lugar a algo tan nefasto como dictaduras de la mayoría. Si intentamos cuestionar la supuesta sabiduría de las elecciones generales, no se nos enviará al gulag, pero es probable que recibamos una ducha muy fría de insultos dogmáticos.

Desde luego, no todos los dogmas son igual de dañinos. De la misma manera que algunas creencias religiosas han beneficiado a la humanidad, también lo han hecho algunos dogmas laicos. Esto es sobre todo cierto en la doctrina de los derechos humanos. El único lugar en que existen los derechos son los relatos que los humanos inventan y se cuentan unos a otros. Dichos relatos se consagraron como un dogma obvio durante la lucha contra el fanatismo religioso y los gobiernos autocráticos. Aunque no es cierto que los humanos posean un derecho natural a la vida o a la libertad, la fe en este relato refrenó el poder de regímenes autoritarios, protegió de daños a las minorías y amparó a millones de personas de las peores consecuencias de la pobreza y la violencia. Por tanto, quizá contribuyera más a la felicidad y al bienestar de la humanidad que cualquier otra doctrina en la historia.

Pero sigue siendo un dogma. Así, el artículo 19 de la Declaración de los Derechos Humanos de las Naciones Unidas reza: «Todo individuo tiene derecho a la libertad de opinión y de expresión». Si lo entendemos como una demanda política («Todo individuo debería tener derecho a la libertad de opinión»), esto es muy sensato. Pero si creemos que todos y cada uno de los sapiens están dotados naturalmente de un «derecho a la libertad de opinión» y que por tanto la censura viola alguna ley de la naturaleza, no entendemos la verdad de la humanidad. Mientras nos definamos como «un individuo que posee derechos naturales inalienables», no sabremos quiénes somos en realidad y no entenderemos las fuerzas naturales que modelaron nuestra sociedad y nuestra propia mente (incluida nuestra creencia en los «derechos naturales»).

Dicha ignorancia quizá tenía poca importancia en el siglo XX, cuando la gente estaba atareada luchando contra Hitler y Stalin. Pero podría resultar fatal en el siglo XXI, porque ahora la biotecnología y la inteligencia artificial tratan de cambiar el significado mismo de la humanidad. Si estamos comprometidos con el derecho a la vida, ¿acaso implica esto que deberíamos emplear la biotecnología para vencer la muerte? Si estamos comprometidos con el derecho a la libertad, ¿deberíamos empoderar algoritmos que descifren y cumplan nuestros deseos ocultos? Si todos los humanos gozan de derechos humanos iguales, ¿los superhumanos gozarán entonces de superderechos? A las personas laicas les costará enfrentarse a tales preguntas mientras estén comprometidas con una fe dogmática en los «derechos humanos».

El dogma de los derechos humanos se modeló en siglos anteriores como un arma contra la Inquisición, el *ancien régime*, los nazis y el KKK. No está en absoluto preparado para tratar con superhumanos, cíborgs y ordenadores superinteligentes. Aunque los movimientos de derechos humanos han desarrollado un arsenal de argumentos y defensas muy impresionante contra los prejuicios religiosos y los tiranos humanos, este arsenal apenas nos protege de los excesos consumistas y las utopías tecnológicas.

RECONOCER LA SOMBRA

El laicismo no debe equipararse con el dogmatismo estalinista ni con los frutos amargos del imperialismo occidental y la industrialización desenfrenada. Pero tampoco puede eludir toda la responsabilidad respecto a estos. Los movimientos seculares y las instituciones científicas han hipnotizado a miles de millones de personas con promesas de perfeccionar a la humanidad y de utilizar la munificencia del planeta para beneficio de nuestra especie. Tales promesas han generado no solo plagas y hambrunas abrumadoras, sino también gulags y la fusión de los casquetes polares. Se podría argüir que todo eso es culpa de que la gente no entiende y distorsiona los ideales laicos fundamentales y los hechos ciertos de la ciencia. Y se tendría razón. Pero este es un problema común de todos los movimientos influyentes.

Por ejemplo, el cristianismo ha sido responsable de grandes crímenes como la Inquisición, las cruzadas, la opresión de culturas nativas en todo el mundo y el despoderamiento de las mujeres. Un cristiano podría ofenderse al oírlo y replicar que todos esos crímenes fueron el resultado de una interpretación totalmente equivocada del cristianismo. Jesús predicó solo el amor, y la Inquisición se basaba en una terrible distorsión de sus enseñanzas. Podemos comprender esta afirmación, pero sería un error dejar que el cristianismo quedara impune tan fácilmente. Los cristianos horrorizados por la Inquisición y las cruzadas no pueden lavarse las manos ante tales atrocidades; en cambio, deberían plantearse algunas preguntas muy duras. ¿De qué manera, exactamente, su «religión del amor» permitió que fuera distorsionada de tal modo, y no una vez, sino muchas? A los protestantes que intenten culpar de todo ello al fanatismo de los católicos se les puede recomendar que lean algún libro sobre el comportamiento de los colonos protestantes en Irlanda o Norteamérica. De manera similar, los marxistas pueden preguntarse qué había en los textos de Marx que allanó el camino hasta el gulag, los científicos deben considerar de qué modo el proyecto científico se prestó a desestabilizar el ecosistema global y los genetistas en particular deberían tomar nota de cómo los nazis secuestraron las teorías darwinistas.

Toda religión, toda ideología y toda fe tienen su sombra, y con independencia del credo que sigamos hemos de reconocer nuestra sombra y evitar el ingenuo consuelo de que «esto no puede pasarnos a nosotros». La ciencia laica cuenta al menos con una gran ventaja respecto a la mayoría de las religiones tradicionales: no le aterroriza su sombra, y en principio está dispuesta a admitir sus errores y sus puntos ciegos. Si uno cree en una verdad absoluta revelada por un poder trascendente, no puede permitirse admitir ningún error, porque eso anularía todo su relato. Pero si uno cree en una búsqueda de la verdad por parte de humanos falibles, admitir meteduras de pata es parte inherente del juego.

Esta es también la razón por la que los movimientos seculares no dogmáticos suelen hacer promesas bastante modestas. Conscientes de su imperfección, esperan generar pequeños cambios progresivos, aumentando el salario mínimo unos pocos dólares o reduciendo la mortalidad infantil en unos pocos puntos porcentuales. La marca de las ideologías dogmáticas es que debido a su excesiva confianza en sí mismas prometen lo imposible de forma rutinaria. Sus líderes hablan con demasiada libertad de «eternidad», «pureza» y «redención», como si al promulgar una determinada ley, construir un templo concreto o conquistar algún pedazo de territorio pudieran salvar a todo el mundo en un gesto grandioso.

A la hora de tomar las decisiones más importantes en la historia de la vida, yo personalmente confiaría más en quienes admitan su ignorancia que en los que proclamen su infalibilidad. Si alguien quiere que su religión, su ideología o su visión de la vida guíen el mundo, la primera pregunta que le haría sería: «¿Cuál es el mayor error que tu religión, tu ideología o tu visión de la vida ha cometido? ¿En qué se equivocaron?». Si no es capaz de contestarme algo serio, yo, al menos, no confiaría en él.

Parte IV

Verdad

Si el lector se siente abrumado y confundido por la situación global, se halla en la senda adecuada. Los procesos globales se han hecho demasiado complejos para que una persona pueda comprenderlos por sí sola. ¿De qué manera, entonces, podemos saber la verdad acerca del mundo y evitar caer víctimas de la propaganda y la desinformación?

15

Ignorancia

Sabes menos de lo que crees

En los capítulos anteriores se ha pasado revista a algunos de los problemas y las novedades más importantes de la era actual, desde la amenaza exageradamente publicitada del terrorismo hasta la amenaza muy poco apreciada de la disrupción tecnológica. Si el lector se ha quedado con la sensación inquietante de que esto es demasiado y de que no puede procesarlo todo, tiene sin duda toda la razón. Ninguna persona puede.

En los últimos siglos, el pensamiento liberal desarrolló una confianza inmensa en el individuo racional. Representó a los humanos como agentes racionales independientes, y ha convertido a estas criaturas míticas en la base de la sociedad moderna. La democracia se fundamenta en la idea de que el votante es quien mejor lo sabe, el capitalismo de mercado libre cree que el cliente siempre tiene la razón y la educación liberal enseña a los estudiantes a pensar por sí mismos.

Sin embargo, es un error depositar tanta confianza en el individuo racional. Los pensadores poscoloniales y feministas han señalado que este «individuo racional» podría muy bien ser una fantasía occidental chovinista, que ensalza la autonomía y el poder de los hombres blancos de clase alta. Como ya se ha señalado, los expertos en economía conductual y los psicólogos evolutivos han demostrado que la mayoría de las decisiones humanas se basan en reacciones emocionales y atajos heurísticos más que en análisis racionales, y que mientras que nuestras emociones y heurística quizá fueran adecuadas para afrontar la vida en la Edad de Piedra, resultan tristemente inadecuadas en la Edad del Silicio.

No solo la racionalidad es un mito: también lo es la individualidad. Los humanos rara vez piensan por sí mismos. Más bien piensan en grupos. De la misma manera que hace falta una tribu para criar a un niño, también es necesaria una tribu para inventar un utensilio, resolver un conflicto o curar una enfermedad. Ningún individuo sabe todo lo necesario para construir una catedral, una bomba atómica o un avión. Lo que confirió a *Homo sapiens* una ventaja sobre los demás animales y nos convirtió en los amos del planeta no fue nuestra racionalidad individual, sino nuestra capacidad sin parangón de pensar de manera conjunta en grupos numerosos.[1]

De forma individual, los humanos saben vergonzosamente poco acerca del mundo, y a medida que la historia avanza, cada vez saben menos. Un cazador-recolector de la Edad de Piedra sabía cómo confeccionar sus propios vestidos, cómo prender un fuego, cómo cazar conejos y cómo escapar de los leones. Creemos que en la actualidad sabemos muchísimo más, pero como individuos en realidad sabemos muchísimo menos. Nos basamos en la pericia de otros para casi todas nuestras necesidades. En un experimento humillante, se pidió a varias personas que evaluaran cuánto conocían sobre el funcionamiento de una cremallera corriente. La mayoría contestó con absoluta confianza que lo sabían todo al respecto; a fin de cuentas, utilizaban cremalleras a diario. Después se les pidió que describieran con el mayor detalle posible todos los pasos que implican el mecanismo y el uso de la cremallera. La mayoría no tenían ni idea.[2] Esto es lo que Steven Sloman y Philip Fernbach han denominado «la ilusión del conocimiento». Creemos que sabemos muchas cosas, aunque individualmente sabemos muy poco, porque tratamos el conocimiento que se halla en la mente de los demás como si fuera propio.

Esto no tiene por qué ser malo. Nuestra dependencia del pensamiento de grupo nos ha hecho los amos del mundo, y la ilusión del conocimiento nos permite pasar por la vida sin que sucumbamos a un esfuerzo imposible para comprenderlo todo por nosotros mismos. Desde una perspectiva evolutiva, confiar en el saber de otros ha funcionado muy bien para *Homo sapiens*.

Sin embargo, como otras muchas características humanas que tenían sentido en épocas pasadas pero que en cambio causan problemas en la época moderna, la ilusión del conocimiento tiene su aspecto negativo. El mundo está volviéndose cada vez más complejo, y la gente no se da cuenta de lo poco que sabe sobre lo que está ocurriendo. En consecuencia, personas que apenas tienen conocimientos de meteorología o biología proponen no obstante políticas relacionadas con el cambio climático y la modificación genética de las plantas, mientras que otras tienen ideas muy claras acerca de lo debería hacerse en Irak o Ucrania, aunque sean incapaces de situar estos países en un mapa. La gente rara vez se es consciente de su ignorancia, porque se encierran en una sala insonorizada de amigos que albergan ideas parecidas y de noticias que se confirman a sí mismas, donde sus creencias se ven reforzadas sin cesar y en pocas ocasiones se cuestionan.[3]

Es improbable que proporcionar más y mejor información a la gente mejore las cosas. Los científicos esperan disipar las concepciones erróneas mediante una educación científica mejor, y los especialistas confían en influir en la opinión pública en temas como el Obamacare y el calentamiento global presentando a la gente hechos precisos e informes de expertos. Tales esperanzas se basan en una idea equivocada de cómo piensan en realidad los humanos. La mayor parte de nuestras ideas están modeladas por el pensamiento grupal y no por la racionalidad individual, y nos mantenemos firmes en estas ideas debido a la lealtad de grupo. Es probable que bombardear a la gente con hechos y mostrar su ignorancia individual resulte contraproducente. A la mayoría de las personas no les gustan demasiado los hechos y tampoco parecer estúpidas. No estemos tan seguros de poder convencer a los partidarios del Tea Party de la verdad del calentamiento global enseñándoles páginas y más páginas de datos estadísticos.[4]

El poder del pensamiento grupal está tan generalizado que resulta difícil romper su preponderancia, aunque las ideas parezcan ser bastante arbitrarias. Así, en Estados Unidos los conservadores de derechas suelen preocuparse mucho menos de cosas como la contaminación y las especies amenazadas que los progresistas de izquierdas, razón por la cual Luisiana tiene normativas ambientales mucho más permisivas que Massachusetts. Estamos acostumbrados a esta situación, de modo que la damos por sentada, pero en realidad es muy sorprendente. Cabría esperar que los conservadores se preocuparan mucho más por la conservación del antiguo orden ecológico y por proteger sus tierras ancestrales, sus bosques y ríos. En cambio, cabría esperar que los progresistas estuvieran más abiertos a los cambios radicales en el campo, en especial si el objetivo es acelerar el progreso y aumentar el nivel de vida de las personas. Sin embargo, una vez que la línea del partido se ha fijado sobre estas cuestiones mediante diversas particularidades históricas, para los conservadores se ha vuelto algo de lo más natural rechazar la preocupación por los ríos contaminados y las aves en peligro de extinción, mientras que los progresistas de izquierdas suelen mostrarse temerosos ante cualquier alteración del antiguo orden ecológico.[5]

Ni siquiera los científicos son inmunes al poder de pensar en grupo. Así, los científicos que creen que los hechos pueden hacer cambiar la opinión pública tal vez sean víctimas del pensamiento científico grupal. La comunidad científica cree en la eficacia de los hechos; de ahí que los leales a dicha comunidad continúen pensando que pueden ganar los debates públicos lanzando a diestro y siniestro los hechos adecuados, a pesar de que hay gran evidencia empírica de lo contrario.

De forma parecida, puede que la creencia liberal en la racionalidad individual también sea producto del pensamiento liberal en grupo. En uno de los momentos culminantes de *La vida de Brian*, de los Monty Python, una enorme muchedumbre de seguidores ilusos confunden a Brian con el Mesías. Brian les dice a sus discípulos: «¡No es necesario que me sigáis, no es necesario que sigáis a nadie! ¡Tenéis que pensar por vosotros mismos! ¡Todos sois individuos! ¡Todos sois diferentes!». La muchedumbre entusiasta canta entonces al unísono: «¡Sí! ¡Todos somos individuos! ¡Sí, todos somos diferentes!». Los Monty Python parodiaban la ortodoxia contracultural de la década de 1960, pero la afirmación puede aplicarse igualmente al individualismo racional en general. Las democracias modernas están llenas de muchedumbres que gritan al unísono: «¡Sí, el votante es quien mejor lo sabe! ¡Sí, el cliente siempre tiene la razón!».

EL AGUJERO NEGRO DEL PODER

El problema del pensamiento de grupo y de la ignorancia individual afecta no solo a los votantes y clientes comunes, sino también a presidentes y directores generales. Puede que tengan a su disposición gran cantidad de asesores y vastos servicios de inteligencia, pero no por eso las cosas son necesariamente mejores. Es muy difícil descubrir la verdad cuando se gobierna el mundo. Se está demasiado atareado. La mayoría de los dirigentes políticos y de magnates de los negocios se pasan la vida trajinando. Pero para profundizar en cualquier tema se necesita mucho tiempo, y en particular el privilegio de perder el tiempo. Es necesario experimentar con caminos improductivos, probar con callejones sin salida, dejar espacio a las dudas y al aburrimiento, y permitir que pequeñas semillas de perspicacia crezcan lentamente y florezcan. Si no podemos permitirnos perder tiempo, nunca daremos con la verdad.

Y lo que es aún peor: el poder grande distorsiona inevitablemente la verdad. El poder se dedica a cambiar la realidad en lugar de verla como es. Cuando tenemos un martillo en la mano, todo parece un clavo; y cuando tenemos un gran poder en la mano, todo parece una invitación a inmiscuirse. Incluso si de alguna manera superamos esta ansia, la gente que nos rodea nunca olvidará el martillo gigante que enarbolamos. Todos los que hablen con nosotros tendrán motivaciones secretas conscientes o inconscientes, de modo que nunca podremos confiar por completo en lo que dicen. Ningún sultán puede confiar nunca en que sus cortesanos y subordinados le digan la verdad.

Así, el gran poder actúa como un agujero negro que deforma el espacio que lo rodea. Cuanto más nos acercamos, más retorcido se torna todo. Cada palabra lleva una carga adicional cuando penetra en nuestra órbita, y cada persona que vemos intenta adularnos, calmarnos u obtener algo de nosotros. Saben que no podemos dedicarles más de un minuto o dos, y temen decir algo impropio o confuso, de modo que terminan soltando consignas hueras o los mayores tópicos posibles.

Hace un par de años fui invitado a cenar con el primer ministro israelí, Benjamin Netanyahu. Unos amigos me aconsejaron no acudir, pero no pude resistir la tentación. Pensé que por fin podría escuchar algunos grandes secretos que solo se transmiten a oídos importantes tras las puertas cerradas. ¡Qué desengaño! Había allí unas treinta personas, y cada una intentaba atraer la atención del Gran Hombre, impresionarlo con su ingenio, ganarse su favor o conseguir algo de él. Si algunos de los que estaban en la cena sabían de un gran secreto, hicieron un esfuerzo ímprobo por guardarlo para sí. Eso no era culpa de Netanyahu, ni de ninguno de los demás. Era culpa de la atracción gravitatoria del poder.

Si realmente queremos la verdad, es necesario escapar del agujero negro del poder y permitirnos la pérdida de mucho tiempo vagando por aquí y por allá en la periferia. El saber revolucionario rara vez llega hasta el centro, porque el centro está construido sobre un conocimiento ya existente. Los guardianes del antiguo orden suelen determinar quién consigue alcanzar los centros del poder y tienden a filtrar a los portadores de ideas no convencionales y perturbadoras. Desde luego, también filtran gran cantidad de basura. No ser invitado al Fórum Económico Mundial de Davos no es garantía de sabiduría. Por ello debemos invertir tanto tiempo en la periferia: quizá los guardianes del antiguo orden tengan algunas ideas brillantes y revolucionarias, pero sobre todo están llenos de conjeturas infundadas, modelos desacreditados, dogmas supersticiosos y ridículas teorías conspiratorias.

Así, los dirigentes se hallan atrapados por partida doble. Si permanecen en el centro del poder, su visión del mundo estará muy distorsionada. Si se aventuran hacia los márgenes, gastarán mucho de su preciado tiempo. Y el problema no hará más que empeorar. En las décadas venideras, el mundo se volverá más complejo aún de lo que es hoy en día. En consecuencia, los humanos (ya sean peones o reyes) sabrán menos todavía de los artilugios tecnológicos, de las corrientes económicas y de las dinámicas políticas que modelan el mundo. Como observó Sócrates hace más de dos mil años, lo mejor que podemos hacer en tales condiciones es reconocer nuestra propia ignorancia individual.

Pero ¿qué ocurre entonces con la moral y la justicia? Si no podemos entender el mundo, ¿cómo confiar en distinguir entre lo que está bien y lo que está mal, entre la justicia y la injusticia?

16

Justicia

Nuestro sentido de la justicia podría estar anticuado

Como todos nuestros demás sentidos, el de la justicia también tiene antiguas raíces evolutivas. La moral humana se formó a lo largo de millones de años de evolución, adaptándose para tratar con los dilemas sociales y éticos que surgieron en la vida de las pequeñas bandas de cazadores-recolectores. Si me fui a cazar contigo y maté un ciervo mientras que tú no capturaste nada, ¿he de compartir mi botín contigo? Si fuiste a recoger setas y volviste con la cesta llena, ¿el hecho de que yo sea más fuerte que tú me permite arrebatarte todas las setas y quedármelas? Y si sé que estás tramando matarme, ¿está bien que actúe de manera preventiva y te degüelle en plena noche?[1]

A primera vista, las cosas no han cambiado mucho desde que abandonamos la sabana africana para ir a la jungla urbana. Podría pensarse que las cuestiones a que nos enfrentamos en la actualidad (la guerra civil en Siria, la desigualdad y el calentamiento globales) no son más que las mismas de siempre, pero a gran escala. Sin embargo, esto es una ilusión. El tamaño importa, y desde el punto de vista de la justicia, como desde otros muchos puntos de vista, no estamos en absoluto adaptados al mundo en que vivimos.

El problema no es de valores. Ya sean laicos o religiosos, los ciudadanos del siglo XXI tienen muchísimos valores. El problema reside en implementar dichos valores en un mundo global complejo. Todo ello es culpa de los números. El sentido de la justicia de los recolectores estaba estructurado para enfrentarse a dilemas relacionados con la vida de unas pocas docenas de personas en un área de unas pocas docenas de kilómetros cuadrados. Cuando intentamos comprender las relaciones entre millones de personas a lo largo de continentes enteros, nuestro sentido moral queda abrumado.

La justicia exige no solo un conjunto de valores abstractos, sino también comprender las relaciones concretas de causa y efecto. Si has recolectado setas para alimentar a tus hijos y yo te arrebato ahora a la fuerza el cesto, lo que quiere decir que tu trabajo no ha servido de nada y que tus hijos se irán a dormir con hambre, eso es injusto. Es fácil entenderlo, porque es fácil ver la relación de causa y efecto. Por desgracia, una característica inherente a nuestro moderno mundo global es que sus relaciones causales están muy ramificadas y son muy complejas. Puedo vivir de manera pacífica en casa, sin levantar nunca un dedo para hacer daño a nadie, pero, según los activistas de izquierdas, soy cómplice de los males infligidos por los soldados israelíes y los colonos en Cisjordania. Según los socialistas, mi vida confortable se basa en el trabajo infantil en deplorables talleres clandestinos del Tercer Mundo. Los defensores de los derechos de los animales me recuerdan que mi vida está entretejida con uno de los crímenes más abominables de la historia: la subyugación de miles de millones de animales de granja a un brutal régimen de explotación.

¿Soy en verdad culpable de todo esto? No es fácil decirlo. Dado que dependo para mi existencia de una red alucinante de lazos económicos y políticos, y dado que las conexiones causales globales están tan enredadas, me cuesta responder incluso a las preguntas más sencillas, como de dónde viene mi almuerzo, quién elaboró los zapatos que llevo y qué está haciendo mi fondo de pensiones con mi dinero.[2]

ROBAR RÍOS

Una cazadora-recolectora primitiva sabía muy bien de dónde procedía su almuerzo (lo recolectaba ella misma), quién elaboraba sus mocasines (quien los elaboraba dormía a veinte metros de ella) y qué hacía su fondo de pensiones (estaba jugando en el barro: por aquel entonces, la gente solo tenía un fondo de pensiones, que se llamaba «niños»). Soy mucho más ignorante que la cazadora-recolectora. Tras años de investigación, podría descubrirse que el gobierno al que voté está vendiendo en secreto armas a un turbio dictador en la otra punta del planeta. Pero durante el tiempo que me llevara descubrir esto, podría perderme descubrimientos más importantes, como la suerte de las gallinas cuyos huevos cené.

El sistema está estructurado de tal modo que quienes no hacen ningún esfuerzo para saber pueden vivir en una dichosa ignorancia y a los que sí lo hacen les costará mucho descubrir la verdad. ¿Cómo no robar cuando el sistema económico global está robando sin cesar en mi nombre y sin que yo lo sepa? No importa si se juzgan los actos por sus consecuencias (está mal robar porque hace desgraciadas a las víctimas del robo) o si creemos en deberes categóricos que hay que respetar con independencia de las consecuencias (está mal robar porque Dios así lo dijo). El problema es que se ha vuelto complicadísimo entender qué es lo que en realidad hacemos.

El mandamiento de no robar se formuló en los días en que robar significaba tomar físicamente con nuestra propia mano algo que no nos pertenecía. Pero hoy en día, los argumentos en verdad importantes acerca del robo se refieren a situaciones de todo punto diferentes. Supongamos que invierto 10.000 dólares en acciones de una gran empresa petroquímica, que me proporciona unos intereses anuales del 5 por ciento de mi inversión. La empresa obtiene muchos beneficios porque no paga por las externalidades. Vierte residuos tóxicos en un río cercano sin preocuparse por el daño que causa al sistema regional de abastecimiento de agua, a la salud pública o a la fauna local. Emplea sus riquezas para contratar a una legión de abogados que la protegen contra cualquier demanda por compensación. También mantiene a grupos de presión que bloquean todo intento de promulgar normativas ambientales más estrictas.

¿Podemos acusar a la empresa de «robar un río»? ¿Y qué ocurre conmigo, personalmente? Nunca he entrado en casa de nadie ni cogido billetes de dólar del bolso de nadie. No soy consciente de cómo genera sus beneficios esta empresa concreta. Apenas recuerdo que una parte de mi cartera de valores está invertida en ella. Así pues, ¿soy culpable de robo? ¿Cómo podemos actuar moralmente cuando no tenemos manera de conocer todos los hechos relevantes?

Podemos intentar eludir el problema adoptando una «moral de intenciones». Lo que es importante es lo que pretendo, no lo que hago en realidad o el resultado de lo que hago. Sin embargo, en un mundo donde todo está interconectado, el imperativo moral supremo se convierte en el imperativo de saber. Los mayores crímenes de la historia moderna fueron el resultado no solo del odio y la codicia, sino mucho más de la ignorancia y la indiferencia. Encantadoras damas inglesas financiaron el tráfico de esclavos en el Atlántico al comprar acciones y bonos en la Bolsa de Londres, sin haber puesto nunca un pie ni en África ni en el Caribe. Después endulzaban su té de las cuatro con blancos terrones de azúcar producidos en plantaciones infernales, de las que ellas nada sabían.

En Alemania, a finales de la década de 1930 el gerente de la oficina de Correos local podía ser un ciudadano honesto que se preocupara por el bienestar de sus empleados y que ayudara personalmente a personas angustiadas a encontrar paquetes extraviados. Siempre era el primero en llegar y el último en marcharse, e incluso cuando había neviscas se aseguraba de que el correo llegara a tiempo. ¡Qué lástima que su eficiente y acogedora oficina de Correos fuera una célula vital del sistema nervioso del Estado nazi! Enviaba propaganda racista, órdenes de reclutamiento para la Wehrmacht y órdenes severas a la rama local de la SS. Hay algo erróneo en las intenciones de aquellos que no hacen un esfuerzo sincero por saber.

Pero ¿qué es «un esfuerzo sincero por saber»? ¿Acaso los jefes de las oficinas de Correos de cada país tendrían que abrir el correo que entregan, y dimitir o rebelarse si descubren propaganda gubernamental? Es fácil mirar atrás, a la Alemania nazi de la década de 1930, con absoluta certeza moral, porque sabemos adónde condujo la cadena de causas y efectos. Pero sin el beneficio de la mirada retrospectiva, la certeza moral podría hallarse fuera de nuestro alcance. La amarga verdad es que el planeta se ha vuelto demasiado complicado para nuestro cerebro de cazadores-recolectores.

La mayoría de las injusticias en el mundo contemporáneo surgen de sesgos estructurales a gran escala más que de prejuicios individuales, y nuestro cerebro de cazadores-recolectores no ha evolucionado para detectar sesgos estructurales. Todos somos cómplices de al menos algunos de dichos sesgos, y simplemente no tenemos ni el tiempo ni la energía para descubrirlos todos. Escribiendo este libro aprendí esta lección en un plano personal. Cuando comento cuestiones globales, siempre corro el riesgo de favorecer el punto de vista de la élite global en detrimento de varios grupos desfavorecidos. La élite global domina la conversación, de modo que es imposible no conocer su punto de vista. Los grupos desfavorecidos, en cambio, son silenciados de manera rutinaria, lo que hace que sea fácil olvidarlos, no por malicia deliberada, sino por simple ignorancia.

Por ejemplo, no sé absolutamente nada de los puntos de vista únicos y de los problemas de los aborígenes tasmanos. En realidad, sé tan poco de ellos que en un libro anterior supuse que ya no existían, porque habían sido exterminados por los colonos europeos. De hecho, hay miles de personas vivas en la actualidad cuyo abolengo se remonta a la población original de Tasmania, y se enfrentan a muchos problemas únicos, uno de los cuales es que su existencia misma sea negada con frecuencia, en particular por académicos y estudiosos.

Aunque uno pertenezca a un grupo desfavorecido y, por tanto, posea un conocimiento profundo y de primera mano de su punto de vista, eso no significa que comprenda el punto de vista de otros grupos también desfavorecidos, porque cada grupo y subgrupo se enfrenta a un laberinto diferente de barreras laborales, dobles raseros, insultos codificados y discriminación institucional. Un afroamericano de treinta años cuenta con treinta años de experiencia de lo que supone ser un hombre afroamericano. Pero carece de toda experiencia de lo que significa ser una mujer afroamericana, un gitano búlgaro, un ruso ciego o una joven lesbiana china.

A lo largo de su vida, este hombre afroamericano ha sido repetidamente detenido y registrado por la policía sin razón aparente, algo que la lesbiana china nunca ha tenido que padecer. En cambio, haber nacido en una familia afroamericana en un barrio afroamericano significó que ha estado rodeado de gente como él que le enseñó lo que necesitaba saber para sobrevivir y prosperar como un hombre afroamericano. La lesbiana china no nació en una familia lesbiana de un barrio lesbiano, y quizá no haya tenido a nadie en el mundo que le enseñara sus lecciones fundamentales. Así que crecer como negro en Baltimore no facilita en absoluto comprender la lucha de crecer como lesbiana en Hangzhou.

En épocas anteriores esto importaba menos, porque raramente éramos responsables del sufrimiento de la gente situada en la otra punta del planeta. Por lo general, ya era bastante si hacíamos un esfuerzo para empatizar con nuestros vecinos menos afortunados. Pero hoy en día, los principales debates globales acerca de temas como el cambio climático y la inteligencia artificial tienen un impacto sobre todos, ya sea en Tasmania, Hangzhou o Baltimore, de modo que hemos de tener en cuenta todos los puntos de vista. Pero ¿cómo puede alguien lograrlo? ¿Cómo puede alguien entender la red de relaciones entre miles de grupos que se entrecruzan en todo el mundo?[3]

¿Reducir o negar?

Aunque de verdad lo deseemos, la mayoría ya no somos capaces de comprender los principales problemas morales del mundo. La gente puede entender las relaciones entre dos recolectores, entre veinte recolectores o entre dos clanes vecinos. Está mal preparada para comprender las relaciones entre varios millones de sirios, entre 500 millones de europeos o entre todos los grupos y subgrupos del planeta que interactúan.

Al intentar entender y juzgar los dilemas morales a esta escala, la gente suele recurrir a uno de cuatro métodos. El primero es minimizar la cuestión: comprender la guerra civil siria como si se diera entre dos recolectores; imaginar el régimen de Assad como una sola persona y a los rebeldes como otra, una mala y la otra buena. La complejidad histórica del conflicto es sustituida por una trama simple y clara.[4]

El segundo es centrarse en una historia humana conmovedora, que presumiblemente representa todo el conflicto. Cuando se intenta explicar la verdadera complejidad del conflicto mediante estadísticas y datos precisos, la gente se pierde; pero un relato personal sobre la suerte de un niño activa los conductos lagrimales, provoca que hierva la sangre y genera una falsa certeza moral.[5] Esto ya hace mucho tiempo que lo saben numerosas organizaciones benéficas. En un importante experimento se pedía a la gente que donara dinero para ayudar a una pobre niña de siete años de Malí llamada Rokia. Muchos se emocionaron con su relato, y abrieron su corazón y sus monederos. Sin embargo, cuando además de la historia personal de Rokia los investigadores mostraron también las estadísticas sobre el problema más amplio de la pobreza en África, de repente los encuestados estaban menos dispuestos a ayudar. En otro estudio, los investigadores solicitaron donaciones para ayudar a un único niño enfermo o a ocho niños enfermos. La gente dio más dinero al niño solitario que al grupo de ocho.[6]

El tercer método para habérselas con los dilemas morales a gran escala es pergeñar teorías conspiratorias. ¿Cómo funciona la economía global, y es buena o mala? Eso es demasiado complicado para entenderlo. Es mucho más fácil imaginar que hay veinte multimillonarios que mueven los hilos detrás del escenario, que controlan los medios de comunicación y que fomentan guerras para enriquecerse. Casi siempre, esto es una fantasía sin fundamento. El mundo contemporáneo es demasiado complicado no solo para nuestro sentido de la justicia, sino también para nuestras capacidades de gestión. Nadie (y esto incluye a los multimillonarios, a la CIA, a los francmasones y a los Sabios de Sión) comprende bien lo que ocurre en el planeta. De modo que nadie es capaz de mover efectivamente los hilos.[7]

Estos tres métodos intentan negar la verdadera complejidad del mundo. El cuarto y último método es crear un dogma, depositar nuestra confianza en alguna supuesta teoría, institución o jefe omniscientes y seguirlos allá adonde nos conduzcan. Los dogmas religiosos e ideológicos tienen gran poder de atracción en nuestra época científica justo porque nos ofrecen un refugio seguro frente a la frustrante complejidad de la realidad. Como se ha indicado antes, los movimientos laicos no han estado exentos de este peligro. Incluso si se empieza rechazando todos los dogmas religiosos y con un firme compromiso respecto a la verdad científica, más tarde o más temprano la complejidad de la realidad se vuelve tan irritante que nos vemos impelidos a imaginar una doctrina que no pueda cuestionarse. Aunque tales doctrinas ofrezcan comodidad intelectual y certeza moral a la gente, es discutible que proporcionen justicia.

Y entonces ¿qué hemos de hacer? ¿Debemos adoptar el dogma liberal y confiar en el colectivo de votantes y clientes individuales? ¿O quizá hemos de rechazar el enfoque individualista y, como otras muchas culturas previas en la historia, empoderar a las comunidades para que encuentren juntas el sentido al mundo? Sin embargo, una solución de este tipo solo nos lleva del fuego de la ignorancia individual a las brasas del pensamiento de grupo sesgado. Los grupos de cazadores-recolectores, las comunidades rurales e incluso los barrios de las ciudades podían pensar juntos acerca de los problemas comunes a que se enfrentaban. Pero ahora padecemos problemas globales, sin tener una comunidad global. Ni Facebook, ni el nacionalismo ni la religión están cerca de crear dicha comunidad. Todas las tribus humanas existentes se hallan absortas en promover sus intereses particulares y no en entender la verdad global. Ni los norteamericanos, ni los chinos, ni los musulmanes ni los hindúes constituyen la «comunidad global», de modo que su interpretación de la realidad no puede ser digna de confianza.

Así pues, debemos darnos por vencidos, y declarar que la búsqueda humana para comprender la verdad y encontrar justicia ha fracasado? ¿Hemos entrado oficialmente en la era de la posverdad?

17

Posverdad

Algunas noticias falsas duran para siempre

Estos días se nos dice repetidamente que vivimos en una era nueva y espantosa de «posverdad», y que estamos rodeados de mentiras y ficciones. No es difícil encontrar ejemplos. Así, a finales de febrero de 2014, unidades rusas especiales que no llevaban ninguna insignia militar invadieron Ucrania y ocuparon instalaciones clave en Crimea. El gobierno ruso y el presidente Putin en persona negaron una y otra vez que se tratara de tropas rusas y las describieron como «grupos de autodefensa» espontáneos que podían haber adquirido equipamiento de apariencia rusa en tiendas locales.[1] Mientras hacían esta ridícula afirmación, Putin y sus ayudantes sabían muy bien que estaban mintiendo.

Los nacionalistas rusos pueden excusar esta mentira aduciendo que servía a una verdad superior. Rusia estaba enzarzada en una guerra justa, y si está bien matar por una causa justa, ¿no es evidente que también está bien mentir? La causa superior que en teoría justificaba la invasión de Ucrania era la preservación de la sacrosanta nación rusa. Según los mitos nacionales rusos, Rusia es una entidad sagrada que ha resistido mil años a pesar de repetidos intentos por parte de rabiosos enemigos de invadirla y desmembrarla. Después de los mongoles, los polacos, los suecos, la Grande Armée de Napoleón y la Wehrmacht de Hitler, en la década de 1990 fueron la OTAN, Estados Unidos y la Unión Europea los que intentaron destruir Rusia al separar partes de su cuerpo y convertirlas en «países falsos», como Ucrania. Para muchos nacionalistas rusos, la idea de que Ucrania es una nación distinta de Rusia constituye una mentira mucho mayor que nada de lo que dijera el presidente Putin durante su sagrada misión de reintegrar la nación rusa.

Los ciudadanos ucranianos, además de los observadores y los historiadores profesionales, podrían sentirse ofendidos por esta explicación, y considerarla una especie de «mentira atómica» del arsenal ruso del engaño. Afirmar que Ucrania no existe como nación ni como país independiente supone desconocer una larga lista de hechos históricos; por ejemplo, que de los mil años de supuesta unidad rusa, Kiev y Moscú formaron parte del mismo país solamente unos trescientos. También viola numerosas leyes y tratados internacionales que Rusia aceptó con anterioridad y que han salvaguardado la soberanía y las fronteras de la Ucrania independiente. Y lo que es todavía más importante: pasa por alto lo que millones de ucranianos piensan de sí mismos. ¿Es que no tienen nada que decir a propósito de quiénes son?

Sin duda, los nacionalistas ucranianos estarían de acuerdo con los nacionalistas rusos en que existen algunos países falsos. Pero Ucrania no es uno de ellos. Más bien, estos países falsos son la «República Popular de Lugansk» y la «República Popular de Donetsk» que Rusia ha dispuesto para enmascarar su invasión no provocada de Ucrania.[2]

Sea cual sea el bando que respaldemos, parece que en realidad estamos viviendo en una terrible era de posverdad cuando no solo incidentes particulares concretos, sino historias y naciones enteras pueden falsificarse. Pero si esta es la era de la posverdad, ¿cuándo, exactamente, tuvo lugar la era dorada de la verdad? ¿En la década de 1980? ¿En la de 1950? ¿En la de 1930? ¿Y qué desencadenó nuestra transición a la de la posverdad? ¿Internet? ¿Las redes sociales? ¿El advenimiento de Putin y Trump?

Un rápido vistazo a la historia nos muestra que la propaganda y la desinformación no son nada nuevo, e incluso el hábito de negar naciones enteras y de crear países falsos cuenta con un largo pedigrí. En 1931, el ejército japonés escenificó ataques simulados sobre sí mismo para justificar su invasión de China, y después creó el país falso de Manchukuo para legitimar sus conquistas. La misma China niega desde hace tiempo que el Tíbet haya existido nunca como país independiente. El asentamiento británico en Australia se justificó por la doctrina legal de *terra nullius* («tierra de nadie»), que borró de un plumazo 50.000 años de historia aborigen.

A principios del siglo XX, uno de los eslóganes favoritos de los sionistas hablaba del retorno de «un pueblo sin tierra [los judíos] a una tierra sin pueblo [Palestina]». La existencia de la población árabe local se pasó por alto a conveniencia. En 1969, la primera ministra israelí Golda Meir pronunció la célebre frase de que el pueblo palestino no existe y nunca existió. Estas ideas son muy comunes en Israel incluso en la actualidad, a pesar de décadas de conflictos armados contra algo que no existe. Por ejemplo, en febrero de 2016 la diputada Anat Berko pronunció un discurso en el Parlamento israelí en el que dudaba de la realidad y la historia del pueblo palestino. ¿Su prueba? La letra «p» ni siquiera existe en árabe, de modo que, ¿cómo puede haber un pueblo palestino? (En árabe, la «f» representa a la «p», y el nombre árabe de Palestina es Falastin.)

LA ESPECIE DE LA POSVERDAD

En realidad, los humanos siempre han vivido en la era de la posverdad. *Homo sapiens* es una especie de la posverdad, cuyo poder depende de crear ficciones y creer en ellas. Ya desde la Edad de Piedra, los mitos que se refuerzan a sí mismos han servido para unir a los colectivos humanos. De hecho, *Homo sapiens* conquistó este planeta gracias sobre todo a la capacidad distintivamente humana de crear y difundir ficciones. Somos los únicos mamíferos que podemos cooperar con numerosos extraños porque solo nosotros podemos inventar relatos de ficción, difundirlos y convencer a millones de personas para que crean en ellos. Mientras todos creamos en las mismas ficciones, todos obedeceremos las mismas leyes y, por tanto, podremos cooperar de manera eficaz.

De modo que si el lector quiere culpar a Facebook, Trump o Putin por inaugurar una era nueva y espantosa, recuerde que hace muchos siglos millones de cristianos se encerraron en una burbuja mitológica que se refuerza a sí misma, sin atreverse nunca a cuestionar la veracidad de los hechos narrados en la Biblia, mientras que millones de musulmanes depositaron su fe inquebrantable en el Corán. Durante milenios, muchas de las cosas que pasaban por «noticias» y «hechos» en las redes sociales humanas eran relatos de milagros, ángeles, demonios y brujas, con valientes periodistas que informaban en vivo y en directo desde los pozos más profundos del inframundo. Carecemos de toda prueba empírica de que Eva fuera tentada por la Serpiente, de que las almas de los infieles ardan en el infierno después de morir o de que al creador del universo no le guste que un brahmán se case con una intocable; pero millones de personas han creído en estos relatos durante miles de años. Algunas noticias falsas duran para siempre.

Soy consciente de que a mucha gente le molestará que equipare la religión con las noticias falsas, pero este es exactamente el objetivo. Cuando mil personas creen durante un mes algún cuento inventado, esto es una noticia falsa. Cuando mil millones de personas lo creen durante mil años, es una religión, y se nos advierte que no lo llamemos «noticia falsa» para no herir los sentimientos de los fieles (o provocar su ira). Adviértase, sin embargo, que no niego la efectividad ni la benevolencia potencial de la religión. Justo lo contrario. Para bien o para mal, la ficción figura entre las herramientas más eficaces de la caja de herramientas de la humanidad. Al unir a la gente, los credos religiosos hacen posible la cooperación entre personas a gran escala. Inspiran a la gente para que construya hospitales, escuelas y puentes, además de ejércitos y prisiones. Adán y Eva nunca existieron, pero la catedral de Chartres sigue siendo hermosa. Gran parte de la Biblia puede ser ficción, pero continúa haciendo feliz a miles de millones de personas y todavía puede motivar a los humanos para que sean compasivos, valientes y creativos, al igual que otras grandes obras de ficción, como *Don Quijote de la Mancha*, *Guerra y paz* y *Harry Potter*.

De nuevo, algunas personas tal vez se ofendan porque compare la Biblia con *Harry Potter*. Si el lector es un cristiano de mente científica, podría justificar todos los errores y mitos de la Biblia aduciendo que el libro sagrado nunca se pensó para que se leyera como una narración basada en los hechos, sino como un relato metafórico que contiene una profunda sabiduría. Pero ¿esto no vale también para *Harry Potter*?

Si el lector es un cristiano fundamentalista, es muy probable que insista en que todas y cada una de las palabras de la Biblia son literalmente ciertas. Supongamos por un momento que tiene razón, y que la Biblia es en efecto la palabra infalible del único Dios verdadero. Así pues, ¿qué hacemos con el Corán, el Talmud, el Libro de Mormón, los Vedas, el Avesta y el Libro de los Muertos egipcio? ¿No le tienta decir que dichos textos son ficciones complejas creadas por humanos de carne y hueso (o quizá por demonios)? ¿Y cómo considera el lector la divinidad de emperadores romanos como Augusto y Claudio? El Senado romano afirmaba tener el poder de convertir a los hombres en dioses, y después esperaba que los súbditos del imperio adoraran a estos dioses. ¿No era esto una ficción? De hecho, tenemos al menos un ejemplo en la historia de un falso dios que admitió la ficción por su propia boca. Como se ha indicado anteriormente, el militarismo japonés en la década de 1930 y principios de la de 1940 se basaba en la fe fanática en la divinidad del emperador Hirohito. Tras la derrota de Japón, Hirohito proclamó públicamente que tal divinidad no era cierta, y que después de todo él no era un dios.

De modo que, aunque estemos de acuerdo en que la Biblia es la verdadera palabra de Dios, todavía tenemos a miles de millones de devotos hindúes, musulmanes, judíos, egipcios, romanos y japoneses que durante miles de años depositaron su confianza en ficciones. De nuevo, esto no significa que estas ficciones sean necesariamente inútiles o perjudiciales. Aún pueden ser hermosas e inspiradoras.

Desde luego, no todos los mitos religiosos han sido igual de beneficiosos. El 29 de agosto de 1255 se encontró en un pozo de la ciudad de Lincoln el cuerpo de un niño inglés de nueve años llamado Hugh. Aunque no hubiera Facebook ni Twitter, rápidamente se propagó el rumor de que Hugh había sido sacrificado por los judíos locales en un ritual. El rumor no hizo más que crecer a medida que se contaba, y uno de los cronistas ingleses de más renombre de la época, Mateo de París, dio una descripción detallada y sangrienta de cómo judíos prominentes de toda Inglaterra se habían reunido en Lincoln para engordar, torturar y finalmente crucificar al niño secuestrado. Se juzgó a diecinueve judíos y se los ejecutó por presunto asesinato. Libelos sangrientos similares se hicieron populares en otras ciudades inglesas, lo que condujo a una serie de pogromos en los que se masacró a comunidades enteras. Al final, en 1290, se expulsó a toda la población judía de Inglaterra.[3]

La historia no terminó aquí. Un siglo después de la expulsión de los judíos de Inglaterra, Geoffrey Chaucer (el padre de la literatura inglesa) incluyó un libelo sangriento fundamentado en el relato de Hugh de Lincoln en *Los cuentos de Canterbury* («El cuento de la Priora»). El cuento termina con los judíos ahorcados. Libelos sangrientos parecidos se convirtieron luego en parte esencial de todo movimiento antisemita, desde la España medieval tardía hasta la Rusia moderna. Un eco distante pudo oírse incluso en el relato de «noticias falsas» de 2016 según el cual Hillary Clinton encabezaba una red de tráfico infantil que retenía a niños como esclavos sexuales en el sótano de una popular pizzería. El cuento lo creyeron los suficientes norteamericanos para que perjudicara la campaña electoral de Clinton, y una persona incluso fue a la pizzería armada con un fusil y exigió ver el sótano (resultó que el local no tenía sótano).[4]

En cuanto a Hugh de Lincoln, nadie sabe cómo encontró en verdad la muerte, pero lo enterraron en la catedral de Lincoln y lo veneraron como santo. Se le atribuyeron varios milagros, y su tumba continuó atrayendo a peregrinos incluso siglos después de la expulsión de todos los judíos de Inglaterra.[5] No fue hasta 1955 (diez años después del Holocausto) cuando la catedral de Lincoln repudió el libelo de sangre, y colocó una placa cerca de la tumba de Hugh que reza así:

> Relatos falseados de «asesinatos rituales» de muchachos cristianos por parte de comunidades judías proliferaron en toda Europa durante la Edad Media e incluso mucho más tarde. Estas ficciones costaron la vida a muchos judíos inocentes. Lincoln tuvo su propia leyenda y la supuesta víctima fue enterrada en la catedral en 1255. Tales relatos no redundan beneficio del cristianismo.[6]

Bueno, algunas noticias falsas solo duran setecientos años.

Una vez una mentira, siempre la verdad

Las religiones antiguas no han sido las únicas que se sirvieron de la ficción para consolidar la cooperación. En épocas más recientes, cada nación ha creado su propia mitología nacional, mientras que movimientos como el comunismo, el fascismo y el liberalismo pergeñaron complicados credos que se reforzaban a sí mismos. Según se dice, Joseph Goebbels, el maestro de la propaganda nazi y quizá el más completo mago de los medios de comunicación de la era moderna, explicó sucintamente su método al afirmar que «una mentira contada una vez sigue siendo una mentira, pero contada mil veces se convierte en una verdad».[7] En *Mein Kampf*, Hitler escribió que «la más brillante técnica de propaganda no producirá ningún éxito a menos que siempre se tenga presente un principio fundamental: debe limitarse a unos pocos puntos y debe repetirlos una y otra vez».[8] ¿Acaso puede un vendedor ambulante actual de noticias falsas mejorarlo?

La máquina de propaganda soviética fue igualmente flexible con la verdad, y reescribió la historia de todo, desde guerras enteras a fotografías concretas. El 29 de junio de 1936, el diario oficial *Pravda* (cabecera que significa «verdad») presentaba en su página inicial una fotografía de un sonriente Iósif Stalin abrazando a Gelya Markizova, una niña de siete años. La imagen se convirtió en un icono estalinista, que consagró a Stalin como Padre de la Nación e idealizó a la Feliz Infancia Soviética. Imprentas y fábricas de todo el país empezaron a producir en masa millones de carteles, esculturas y mosaicos de la escena, que se exhibieron en instituciones públicas de un extremo al otro de la Unión Soviética. De la misma manera que ninguna iglesia ortodoxa rusa estaba completa sin un icono de la Virgen María con el niño Jesús en brazos, ninguna escuela soviética podía estar sin un icono de Papá Stalin abrazando a la pequeña Gelya.

Por desgracia, en el imperio de Stalin la fama solía ser una invitación al desastre. En cosa de un año, el padre de Gelya fue arrestado bajo falsas acusaciones de que era un espía japonés y un terrorista trotskista. En 1938 fue ejecutado; una más de los millones de víctimas del terror estalinista. Gelya y su madre fueron desterradas a Kazajistán, donde la madre murió pronto en misteriosas circunstancias. ¿Qué hacer ahora con los incontables iconos que presentaban al Padre de la Nación con la hija de un «enemigo del pueblo» convicto? Sin problemas. A partir de aquel momento, Gelya Markizova se esfumó, y la Feliz Niña Soviética de la imagen ubicua fue identificada como Mamlakat Nakhangova, una muchacha tayika de trece años que ganó la Orden de Lenin por haber recolectado de manera diligente gran cantidad de algodón en los campos (si alguien pensó que la niña de la fotografía no parecía tener trece años, fue lo bastante sensato para no expresar en voz alta esa herejía contrarrevolucionaria).[9]

La máquina propagandística soviética era tan eficiente que consiguió ocultar atrocidades monstruosas en casa, al tiempo que proyectaba una visión utópica hacia el exterior. Hoy en día, los ucranianos se quejan de que Putin ha conseguido engañar a muchos medios de comunicación occidentales respecto a las acciones de Rusia en Crimea y Donbas. Pero en el arte del engaño Putin no puede estar a la altura de Stalin. A principios de la década de 1930, los periodistas e intelectuales occidentales de izquierdas elogiaban la Unión Soviética como una sociedad ideal en una época en que los ucranianos y otros ciudadanos soviéticos morían por millones debido a la hambruna artificial que Stalin orquestó. Aunque en la época de Facebook y Twitter a veces es difícil decidir qué versión de los acontecimientos creer, al menos ya no es posible que un régimen mate a millones de ciudadanos sin que el mundo lo sepa.

Además de las religiones y las ideologías, las marcas comerciales también se basan en la ficción y las noticias falsas. La creación de marcas y de su valor suele implicar contar una y otra vez el mismo relato ficticio hasta que la gente se convence de que es la verdad. ¿Qué imágenes le vienen a la mente al lector cuando piensa en Coca-Cola? ¿Las de jóvenes sanos que se dedican al deporte y que se lo pasan bien juntos? ¿O las de pacientes con diabetes y sobrepeso tumbados en la cama de un hospital? Beber mucha Coca-Cola no nos hará jóvenes, no nos hará sanos y no nos hará atléticos; más bien, aumenta las probabilidades de padecer obesidad y diabetes. Pero durante décadas, Coca-Cola ha invertido miles de millones de dólares para que se la asociara a la juventud, a la salud y a los deportes..., y miles de millones de humanos creen de manera inconsciente en dicha relación.

Lo cierto es que la verdad no estuvo nunca situada muy arriba en el orden del día de *Homo sapiens*. Muchas personas piensan que si una religión o ideología concretas tergiversan la realidad, sus partidarios acabarán por descubrirlo tarde o temprano, porque no podrán competir con rivales más perspicaces. Bueno, eso es solo otro mito tranquilizador. En la práctica, el poder de la cooperación humana depende de un equilibrio delicado entre verdad y ficción.

Si distorsionamos demasiado la realidad, nos debilitaremos, porque obraremos de maneras poco realistas. Por ejemplo, en 1905 un médium de África Oriental llamado Kinjikitile Ngwale afirmó estar poseído por Hongo, el espíritu serpiente. El nuevo profeta tenía un mensaje revolucionario para los habitantes de la colonia alemana de África Oriental: uníos y expulsad a los alemanes. Para que el mensaje fuera más atractivo, Ngwale proporcionó a sus seguidores medicina mágica que supuestamente convertiría las balas alemanas en agua (*maji* en suajili). Así empezó la rebelión Maji Maji. Fracasó. Porque en el campo de batalla las balas alemanas no se transformaban en agua; por el contrario, desgarraban sin piedad los cuerpos de los mal armados rebeldes.[10] Dos mil años antes, la Gran Revolución Judía contra los romanos estuvo inspirada de forma similar por una ardiente creencia en que Dios lucharía por los judíos y los ayudaría a derrotar al aparentemente invencible Imperio romano. También esta revolución fracasó, lo que llevó a la destrucción de Jerusalén y al exilio de los judíos.

Por otra parte, no puede organizarse de manera efectiva a las masas sin tener una base en alguna mitología. Si nos ceñimos a la realidad sincera, pocas personas nos seguirán. Sin mitos, habría sido imposible organizar no solo las fracasadas revoluciones Maji Maji y judía, sino también las rebeliones mucho más exitosas del Mahdi y los Macabeos.

De hecho, las historias falsas tienen una ventaja intrínseca frente a la verdad cuando se trata de unir a la gente. Si pretendemos evaluar la lealtad de grupo, hacer que la gente crea en un absurdo es una prueba mucho mejor que pedirle que crea la verdad. Si un gran jefe

dice «El Sol sale por el este y se pone por el oeste», no se requiere
lealtad al jefe para ovacionarlo. Pero si el jefe dice «El Sol sale por el
oeste y se pone por el este», solo los verdaderos leales batirán palmas.
De forma parecida, si todos los vecinos creen el mismo cuento ex-
travagante, podemos contar con ellos para que estén unidos en tiempos de crisis. Si solo están dispuestos a creer hechos acreditados, ¿qué
demuestra eso?

Podría aducirse que, al menos en algunos casos, es posible organizar a la gente de manera efectiva mediante acuerdos de consenso
en lugar de mediante ficciones y mitos. Así, en la esfera económica
el dinero y las empresas unen a la gente de modo mucho más efectivo que ningún dios o libro sagrado, aunque todo el mundo sabe que
se trata solo de una convención humana. En el caso de un libro sagrado, un verdadero creyente diría: «Creo que el libro es sagrado»,
mientras que en el caso del dólar, un verdadero creyente diría: «Creo
que otra gente cree que el dólar es valioso». Es evidente que el dólar
es solo una creación humana, pero la población de todo el mundo lo
respeta. Si es así, ¿por qué no abandonan los humanos todos los mitos y ficciones, y se organizan fundamentándose en convenciones de
consenso, como el dólar?

Sin embargo, dichas convenciones no son tan distintas de la ficción. La diferencia entre los libros sagrados y el dinero, por ejemplo,
es mucho más pequeña de lo que pueda parecer a simple vista. Cuando la mayoría de la gente ve un billete de dólar, olvida que se trata
solo de una convención humana. Cuando ve el pedazo de papel
verde con la imagen del hombre blanco ya fallecido, lo ve como
algo valioso en y por sí mismo. Casi nunca se dice: «En realidad, esto
es un pedazo de papel sin valor, pero debido a que otra gente lo considera valioso, puedo usarlo». Si se observa un cerebro humano en un
escáner de resonancia magnética funcional, se ve que cuando se le
enseña a alguien una maleta llena de billetes de cien dólares, las partes del cerebro que empiezan a animarse frenéticamente no son las
partes escépticas («Otra gente cree que esto es valioso»), sino las partes codiciosas («¡Mierda! ¡Lo quiero!»). Y al revés: en la inmensa mayoría de los casos la gente solo empieza a santificar la Biblia, o los
Vedas o el Libro de Mormón después de una exposición prolongada

y repetida a otras personas que los consideran sagrados. Aprendemos a respetar los libros sagrados justo de la misma manera en que aprendemos a respetar los billetes de dinero.

De ahí que, en la práctica, no haya una división estricta entre «saber que algo es solo una convención humana» y «creer que algo es intrínsecamente valioso». En muchos casos, la gente es ambigua u olvidadiza con respecto a esta división. Para poner otro ejemplo, si el lector tomara asiento y mantuviera una profunda discusión filosófica a este respecto, casi todo el mundo estaría de acuerdo en que las empresas son relatos ficticios creados por los seres humanos. Microsoft no es el edificio que posee ni la gente a la que emplea ni los accionistas a los que sirve; es, más bien, una intrincada ficción legal tejida por legisladores y abogados. Pero durante el 99 por ciento del tiempo no nos dedicamos a profundas discusiones filosóficas, y tratamos a las empresas como si fueran entidades reales en el mundo, igual que los tigres o los humanos.

Difuminar la línea entre la ficción y la realidad puede hacerse con muchos fines, empezando por «divertirse» y siguiendo luego el camino hasta la «supervivencia». No se puede jugar a juegos o leer novelas a no ser que suspendamos la incredulidad al menos por un instante. Para gozar realmente del fútbol hemos de aceptar las reglas del juego y olvidar al menos durante noventa minutos que son simplemente invenciones humanas. Si no, pensaremos que es absolutamente ridículo que veintidós personas corran tras un balón. El fútbol puede empezar solo como diversión, pero después puede convertirse en algo mucho más serio, como atestiguará cualquier vándalo inglés o cualquier nacionalista argentino. El fútbol puede ayudar a formular identidades personales, consolidar comunidades a gran escala e incluso proporcionar razones para la violencia. Las naciones y las religiones son clubes de fútbol que han tomado esteroides.

Los humanos tienen esta notable capacidad de saber y de no saber al mismo tiempo. O mejor dicho, pueden saber algo cuando piensan de verdad en ello, pero la mayor parte del tiempo no piensan en ello, de modo que no lo saben. Si nos centramos de verdad, nos damos cuenta de que el dinero es ficción. Sin embargo, por lo general no nos centramos. Si se nos pregunta acerca del fútbol, sabemos que es una invención humana. Pero en el ardor del partido, nadie nos pregunta por ello. Si dedicamos tiempo y energía, podemos descubrir que las naciones son cuentos complicados. Pero en plena guerra no tenemos tiempo ni energía. Si queremos conocer la verdad última, nos damos cuenta de que el relato de Adán y Eva es un mito. Pero ¿con qué frecuencia queremos conocer la verdad última?

La verdad y el poder pueden viajar juntos solo durante un trecho. Más tarde o más temprano, seguirán por sendas separadas. Si queremos poder, en algún momento tendremos que difundir ficciones. Si queremos saber la verdad sobre el mundo, en algún punto tendremos que renunciar al poder. Deberemos admitir cosas —por ejemplo, sobre los orígenes de nuestro poder— que enojarán a nuestros seguidores o socavarán la armonía social. No hay nada místico en esta brecha entre la verdad y el poder. Si quiere comprobarlo el lector, encuentre simplemente a un típico WASP norteamericano y plantéele la cuestión de la raza, localice a un israelí del montón y saque a colación la Ocupación, o intente hablarle a un tipo corriente sobre el patriarcado.

A lo largo de la historia, los eruditos se han enfrentado reiteradamente a este dilema: ¿están al servicio del poder o de la verdad? ¿Debería ser su objetivo unir a la gente asegurándose de que todo el mundo crea en la misma historia, o deberían dejar que la gente sepa la verdad incluso al precio de la desunión? Los estamentos más poderosos de la erudición —ya sean los sacerdotes cristianos, los mandarines confucianos o los ideólogos comunistas— situaron la unidad por encima de la verdad. Y eso explica que fueran tan poderosos.

Como especie, los humanos prefieren el poder a la verdad. Invertimos mucho más tiempo y esfuerzo en intentar controlar el mundo que en intentar entenderlo, e incluso cuando tratamos de entenderlo, por lo general lo hacemos con la esperanza de que comprenderlo hará más fácil controlarlo. De manera que si el lector sueña con una sociedad en que la verdad reine de manera suprema y no se haga caso a los mitos, tiene poco que esperar de *Homo sapiens*. Será mejor que pruebe suerte con los chimpancés.

Salir de la máquina de lavar cerebros

Todo esto no significa que las noticias falsas no sean un problema grave, o que políticos y sacerdotes tengan licencia para mentir con malicia. También sería completamente erróneo llegar a la conclusión de que todo son noticias falsas, que cualquier intento de descubrir la verdad está condenado al fracaso y que no hay ningún tipo de diferencia entre el periodismo serio y la propaganda. A todas las noticias falsas subyacen hechos reales y sufrimiento real. En Ucrania, por ejemplo, los soldados rusos están luchando de verdad, miles de personas han muerto de verdad y cientos de miles han perdido de verdad su casa. El sufrimiento humano suele generarse por creer en la ficción, pero el propio sufrimiento sigue siendo real.

Por tanto, en lugar de aceptar las noticias falsas como la norma, debemos reconocerlas como un problema mucho más difícil de lo que acostumbramos suponer, y hemos de esforzarnos todavía más para distinguir la realidad de la ficción. No esperemos la perfección. Una de las mayores ficciones de todas es negar la complejidad del mundo, y pensar en términos absolutos de pureza prístina frente al mal satánico. No hay ningún político que cuente toda la verdad y nada más que la verdad, pero aun así algunos políticos son mucho mejores que otros. Si pudiera escoger, confiaría mucho más en Churchill que en Stalin, aunque el primer ministro británico no dejaba de adornar la verdad cuando le convenía. De manera similar, no hay periódico que se halle libre de prejuicios y errores, pero algunos periódicos hacen un esfuerzo honesto para encontrar la verdad, mientras que otros son una máquina de lavar cerebros. Si yo hubiera vivido en la década de 1930, confío en que habría tenido el buen juicio de creer al *The New York Times* más que al *Pravda* y al *Der Stürmer*.

Es responsabilidad de todos dedicar tiempo y esfuerzo a descubrir nuestros prejuicios y a verificar nuestras fuentes de información. Como se ha señalado en capítulos anteriores, no podemos investigarlo todo nosotros. Pero precisamente por ello, necesitamos al menos investigar detenidamente nuestras fuentes de información favoritas, ya se trate de un diario, de una página web, de una cadena de televisión o de una persona. En el capítulo 20 veremos con mayor profundidad cómo evitar el lavado de cerebro y cómo distinguir la realidad de la ficción. Aquí me gustaría proponer dos sencillas reglas generales.

Primera: si el lector quiere información fidedigna, pague un buen dinero por ella. Si el lector consigue las noticias gratis, podría muy bien ser él el producto. Suponga que un multimillonario sospechoso le ofreciera el siguiente acuerdo: «Te pagaré 30 dólares al mes y a cambio me permitirás que te lave el cerebro una hora al día, y que instale en tu mente todos los prejuicios políticos y comerciales que quiera». ¿Aceptaría el lector el trato? Pocas personas en su sano juicio lo harían. De modo que el multimillonario sospechoso ofrece un acuerdo algo distinto: «Me permitirás que te lave el cerebro durante una hora al día, y a cambio no te cobraré nada por ese servicio». Ahora, de repente, el trato les parece tentador a cientos de millones de personas. No siga el lector su ejemplo.

La segunda regla general es que si alguna cuestión le parece de importancia excepcional, haga el esfuerzo para leer la literatura científica relevante. Y por literatura científica me refiero a artículos revisados por pares, libros publicados por editores académicos bien conocidos y aquellos escritos por profesores de instituciones respetables. Sin duda, la ciencia tiene sus limitaciones, y en el pasado ha hecho muchas cosas mal. No obstante, la comunidad científica ha sido nuestra fuente más fiable de conocimiento durante siglos. Si el lector cree que la comunidad científica se equivoca en algún tema, sin duda eso es posible, pero conozca al menos las teorías científicas que está rechazando y proporcione alguna evidencia empírica en apoyo de su afirmación.

Los científicos, por su parte, deben implicarse mucho más en los debates públicos actuales. No han de tener miedo de hacer oír su voz cuando el debate cae dentro de su campo de conocimiento, ya sea este la medicina o la historia. El silencio no es neutralidad: es apoyar el *statu quo*. Desde luego, es muy importante seguir haciendo investigación académica y publicar los resultados en revistas científicas que solo leen algunos expertos. Pero es igual de importante comunicar las últimas teorías científicas al público general mediante libros de divulgación científica, e incluso mediante el uso hábil de arte y ficción.

¿Significa esto que los científicos deben empezar a escribir ciencia ficción? En realidad, no es una mala idea. El arte desempeña un papel clave en dar forma a la visión que la gente tiene del mundo, y en el siglo XXI puede asegurarse que la ciencia ficción es el género más importante de todos, porque da forma a cómo entiende la mayoría de la gente asuntos como la IA, la bioingeniería y el cambio climático. Sin duda, necesitamos buena ciencia, pero desde una perspectiva política, una buena película de ciencia ficción vale mucho más que un artículo en *Science* o *Nature*.

18

Ciencia ficción

El futuro no es lo que vemos en las películas

Los humanos controlan el mundo porque pueden cooperar mejor que ningún otro animal, y pueden cooperar tan bien porque creen en las ficciones. Poetas, pintores y dramaturgos son, por tanto, tan importantes al menos como los soldados y los ingenieros. La gente va a la guerra y construye catedrales porque cree en Dios, y cree en Dios porque ha leído poemas sobre Dios, porque ha visto cuadros de Dios y porque ha quedado hipnotizada por las obras teatrales sobre Dios. De modo similar, nuestra creencia en la mitología moderna del capitalismo está respaldada por las creaciones artísticas de Hollywood y la industria del pop. Creemos que comprar más nos hará felices, porque vemos el paraíso capitalista con nuestros propios ojos en la televisión.

En los primeros años del siglo XXI, el género artístico más importante quizá sea la ciencia ficción. Muy poca gente lee los últimos artículos publicados sobre el aprendizaje automático o la ingeniería genética. En cambio, películas como *Matrix* y *Her* y series de televisión como *Westworld* y *Black Mirror* modelan la idea de la gente sobre las cuestiones tecnológicas, sociales y económicas más importantes de nuestra época. Esto significa también que la ciencia ficción ha de ser mucho más responsable en la manera como representa las realidades científicas, pues de otro modo podría imbuir en la gente ideas equivocadas o hacer que centrara su atención en los problemas equivocados.

Como se ha señalado en un capítulo anterior, quizá el peor pecado de la ciencia ficción actual es que tiende a confundir inteligencia con conciencia. Como resultado, se preocupa en demasía por una guerra potencial entre robots y humanos, cuando en realidad lo que hay que temer es un conflicto entre una pequeña élite de superhumanos empoderada por algoritmos y una enorme subclase de *Homo sapiens* despoderados. Cuando se piensa en el futuro de la IA, Karl Marx sigue siendo mejor guía que Steven Spielberg.

En efecto, muchos filmes sobre inteligencia artificial están tan alejados de la realidad científica que cabe sospechar que son simplemente alegorías de preocupaciones completamente diferentes. Así, la película *Ex Machina*, de 2015, parece tratar de un experto en IA que se enamora de una mujer robot solo para ser embaucado y manipulado por ella. Pero en realidad esta película no versa sobre el miedo humano hacia los robots inteligentes, sino sobre el miedo de los hombres hacia las mujeres inteligentes, y en particular sobre el miedo a que la liberación femenina pueda conducir a la dominación femenina. Siempre que el lector vea una película sobre una IA en la que la IA es una mujer y el científico es un hombre, probablemente se trate de un filme sobre feminismo y no sobre cibernética. Pues ¿por qué demonios tendría que tener una IA una identidad sexual o de género? El sexo es una característica de los seres orgánicos multicelulares. ¿Qué puede significar para un ser cibernético no orgánico?

Vivir en una caja

Un tema que la ciencia ficción ha explorado con una intuición mucho más aguda se refiere al peligro de que se use la tecnología para manipular y controlar a los seres humanos. *Matrix* presenta un mundo donde casi todos los seres humanos se hallan presos en el ciberespacio, y todo lo que experimentan está creado por un algoritmo maestro. *El show de Truman* se centra en un único individuo que es la estrella involuntaria de un *reality show*. Sin que él lo sepa, todos sus amigos y conocidos (incluidos su madre, su esposa y su mejor amigo) son actores; todo lo que le sucede sigue un guion bien estructurado, y cuanto dice y hace es registrado por cámaras ocultas y es seguido ávidamente por millones de fanáticos.

Sin embargo, las dos películas, aunque son muy buenas, no acaban de desarrollar todas las implicaciones de su argumento. Suponen que los humanos atrapados dentro de la matriz poseen un yo auténtico, que no ha sido tocado por las manipulaciones tecnológicas, y que más allá de la matriz aguarda una realidad auténtica, a la que los héroes pueden acceder si lo intentan esforzándose lo suficiente. La matriz no es más que una barrera artificial que separa nuestro yo interior auténtico del mundo exterior auténtico. Después de muchas dificultades y tribulaciones, Neo en *Matrix* y Truman en *El show de Truman*, consiguen trascender la red de manipulaciones y escapar de ella, descubrir su yo auténtico y alcanzar la tierra prometida auténtica.

Resulta muy curioso que esta tierra prometida auténtica sea idéntica en todos los aspectos importantes a la matriz inventada. Cuando Truman se escapa del estudio de televisión, trata de encontrarse con su amor del instituto, a quien el director del show televisivo había expulsado. Pero si Truman satisface esta fantasía romántica, su vida será justo como el perfecto sueño hollywoodiense que *El show de Truman* vendió a millones de espectadores de todo el mundo: más vacaciones en Fiyi. La película no nos ofrece ni un atisbo de qué tipo de vida alternativa puede encontrar el protagonista en el mundo real.

De manera parecida, cuando Neo se evade de la matriz al tragarse la famosa píldora roja, descubre que el mundo exterior no es diferente del interior. Tanto fuera como dentro hay violentos conflictos y personas que actúan movidas por miedo, deseo, amor y envidia. La película tendría que haber terminado informando a Neo de que la realidad a la que ha accedido es solo una matriz mayor, y que si quiere huir al «verdadero mundo real», debe elegir de nuevo entre la píldora azul y la roja.

La revolución tecnológica y científica actual no implica que individuos auténticos y realidades auténticas puedan ser manipuladas por algoritmos y cámaras de televisión, sino más bien que la autenticidad es un mito. A la gente la asusta estar atrapada dentro de una caja, pero no se da cuenta de que ya está encerrada en el interior de una caja (su cerebro), que a su vez está encerrado dentro de una caja mayor: la sociedad humana con su infinidad de ficciones. Cuando escapamos de la matriz, lo único que descubrimos es una matriz mayor. Cuando los campesinos y los obreros se rebelaron contra el zar en 1917, terminaron en manos de Stalin; y cuando empezamos a analizar las múltiples maneras en que el mundo nos manipula, al final nos damos cuenta de que nuestra identidad fundamental es una ilusión compleja creada por redes neurales.

La gente teme que al estar atrapada dentro de una caja se perderá todas las maravillas del mundo. Mientras Neo permanezca encerrado en la matriz y Truman en el estudio de televisión, nunca visitarán Fiyi, o París o Machu Picchu. Pero, en realidad, cuanto experimentamos en la vida se halla dentro de nuestro propio cuerpo y nuestra propia mente. Escapar de la matriz o viajar hasta Fiyi no supondrá ninguna diferencia. No es que en algún lugar de nuestra mente haya un cofre de hierro con una gran inscripción en rojo que diga «¡Ábrase únicamente en Fiyi!», y que cuando finalmente viajemos al Pacífico Sur y abramos el cofre, de él vayan a salir todo tipo de emociones y sentimientos especiales que solo podremos experimentar en Fiyi. Y que si nunca visitamos Fiyi, nos perderemos estos sentimientos especiales para siempre. No. Sea lo que sea que podamos vivir en Fiyi, podemos sentirlo en cualquier lugar del mundo, incluso dentro de la matriz.

Quizá todos vivamos dentro de una gran simulación informática, al estilo de *Matrix*. Esto contradeciría nuestros relatos nacionales, religiosos e ideológicos. Pero nuestras experiencias mentales seguirían siendo reales. Sería muy embarazoso para Karl Marx y para Estado Islámico que al final la historia humana fuera una compleja simulación que tiene lugar en un superordenador accionado por científicos ratas del planeta Zircón. Pero estos científicos ratas seguirían sin tener respuesta para el genocidio armenio y para Auschwitz. ¿Cómo consiguieron que algo así pasara por el comité de ética de la Universidad de Zircón? Incluso si las cámaras de gas no fueron más que señales eléctricas en chips de silicio, las experiencias de dolor, miedo y desesperación no fueron por ello ni un ápice menos atroces.

El dolor es dolor, el miedo es miedo y el amor es amor, incluso en la matriz. Da igual si el miedo que sentimos lo inspira un conjunto de átomos en el mundo exterior o las señales eléctricas manipuladas por un ordenador: el miedo sigue siendo real. De modo que si queremos conocer la realidad de nuestra mente, podemos hacerlo tanto dentro de la matriz como fuera de ella.

La mayoría de las películas de ciencia ficción cuentan en verdad una narración muy antigua: la victoria de la mente sobre la materia. Hace treinta mil años, la narración era: «Mente imagina cuchillo de piedra - mano crea cuchillo - humano mata mamut». Pero lo cierto es que los humanos consiguieron el control del mundo no tanto por inventar cuchillos y matar mamuts como por manipular mentes humanas. La mente no es el sujeto que modela libremente acciones históricas y realidades biológicas: la mente es un objeto que está modelado por la historia y la biología. Incluso nuestros ideales más queridos (libertad, amor, creatividad) son como un cuchillo de piedra que alguien que no somos nosotros creó para matar algún mamut. Según las teorías científicas más reputadas y las herramientas tecnológicas más avanzadas, la mente nunca está libre de manipulación. No existe un yo auténtico a la espera de ser liberado de la cáscara manipuladora.

¿Tiene el lector alguna idea de cuántas películas, novelas y poemas ha consumido a lo largo de los años, y de cómo estos artefactos han esculpido y modelado su idea del amor? Las comedias románticas son al amor lo que la pornografía al sexo y Rambo a la guerra. Y si el lector cree que puede pulsar alguna tecla de borrar y eliminar toda traza de Hollywood de su subconsciente y su sistema límbico, se engaña.

Nos gusta la idea de elaborar cuchillos de piedra, pero no nos gusta la idea de ser cuchillos de piedra nosotros mismos. De manera que la variación de matriz de la antigua narración del mamut reza más o menos así: «Mente imagina robot - mano crea robot - robot mata a terroristas pero también intenta controlar mente - mente mata robot». Pero esta narración es falsa. El problema no es que la mente no podrá matar al robot. El problema, para empezar, es que la mente que imaginó el robot ya era el producto de manipulaciones muy anteriores. De ahí que matar al robot no nos liberará.

DISNEY PIERDE LA FE EN EL LIBRE ALBEDRÍO

En 2015, Pixar Studios y Walt Disney Pictures lanzaron una saga de animación mucho más realista y preocupante sobre la condición humana, que pronto se convirtió en un gran éxito tanto para los niños como para los adultos. *Del revés (Inside Out)* narra la historia de una niña de once años, Riley Andersen, que se traslada con sus padres de Minnesota a San Francisco. Al echar de menos a sus amigos y su ciudad natal, Riley tiene dificultades para adaptarse a su nueva vida, e intenta huir y volver a Minnesota. Pero sin que Riley lo sepa, al mismo tiempo está teniendo lugar un drama mucho mayor. Riley no es la estrella inconsciente de un *reality show* ni está atrapada en la matriz. Más bien, ella misma es la matriz y hay algo atrapado en su interior.

Disney ha erigido su imperio a fuerza de contar una y otra vez el mismo mito. En incontables películas de Disney, los héroes se enfrentan a dificultades y peligros, pero al final triunfan al encontrar su auténtico yo y seguir su libre albedrío. *Del revés* desmantela brutalmente este mito. Adopta las últimas ideas neurobiológicas sobre los humanos y conduce a los espectadores en un viaje al interior del cerebro de Riley solo para descubrir que ella no tiene un auténtico yo y que nunca realiza ninguna elección libremente. Riley es, en realidad, un robot enorme gestionado por una serie de mecanismos bioquímicos en conflicto, que el filme caracteriza como adorables personajes de dibujos animados: Alegría, amarilla y alegre; Tristeza, azul y taciturna; Ira, roja y de malas pulgas, etcétera. Al manipular un conjunto de botones y palancas en la Sede Central, mientras observan todos los movimientos de Riley en una enorme pantalla de televisión, estos personajes controlan el conjunto de humores, decisiones y actos de la niña.

El fracaso de Riley para adaptarse a su nueva vida en San Francisco es el resultado de una metedura de pata en la Sede Central que amenaza con desequilibrar por completo el cerebro de Riley. Para arreglar el entuerto, Alegría y Tristeza efectúan un viaje épico por el cerebro de la niña, montadas en un tren de pensamientos, explorando la prisión inconsciente y visitando el estudio interior donde un equipo de neuronas artísticas está atareado produciendo sueños. Mientras seguimos a estos mecanismos bioquímicos personificados en las profundidades del cerebro de Riley, en ningún momento encontramos un alma, un auténtico yo ni un libre albedrío. De hecho, el instante de revelación sobre el que gira todo el argumento no tiene lugar cuando Riley descubre su único y auténtico yo, sino cuando resulta evidente que no puede ser identificada con ningún núcleo único y que su bienestar depende de la interacción de muchos mecanismos diferentes.

Al principio, a los espectadores se los induce a identificar a Riley con el personaje principal, la amarilla y alegre Alegría. Pero al final resulta que ese fue el error crítico que amenazó con arruinar la vida de la niña. Al pensar que solo ella es la auténtica esencia de Riley, Alegría intimida a los demás personajes internos, con lo que altera el delicado equilibrio del cerebro de Riley. La catarsis se produce cuando Alegría comprende su error, y comprende (junto con los espectadores) que Riley no es Alegría, ni Tristeza ni ninguno de los demás personajes. Riley es un relato complejo producido por los conflictos y las colaboraciones de todos los personajes bioquímicos juntos.

Lo realmente sorprendente no es que Disney se atreviera a comercializar una película con un mensaje tan radical, sino que se convirtiera en un éxito mundial. Quizá tuvo tanto éxito porque *Del revés* es una comedia con final feliz, y la mayoría de los espectadores tal vez no hayan captado tanto su significado neurológico como sus siniestras implicaciones.

No puede decirse lo mismo del más profético de los libros de ciencia ficción del siglo xx. No puede pasarse por alto su naturaleza siniestra. Fue escrito hace casi un siglo, pero resulta más relevante con cada año que pasa. Aldous Huxley escribió *Un mundo feliz* en 1931, con el comunismo y el fascismo afianzados en Rusia e Italia, el nazismo en auge en Alemania, el Japón militarista embarcándose en su guerra de conquista en China y todo el mundo atenazado por la Gran Depresión. Pero Huxley consiguió ver a través de esas oscuras nubes e imaginó una sociedad futura sin guerras, hambrunas ni plagas, que gozaba de una paz, prosperidad y salud ininterrumpidas. Es un mundo consumista, que da rienda suelta completa al sexo, a las drogas y al rock and roll, y cuyo valor supremo es la felicidad. La tesis subyacente al libro es que los humanos son algoritmos bioquímicos, que la ciencia puede piratear el algoritmo humano y que entonces puede usarse la tecnología para manipularlo.

En este mundo nuevo y valiente,* el Gobierno Mundial emplea biotecnología e ingeniería social avanzadas para asegurarse de que todos estén siempre contentos y nadie tenga ningún motivo para rebelarse. Es como si Alegría, Tristeza y los demás personajes que habitan en el cerebro de Riley se hubieran transformado en leales agentes gubernamentales. Por tanto, no hay necesidad de una policía secreta, ni de campos de concentración ni de un Ministerio del Amor al estilo del de *1984* de Orwell. De hecho, el genio de Huxley consiste en demostrar que es posible controlar a la gente con mucha mayor seguridad mediante el amor y el placer que mediante el miedo y la violencia.

Cuando la gente lee *1984*, se le hace evidente que Orwell está describiendo un mundo de pesadilla estremecedora, y la única pregunta que se plantea es: «¿Cómo evitamos llegar a un estado tan terrible?». Leer *Un mundo feliz* es una experiencia mucho más desconcertante y desafiante, porque nos resulta muy difícil señalar lo que hace que este mundo sea exactamente distópico. Es pacífico y próspero, y todos están muy satisfechos todo el tiempo. ¿Qué es lo que hay de malo en ello?

Huxley plantea esta pregunta directamente en el momento culminante de la novela: el diálogo entre Mustafá Mond, el Interventor Mundial para la Europa occidental, y John el Salvaje, que ha vivido toda su vida en una reserva nativa en Nuevo México, y que es la única otra persona en Londres que todavía sabe algo acerca de Shakespeare o Dios.

Cuando John el Salvaje intenta incitar a la gente de Londres para que se rebele contra el sistema que los controla, todos reaccionan con una apatía absoluta a su llamada, pero la policía lo arresta y lo lleva ante Mustafá Mond. El Interventor Mundial mantiene una agradable charla con John, y le explica que si insiste en ser antisocial

* El título original es *Brave New World*. *(N. del T.)*

debería simplemente irse a algún lugar apartado y vivir como un ermitaño. Entonces John pone en cuestión las ideas que subyacen al orden global, y acusa al Gobierno Mundial porque en su búsqueda de la felicidad ha eliminado no solo la verdad y la belleza, sino todo lo que es noble y heroico en la vida:

—Mi joven y querido amigo —dijo Mustafá Mond—, la civilización no tiene en absoluto necesidad de nobleza ni de heroísmo. Tales cosas son síntomas de ineficacia política. En una sociedad bien organizada como la nuestra, nadie tendrá ocasión de ser noble y heroico. Es preciso que las circunstancias se hagan fundamentalmente inestables para que tal ocasión pueda surgir. Donde hay guerras, donde hay juramentos de fidelidad, donde hay tentaciones que resistir, donde hay objetos de amor por los que luchar o a los que defender, allí, naturalmente, nobleza y heroísmo tienen una explicación. Pero hoy ya no hay guerras. Se tiene el mayor cuidado en evitar que se ame demasiado a alguien. No hay una fidelidad dividida; está uno acondicionado de tal suerte que no puede dejar de hacer lo que tiene que hacer. Y lo que tiene que hacer es, en conjunto, tan agradable, a tantos impulsos naturales se les permite que se manifiesten libremente que no hay en realidad tentaciones que resistir. Y si, por una desgraciada casualidad, sucediera de alguna manera algo desagradable, bueno, siempre queda [la droga] *soma* para permitir evadirse de la realidad. Y siempre hay *soma* para calmar su cólera, para reconciliarle a uno con sus enemigos, para volverle paciente y sufrido. Antaño, estas cosas solo podían lograrse realizando un gran esfuerzo y tras muchos años de dura disciplina moral. Ahora, uno se traga dos o tres tabletas de medio gramo, y ya está. Todos pueden ser virtuosos ahora. Pueden llevar consigo, en un frasquito, la mitad cuando menos de su moralidad. Cristianismo sin lágrimas, esto es lo que es el *soma*.

—Pero las lágrimas son necesarias. ¿No recuerda lo que dijo Otelo? «Si tras cada tempestad vienen tales calmas, ¡que soplen los vientos hasta que despierten a la muerte!» Uno de los viejos indios solía contarnos un relato, el de la doncella de Mátsaki. Los jóvenes que querían casarse con ella tenían que pasar una mañana cavando en su jardín. Parecía fácil, pero había moscas y mosquitos, moscas y mosquitos mágicos. La mayoría de los jóvenes no podían resistir las mordeduras y picaduras. Pero el único que pudo, aquel obtuvo la chica.

—¡Encantador! Pero en los países civilizados —dijo el Interventor— se pueden tener muchachas sin cavar para ellas, y no hay moscas ni mosquitos que le piquen. Hace ya siglos que nos libramos de ellos.

El Salvaje asintió, frunciendo el ceño.

—Se han librado de ellos. Sí, eso es muy propio. Librarse de todo lo desagradable en vez de aprender a soportarlo. Pero es más noble sufrir en el alma los golpes y saetas de la suerte, o tomando las armas contra un piélago de desgracias, triunfar de ellas al fin. [...] Pero ustedes no hacen ni lo uno ni lo otro. Ni sufren ni luchan. Solo han abolido hondas y saetas. Es demasiado fácil. [...] Lo que les hace falta —prosiguió el Salvaje— es algo que cueste lágrimas. [...] ¿Acaso no vale nada vivir peligrosamente?

—¡Muchísimo! —replicó el Interventor—. Hombres y mujeres necesitan que se les estimule de vez en cuando las glándulas suprarrenales. [...] Es una de las condiciones de la salud perfecta. Por esto hemos hecho que los tratamientos de SPV sean obligatorios.

—¿SPV?

—Sucedáneo de Pasión Violenta. Regularmente, una vez al mes. Inundamos todo el organismo con adrenalina. Es el equivalente fisiológico completo del miedo y la cólera. Todos los efectos tónicos de asesinar a Desdémona y de ser asesinada por Otelo, sin ninguno de los inconvenientes.

—Pero a mí me gustan los inconvenientes.

—A nosotros no —dijo el Interventor—. Preferimos hacer las cosas cómodamente.

—Pero yo no quiero la comodidad. Quiero a Dios, quiero la poesía, quiero el peligro verdadero, quiero la libertad, quiero la bondad. Quiero el pecado.

—De hecho —dijo Mustafá Mond—, usted reclama el derecho a ser desgraciado.

—Muy bien, pues —dijo desafiante el Salvaje—, reclamo el derecho a ser desgraciado.

—Por no mencionar el derecho a envejecer y a volverse feo e impotente, el derecho a tener sífilis y cáncer, el derecho a tener muy poco que comer, el derecho a ser piojoso, el derecho a vivir en la constante inquietud de lo que pueda ocurrir mañana, el derecho a contraer la fiebre tifoidea, el derecho a ser atormentado por indecibles dolores de todo tipo.

Hubo un largo silencio.

—Los reclamo todos —dijo finalmente el Salvaje.

Mustafá Mond se encogió de hombros.

—Concedido —dijo.[1]

John el Salvaje se retira a un desierto deshabitado, donde vive como un ermitaño. Los años de existencia en una reserva india y de lavado de cerebro a manos de Shakespeare y la religión lo han condicionado para rechazar todas las bendiciones de la modernidad. Pero las noticias de un tipo tan insólito y excitante se extienden rápidamente, la gente acude en masa para observarlo y registrar cuanto hace, y muy pronto se convierte en una celebridad. Muy deprimido por toda esta atención no deseada, el Salvaje escapa de la matriz civilizada no tragándose una píldora roja, sino ahorcándose.

A diferencia de los creadores de *Matrix* y de *El show de Truman*, Huxley dudaba de la posibilidad de escapar, porque cuestionaba que hubiera alguien que quisiera darse a la fuga. Puesto que nuestro cerebro y nuestro «yo» son parte de la matriz, para escapar de esta hay que escapar del yo. La matriz, sin embargo, es una posibilidad que vale la pena explorar. Escapar de la reducida definición del yo podría muy bien convertirse en una habilidad de supervivencia necesaria en el siglo XXI.

Parte V

Resiliencia

¿Cómo se vive en una época de desconcierto cuando los relatos
antiguos se han desmoronado y todavía no ha surgido
un relato nuevo que los sustituya?

19

Educación

El cambio es la única constante

La humanidad se enfrenta a revoluciones sin precedentes, todos nuestros relatos antiguos se desmoronan y hasta el momento no ha surgido ningún relato nuevo para sustituirlos. ¿Cómo prepararnos y preparar a nuestros hijos para un mundo de transformaciones sin precedentes y de incertidumbres radicales? Un recién nacido ahora tendrá treinta y tantos años en 2050. Si todo va bien, ese bebé todavía estará vivo hacia 2100, e incluso podría ser un ciudadano activo en el siglo XXII. ¿Qué hemos de enseñarle a ese niño o esa niña que le ayude a sobrevivir y a prosperar en el mundo de 2050 o del siglo XXII? ¿Qué tipo de habilidades necesitará para conseguir trabajo, comprender lo que ocurre a su alrededor y orientarse en el laberinto de la vida?

Por desgracia, puesto que nadie sabe cómo será el mundo en 2050 (por no mencionar el de 2100), no tenemos respuesta a estas preguntas. Desde luego, los humanos nunca pudieron predecir el futuro con exactitud. Pero hoy es más difícil de lo que ha sido jamás, porque una vez que la tecnología nos permita modificar cuerpos, cerebros y mentes, ya no podremos estar seguros de nada, ni siquiera de aquello que parecía fijo y eterno.

Hace mil años, en 1018, la gente no sabía muchas cosas acerca del futuro, pero no obstante estaba convencida de que las características básicas de la sociedad humana no cambiarían. Si hubiéramos vivido en China en 1018, sabríamos que hacia 1050 el Imperio Song podría desmoronarse, que los kitanos podrían invadir desde el norte y que la peste podría matar a millones de personas. Sin embargo, tendríamos claro que incluso en 1050 la mayoría de la gente seguiría trabajando como agricultores y tejedores, que los gobernantes todavía confiarían en que los humanos dotaran de personal a sus ejércitos y burocracias, que los hombres todavía dominarían a las mujeres, que la esperanza de vida seguiría siendo de unos cuarenta años y que el cuerpo humano sería exactamente el mismo. De modo que en 1018, los padres chinos pobres enseñaban a sus hijos a plantar arroz o a tejer seda, y los padres más ricos enseñaban a sus hijos a leer los clásicos confucianos, a escribir caligrafía o a luchar a caballo, y a sus hijas a ser amas de casa modestas y obedientes. Era evidente que tales habilidades todavía se necesitarían en 1050.

Por el contrario, hoy en día no tenemos ni idea de cómo será China o el resto del mundo en 2050. No sabemos qué hará la gente para ganarse la vida, no sabemos cómo funcionarán los ejércitos ni las burocracias y no sabemos cómo serán las relaciones de género. Probablemente, algunas personas vivirán mucho más que en la actualidad, y el cuerpo humano podría experimentar una revolución sin precedentes gracias a la bioingeniería y a interfaces directas cerebro-ordenador. De ahí que muchas de las cosas que los chicos aprenden hoy en día serán irrelevantes en 2050.

En la actualidad, demasiadas escuelas se centran en que se aprenda de memoria la información. En el pasado esto tenía sentido, porque esta escaseaba, e incluso el lento goteo de la información existente era repetidamente bloqueado por la censura. Si uno vivía, pongamos por caso, en un pequeño pueblo de México en 1800, difícilmente sabría muchas cosas sobre el resto del mundo. No había radio, ni televisión, ni periódicos diarios ni bibliotecas públicas.[1] Y aun en el caso de que uno fuera culto y tuviera acceso a una biblioteca privada, no había mucho que leer, aparte de novelas y tratados religiosos. El Imperio español censuraba con dureza todos los textos impresos localmente, y solo permitía importar desde el extranjero un goteo de publicaciones revisadas.[2] La cosa era muy parecida si se vivía en alguna ciudad de provincias de Rusia, la India, Turquía o China. Cuando aparecieron las escuelas modernas, que enseñaron a todos los niños a leer y a escribir y a les impartieron los datos básicos de geografía, historia y biología, supusieron una mejora inmensa.

En cambio, en el siglo XXI estamos inundados de una cantidad enorme de información, y ni siquiera los censores intentan impedirla. En cambio, están atareados difundiendo desinformación o distrayéndonos con cosas sin importancia. Si vivimos en algún pueblo mexicano de provincias y disponemos de un teléfono inteligente, podemos pasar muchas vidas enteras solo leyendo la Wikipedia, mirando charlas TED y haciendo cursos gratuitos en línea. Ningún gobierno puede pensar en ocultar toda la información que no le gusta. Por otro lado, es alarmante lo fácil que resulta inundar a la gente con informes conflictivos y pistas falsas. Personas de todo el mundo están solo a un clic de distancia de los últimos informes sobre el bombardeo de Alepo o de la fusión de los casquetes polares, pero hay tantos informes contradictorios que no sabemos qué creer. Además, hay muchísimas más cosas que también están a solo un clic de distancia, lo que hace difícil centrarse, y cuando la política o la ciencia parecen demasiado complicadas, es tentador pasar a ver algunos divertidos vídeos de gatitos, cotilleos de famosos o pornografía.

En un mundo de este tipo, lo último que un profesor tiene que proporcionar a sus alumnos es más información. Ya tienen demasiada. En cambio, la gente necesita la capacidad de dar sentido a la información, de señalar la diferencia entre lo que es y no es importante y, por encima de todo, de combinar muchos bits de información en una imagen general del mundo.

A decir verdad, ese ha sido el ideal de la educación liberal occidental durante siglos, pero hasta ahora muchas escuelas occidentales han sido bastante indolentes a la hora de darle cumplimiento. Los profesores se permitían centrarse en acumular datos al tiempo que animaban a los alumnos a «pensar por sí mismos». Debido a su temor al autoritarismo, las escuelas liberales sentían un horror particular hacia las grandes narraciones. Suponían que mientras diéramos a los estudiantes muchísimos datos y un poco de libertad, los alumnos crearían su propia imagen del mundo, e incluso si esta generación no conseguía sintetizar todos los datos en un relato del mundo significativo y coherente, habría mucho tiempo para construir una buena síntesis en el futuro. Ahora nos hemos quedado sin tiempo. Las decisiones que tomemos en las próximas décadas moldearán el futuro de la propia vida, y podemos tomar estas decisiones solo a partir de nuestra visión actual del mundo. Si esta generación carece de una concepción cabal al respecto, el futuro de la vida se decidirá al azar.

LA COSA ESTÁ QUE ARDE

Además de información, la mayoría de las escuelas se centran demasiado asimismo en proporcionar a los alumnos un conjunto de habilidades predeterminadas, como resolver ecuaciones diferenciales, escribir lenguaje de programación en C++, identificar sustancias químicas en un tubo de ensayo o conversar en chino. Pero dado que no tenemos ni idea de cómo serán el mundo y el mercado laboral en 2050, no sabemos qué pericias concretas necesitará la gente. Podemos hacer un gran esfuerzo para enseñar a los chicos a escribir en C++ o a hablar en chino, para acabar descubriendo que en 2050 la IA podría codificar los programas informáticos mucho mejor que los humanos y que una nueva app de Google Translate nos permitirá mantener una conversación en mandarín, cantonés o hakka casi perfectos, aunque solo sepamos decir «Ni hao».

Así pues, ¿qué tendríamos que enseñar? Muchos pedagogos expertos indican que en las escuelas deberían dedicarse a enseñar «las cuatro ces»: pensamiento crítico, comunicación, colaboración y creatividad.[3] De manera más amplia, tendrían que restar importancia a las habilidades técnicas y hacer hincapié en las habilidades de uso general para la vida. Lo más importante de todo será la capacidad de habérselas con el cambio, de aprender nuevas cosas y de mantener el equilibrio mental en situaciones con las que no estemos familiarizados. Para estar a la altura del mundo de 2050, necesitaremos no solo inventar nuevas ideas y productos: sobre todo necesitaremos reinventarnos una y otra vez.

Porque a medida que la velocidad del cambio aumente, es probable que no solo mute la economía, sino también lo que significa el «ser humano». Ya en 1848 el *Manifiesto comunista* declaraba que «todo lo sólido se desvanece en el aire». Sin embargo, Marx y Engels pensaban principalmente en las estructuras sociales y económicas.

Hacia 2048, las estructuras físicas y cognitivas también se desvanecerán en el aire o en una nube de bits de datos.

En 1848, millones de personas perdían su trabajo en las granjas rurales y se dirigían a las grandes ciudades para trabajar en las fábricas. Pero cuando llegaban a la gran ciudad, era improbable que cambiaran de género o que asumieran un sexto sentido. Y si encontraban un trabajo en alguna fábrica textil, podían esperar seguir teniendo esa profesión el resto de su vida laboral.

En 2048, la gente tendrá que habérselas con migraciones al ciberespacio, con identidades de género fluidas y con nuevas experiencias sensoriales generadas por implantes informáticos. Si encuentran tanto trabajo como sentido en diseñar la moda más vanguardista para un juego de realidad virtual en tres dimensiones, pasada una década no solo esta profesión concreta, sino todos los empleos que exijan tal nivel de creación artística podrían realizarlos inteligencias artificiales. Así, con veinticinco años de edad una persona puede meterse en una web de citas como «mujer heterosexual de veinticinco años que vive en Londres y trabaja en una tienda de moda». A los treinta y cinco, la misma persona dice que es «una persona de género no especificado que se ha sometido a un ajuste de edad, y cuya actividad neocortical tiene lugar principalmente en el mundo virtual de NewCosmos, y cuya misión en la vida es llegar a donde ningún diseñador de moda haya llegado antes». A los cuarenta y cinco años, tanto buscar citas como definirse a uno mismo son cosas completamente pasadas de moda. Solo cabe esperar que un algoritmo encuentre (o cree) la pareja perfecta para nosotros. En cuanto extraer sentido del arte de diseñar moda, los algoritmos nos han superado de manera tan irrevocable que contemplar nuestros grandes logros de la década anterior nos abochorna más que nos enorgullece. Y a los cuarenta y cinco todavía nos aguardan muchas décadas de cambios radicales.

Por favor, no interprete el lector al pie de la letra esta situación hipotética. En realidad, nadie puede predecir los cambios específicos que presenciaremos. Es probable que cualquier escenario futuro concreto se halle lejos de la verdad. Si alguien nos describe el mundo de mediados del siglo XXI y parece ciencia ficción, probablemente sea falso. Pero si entonces alguien nos describe el mundo de mediados del siglo XXI y no parece ciencia ficción, entonces es falso con toda seguridad. No podemos estar seguros de las cosas concretas, pero el propio cambio es la única certeza.

Este cambio tan profundo podría muy bien transformar la estructura básica de la vida, haciendo de la discontinuidad su característica más destacada. Desde tiempo inmemorial, la existencia se dividía en dos partes complementarias: un período de aprendizaje seguido de otro de trabajo. En la primera parte de la vida se acumulaba información, se desarrollaban habilidades, se construía una visión del mundo y una identidad estable. Incluso si a los quince años uno pasaba la mayor parte del día trabajando en el arrozal de la familia (en vez de en el colegio), lo más importante que uno hacía era aprender: cómo cultivar el arroz, cómo llevar las negociaciones con los comerciantes ricos y codiciosos de la gran ciudad, y cómo resolver conflictos sobre la tierra y el agua con los demás aldeanos. En la segunda parte de la vida uno se basaba en las capacidades acumuladas para moverse por el mundo, ganarse la vida y contribuir a la sociedad. Por supuesto, incluso a los cincuenta años uno continuaba aprendiendo más sobre el arroz, los comerciantes y los conflictos, pero se trataba de pequeñas modificaciones de capacidades ya muy perfeccionadas.

A mediados del siglo XXI, el cambio acelerado unido a una esperanza de vida más prolongada hará que este modelo tradicional quede obsoleto. La vida se descontrolará y habrá cada vez menos continuidad entre los diferentes períodos de la existencia. «¿Quién soy?» será una pregunta más urgente y complicada de lo que nunca fue.[4]

Es probable que esto conlleve niveles altísimos de estrés, porque el cambio casi siempre es estresante, y a partir de una determinada edad a la mayoría de la gente no le gusta cambiar. Cuando tenemos quince años, toda nuestra vida es cambio. Nuestro cuerpo crece, nuestra mente se desarrolla, nuestras relaciones se intensifican. Todo fluye, y todo es nuevo. Estamos atareados inventándonos. A casi todos los adolescentes les resulta aterrador, pero al mismo tiempo también es emocionante. Ante nosotros se abren nuevos horizontes, y tenemos todo un mundo por conquistar.

Cuando tenemos cincuenta, no queremos cambios, y la mayoría de las personas han desistido de conquistar el mundo. Estuve allí, hice esto, me compré una camiseta. Preferimos con mucho la estabilidad. Hemos invertido tanto en nuestras habilidades, nuestra carrera, nuestra identidad y nuestra visión del mundo que no queremos empezarlo todo de nuevo. Cuanto más hemos trabajado para construir algo, más difícil es abandonarlo y hacer sitio a algo nuevo. Quizá sigamos valorando nuevas experiencias y ajustes menores, pero la mayoría de las personas en la cincuentena no están preparadas para revisar las estructuras profundas de su identidad y su personalidad.

Hay razones neurológicas para ello. Aunque el cerebro adulto es más flexible e inestable de lo que antaño se creía, sigue siendo menos maleable que el cerebro adolescente. Reconectar neuronas y reconexionar sinapsis son tareas condenadamente difíciles.[5] Pero en el siglo XXI apenas podemos permitirnos la estabilidad. Si intentamos aferrarnos a alguna identidad, trabajo o visión del mundo estables, nos arriesgamos a quedar rezagados mientras el mundo pasa zumbando por nuestro lado. Dado que es probable que aumente la esperanza de vida, podríamos tener que permanecer al final muchas décadas como un fósil inútil. Para seguir siendo relevantes (no solo desde el punto de vista económico, sino por encima de todo desde el punto de vista social) necesitaremos la capacidad de aprender de manera constante y de reinventarnos, sin duda a una edad joven, como los cincuenta años.

A medida que lo raro se convierte en lo nuevo normal, nuestras experiencias pasadas, así como las experiencias pasadas de la humanidad entera, se convertirán en guías menos fiables. Los humanos como individuos y la humanidad como un todo tendrán que habérselas cada vez más con cosas con que nadie se topó antes, como máquinas superinteligentes, cuerpos modificados, algoritmos que puedan manipular nuestras emociones con asombrosa precisión, rápidos cataclismos climáticos causados por el hombre y la necesidad de cambiar de profesión cada década. ¿Qué es lo correcto cuando nos enfrentamos a una situación de todo punto sin precedentes? ¿Cómo actuar cuando nos vemos inundados por enormes cantidades de información y no hay ninguna manera de poder asimilarla y analizarla toda? ¿Cómo vivir en un mundo donde la incertidumbre profunda no es un error, sino una característica?

Para sobrevivir y prosperar en semejante mundo necesitaremos muchísima flexibilidad mental y grandes reservas de equilibrio emocional. Tendremos que desprendernos de manera repetida de algo de lo que mejor conocemos, y sentirnos cómodos con lo desconocido. Por desgracia, enseñar a los chicos a aceptar lo desconocido y a mantener su equilibrio mental es muchísimo más difícil que enseñarles una ecuación de física o las causas de la Primera Guerra Mundial. No podemos aprender resiliencia leyendo un libro o escuchando una conferencia. Los mismos profesores suelen carecer de la flexibilidad mental que el siglo XXI exige, porque ellos son el producto del sistema educativo antiguo.

La revolución industrial nos ha legado la teoría de la educación como una cadena de producción. En medio de la ciudad hay un gran edificio de hormigón dividido en muchas salas idénticas, cada una de ellas equipada con hileras de mesas y sillas. Al sonido de un timbre nos dirigimos a una de estas salas con otros treinta niños que nacieron el mismo año que nosotros. Cada hora entra un adulto en la sala y empieza a hablar. A todos ellos les paga el gobierno para eso. Uno de ellos nos habla de la forma de la Tierra, otro nos cuenta cosas del pasado de los humanos y un tercero nos explica aspectos del cuerpo humano. Es fácil reírse de este modelo, y casi todo el mundo está de acuerdo en que, con independencia de sus logros anteriores, ahora se halla en crisis. Pero hasta ahora no hemos creado una alternativa viable; al menos, y sin duda, no una capaz de ajustarse y que pueda ser implementada en el México rural y no solo en los lujosos barrios residenciales de California.

HACKEAR A HUMANOS

De modo que el mejor consejo que puedo dar a un chico o a una chica de quince años atascados en una escuela anticuada en algún lugar de México, la India o Alabama es: no confíes demasiado en los adultos. La mayoría tienen buenas intenciones, pero no acaban de entender el mundo. En el pasado, seguir a los adultos era una apuesta segura, porque conocían el mundo muy bien y el mundo cambiaba muy despacio. Pero el siglo XXI va a ser diferente. Debido a la velocidad creciente del cambio, nunca puedes estar seguro de si lo que te dicen los adultos es sabiduría intemporal o prejuicio anticuado.

Así pues, ¿en qué puedes confiar? ¿Quizá en la tecnología? Es una apuesta más arriesgada aún. La tecnología puede ayudarte mucho, pero si acaba ejerciendo un gran poder sobre tu vida, podrías convertirte en un rehén de sus planes. Hace miles de años, los humanos inventaron la agricultura, pero esta tecnología enriqueció solo a una élite minúscula, al tiempo que esclavizaba a la mayoría de sus congéneres. La mayor parte de la gente se encontró arrancando malas hierbas, acarreando agua y cosechando maíz bajo un sol abrasador desde el alba hasta el atardecer. También puede ocurrirte a ti.

La tecnología no es mala. Si sabes lo que quieres hacer en la vida, tal vez te ayude a obtenerlo. Pero si no lo sabes, a la tecnología le será facilísimo moldear tus objetivos por ti y tomar el control de tu vida. Sobre todo porque la tecnología es cada vez más sofisticada a la hora de entender a los humanos, por lo que puedes verte sirviéndola cada vez más, en lugar de que ella te sirva. ¿Has visto a esos zombis que vagan por las calles con la cara pegada a sus teléfonos inteligentes? ¿Crees que controlan la tecnología, o que esta los controla a ellos?

Entonces ¿tienes que confiar en ti mismo? Esto suena muy bien en *Barrio Sésamo* o en una anticuada película de Disney, pero en la vida real no funciona tanto. Incluso Disney se ha dado cuenta de ello. Al igual que Riley Andersen, la mayoría de la gente apenas se conoce a sí misma, y cuando intenta «escucharse», cae fácilmente presa de manipulaciones externas. La voz que oímos en nuestra cabeza nunca fue digna de confianza, porque siempre reflejaba la propaganda del Estado, el lavado ideológico del cerebro y la publicidad comercial, por no mencionar los virus bioquímicos.

A medida que la biotecnología y el aprendizaje automático mejoren, será más fácil manipular las emociones y los deseos más íntimos de la gente, y resultará más peligroso que nunca seguir simplemente nuestro corazón. Cuando Coca-Cola, Amazon, Baidu o el gobierno sepan cómo tirar de los hilos de nuestro corazón y pulsar los botones de nuestro cerebro, ¿podrás seguir apreciando la diferencia entre tu yo y sus expertos en marketing?

Para tener éxito en una tarea tan abrumadora deberás esforzarte mucho en conocer mejor tu sistema operativo. Para saber qué eres y qué quieres de la vida. Este es, desde luego, el consejo más antiguo del libro: conócete a ti mismo. Durante miles de años, filósofos y profetas han animado a la gente a que se conociera a sí misma. Pero este consejo nunca fue más urgente que en el siglo XXI, porque, a diferencia de lo que ocurría en la época de Lao-Tse o de Sócrates, ahora tienes una competencia seria. Coca-Cola, Amazon, Baidu y el gobierno se apresuran a piratearte, a hackearte. No a hackear tu teléfono inteligente, ni tu ordenador ni tu cuenta bancaria: están inmersos en una carrera para hackearte a ti y a tu sistema operativo orgánico. Quizá hayas oído que vivimos en la época de hackear ordenadores, pero eso apenas es una parte de la verdad. En realidad, vivimos en la época de hackear a humanos.

Ahora mismo los algoritmos te están observando. Observan adónde vas, qué compras, con quién te ves. Pronto supervisarán todos tus pasos, tu respiración, los latidos de tu corazón. Para llegar a conocerte cada vez mejor, se basan en macrodatos y en el aprendizaje automático. Y cuando estos algoritmos te conozcan mejor de lo que te conoces tú, lograrán controlarte y manipularte, y tú poco podrás hacer al respecto. Vivirás en *Matrix*, o en *El show de Truman*. Al final, se trata de una cuestión empírica sencilla: si los algoritmos entienden de verdad lo que ocurre dentro de ti mejor que tú mismo, la autoridad pasará a ellos.

Desde luego, podrías ser perfectamente feliz cediendo toda la autoridad a los algoritmos y confiando en ellos para que decidan por ti y por el resto del mundo. Si es así, limítate a relajarte y a disfrutar del viaje. No es necesario que hagas nada: los algoritmos se encargarán de todo. Si, en cambio, quieres conservar cierto control de tu existencia personal y del futuro de la vida, tendrás que correr más deprisa que los algoritmos, más que Amazon y el gobierno, y conseguir conocerte a ti mismo antes de que lo hagan ellos. Para correr deprisa, no lleves contigo mucho equipaje. Deja atrás todas tus ilusiones. Pesan mucho.

20

Significado

La vida no es un relato

¿Quién soy? ¿Qué debo hacer en la vida? ¿Cuál es el sentido de la vida? Los humanos han estado formulándose estas preguntas desde tiempo inmemorial. Cada generación necesita una respuesta nueva, porque lo que sabemos y lo que no sabemos va cambiando. Dado todo lo que sabemos y lo que no sabemos de la ciencia, de Dios, de la política y de la religión, ¿cuál es la mejor respuesta en la actualidad?

¿Qué tipo de respuesta espera la gente? En casi todos los casos, cuando la gente pregunta por el sentido de la vida, espera que se le cuente un relato. *Homo sapiens* es un animal que cuenta relatos, que piensa en relatos más que en números o en gráficos, y que cree que su propio universo funciona como un relato, lleno de héroes y villanos, conflictos y resoluciones, momentos culminantes y finales felices. Cuando buscamos el sentido de la vida, queremos un relato que explique de qué va la realidad y cuál es mi papel concreto en el drama cósmico. Este papel me convierte en una parte de algo más grande que yo y da sentido a todas mis experiencias y elecciones.

Un relato popular, que se ha contado durante miles de años a miles de millones de humanos ansiosos, explica que todos formamos parte de un ciclo eterno que incluye y conecta a todos los seres. Cada ser cumple una función distinta en el ciclo. Comprender el sentido de la vida significa comprender la función única de cada uno, y llevar una vida satisfactoria significa cumplir dicha función.

La epopeya hindú del Bhagavad Gita relata cómo, en mitad de una devastadora guerra civil, al gran príncipe guerrero Arjuna lo consumen las dudas. Viendo a amigos y a familiares en el ejército

295

contrario, vacila antes de luchar contra ellos y matarlos. Empieza a preguntarse qué son el bien y el mal, quién decidió que así fuera y cuál es el propósito de la vida humana. Entonces el dios Krisna le explica a Arjuna que dentro del gran ciclo cósmico cada ser posee un *dharma* único, el camino que debes seguir y los deberes que debes cumplir. Si realizas tu *dharma*, por difícil que sea el camino, gozarás de paz mental y te liberarás de todas las dudas. Si rehúsas seguir tu *dharma* e intentas seguir el camino de alguna otra persona (o vagar sin tomar ningún camino), perturbarás el equilibrio cósmico y nunca encontrarás paz ni alegría. Da igual cuál sea tu camino concreto, mientras lo sigas. Una lavandera que sigue devotamente el camino de lavandera es muy superior a un príncipe que se aparta del camino de príncipe. Al haber entendido el sentido de la vida, Arjuna se dedica a seguir su *dharma* como guerrero. Mata a sus amigos y parientes, conduce a su ejército a la victoria, y se convierte en uno de los héroes más estimados y amados del mundo hindú.

La epopeya de 1994 de Disney *El rey león* se reinventó este relato antiguo para audiencias modernas, donde el joven león Simba interpreta el papel de Arjuna. Cuando Simba quiere conocer el sentido de la existencia, su padre (el rey león Mufasa) le cuenta el gran Círculo de la Vida. Mufasa explica que los antílopes comen hierba, los leones se comen a los antílopes, y cuando los leones mueren, su cuerpo se descompone y alimenta a la hierba. Así es como la vida continúa de generación en generación, siempre que cada animal desempeñe su papel en el drama. Todo está conectado, y cada cual depende de los demás, de manera que si tan solo una hoja de hierba dejara de cumplir su misión, todo el Círculo de la Vida podría deshacerse. La misión de Simba, dice Mufasa, es gobernar el reino de los leones después de la muerte de Mufasa, y mantener en orden a los demás animales.

Sin embargo, cuando Mufasa muere prematuramente, asesinado por su malvado hermano Scar, el joven Simba se siente responsable de la catástrofe y, atormentado por la culpa, abandona el reino del león, rehúye su destino real y se pierde en la tierra salvaje. Allí encuentra a otros dos parias, una suricata y un facóquero, y juntos pasan unos años despreocupados fuera del camino trillado. Su filosofía antisocial implica que a cada problema responden cantando «hakuna matata»: no te preocupes.

Pero Simba no puede escapar a su *dharma*. Cuando madura, cada vez está más preocupado al no saber quién es y qué debe hacer en la vida. En el momento culminante del filme, el espíritu de Mufasa se le revela a Simba en una visión, y le recuerda el Círculo de la Vida y su identidad real. Simba también se entera de que, en su ausencia, el malvado Scar ha ocupado el trono y ha dirigido mal el reino, que ahora padece mucho debido a la discordia y a la hambruna. Simba comprende por fin quién es y qué debe hacer. Retorna al reino del león, mata a su tío, se convierte en rey y restablece la armonía y la prosperidad. La película termina con un orgulloso Simba presentando a su heredero recién nacido a los animales reunidos, lo que asegura la continuidad del gran Círculo de la Vida.

El Círculo de la Vida presenta el drama cósmico como un relato circular. Porque cuanto Simba y Arjuna saben es que los leones comen antílopes y los guerreros luchan en batallas durante incontables eones y continuarán haciéndolo por siempre jamás. La repetición eterna confiere poder al relato, pues implica que este es el devenir natural de las cosas, y que si Arjuna evita el combate o si Simba rehúsa convertirse en rey, estarán rebelándose contra las leyes mismas de la naturaleza.

Si creo en alguna versión del relato del Círculo de la Vida, esto significa que poseo una identidad fija y verdadera que determina mis deberes vitales. Durante muchos años puedo albergar dudas acerca de dicha identidad o pasarla por alto, pero algún día, en algún gran momento culminante, me será revelada, y comprenderé mi papel en el drama cósmico, y aunque luego tal vez me tope con muchas pruebas y tribulaciones, me habré liberado de las dudas y la desesperanza.

Otras religiones e ideologías creen en un drama cósmico lineal, que tiene un principio definido, una parte intermedia no muy larga y un final definitivo. Por ejemplo, según el relato musulmán, en el principio Alá creó todo el universo y estableció sus leyes. Después reveló dichas leyes a los humanos a través del Corán. Por desgracia, gentes ignorantes y malvadas se rebelaron contra Alá e intentaron quebrantar u ocultar dichas leyes, y depende de los musulmanes virtuosos y leales hacer cumplir estas leyes y propagar el conocimiento de las mismas. Finalmente, en el Día del Juicio, Alá juzgará la conducta de todos y cada uno de los individuos. Recompensará a los virtuosos con una dicha eterna en el paraíso y arrojará a los malvados a los pozos ardientes del infierno.

Esta narración grandiosa implica que mi papel en la vida, pequeño pero importante, es seguir las órdenes de Alá, difundir el conocimiento de Sus leyes y asegurar la obediencia a Sus deseos. Si me creo el relato musulmán, le encuentro sentido a rezar cinco veces al día, a donar dinero para construir una nueva mezquita y a luchar contra apóstatas e infieles. Incluso las actividades más mundanas (lavarse las manos, beber vino, practicar sexo) están impregnadas de un sentido cósmico.

También el nacionalismo mantiene un relato lineal. Así, el relato sionista comienza con las aventuras y los logros bíblicos del pueblo judío, narra dos mil años de exilio y persecución, alcanza un clímax con el Holocausto y el establecimiento del Estado de Israel, y desea que llegue el día en que Israel goce de paz y prosperidad, y se convierta en un faro moral y espiritual para el mundo. Si me creo el relato sionista, llego a la conclusión de que la misión de mi vida es promover los intereses de la nación judía protegiendo la pureza del lenguaje hebreo, luchando para recuperar el territorio judío perdido, o quizá teniendo y criando a una nueva generación de leales niños israelíes.

También en este caso, incluso los proyectos rutinarios están impregnados de significado. El Día de la Independencia, los escolares israelíes suelen entonar una canción popular hebrea que ensalza cualquier acción emprendida por el bien de la patria. Un niño canta: «He construido una casa en la tierra de Israel», otro niño canta: «He plantado un árbol en la tierra de Israel», otro interviene con: «He escrito un poema en la tierra de Israel», y así sucesivamente, hasta que al final todos se unen en un coro que canta: «Así tenemos una casa, un árbol, un poema [y cualquier otra cosa que se quiera añadir] en la tierra de Israel».

El comunismo cuenta un relato análogo, pero se centra en la clase y no en la etnicidad. El *Manifiesto comunista* empieza proclamando:

La historia de toda sociedad hasta nuestros días no ha sido sino la historia de las luchas de clases. Hombres libres y esclavos, patricios y plebeyos, nobles y siervos, maestros y oficiales; en una palabra, opresores y oprimidos, en lucha constante, mantuvieron una guerra ininterrumpida, ya abierta, ya velada; una guerra que termina siempre, bien por una transformación revolucionaria de la sociedad, bien por la destrucción de las dos clases antagónicas.[1]

El manifiesto sigue explicando que, en la época moderna, «la sociedad en su conjunto se divide cada vez más en dos grandes campos hostiles, en dos grandes clases enemigas: la burguesía y el proletariado».[2] Su lucha terminará con la victoria del proletariado, lo que señalará el fin de la historia y el establecimiento del paraíso comunista en la Tierra, donde nadie poseerá nada y todos serán completamente libres y felices.

Si creo en este relato comunista, llego a la conclusión de que la misión de mi vida es acelerar la revolución global escribiendo feroces panfletos, organizando huelgas y manifestaciones, o quizá asesinando a capitalistas codiciosos y luchando contra sus lacayos. El relato confiere significado incluso a los gestos más nimios, como boicotear una marca que explota a los trabajadores textiles en Bangladés o discutir con el cerdo capitalista de mi suegro durante la comida de Navidad.

Cuando considero toda la gama de relatos que buscan definir mi verdadera identidad y dar sentido a mis actos, me sorprende percatarme de que la escala significa muy poco. Algunos relatos, como el Círculo de la Vida de Simba, parecen extenderse hacia la eternidad. Solo ante el telón de fondo del universo puedo saber quién soy. Otros relatos, como la mayoría de los mitos nacionalistas y tribales, son poco convincentes en comparación. El sionismo considera sagradas las aventuras de alrededor del 0,2 por ciento de la humanidad y del 0,005 por ciento de la superficie de la Tierra durante una minúscula fracción de la duración total del tiempo. El relato sionista no atribuye ningún significado a los imperios chinos, a las tribus de Nueva Guinea ni a la galaxia de Andrómeda, y tampoco a los incontables eones que transcurrieron antes de la existencia de Moisés, Abraham y la evolución de los simios.

Esta miopía puede tener repercusiones graves. Por ejemplo, uno de los mayores obstáculos para cualquier tratado de paz entre israelíes y palestinos es que los israelíes no están dispuestos a dividir la ciudad de Jerusalén. Aducen que esta ciudad es «la capital eterna del pueblo judío», y sin duda no es posible transigir en algo que es eterno.[3] ¿Qué son unas pocas personas muertas en comparación con la eternidad? Desde luego, esto es una completa estupidez. La eternidad tiene como mínimo 13.800 millones de años (la edad actual del universo). El planeta Tierra se formó hace unos 4.500 millones de años y los humanos han existido durante al menos 2 millones de años. En cambio, la ciudad de Jerusalén se estableció hace solo 5.000 años y el pueblo judío tiene, a lo sumo, 3.000 años de antigüedad, lo que difícilmente cumple los requisitos de eternidad.

En cuanto al futuro, la física nos dice que el planeta Tierra será absorbido por un Sol en expansión dentro de unos 7.500 millones de años,[4] y que nuestro universo continuará existiendo al menos 13.000 millones de años más. ¿Acaso hay alguien que crea seriamente que el pueblo judío, el Estado de Israel o la ciudad de Jerusalén seguirán existiendo dentro de 13.000 años, por no hablar ya de 13.000 millones de años? Considerando el futuro, el sionismo tiene un horizonte de no más de unos pocos siglos, pero eso basta para colmar la imaginación de la mayoría de los israelíes y de alguna manera calificarlo como «eternidad». Y la gente está dispuesta a hacer sacrificios en nombre de «la ciudad eterna», que probablemente no harían por un efímero conjunto de casas.

Cuando era un adolescente en Israel, también me cautivó inicialmente la promesa nacionalista de convertirme en algo mayor que yo mismo. Quería creer que, si daba mi vida por la nación, viviría para siempre en la nación. Pero no podía comprender lo que quería decir «vivir para siempre en la nación». La frase parecía muy profunda, pero ¿qué significaba en realidad? Recuerdo una ceremonia concreta del día de los Caídos, cuando yo tenía trece o catorce años. Mientras que en Estados Unidos el día de los Caídos se caracteriza sobre todo por ir de compras, en Israel el día de los Caídos es un acontecimiento muy solemne e importante. Ese día en las escuelas se realizan ceremonias para recordar a los soldados que han muerto en las muchas guerras de Israel. Los chicos visten de blanco, recitan poemas, cantan canciones, colocan coronas y hacen ondear banderas. De modo que allí estaba yo, vestido de blanco, durante la ceremonia de mi colegio, y entre el ondear de las banderas y el recitado de poemas pensé naturalmente que cuando creciera también me gustaría ser un soldado caído. Después de todo, si fuera un heroico soldado caído que sacrificó su vida por Israel, todos esos chicos recitarían poemas y harían ondear banderas en mi honor.

Pero entonces pensé: «Espera un momento. Si estoy muerto, ¿cómo sabré que estos chicos está en verdad recitando poemas en mi honor?». De modo que intenté imaginarme muerto. Y me vi reposando bajo alguna lápida blanca en un pulcro cementerio militar, escuchando los poemas procedentes de algo más arriba, la superficie del suelo. Pero entonces pensé: «Si estoy muerto, no puedo oír ningún poema porque no tengo oídos, y no tengo cerebro, y no puedo oír ni sentir nada. Así pues, ¿qué sentido tiene?».

Peor todavía era que a los trece años yo ya sabía que el universo tenía un par de miles de millones de años de antigüedad y que probablemente seguiría existiendo durante miles de millones de años más. ¿Era realista que esperara que Israel existiera durante un tiempo tan extenso? ¿Acaso chicos *Homo sapiens* vestidos de blanco recitarían todavía poemas en mi honor doscientos millones de años después? En aquel asunto había algo sospechoso.

Si resulta que el lector es palestino, no se sienta ufano: es igual de improbable que exista ningún palestino dentro de unos doscientos millones de años. De hecho, con toda probabilidad para entonces no existirá ningún mamífero. Otros movimientos nacionales son igualmente estrechos de miras. Al nacionalismo serbio le importan poco los acontecimientos del período Jurásico, mientras que los nacionalistas coreanos creen que una pequeña península en la costa oriental de Asia es la única parte del cosmos que de verdad importa en el gran plan de las cosas.

Ni que decir tiene que ni siquiera Simba (a pesar de su entrega al perpetuo Círculo de la Vida) contempla nunca el hecho de que leones, antílopes y hierba no sean eternos. Simba no piensa en cómo era el universo antes de la evolución de los mamíferos, ni cuál será el destino de su amada sabana africana después de que los humanos hayan matado a todos los leones y cubierto las praderas de asfalto y hormigón. ¿Haría esto que la vida de Simba careciera de sentido?

Todos los relatos son incompletos. Pero para construir una identidad viable para mí y dar sentido a mi vida, en realidad no necesito un relato completo desprovisto de puntos ciegos y de contradicciones internas. Para dar sentido a mi vida, un relato solo tiene que satisfacer dos condiciones: primera, ha de darme a mí algún papel que desempeñar. Es improbable que el miembro de una tribu de Nueva Guinea crea en el sionismo o en el nacionalismo serbio, porque a estos relatos no les importa en absoluto Nueva Guinea ni su gente. Al igual que las estrellas de cine, a los humanos les gustan solo los guiones que les reservan un papel importante.

En segundo lugar, aunque no es necesario que un buen relato se extienda hasta el infinito, sí tiene que extenderse más allá de mis horizontes. El relato me proporciona una identidad y da sentido a mi vida al asignarme algo mayor que yo mismo. Pero siempre existe el riesgo de que pueda empezar a preguntarme qué da sentido a este «algo mayor». Si el sentido de mi vida es ayudar al proletariado o a la nación polaca, ¿qué otorga sentido exactamente al proletariado o a la nación polaca? Hay un cuento de un hombre que afirmaba que el mundo se mantiene en su lugar porque descansa sobre el lomo de un enorme elefante. Cuando se le preguntó sobre qué reposaba el elefante, contestó que sobre el caparazón de una gran tortuga. ¿Y la tortuga? Sobre el caparazón de una tortuga todavía mayor. ¿Y esa tortuga más grande? El hombre contestó apresuradamente: «No se preocupe por eso. A partir de ahí hay tortugas hasta el final».

Los relatos de mayor éxito tienen el final abierto. Nunca necesitan explicar de dónde procede en último término el sentido, porque saben captar muy bien la atención de la gente y mantenerla dentro de una zona segura. Así, cuando se explica que el mundo descansa sobre el lomo de un elefante inmenso, uno debe anticiparse a cualquier pregunta difícil describiendo con gran detalle que cuando el elefante bate sus gigantescas orejas, provoca un huracán, y cuando tiembla de cólera, un terremoto sacude la superficie de la Tierra. Si se teje un cuento lo bastante bueno, a nadie se le ocurrirá preguntar sobre qué se sostiene el elefante. De manera parecida, el nacionalismo nos seduce con relatos de heroísmo, hace que se nos salten las lágrimas al contarnos antiguos desastres y desata nuestra furia al mortificarse por las injusticias que padeció nuestra nación. Quedamos tan absortos en esta epopeya nacional que empezamos a evaluar cuanto ocurre en el mundo en función de su impacto sobre nuestra nación, y rara vez pensamos en preguntar, para empezar, qué hizo que nuestra nación fuera tan importante.

Cuando creemos un relato concreto, nos resulta interesantísimo conocer sus detalles más nimios, al tiempo que permanecemos ciegos a todo lo que queda fuera de su ámbito. Los comunistas devotos pueden pasar innumerables horas debatiendo si es permisible que se alíen con los socialdemócratas en los primeros estadios de la revolución, pero rara vez se detienen a reflexionar sobre el lugar del proletariado en la evolución de los mamíferos en el planeta Tierra, o en la expansión de la vida orgánica en el cosmos. Tales charlas ociosas se consideran un desperdicio de palabras contrarrevolucionario.

Aunque algunos relatos se toman la molestia de abarcar la totalidad del espacio y del tiempo, si son capaces de captar la atención, muchos relatos exitosos permanecen en un ámbito mucho más reducido. Una ley fundamental de la narración es que una vez que un relato consigue extenderse más allá del horizonte de la audiencia, su ámbito último importa poco. La gente puede mostrar el mismo fanatismo asesino en nombre de una nación con mil años de historia que en nombre de un dios con mil millones de años de antigüedad. A la gente, simplemente, no se le dan bien los grandes números. En la mayoría de los casos, cuesta sorprendentemente poco agotar nuestra imaginación.

Dado lo que sabemos acerca del universo, parecería absolutamente imposible que una persona sensata creyera que la verdad última de este y de la existencia humana sea el relato del nacionalismo israelí, alemán o ruso, o de hecho del nacionalismo en general. Un relato que pasa por alto casi la totalidad del tiempo, todo el espacio, el big bang, la física cuántica y la evolución de la vida es, a lo sumo, una minúscula parte de la verdad. Pero, de alguna manera, la gente consigue no ver más allá de él.

En realidad, miles de millones de personas a lo largo de la historia creyeron que para que su vida tuviera sentido ni siquiera necesitaban ser asimilados dentro de una nación o de un gran movimiento ideológico. Era suficiente con que, simplemente, «dejaran algo tras de sí», con lo que se aseguraban que su relato personal continuara más allá de su muerte. El «algo» que dejo atrás es idealmente mi alma o mi esencia personal. Si renazco en un nuevo cuerpo tras la muerte de mi cuerpo actual, entonces la muerte no es el final. Es solo el espacio entre dos capítulos, y la trama que se inició en un capítulo continuará en el siguiente. Mucha gente tiene al menos una fe vaga en una teoría de este tipo, aunque no la basen en ninguna teología específica. No necesitan un dogma complicado, únicamente el sentimiento reconfortante de que su relato continúa más allá del horizonte de la muerte.

Esta teoría de la vida como una epopeya interminable es sumamente atractiva y común, pero adolece de dos problemas principales. Primero, al alargar mi relato personal no lo hago en verdad más significativo; simplemente, lo hago más largo. De hecho, las dos grandes religiones que aceptan la idea de un ciclo interminable de nacimientos y muertes (el hinduismo y el budismo) comparten su aversión por la futilidad de todo ello. Millones y millones de veces aprendo a caminar, crezco, me peleo con mi suegra, enfermo, muero, y luego lo hago todo de nuevo. ¿Qué sentido tiene? Si yo acumulara todas las lágrimas que he vertido en cada una de mis vidas anteriores, llenarían el océano Pacífico; si reuniera todos los dientes y cabellos que he perdido, alcanzarían una altura superior a la del Himalaya. ¿Y qué he conseguido con todo eso? No es extraño que los sabios hindúes y budistas hayan dedicado gran parte de sus esfuerzos a encontrar la manera de salir de este tiovivo en lugar de perpetuarlo.

El segundo problema de esta teoría es la escasa evidencia de apoyo. ¿Qué prueba tengo de que en una vida pasada fui un campesino medieval, un cazador neandertal, un *Tyrannosaurus rex* o una ameba (si realmente viví millones de vidas, tuve que haber sido un dinosaurio y una ameba en algún momento, porque los humanos solo han existido en los últimos 2,5 millones de años)? ¿Quién pondrá las manos en el fuego asegurando que en el futuro renacerá como un cíborg, un explorador intergaláctico o incluso una rana? Basar mi vida en esta promesa es como vender mi casa a cambio de un cheque diferido que pagará un banco situado por encima de las nubes.

Por tanto, la gente que duda de que algún tipo de alma o espíritu sobreviva en realidad a su muerte se esfuerza por dejar atrás algo un poco más tangible. Ese «algo tangible» puede tomar una de dos formas: cultural o biológica. Puedo dejar atrás un poema, pongamos por caso, o algunos de mis preciosos genes. Mi vida tiene sentido porque la gente todavía leerá mi poema dentro de cien años, o porque mis hijos y nietos estarán todavía aquí. ¿Y cuál es el sentido de sus vidas? Bueno, ese es su problema, no el mío. El sentido de la vida es de este modo un poco como jugar con una granada de mano activada: una vez que se la pasas a alguna otra persona, estás seguro.

Por desgracia, esa modesta esperanza de solo «dejar atrás algo» rara vez se cumple. La mayoría de los organismos que han existido se extinguieron sin dejar ninguna herencia genética. Casi todos los dinosaurios, por ejemplo. O una familia de neandertales cuando los sapiens los relevaron. O el clan polaco de mi abuela. En 1934, mi abuela Fanny emigró a Jerusalén con sus padres y dos hermanas, pero la mayor parte de sus familiares quedaron atrás, en las ciudades polacas de Chmielnik y Czestochowa. Unos pocos años después llegaron los nazis y los eliminaron a todos, hasta al último niño.

Los intentos de dejar atrás algún legado cultural pocas veces tienen más éxito. Nada ha quedado del clan polaco de mi abuela excepto unas pocas caras descoloridas en el álbum de fotografías familiar, y a los noventa y seis años ni siquiera mi abuela logra poner nombres a las caras. Por lo que yo sé, los miembros del clan no han dejado atrás ninguna creación cultural: ni un poema, ni un diario, ni siquiera una lista de la compra. Se podría aducir que comparten una parte de la herencia colectiva del pueblo judío o del movimiento sionista, pero es difícil que eso dé sentido a su vida individual. Además, ¿cómo sabemos que todos ellos valoraban su identidad judía o estaban de acuerdo con el movimiento sionista? Quizá uno de ellos fuera un comunista convencido y sacrificara su vida siendo espía para los soviéticos. Quizá otro no quisiera más que integrarse en la sociedad polaca, sirviera como oficial en el ejército polaco y fuera

asesinado por los soviéticos en la masacre de Katyn. Quizá un tercero fuera una feminista radical que rechazaba todas las identidades
tradicionales religiosas y nacionalistas. Puesto que no dejaron nada
atrás, es demasiado fácil reclutarlos póstumamente para tal o cual
causa, y ni siquiera pueden protestar.

Si no logramos dejar nada tangible atrás, como un gen o un poema, ¿no será suficiente con que hagamos que el mundo sea un poco
mejor? Podemos ayudar a alguien, y ese alguien ayudará a continuación a alguna otra persona, y así contribuiremos a la mejora general
del mundo y seremos un pequeño eslabón en la gran cadena de la
bondad. Quizá seamos el profesor de un niño brillante pero difícil,
que acabará siendo médico y salvará la vida de cientos de personas.
Quizá ayudemos a una anciana a cruzar la calle e iluminemos una
hora de su vida. Aunque tiene sus méritos, la gran cadena de la bondad es un poco como la gran cadena de las tortugas: no es en absoluto evidente de dónde procede su sentido. A un anciano sabio se le
preguntó qué había aprendido acerca del sentido de la vida. «Bueno
—contestó—, he aprendido que estoy aquí, en la Tierra, para ayudar
a otras personas. Lo que todavía no he entendido es por qué hay
aquí otras personas.»

Para quienes no confían en ninguna gran cadena, en ninguna
herencia futura ni en ninguna epopeya colectiva, tal vez el relato más
seguro y parsimonioso al que pueden encomendarse sea al del amor.
El amor no pretende que se vaya más allá del aquí y el ahora. Como
atestiguan incontables poemas amorosos, cuando se está enamorado,
todo el universo se reduce al lóbulo de la oreja, a la pestaña o al pe-
zón de nuestro amado. Cuando Romeo contempla a Julieta, que
apoya la mejilla en su mano, exclama: «¡Oh! ¡Que no fuera yo un
guante de esa mano para poder tocar esa mejilla!». Al conectarnos
con un único cuerpo aquí y ahora, nos sentimos conectados con
todo el cosmos.

Lo cierto es que nuestra amada es solo otro humano, no diferente en esencia de multitudes a las que pasamos por alto a diario en el
tren y en el supermercado. Pero para nosotros, él o ella parece el infinito, y somos felices de perdernos en esta infinitud. Poetas místicos
de todas las tradiciones han combinado a menudo el amor román-

tico con la unión cósmica y han escrito sobre Dios como si fuera un amante. Los poetas románticos han saldado la galantería al escribir sobre sus amantes como si fueran dioses. Si estamos de verdad enamorados de alguien, nunca nos preocupa el sentido de la vida.

¿Y qué ocurre si no estamos enamorados? Bueno, si creemos en el relato romántico pero no estamos enamorados, al menos sabemos cuál es el objetivo de nuestra vida: encontrar el amor verdadero. Lo hemos visto en un sinnúmero de películas y hemos leído sobre ello en un sinnúmero de libros. Sabemos que un día conoceremos a ese ser especial, veremos el infinito dentro de dos ojos centelleantes, toda nuestra vida tendrá sentido de repente y todas las preguntas que hayamos albergado se contestarán repitiendo un nombre una y otra vez. Igual que Tony en *West Side Story* o que Romeo al ver a Julieta contemplándolo desde el balcón.

EL PESO DEL TECHO

Aunque un buen relato ha de otorgarme un papel y extenderse más allá de mis horizontes, no tiene por qué ser verdadero. Un relato puede ser pura ficción, y aun así darme una identidad y hacer que sienta que mi vida tiene sentido. De hecho, hasta donde llega nuestro conocimiento científico, ninguno de los miles de relatos que las diferentes culturas, religiones y tribus han inventado a lo largo de la historia es cierto. Todos son solo invenciones humanas. Si buscamos el sentido real de la vida y a cambio obtenemos un relato, debemos saber que es la respuesta equivocada. Los detalles exactos en realidad no importan. Cualquier relato es erróneo, simplemente por ser un relato. El universo no funciona como un relato.

Así pues, ¿por qué la gente cree en estas ficciones? Una razón es que su identidad personal se ha construido sobre el relato. A las personas se nos pide que creamos en el relato desde la más tierna infancia. Lo oímos por boca de nuestros padres, nuestros maestros, nuestros vecinos y de la cultura general mucho antes de que desarrollemos la independencia intelectual y emocional necesaria para poner en cuestión dicho relato y verificarlo. Para cuando nuestro intelecto madura, hemos proyectado tanto en el relato que es mucho más probable que usemos nuestro intelecto para racionalizarlo que para dudar de él. La mayoría de la gente que se dedica a la búsqueda de identidad es como los niños que van a la caza de tesoros: solo encuentra lo que sus padres han ocultado previamente para ella.

En segundo lugar, no únicamente nuestras identidades personales, sino también nuestras instituciones colectivas se han construido sobre el relato. En consecuencia, resulta muy intimidante dudar de este. En muchas sociedades, a quien intenta hacerlo se le condena al ostracismo o se le persigue. Aunque no sea así, hay que tener nervios de acero para cuestionar el tejido mismo de la sociedad. Porque si de verdad el relato es falso, entonces el mundo tal como lo conocemos no tiene sentido. Leyes estatales, normas sociales, instituciones económicas, todas podrían desmoronarse.

La mayoría de los relatos se mantienen cohesionados por el peso de su techo más que por la solidez de sus cimientos. Pensemos en el relato cristiano. Sus cimientos son los más endebles de todos. ¿Qué prueba tenemos de que el hijo del Creador del universo entero naciera como una forma de vida basada en el carbono en algún lugar de la Vía Láctea hace unos dos mil años? ¿Qué prueba tenemos de que esto ocurriera en la provincia romana de Galilea y de que Su madre fuera una virgen? Pero se han erigido enormes instituciones globales sobre dicho relato, y su peso presiona con una fuerza tan abrumadora que lo mantienen en su lugar. Se han librado guerras enteras por haber querido cambiar una sola palabra del relato. El cisma de mil años entre los cristianos occidentales y los cristianos ortodoxos orientales, que recientemente se ha manifestado en la matanza mutua de croatas y serbios, se inició a partir de la sola palabra *filioque* («y del hijo» en latín). Los cristianos occidentales querían introducir este término en la profesión de fe cristiana, mientras que los orientales se opusieron de forma vehemente. (Las consecuencias de añadir este término son tan arcanas que sería imposible explicarlas aquí de una manera que tuviera sentido. Si el lector es curioso, pregúntele a Google.)

Una vez que identidades personales y sistemas sociales enteros se construyen sobre un relato, resulta impensable dudar del mismo, no debido a las pruebas que lo apoyan, sino porque su hundimiento desencadenaría un cataclismo personal y social. En historia, a veces el techo es más importante que los cimientos.

*HOCUS POCUS** Y LA INDUSTRIA DE LA FE

Todos los relatos que nos dan sentido e identidad son ficticios, pero los humanos necesitamos creer en ellos. Así, ¿cómo hacer que el relato se perciba como real? Es evidente por qué los humanos quieren creer en él, pero ¿cómo se lo creen realmente? Ya hace miles de años que sacerdotes y chamanes dieron con la respuesta: mediante rituales. Un ritual es un acto mágico que hace que lo abstracto sea concreto y lo ficticio, real. La esencia del ritual es el conjuro mágico «Hocus pocus, ¡X es Y!».[5]

¿Cómo hacer que Cristo sea real para sus devotos? En la ceremonia de la misa, el sacerdote toma un pedazo de pan y un vaso de vino, y proclama que el pan es la carne de Cristo y que el vino es la sangre de Cristo, y comiéndolos y bebiéndolos los fieles consiguen la comunión con Cristo. ¿Qué hay más real que sentir de verdad a Cristo en nuestra boca? Tradicionalmente, el sacerdote hacía estas audaces proclamaciones en latín, el lenguaje antiguo de la religión, la ley y los secretos de la vida. Frente a los asombrados ojos de los campesinos reunidos, el sacerdote mantenía en alto un pedazo de pan y exclamaba «Hoc est corpus!» («¡Este es el cuerpo!») y el pan se convertía en teoría en la carne de Cristo. En la mente de los analfabetos campesinos, que no hablaban latín, «Hoc est corpus!» se embarullaba en «¡Hocus pocus!», y así nació el potente hechizo capaz de transformar una rana en un príncipe y una calabaza en un carruaje.[6]

Mil años antes del nacimiento del cristianismo, los antiguos hindúes usaban el mismo truco. El Brihadaranyaka Upanishad interpreta el sacrificio ritual de un caballo como una realización de todo el relato del cosmos. El texto sigue la estructura del «Hocus pocus, ¡X es Y!», y dice: «La cabeza del caballo sacrificial es el alba, su ojo es el sol, su

* «Abracadabra.» *(N. del T.)*

309

fuerza vital el aire, su boca abierta el fuego llamado Vaisvanara, y el cuerpo del caballo sacrificial es el año, [...] sus miembros son las estaciones, sus articulaciones los meses y quincenas, sus pies los días y noches, sus huesos las estrellas, y su carne las nubes, [...] su bostezo es el relámpago, el temblor de su cuerpo es el trueno, su producción de agua es la lluvia y su relincho es la voz».[7] Y así un pobre caballo se convierte en la totalidad del cosmos.

Casi todo puede transformarse en un ritual al conferir a gestos mundanos, como encender cirios, tañer campanas o contar cuentas, un significado religioso profundo. Lo mismo cabe decir de gesticulaciones físicas, como inclinar la cabeza, postrar todo el cuerpo o juntar las palmas de las manos. Varias formas de tocados, desde el turbante sij hasta el hiyab musulmán, han estado tan cargadas de significado que durante siglos han desencadenado luchas apasionadas.

También el alimento puede estar cargado de significado espiritual mucho más allá de su valor nutritivo, ya se trate de los huevos de Pascua que simbolizan nueva vida y la resurrección de Cristo, o las hierbas amargas y el pan ácimo que los judíos han de comer en la Pascua judía para recordar su esclavitud en Egipto y su huida milagrosa. Apenas hay un plato en el mundo que no se haya interpretado como símbolo de algo. Así, el día de Año Nuevo los judíos creyentes comen miel para que el año que comienza sea dulce, cabezas de pescado para ser fecundos como los peces y desplazarse hacia delante y no hacia atrás, y granadas para que sus buenas obras se multipliquen como las muchas semillas de este fruto.

Asimismo, se han usado rituales similares para fines políticos. Durante miles de años, coronas, tronos y báculos representaron reinos e imperios enteros, y millones de personas murieron en guerras brutales que se libraron por la posesión del «trono» o de la «corona». Las cortes reales cultivaron protocolos sumamente complejos, equiparables a las más intrincadas ceremonias religiosas. En lo militar, disciplina y ritual son inseparables, y los soldados, desde la antigua Roma hasta hoy en día, pasan muchísimas horas marchando en formación, saludando a los superiores y lustrando las botas. Es bien sabido que Napoleón comentó que él podía hacer que los hombres sacrificaran su vida por un galón de colores.

Quizá nadie entendió la importancia política de los rituales mejor que Confucio, que consideró que la observancia estricta de los ritos (*li*) era la clave de la armonía social y la estabilidad política. Clásicos confucianos como *El libro de los ritos*, *Los ritos de Zhou* y *El libro de la etiqueta y los ritos* registraron hasta el más mínimo detalle qué ritos había que ejecutar en cada acontecimiento de Estado, desde el número de recipientes rituales usados en la ceremonia hasta el tipo de instrumentos musicales que debían tocarse y los colores de los ropajes que debían llevarse. Siempre que China se veía afectada por alguna crisis, los eruditos confucianos culpaban enseguida al abandono de los ritos, como un sargento mayor que culpa de la derrota militar a los soldados holgazanes por no abrillantar sus botas.[8]

En el Occidente moderno, la obsesión confuciana por los rituales se ha visto con frecuencia como una señal de superficialidad y arcaísmo. En realidad, es probable que dé fe de la apreciación profunda e intemporal de la naturaleza humana por parte de Confucio. Quizá no sea una coincidencia que las culturas confucianas (la primera y principal en China, pero también en las vecinas Corea, Vietnam y Japón) crearan estructuras sociales y políticas perdurables. Si queremos conocer la verdad última de la vida, ritos y rituales son un obstáculo enorme. Pero si estamos interesados (como Confucio) en la estabilidad y la armonía sociales, la verdad suele ser una carga, mientras que ritos y rituales figuran entre nuestros mejores aliados.

Esto es tan relevante en el siglo XXI como lo fue en la antigua China. El poder de *hocus pocus* está vivito y coleando en nuestro moderno mundo industrial. En 2018, para mucha gente dos palos de madera clavados son Dios, un cartel coloreado en la pared es la revolución y un retazo de tela que ondea al viento es la nación. No podemos ver ni oír Francia, porque existe solo en nuestra imaginación, pero sin duda podemos ver la bandera tricolor y escuchar «La Marsellesa». De modo que ondeando una bandera y cantando un himno transformamos la nación, que pasa de ser un relato abstracto a una realidad tangible.

Hace miles de años, los hindúes devotos sacrificaban a preciosos caballos; hoy invierten en la producción de costosas banderas. La bandera nacional de la India es conocida como Tiranga (literalmente, «tricolor»), porque está formada por tres bandas de color azafrán, blanco y verde. El Código de la Bandera de la India de 2002 proclama: «La bandera representa las esperanzas y aspiraciones del pueblo de la India. Es el símbolo de nuestro orgullo nacional. A lo largo de las últimas cinco décadas, varias personas, entre ellas miembros de las fuerzas armadas, han sacrificado incondicionalmente su vida para hacer que la tricolor siga ondeando en todo su esplendor».[9] A continuación, el Código de la Bandera cita a Sarvepalli Radhakrishnan, el segundo presidente de la India, que explicó:

> El color azafrán denota renuncia o desinterés. Nuestros dirigentes han de mostrarse indiferentes frente a las ganancias materiales y dedicarse a su trabajo. El blanco en el centro es luz, el camino de la verdad para guiar nuestra conducta. El verde muestra nuestra relación con el suelo, nuestra relación con la vida vegetal de la que depende toda otra vida. La rueda Ashoka en el centro del blanco es la rueda de la ley del *dharma*. La verdad o *satya*, el *dharma* o la virtud tienen que ser los principios controladores de todos los que trabajan bajo esta bandera.[10]

En 2017, el gobierno nacionalista de la India izó una de las banderas más grandes del mundo en Attari, en la frontera indopakistaní, en un gesto calculado para inspirar no renuncia ni desinterés, sino más bien la envidia pakistaní. Aquella Tiranga concreta pesaba 55 toneladas, medía 36 metros de largo y 24 metros de ancho y se izaba sobre un palo de 110 metros de alto (¿qué hubiera dicho Freud de esto?). La bandera podía divisarse desde la metrópoli pakistaní de Lahore. Por desgracia, fuertes vientos la rasgaban continuamente y el orgullo nacional requería que se la cosiera una y otra vez, con gran coste para los contribuyentes indios.[11] ¿Por qué el gobierno indio invierte sus escasos recursos en tejer banderas enormes en lugar de construir sistemas de alcantarillado en los suburbios de chabolas de Nueva Delhi? Porque la bandera hace que la India sea real de una manera que los sistemas de alcantarillado no lo consiguen.

De hecho, el coste mismo de la bandera vuelve el ritual más efectivo. De todos los rituales, el sacrificio es el más potente, porque de todas las cosas del mundo, el sufrimiento es la más real. Nunca puede pasarse por alto o dudar de él. Si queremos que la gente crea de verdad en alguna ficción, persuadámosla para que haga un sacrificio en su nombre. Una vez que sufrimos por un relato, eso suele bastar para convencernos de que el relato es real. Si ayunamos porque Dios nos ordenó que lo hiciéramos, la sensación tangible de hambre hace que Dios esté presente más que cualquier estatua o icono. Si perdemos las piernas en una guerra patriótica, nuestros muñones y la silla de ruedas hacen que la nación sea más real que cualquier poema o himno. A un nivel menos épico, si preferimos comprar pasta local en lugar de pasta italiana de calidad superior, podríamos estar realizando un pequeño sacrificio diario que hace que sintamos la nación real incluso en el supermercado.

Esto es, desde luego, una falacia lógica. Que suframos debido a nuestra fe en Dios o en la nación no demuestra que nuestras creencias sean ciertas. Quizá estemos simplemente pagando el precio de nuestra credulidad. Sin embargo, a la mayoría de la gente no le gusta admitir que es tonta. En consecuencia, cuanto más se sacrifica por una determinada creencia, más se fortalece su fe. Esta es la misteriosa alquimia del sacrificio. A fin de situarnos bajo su poder, el sacerdote sacrificador no necesita darnos nada: ni lluvia, ni dinero ni una victoria bélica. Más bien necesita quitarnos algo. En cuanto nos convence de que hagamos algún sacrificio doloroso, estamos atrapados.

Esto funciona también en el mundo comercial. Si compramos un Fiat de segunda mano por 2.000 dólares, es probable que nos quejemos de ello al que quiera oírnos. Pero si compramos un Ferrari nuevecito por 200.000 dólares, entonaremos elogios a diestro y siniestro, no porque sea un coche muy bueno, sino porque hemos pagado tanto por él que tenemos que creer que es la cosa más maravillosa del mundo. Incluso en el amor, cualquier aspirante a Romeo o Werther sabe que sin sacrificio no existe un verdadero amor. El sacrificio no es solo una manera de convencer a nuestro amante de que somos serios: es también una manera de convencernos de que estamos realmente enamorados. ¿Por qué cree el lector que las mujeres piden a sus amantes que les regalen anillos de diamantes? Una vez que el amante hace un sacrificio económico tan grande, debe convencerse a sí mismo de que fue por una causa digna.

El sacrificio personal es muy persuasivo no solo para los propios mártires, sino también para los espectadores. Pocos dioses, naciones o revoluciones pueden sostenerse sin mártires. Si nos atrevemos a poner en cuestión el drama divino, el mito nacionalista o la saga revolucionaria, se nos reprocha de inmediato: «Pero ¡los mártires benditos murieron por esto! ¿Te atreves a decir que murieron por nada? ¿Acaso crees que esos héroes eran estúpidos?».

Para los musulmanes chiíes, el drama del cosmos alcanzó su momento culminante en el día de la Ashura, que fue el décimo día del mes de muharram, sesenta y un años después de la Hégira (el 10 de octubre de 680, según el calendario cristiano). Aquel día, en Kerbala (Irak), soldados del malvado usurpador Yazid asesinaron a Husáin ibn Ali, nieto del profeta Mahoma, junto con un pequeño grupo de seguidores. Para los chiíes, el martirio de Husáin simboliza la lucha eterna del bien contra el mal y de los oprimidos contra la injusticia. De la misma manera que los cristianos representan repetidamente el drama de la crucifixión e imitan la pasión de Cristo, los chiíes representan el drama de la Ashura e imitan la pasión de Husáin. Millones de ellos acuden en masa al sagrado altar de Kerbala, que se estableció donde Husáin fue martirizado, y en el día de la Ashura chiíes de todo el mundo llevan a cabo rituales de duelo, en algunos casos flagelándose y cortándose con cuchillos y cadenas.

Pero la importancia de la Ashura no se limita a un lugar ni a un día. El ayatolá Ruhollah Jomeini y otros numerosos líderes chiíes han dicho muchas veces a sus seguidores que «todos los días son la Ashura, y todo lugar es Kerbala».[12] Así, el martirio de Husáin en Kerbala da sentido a cualquier acontecimiento, en cualquier lugar, en cualquier momento, y ha de considerarse que incluso las decisiones más prosaicas tienen un impacto en la gran lucha cósmica entre el bien y el mal. Si nos atrevemos a dudar de este relato, enseguida se nos recordará Kerbala, y dudar del martirio de Husáin o burlarnos del mismo es la peor ofensa que puede cometerse.

Alternativamente, si los mártires escasean y la gente no desea sacrificarse, el sacerdote sacrificador puede hacer que sacrifiquen a algún otro. Podemos sacrificar a un humano a Baal, el dios vengativo, quemar a un hereje en la hoguera para la mayor gloria de Jesucristo, ejecutar a mujeres adúlteras porque Alá así lo dijo, o enviar a los enemigos de clase al gulag. Una vez que lo hacemos, una alquimia del sacrificio ligeramente distinta empieza a operar su magia en nosotros. Cuando nos infligimos sufrimiento a nosotros mismos en el nombre de algún relato, esto nos plantea una disyuntiva: «O bien el relato es cierto, o yo soy un tonto crédulo». Cuando infligimos sufrimiento a los demás, también se nos plantea: «O bien el relato es cierto, o yo soy un villano cruel». Y de la misma manera que no queremos admitir que somos tontos, tampoco queremos admitir que somos villanos, de forma que preferimos creer que el relato es cierto.

En marzo de 1839, en la ciudad iraní de Mashhad, un matasanos local le dijo a una mujer judía que padecía una enfermedad de la piel, y que si mataba a un perro y lavaba las manos en su sangre, se curaría. Mashhad es una ciudad chií sagrada, y sucedió que la mujer comenzó la macabra terapia en el día sagrado de la Ashura. Algunos chiíes, al verla, creyeron (o afirmaron creer) que la mujer mató al perro para burlarse del martirio de Kerbala. Por las calles de Mashhad enseguida corrió la voz de este sacrilegio impensable. Alentada por el imán local, una muchedumbre enfurecida irrumpió en el barrio judío, incendió la sinagoga y asesinó a treinta y seis judíos. A los judíos supervivientes de Mashhad se les ofreció después una elección rigurosa: convertirse al islamismo inmediatamente o la muerte. El sórdido episodio apenas dañó la reputación de Mashhad como «capital espiritual de Irán».[13]

Cuando pensamos en sacrificios humanos, por lo general nos vienen a la mente rituales horripilantes en templos cananeos o aztecas, y suele argumentarse que el monoteísmo puso fin a esta práctica terrible. En realidad, los monoteístas practicaron el sacrificio humano a una escala mucho mayor que la mayoría de los cultos politeístas. El cristianismo y el islamismo mataron a mucha más gente en nombre de Dios que los seguidores de Baal o de Huitzilopochtli. En una época en que los conquistadores españoles pusieron fin a todos los sacrificios humanos a los dioses aztecas e incas, en España la Inquisición quemaba a herejes a carretadas.

Los sacrificios pueden darse en todas las formas y envergaduras. No siempre implican a sacerdotes armados con cuchillos o pogromos sangrientos. El judaísmo, por ejemplo, prohíbe trabajar o viajar en el día sagrado del Sabbat (el significado literal de la palabra Sabbat es «estarse quieto» o «descansar»). El Sabbat empieza con la puesta de sol del viernes y dura hasta la puesta del sol del sábado, y entretanto los judíos ortodoxos se abstienen de hacer casi cualquier tipo de trabajo, incluso cortar papel higiénico del rollo del lavabo. (Tras cierto debate sobre el tema entre los rabinos más doctos, se llegó a la conclusión de que cortar el papel higiénico violaría el tabú del Sabbat, y en consecuencia los judíos devotos que quieran limpiarse el trasero durante el Sabbat han de preparar una reserva de papel higiénico cortado previamente.)[14]

En Israel, los judíos religiosos suelen obligar a los judíos seglares e incluso a ateos consumados a observar esos tabúes. Puesto que el equilibrio del poder en la política israelí suele depender de los partidos ortodoxos, a lo largo de los años han conseguido que se aprobaran leyes que prohíben todo tipo de actividad durante el Sabbat. Aunque no han logrado ilegalizar el uso de vehículos privados durante el Sabbat, sí han podido conseguir que se prohibiera el transporte público. Este sacrificio religioso a escala nacional afecta sobre todo a los sectores más débiles de la sociedad, en especial porque el sábado es el único día de la semana en que las personas trabajadoras están libres para viajar y visitar a familiares y a amigos lejanos y acudir a atracciones turísticas. Una abuela rica no tiene ningún problema en conducir su coche nuevo para visitar a sus nietos en otra ciudad, pero una abuela pobre no puede hacerlo, porque no hay autobuses ni trenes.

Al causar tales dificultades a cientos de miles de ciudadanos, los partidos religiosos demuestran y fortalecen su fe inquebrantable en el judaísmo. Aunque no se vierta sangre, sí se sacrifica el bienestar de muchas personas. Si el judaísmo solo es un relato ficticio, entonces es algo cruel y desalmado impedir que una abuela visite a sus nietos o impedir que un estudiante sin blanca vaya a divertirse un poco a la playa. Cuando, a pesar de todo, esto se hace, los partidos religiosos están diciéndole al mundo (y a sí mismos) que creen de verdad en el relato judío. ¿Acaso piensa el lector que disfrutan perjudicando a la gente si no hay una buena razón, sea esta la que fuere?

El sacrificio no solo fortalece nuestra fe en el relato, sino que a menudo es un sustituto de todas las demás obligaciones para con este. La mayoría de los grandes relatos de la humanidad han establecido ideales que la mayor parte de la gente no puede cumplir. ¿Cuántos cristianos observan realmente los Diez Mandamientos al pie de la letra, y no dan falsos testimonios ni codician bienes ajenos nunca? ¿Cuántos budistas han alcanzado hasta ahora la fase de ausencia del ego? ¿Cuántos socialistas trabajan al máximo posible de su capacidad al tiempo que no toman más de lo que en realidad necesitan?

Incapaz de estar a la altura del ideal, la gente se dedica al sacrificio como una solución. Un hindú puede cometer fraudes en los impuestos, visitar ocasionalmente a una prostituta y maltratar a sus ancianos padres, pero después se convence de que es una persona muy piadosa, porque ha respaldado la destrucción de la mezquita de Babri Masjid en Ayodhya e incluso ha donado dinero para construir un templo hindú en su lugar. En el siglo XXI ocurre lo mismo que en los tiempos antiguos: la búsqueda humana del sentido de la vida acaba muy a menudo con una sucesión de sacrificios.

LA CARTERA DE LA IDENTIDAD

Los antiguos egipcios, cananeos y griegos se aseguraban los sacrificios. Tenían muchos dioses, y si uno fallaba, esperaban que acabara apareciendo otro, de modo que hacían sacrificios al dios Sol por la mañana, a la diosa Tierra al mediodía y a un grupo diverso de hadas y demonios por la tarde. Esto tampoco ha cambiado mucho. Todos los relatos y dioses en que cree la gente en la actualidad (ya se trate de Yahvé, del Becerro de oro, la Nación o la Revolución) son incompletos, están llenos de agujeros y plagados de contradicciones. Por tanto, la gente rara vez deposita toda su fe en un único relato. En cambio, mantiene una cartera de varios relatos y diversas identidades, y pasan de uno a otro según sus necesidades. Estas disonancias cognitivas son inherentes a casi todas las sociedades y los movimientos.

Piense el lector en un típico simpatizante del Tea Party que de alguna manera armoniza una fe ardiente en Jesucristo con una firme objeción a las políticas de bienestar gubernamentales y un apoyo a ultranza a la Asociación Nacional del Rifle. ¿No era Jesús algo más aficionado a ayudar a los pobres que a armarse hasta los dientes? Podría parecer algo incompatible, pero el cerebro humano tiene muchos cajones y compartimentos, y algunas neuronas, simplemente, no se hablan entre sí. De manera similar, podemos encontrar a muchos defensores de Bernie Sanders que tienen una fe vaga en alguna revolución futura, mientras que también creen en la importancia de invertir su dinero de forma sensata. Pueden pasar con toda facilidad de debatir sobre la injusta distribución de la riqueza en el mundo a debatir cómo van sus inversiones en Wall Street.

Casi nadie tiene una sola identidad. Nadie es solo musulmán, o solo italiano o solo capitalista. Pero de vez en cuando aparece un credo fanático e insiste en que la gente debe creer únicamente un relato y tener solo una identidad. En generaciones recientes, el más fanático de dichos credos fue el fascismo. El fascismo insistía en que la gente no tenía que creer ningún relato excepto el relato nacional y no había de tener ninguna identidad excepto la identidad nacional. No todos los nacionalistas son fascistas. La mayoría de los nacionalistas sienten una gran fe en el relato de su nación, y hacen hincapié en los méritos únicos de su nación y las obligaciones únicas que tienen para con su nación; no obstante, reconocen que en el mundo hay más cosas aparte de su nación. Yo puedo ser un italiano leal con obligaciones especiales con la nación italiana, y aun así tener otras identidades. Puedo ser un socialista, un católico, un marido, un padre, un científico y un vegetariano, y cada una de estas identidades conlleva obligaciones añadidas. A veces, varias de mis identidades me impulsan en direcciones diferentes y algunas de mis obligaciones entran en conflicto entre sí. Pero, bueno, ¿quién dijo que la vida es fácil?

El fascismo surge cuando el nacionalismo quiere hacer que la vida sea demasiado fácil para sí, negando todas las demás identidades y obligaciones. Últimamente ha habido mucha confusión sobre el significado exacto de «fascismo». La gente tilda de «fascistas» a todos aquellos que no le gustan. La palabra corre el riesgo de degenerar en un insulto que valga para cualquier cosa. Así pues, ¿qué significa realmente? En resumen, mientras que el nacionalismo me enseña que mi nación es única y que tengo obligaciones especiales para con ella, el fascismo dice que mi nación es suprema y que debo a mi nación obligaciones exclusivas. Nunca antepondré los intereses de ningún grupo o individuo a los intereses de mi nación, con independencia de las circunstancias. Aunque mi nación se dedique a causar muchas desgracias a millones de extranjeros en un país lejano y a cambio de ello consiga un beneficio irrisorio, no he de tener ningún escrúpulo en apoyarla. Si no lo hago, soy un traidor despreciable. Si mi nación me exige que mate a millones de personas, debo matarlas. Si mi nación me exige que traicione la verdad y la belleza, debo traicionarlas.

¿Cómo valora el arte un fascista? ¿Cómo sabe si una película es buena? Muy sencillo. Solo existe una vara de medir. Si el filme sirve a los intereses nacionales, es bueno. Si el filme no sirve a los intereses nacionales, es malo. ¿Y cómo decide un fascista qué enseñar a los niños en la escuela? Usa la misma vara de medir. Enseña a los niños aquello que sirva a los intereses de la nación; la verdad no importa.[15]

Esta veneración por la nación resulta muy atractiva no solo porque simplifica muchos dilemas difíciles, sino también porque hace que la gente piense que pertenece a lo más importante y hermoso del mundo: su nación. Los horrores de la Segunda Guerra Mundial y del Holocausto demuestran las consecuencias terribles de esta línea de pensamiento. Por desgracia, cuando la gente habla de los males del fascismo suele hacerlo a medias, porque tiende a presentar al fascismo como un monstruo horrible al tiempo que no consigue explicar qué tiene de tan fascinante. Por esta razón, en la actualidad hay personas que a veces adoptan ideas fascistas sin darse cuenta. La gente piensa: «Me enseñaron que el fascismo es feo, y cuando me miro en el espejo veo algo muy hermoso, de modo que no puedo ser un fascista».

Es algo parecido al error que cometen las películas de Hollywood cuando presentan a los malos (lord Voldemort, lord Sauron, Darth Vader) como feos y malvados. Por lo general, son crueles y despreciables incluso para con sus más leales partidarios. Al ver estos filmes, nunca he entendido por qué alguien querría seguir a un tipo tan repugnante como Voldemort.

El problema de la maldad radica en que en la vida real no es necesariamente fea. Puede parecer muy hermosa. El cristianismo lo sabía mejor que Hollywood, razón por la cual el arte cristiano tradicional solía presentar a Satanás como un galán bellísimo. Por ese motivo es tan difícil resistirse a las tentaciones de Satanás. Y también por ese motivo es difícil habérselas con el fascismo. Cuando se mira en el espejo fascista, lo que se ve no es feo en absoluto. Cuando los alemanes miraron en el espejo fascista en la década de 1930, vieron Alemania como lo más bello del mundo. Si hoy en día los rusos miran en el espejo fascista, verán Rusia como lo más bello del mundo. Y si los israelíes miran en el espejo fascista, verán Israel como lo más bello del mundo. Entonces desearán perderse dentro de este hermoso colectivo.

El término «fascismo» proviene del latín *fascis*, que significa «haz de varas». Más bien parece un símbolo poco glamuroso para una de las ideologías más feroces y letales en la historia del mundo. Pero tiene un significado profundo y siniestro. Una única vara es muy endeble y se la puede partir fácilmente en dos. Sin embargo, cuando se atan diversas varas juntas en un *fascis*, resulta casi imposible romperlas. Esto implica que el individuo es algo sin importancia, pero mientras el colectivo permanezca unido, es muy poderoso.[16] Por tanto, los fascistas creen en favorecer los intereses del colectivo por encima de los de cualquier individuo, y exigen que ni una sola vara se atreva jamás a romper la unidad del haz.

Desde luego, nunca está claro dónde termina un «haz de varas» humano y empieza otro. ¿Por qué tengo que considerar Italia el haz de varas al que pertenezco? ¿Por qué no mi familia, o la ciudad de Florencia, o la provincia de la Toscana, o el continente europeo o la especie humana en su conjunto? Las formas más leves de nacionalismo me dirán que, en efecto, tengo obligaciones para con mi familia, Florencia, Europa y la humanidad entera, así como obligaciones especiales para con Italia. En cambio, los fascistas italianos exigirán lealtad absoluta únicamente a Italia.

A pesar de todos los esfuerzos de Mussolini y su partido fascista, la mayoría de los italianos se mantuvieron bastante indiferentes a eso de poner Italia por delante de su *famiglia*. En Alemania, la propaganda nazi realizó una tarea mucho más concienzuda, pero ni siquiera Hitler consiguió que la gente se olvidara de los relatos alternativos. Incluso en los días más oscuros de la época nazi, la gente siempre mantuvo algunos relatos en reserva que se sumaban al oficial. Como resultó evidente y claro en 1945. Cabía pensar que después de doce años de lavado de cerebro por parte de los nazis, muchos alemanes serían de todo punto incapaces de dar sentido a sus vidas en la posguerra. Habiendo puesto toda su fe en un gran relato, ¿qué hacer cuando dicho relato saltó por los aires? Pero la mayoría de los alemanes se recobraron a una velocidad asombrosa. En algún lugar de su mente conservaron otros relatos acerca del mundo, y apenas Hitler se había disparado una bala en la sien, los habitantes de Berlín, Hamburgo y Múnich adoptaron nuevas identidades y dieron un renovado sentido a sus vidas.

Es cierto que alrededor del 20 por ciento de los *Gauleiters* (los dirigentes regionales del partido) nazis se suicidaron, como hizo alrededor del 10 por ciento de los generales.[17] Pero eso significa que el 80 por ciento de los *Gauleiters* y el 90 por ciento de los generales estuvieron muy contentos de seguir viviendo. La inmensa mayoría de los nazis con carnet e incluso de las bases de la SS nunca se volvieron locos ni se mataron. Acabaron siendo productivos agricultores, profesores, médicos y agentes de seguros.

De hecho, ni siquiera el suicido demuestra un compromiso absoluto con un único relato. El 13 de noviembre de 2015, Estado Islámico organizó varios ataques suicidas en París que costaron la vida a 130 personas. El grupo extremista explicó que lo hicieron en venganza por el bombardeo a activistas de Estado Islámico en Siria e Irak por parte de la aviación francesa, y con la esperanza de disuadir a Francia de seguir llevando a cabo esos bombardeos en el futuro.[18] Al mismo tiempo, Estado Islámico declaró que todos los musulmanes que habían muerto por causa de la aviación francesa eran mártires que ahora gozaban de felicidad eterna en el cielo.

Aquí hay algo que no tiene sentido. Si en efecto los mártires que habían muerto por causa de la aviación francesa están ahora en el cielo, ¿por qué habría nadie de buscar venganza? ¿Venganza por qué, exactamente? ¿Por enviar gente al cielo? Si el lector acabara de oír que su querido hermano ha ganado un millón de dólares en la lotería, ¿empezaría a hacer volar por los aires todas las administraciones de lotería como venganza? Así pues, ¿por qué causar el caos en París solo porque la aviación francesa dio a algunos de sus hermanos un billete de ida al paraíso? Sería aún peor si de hecho se consiguiera disuadir a los franceses de efectuar más bombardeos en Siria. Porque en este caso irían al cielo menos musulmanes.

Podríamos vernos tentados de llegar a la conclusión de que los activistas de Estado Islámico en realidad no creen que los mártires vayan al cielo. Por ese motivo se encolerizan cuando los bombardean y matan. Pero si es así, ¿por qué algunos de ellos se colocan cinturones explosivos y voluntariamente se inmolan y quedan hechos pedazos? Con toda probabilidad, la respuesta es que se aferran a dos relatos contradictorios, sin pensar demasiado en las incoherencias. Como ya se ha dicho, algunas neuronas no se hablan con otras.

Ocho siglos antes de que la aviación francesa bombardeara los baluartes de Estado Islámico en Siria e Irak, otro ejército francés invadió Oriente Próximo, en lo que es conocido por la posteridad como la Séptima Cruzada. Bajo el mando del rey santo Luis IX, los cruzados esperaban conquistar el valle del Nilo y convertir Egipto en un bastión cristiano. Sin embargo, fueron derrotados en la batalla de Mansura, y la mayoría de los cruzados acabaron prisioneros. Un caballero cruzado, Jean de Joinville, escribió en sus memorias que cuando la batalla estaba perdida y decidieron rendirse, uno de sus hombres dijo: «No puedo estar de acuerdo con esta decisión. Lo que aconsejo es que dejemos que nos maten, porque así iremos al paraíso». Joinville comenta escuetamente que «ninguno hicimos caso de su consejo».[19]

Joinville no explica por qué lo rechazaron. Al fin y al cabo, se trataba de hombres que habían abandonado sus confortables *chateaux* en Francia para embarcarse en una aventura prolongada y peligrosa en Oriente Próximo, sobre todo porque creían en la promesa de la salvación eterna. Entonces ¿por qué cuando solo se hallaban a un instante de distancia de la felicidad eterna del paraíso prefirieron la cautividad musulmana? Por lo visto, aunque los cruzados creían fervientemente en la salvación y en el paraíso, en el momento de la verdad optaron por ir sobre seguro.

El supermercado de Elsinore

A lo largo de la historia, casi todos los humanos han creído en varios relatos al mismo tiempo, y nunca han estado absolutamente convencidos de la verdad de ninguno de ellos. Esta incertidumbre ha inquietado a la mayoría de las religiones, que por ello consideraron que la fe era una virtud cardinal y la duda, uno de los peores pecados posibles. Como si hubiera algo intrínsecamente bueno en creer en las cosas sin pruebas. Sin embargo, con el auge de la cultura moderna, la situación cambió. La fe se consideró cada vez más una esclavitud mental, mientras que la duda acabó viéndose como una condición previa a la libertad.

En algún momento entre 1599 y 1602, William Shakespeare escribió su versión de *El rey león*, más conocida como *Hamlet*. Pero, a diferencia de Simba, Hamlet no completa el Círculo de la Vida. Permanece escéptico e indeciso hasta el final mismo, sin descubrir jamás el sentido de la vida y sin acabar nunca de decidir si es mejor ser o no ser. En esto, Hamlet es el héroe moderno paradigmático. La modernidad no rechaza la plétora de relatos que ha heredado del pasado. En cambio, abre un supermercado para ellos. El humano moderno es libre de probarlos todos, eligiendo y combinando lo que más se acomode a su gusto.

Algunas personas no pueden soportar tanta libertad e incertidumbre. Los movimientos totalitarios modernos como el fascismo reaccionaron de forma violenta al supermercado de ideas dudosas, y superaron incluso a las religiones tradicionales en exigir una fe absoluta en un relato único. Sin embargo, a la mayoría de las personas modernas les gustó el supermercado. ¿Qué se hace cuando no se conoce el sentido de la vida y en qué relato creer? Se santifica la capacidad misma de elegir. Nos quedamos quietos para siempre en el pasillo del supermercado, con el poder y la libertad de elegir lo que nos plaza, de examinar los productos que tenemos delante y..., congela este fotograma, corta, fin. Que pasen los créditos.

Según la mitología liberal, si nos quedamos el tiempo suficiente en este gran supermercado, tarde o temprano experimentaremos la epifanía liberal, y nos percataremos del verdadero sentido de la vida.

Todos los relatos de las estanterías del supermercado son falsos. El sentido de la vida no es un producto prefabricado. No hay un guion divino, y nada externo a mí puede dar sentido a mi vida. Soy yo quien lo impregno todo de significado mediante mi libre albedrío y a través de mis propios sentimientos.

En la película de fantasía *Willow* (un cuento de hadas típico, de George Lucas), el héroe epónimo es un enano normal y corriente que sueña con convertirse en un gran hechicero y dominar los secretos de la existencia. Un día, un hechicero de este tipo pasa por la aldea del enano en busca de un aprendiz. Willow y otros dos enanos candidatos se presentan al hechicero, que plantea a los aspirantes una prueba sencilla. Extiende la mano derecha, despliega sus dedos y pregunta con un tono parecido al de Yoda: «El poder de controlar el mundo, ¿en qué dedo está?». Cada uno de los tres enanos elige un dedo, pero todos eligen el equivocado. No obstante, el hechicero percibe algo en Willow, y después le pregunta: «Cuándo os mostré los dedos, ¿cuál fue tu primer impulso?». «Bueno, fue algo estúpido —contesta Willow, turbado—: elegir mi propio dedo.» «¡Ajá! —exclama el hechicero exultante—. ¡Esa era la respuesta correcta! ¡Te falta fe en ti mismo!» La mitología liberal nunca se cansa de repetir esta lección.

Fueron nuestros propios dedos humanos los que escribieron la Biblia, el Corán y los Vedas, y es nuestra mente la que confiere poder a tales relatos. Son, sin duda, relatos bellos, pero su belleza reside estrictamente en los ojos del espectador. Jerusalén, La Meca, Benarés y Bodh Gaya son lugares sagrados, pero solo debido a lo que sienten los humanos cuando van allí. En sí mismo, el universo es solo un revoltijo sin sentido de átomos. Nada es hermoso, sagrado o sexy, pero los sentimientos humanos así hacen que sea. Solo los sentimientos humanos hacen que una manzana roja sea apetitosa y un zurullo, repugnante. Si eliminamos los sentimientos humanos, nos quedamos con un montón de moléculas.

Esperamos encontrar sentido al encajar nosotros mismos en algún relato prefabricado sobre el universo, pero, según la interpretación liberal del mundo, la verdad es justo lo contrario. El universo no me da sentido. Yo doy sentido al universo. Esta es mi vocación cósmica. No tengo un destino fijado o un *dharma*. Si me encontrara en la piel de Simba o Arjuna, podría elegir luchar por la corona de un reino, pero no tengo por qué hacerlo. Quizá podría unirme a un circo ambulante, ir a Broadway para cantar en un musical o desplazarme a Silicon Valley y lanzar una nueva empresa. Soy libre de crear mi propio *dharma*.

Así, como todos los demás relatos cósmicos, el relato liberal empieza con una narración creacionista. Afirma que la creación tiene lugar en cada momento y que yo soy el creador. ¿Cuál es, pues, el objetivo de mi vida? Crear sentido mediante los sentimientos, los pensamientos, los deseos y las invenciones. Cualquier cosa que limite la libertad humana para sentir, pensar, desear o inventar, limita el sentido del universo. De ahí que la libertad frente a tales limitaciones sea el ideal supremo.

En términos prácticos, los que creen en el relato liberal viven a la luz de dos mandamientos: crea y lucha por la libertad. La creatividad puede manifestarse en escribir un poema, explorar nuestra sexualidad, inventar una nueva app o descubrir una sustancia química desconocida. Luchar por la libertad incluye cualquier cosa que libere a las personas de las limitaciones sociales, biológicas y físicas, ya sea manifestarse contra dictadores brutales, enseñar a niñas a leer, encontrar una cura para el cáncer o construir una nave espacial. El panteón liberal de los héroes alberga a Rosa Parks y a Pablo Picasso junto a Louis Pasteur y a los hermanos Wright.

Esto parece muy emocionante y profundo en la teoría. Por desgracia, la libertad y la creatividad humanas no son lo que el relato liberal imagina. Hasta donde alcanza nuestro conocimiento científico, no hay magia tras nuestras elecciones y creaciones. Son el producto de miles de millones de neuronas que intercambian señales bioquímicas, e incluso si liberamos a humanos del yugo de la Iglesia católica y de la Unión Soviética, sus elecciones seguirán estando dictadas por algoritmos bioquímicos tan despiadados como la Inquisición y el KGB.

El relato liberal nos instruye en buscar libertad para expresarnos y realizarnos. Pero tanto «nosotros» como la libertad son quimeras mitológicas tomadas prestadas de los cuentos de hadas de tiempos antiguos. El liberalismo tiene una idea particularmente confusa del «libre albedrío». Evidentemente, los humanos tenemos libre albedrío, tenemos deseos y a veces somos libres para cumplirlos. Si por «libre albedrío» entendemos la libertad para hacer lo que deseamos, entonces sí, los humanos tenemos libre albedrío. Pero si por «libre albedrío» entendemos la libertad para escoger qué desear..., entonces no, los humanos no tenemos libre albedrío.

Si me atraen sexualmente los hombres, puedo ser libre para realizar mis fantasías, pero no para sentir, en cambio, atracción por las mujeres. En algunos casos quizá decida refrenar mis ansias sexuales o incluso probar una terapia de «conversión sexual», pero el deseo mismo de cambiar mi orientación sexual es algo que mis neuronas me obligan a hacer, tal vez alentadas por prejuicios culturales y religiosos. ¿Por qué una persona se siente avergonzada de su sexualidad e intenta cambiarla mientras que otra celebra los mismos deseos sexuales sin rastro ninguno de culpa? Podría decirse que los sentimientos religiosos de la primera tal vez sean más fuertes que los de la segunda. Pero ¿acaso la gente elige libremente albergar sentimientos religiosos fuertes o débiles? Asimismo, una persona puede decidir ir a la iglesia todos los domingos en un esfuerzo consciente para reforzar sus débiles sentimientos religiosos; pero ¿por qué una persona aspira a ser más religiosa mientras que otra está muy feliz de seguir siendo atea? Esto puede ser el resultado de un número cualquiera de disposiciones culturales y genéticas, pero nunca del «libre albedrío».

Lo que vale para el deseo sexual vale para todos los deseos, y de hecho para todos los sentimientos y pensamientos. Considere simplemente el lector el próximo pensamiento que aflore en su mente. ¿De dónde procede? ¿Ha elegido el lector pensarlo libremente, y solo entonces lo ha pensado? Claro que no. El proceso de autoexploración empieza con cosas sencillas, y cada vez se torna más difícil. Al principio nos damos cuenta de que no controlamos el mundo exterior a nosotros. Yo no decido cuándo llueve. Después nos damos cuenta de que no controlamos lo que ocurre dentro de nuestro propio cuerpo. Yo no controlo mi tensión sanguínea. A continuación comprendemos que no gobernamos siquiera nuestro cerebro. Yo no les digo a las neuronas cuándo disparar. Al final hemos de darnos cuenta de que no controlamos nuestros deseos, ni siquiera nuestras reacciones a tales deseos.

Percatarnos de esto puede ayudarnos a ser menos obsesivos con nuestras opiniones, nuestros sentimientos y nuestros deseos. No tenemos libre albedrío, pero podemos ser un poco más libres de la tiranía de nuestro albedrío. Por lo general, los humanos damos tanta importancia a nuestros deseos que intentamos controlar y modelar el mundo entero según dichos deseos. Al perseguir nuestros antojos, los humanos volamos a la Luna, nos enzarzamos en guerras mundiales y desestabilizamos todo el ecosistema. Si comprendemos que nuestros deseos no son las manifestaciones mágicas de la libre elección, sino que por el contrario son el producto de procesos bioquímicos (influidos por factores culturales que también se hallan fuera de nuestro control), nos preocuparíamos menos de ellos. Es preferible entendernos a nosotros, nuestra mente y nuestros deseos que intentar alcanzar cualquier fantasía que surja de nuestra cabeza.

Y a fin de conocernos, un paso fundamental es reconocer que el «yo» es un relato ficticio que los mecanismos intrincados de nuestra mente construyen, ponen al día y reescriben sin cesar. En mi mente hay un narrador que explica quién soy, de dónde vengo, hacia dónde me dirijo y qué está ocurriendo ahora mismo. Como los expertos manipuladores del gobierno que explican (y maquillan) las últimas turbulencias políticas, el narrador interno se equivoca en muchas ocasiones, pero rara vez, o nunca, lo admite. Y de la misma forma que el gobierno construye un mito nacional con banderas, iconos y desfiles, mi máquina de propaganda interna construye un mito personal con recuerdos estimados y traumas apreciados que suelen guardar muy poco parecido con la verdad.

En la época de Facebook e Instagram, este proceso de creación de mitos puede observarse mejor que nunca, porque parte del mismo se ha externalizado desde la mente al ordenador. Resulta a la vez fascinante y espantoso ver que hay personas que pasan incontables horas construyendo y embelleciendo un yo perfecto en línea, que quedan prendadas de su propia creación y que la confunden con la verdad sobre ellas mismas.[20] Así es como unas vacaciones familiares repletas de atascos de tráfico, riñas insignificantes y silencios tensos se convierte en una colección de bellos paisajes, cenas perfectas y caras sonrientes; el 99 por ciento de lo que experimentamos nunca forma parte del relato del yo.

Resulta particularmente digno de atención que nuestro yo de fantasía suela ser muy visual, mientras que nuestras experiencias reales son corpóreas. En la fantasía, observamos una escena en el ojo de nuestra mente o en la pantalla del ordenador. Nos vemos de pie en una playa tropical, el mar azul detrás de nosotros, una amplia sonrisa en nuestra cara, con una copa de cóctel en una mano y con el otro brazo rodeando la cintura de nuestro amante. El paraíso. Lo que la fotografía no muestra es la molesta mosca que nos muerde la pierna, la fastidiosa sensación en nuestro estómago por haber comido aquella horrible sopa de pescado, la tensión en la mandíbula mientras fingimos una amplia sonrisa y la fea pelea que esa feliz pareja ha tenido hace cinco minutos. ¡Si pudiéramos sentir lo que siente la gente de las fotografías al tiempo que las hacemos!

De ahí que si de verdad queremos comprendernos, no hemos de identificarnos con nuestra cuenta de Facebook o con el relato interno del yo. En cambio, hemos de observar el flujo real de cuerpo y mente. Veremos aparecer y desaparecer pensamientos, emociones y deseos sin mucha razón y sin ninguna orden por nuestra parte, de la misma manera que vientos diferentes soplan desde esta o aquella dirección y nos despeinan. Y de la misma manera que no somos los vientos, tampoco somos el batiburrillo de pensamientos, emociones y deseos que experimentamos, y sin duda no somos el relato expurgado que contamos de ellos en retrospectiva. Los experimentamos todos, pero no los controlamos, no los poseemos y no somos ellos. La gente pregunta: «¿Quién soy?», y espera que se le cuente un relato. Lo primero que hemos de saber de nosotros es que no somos un relato.

Ningún relato

El liberalismo dio un paso radical al negar todos los dramas cósmicos, pero después recreó el drama dentro del ser humano: el universo no tiene guion, de manera que nos corresponde a los humanos escribirlo, y esa es nuestra vocación y el sentido de nuestras vidas. Miles de años antes de nuestra época liberal, el antiguo budismo fue más allá al negar no solo todos los dramas cósmicos, sino incluso el drama interno de la creación humana. El universo no tiene sentido, y los sentimientos humanos tampoco tienen sentido alguno. No son parte de un gran relato cósmico: son solo vibraciones efímeras que aparecen y desaparecen sin propósito concreto. Esta es la verdad. Piénsalo, lector.

El Brihadaranyaka Upanishad nos dice que «la cabeza del caballo sacrificial es el alba, su ojo es el sol, […] sus miembros son las estaciones, sus articulaciones los meses y quincenas, sus pies los días y noches, sus huesos las estrellas, y su carne las nubes». En cambio, el Mahasatipatthana Sutta, un texto budista fundamental, explica que cuando un humano medita, él o ella observa su cuerpo con detenimiento, advirtiendo que «en este cuerpo hay cabellos en la cabeza, pelos en la piel, uñas, dientes, piel, carne, tendones, huesos, médula, riñones, corazón, […] saliva, moco nasal, fluido sinovial y orina. Así sigue observando el cuerpo. […] Ahora se ha producido su comprensión: "¡Esto es el cuerpo!"».[21] Los cabellos, huesos y orina no significan nada más. Solo son lo que son.

Fragmento tras fragmento, el texto sigue explicando que da igual lo que la persona que medita observe en el cuerpo o en la mente: él o ella sencillamente lo entienden. Así, cuando quien medita respira, «al inspirar una gran bocanada de aire, el monje lo entiende adecuadamente: "Estoy inspirando una gran bocanada". Al inspirar una bocanada pequeña, lo entiende perfectamente: "Inspiro una bocanada pequeña"».[22] La bocanada grande no representa las estaciones ni la bocanada pequeña los días. Son solo vibraciones en el cuerpo.

Buda enseñó que las tres realidades básicas del universo son que todo cambia sin cesar, que nada tiene ninguna esencia perdurable y que nada es completamente satisfactorio. Podemos explorar las regiones más alejadas de la galaxia, o nuestro cuerpo o nuestra mente, pero nunca encontraremos algo que no cambie, que tenga una esencia eterna y que nos satisfaga por completo.

El sufrimiento surge porque la gente no tiene en cuenta esto. Cree que en algún lugar existe alguna esencia eterna, y que si pudiera encontrarla y conectarse a ella, estaría completamente satisfecha. A veces, a esta esencia eterna se la denomina Dios, a veces nación, a veces alma, a veces el auténtico yo y a veces amor verdadero; y cuántas más personas están conectadas a ella, más desengañadas y desgraciadas se sienten debido a su incapacidad de encontrarla. Peor todavía: cuanto mayor es dicha conexión, mayor es el odio que esta gente desarrolla hacia cualquier persona, grupo o institución que parezca situarse entre ellos y su objetivo anhelado.

Así pues, según Buda la vida no tiene sentido, y la gente no necesita crear ningún sentido. Solo tiene que darse cuenta de que no existe sentido, y así se librará del sufrimiento causado por nuestras conexiones y nuestra identificación con fenómenos hueros. «¿Qué debo hacer?», pregunta la gente, y Buda aconseja: «No hagas nada. Absolutamente nada». Todo el problema radica en que no paramos de hacer cosas. No necesariamente en el plano físico: podemos estar sentados inmóviles y con los ojos cerrados durante horas, pero en el plano mental estamos muy atareados creando relatos e identidades, luchando en batallas y obteniendo victorias. No hacer nada en realidad significa que la mente tampoco hace nada ni crea nada.

Por desgracia, también esto se transforma muy fácilmente en una epopeya heroica. Incluso mientras permanecemos sentados con los ojos cerrados y percibimos el aire que entra y sale por nuestros orificios nasales, podríamos empezar a construir relatos al respecto. «Mi respiración es un poco forzada, y si respiro más despacio, estaré más sano», o «Si sigo observando mi respiración y no hago nada, accederé a la iluminación y seré la persona más sabia y feliz del mundo». Entonces la epopeya empieza a expandirse, y la gente se embarca en una búsqueda no solo para liberarse de sus propias conexiones, sino también para convencer a otros de que lo hagan. Después de aceptar que la vida no tiene sentido, encuentro el sentido al explicar esto a los demás, debatiendo con los incrédulos, dando discursos a los escépticos, donando dinero para construir monasterios, etcétera. «Ningún relato» puede convertirse demasiado fácilmente en otro relato.

La historia del budismo proporciona mil ejemplos de cómo personas que creen en la transitoriedad y la futilidad de todos los fenómenos, y en la importancia de no tener conexiones, pueden discutir y luchar por gobernar un país, por poseer un edificio o incluso por el significado de una palabra. Pelearse con otras personas porque creemos en la gloria de un Dios eterno es lamentable pero comprensible; pelearse con otras personas porque creemos en la futilidad de todos los fenómenos es realmente extraño, pero muy humano.

En el siglo XVIII, las dinastías reales de Birmania y del vecino Siam se enorgullecían de su devoción a Buda, y ganaron legitimidad al proteger la fe budista. Los reyes dotaban monasterios, erigían pagodas y escuchaban semanalmente a monjes sabios que predicaban elocuentes sermones sobre los cinco compromisos morales básicos de todo ser humano: abstenerse de matar, robar, maltratar sexualmente, engañar y embriagarse. No obstante, los dos reinos no paraban de luchar entre sí. El 7 de abril de 1767, tras un prolongado asedio, el ejército del rey birmano Hsinbyushin atacó la capital de Siam. Las tropas victoriosas mataron, saquearon, violaron e incluso se embriagaron por doquier. Después incendiaron gran parte de la ciudad, con sus palacios, monasterios y pagodas, y se llevaron a casa a miles de esclavos y carretas rebosantes de oro y joyas.

Y no es que el rey Hsinbyushin se tomara su budismo a la ligera. Siete años después de su gran victoria, efectuó una procesión real a lo largo del gran río Irawadi, rindiendo culto en las pagodas importantes del camino y rogando a Buda para que bendijera a sus ejércitos con más victorias. Cuando Hsinbyushin llegó a Rangún, reconstruyó y amplió el edificio más sagrado de toda Birmania, la pagoda de Shwedagon. Después lo recubrió con el oro equivalente al peso del edificio y erigió un chapitel también de oro sobre la pagoda que engastó con piedras preciosas (quizá las del saqueo en Siam). También aprovechó la ocasión para ejecutar al rey cautivo de Pegu, a su hermano y a su hijo.[23]

En el Japón de la década de 1930, la gente incluso encontró maneras imaginativas de combinar las doctrinas budistas con el nacionalismo, el militarismo y el fascismo. Pensadores budistas radicales, como Nissho Inoue, Ikki Kita y Tanaka Chigaku, adujeron que para disolver las conexiones egoístas propias, la gente debía entregarse por completo al emperador, eliminar todo pensamiento personal y observar una lealtad completa a la nación. Estas ideas inspiraron varias organizaciones ultranacionalistas, entre ellas un grupo militar fanático que pretendía derrocar el sistema político conservador de Japón mediante una campaña de asesinatos. Mataron al antiguo ministro de Finanzas, al director general de la compañía Mitsui y al final al primer ministro Inukai Tsuyoshi. De este modo aceleraron la transformación de Japón en una dictadura militar. Cuando más tarde los militares se embarcaron en la guerra, los sacerdotes budistas y los maestros de meditación zen predicaron la obediencia abnegada a la autoridad del Estado y recomendaron el sacrificio personal para el esfuerzo de la guerra. En cambio, las enseñanzas budistas sobre la compasión y la no violencia se olvidaron de alguna forma, y no ejercieron ninguna influencia perceptible en el comportamiento de las tropas japonesas en Nanjing, Manila o Seúl.[24]

Hoy en día, el historial de derechos humanos de la budista Myanmar figura entre los peores del mundo, y un monje budista, Ashin Wirathu, encabeza el movimiento antimusulmán en el país. Afirma que solo quiere proteger Myanmar y el budismo contra las conspiraciones musulmanas de la yihad, pero sus sermones y artículos son tan incendiarios que en febrero de 2018 Facebook eliminó su página, aludiendo a la prohibición en Facebook de los discursos de odio. En 2017, durante una entrevista para *The Guardian*, el monje predicó la compasión hacia un mosquito que pasaba, pero cuando se le presentaron alegaciones de que mujeres musulmanas habían sido violadas por militares de Myanmar, se rio y dijo: «Imposible. Su cuerpo es demasiado repugnante».[25]

Hay muy pocas probabilidades de que se alcance la paz mundial y la armonía global cuando 8.000 millones de humanos se pongan a meditar de manera regular. ¡Es tan difícil observar la verdad sobre nosotros mismos! Incluso si de alguna manera conseguimos que la mayoría de los humanos lo intenten, muchos de nosotros distorsionaremos enseguida la verdad que descubramos para convertirla en algún relato con héroes, villanos y enemigos, y encontraremos excusas realmente buenas para ir a la guerra.

LA PRUEBA DE LA REALIDAD

Aunque todos estos grandes relatos son ficciones generadas por nuestra propia mente, no hay motivos para desesperar. La realidad sigue estando ahí. No podemos interpretar un papel en ningún drama fantástico, pero ¿por qué querríamos hacerlo, para empezar? La gran pregunta a la que se enfrentan los seres humanos no es: «¿Cuál es el sentido de la vida?», sino: «¿Cómo podemos librarnos del sufrimiento?». Cuando abandonemos todos los relatos ficticios, estaremos en condiciones de observar la realidad con mucha más claridad que antes, y si sabemos realmente la verdad sobre nosotros y sobre el mundo, nada podrá hacernos desgraciados. Pero, desde luego, esto es mucho más fácil de decir que de hacer.

Los humanos hemos conquistado el mundo gracias a nuestra capacidad de crear relatos ficticios y de creérnoslos. Por tanto, somos bastante torpes a la hora de conocer la diferencia entre la ficción y la realidad. Pasar por alto esta diferencia ha sido cuestión de supervivencia. Si, no obstante, queremos conocer la diferencia entre una y otra, hay que empezar desde el sufrimiento. Porque la cosa más real en el mundo es el sufrimiento.

Cuando nos enfrentemos a algún gran relato y deseemos saber si es real o imaginario, una de las preguntas clave que habrá que plantear es si el héroe central de la narración puede sufrir. Por ejemplo, si alguien nos cuenta el relato de la nación polaca, dediquemos un momento a reflexionar si Polonia puede sufrir. Es bien sabido que Adam Mickiewicz, el gran poeta romántico y padre del moderno nacionalismo polaco, denominó a Polonia «el Cristo de las naciones». Al escribir en 1832, décadas después de que Polonia fuera repartida entre Rusia, Prusia y Austria, y poco después de que la rebelión polaca de 1830 fuera brutalmente aplastada por los rusos, Mickiewicz explicó que el horrendo sufrimiento de Polonia fue un sacrificio en nombre de toda la humanidad, comparable al sacrificio de Cristo, y que igual que Cristo, Polonia se alzaría de entre los muertos.

En un pasaje famoso, Mickiewicz escribió:

Polonia dijo [al pueblo de Europa]: «Quienquiera que venga a mí será libre e igual, porque yo soy la LIBERTAD». Pero los reyes, cuando lo oyeron, amedrentándose sus corazones, crucificaron a la nación polaca y la tendieron en su tumba, gritando: «Hemos matado y enterrado a la Libertad». Pero gritaron neciamente. [...] Porque la nación polaca no murió. [...] Al tercer día, el alma retornará al cuerpo y la nación se levantará y librará de la esclavitud a todos los pueblos de Europa.[26]

¿Puede sufrir en verdad una nación? ¿Tiene una nación ojos, manos, sentidos, afectos y pasiones? Si se la pincha, ¿sangrará? Claro que no. Si es vencida en la guerra, pierde una provincia o incluso renuncia a su independencia, pero no puede experimentar dolor, tristeza ni ningún otro tipo de desgracia porque no tiene cuerpo, ni mente, ni ningún tipo de sentimiento. Lo cierto es que se trata solamente de una metáfora. Solamente en la imaginación de determinados humanos es Polonia una entidad real capaz de sufrir. Polonia resiste porque esos humanos le prestan su cuerpo, no solo sirviendo como soldados en el ejército polaco, sino por encarnar en su carne las alegrías y penas de la nación. Cuando en mayo de 1831 llegaron a Varsovia las noticias de la derrota polaca en la batalla de Ostrołęka, los estómagos humanos se revolvieron angustiados, los pechos humanos jadearon apenados, los ojos humanos se llenaron de lágrimas.

Nada de esto justifica la invasión rusa, por descontado, ni socava el derecho de los polacos a establecer un país independiente y a decidir sus propias leyes y costumbres. Pero sí significa que, en último término, la realidad no puede ser el relato de la nación polaca, porque la existencia misma de Polonia depende de imágenes de las mentes humanas.

En comparación, considérese el destino de una mujer de Varsovia a la que las tropas invasoras rusas robaron y violaron. A diferencia del sufrimiento metafórico de la nación polaca, el sufrimiento de aquella mujer fue muy real. Podría muy bien haber sido causado por las creencias humanas depositadas en varias ficciones, como el nacionalismo ruso, el cristianismo ortodoxo y el heroísmo machista, todos los cuales inspiraban a muchos de los estadistas y soldados rusos. Sin embargo, el sufrimiento resultante seguía siendo cien por cien real.

Cuando los políticos empiezan a hablar en términos místicos, ¡cuidado! Podrían intentar disfrazar y justificar el sufrimiento real envolviéndolo en palabras altisonantes e incomprensibles. Sea el lector especialmente prudente a propósito de las cuatro palabras siguientes: sacrificio, eternidad, pureza, redención. Si oye alguno de estos términos, haga sonar la alarma. Y si resulta que vive en un país cuyo dirigente dice de forma rutinaria cosas como «Su sacrificio redimirá la pureza de nuestra nación eterna», sepa que tiene un problema grave. Para conservar la cordura, intente siempre traducir esta monserga en términos reales: un soldado que grita agonizante, una mujer que es apaleada y vejada, un niño que tiembla de miedo.

De modo que si el lector quiere saber la verdad acerca del universo, del sentido de la vida y de su propia identidad, lo mejor para empezar es observar el sufrimiento y analizar lo que es.

La respuesta no es un relato.

21

Meditación

Simplemente, observemos

Después de haber criticado tantos relatos, religiones e ideologías, no deja de ser justo que también yo me sitúe en la línea de fuego, y explique cómo alguien tan escéptico es capaz todavía de despertar alegre por las mañanas. Dudo en hacerlo, en parte por temor a la autocomplacencia y en parte porque no quiero dar la impresión equivocada de que lo que funciona para mí funciona para todo el mundo. Soy bien consciente de que los caprichos de mis genes, neuronas, historia personal y *dharma* no los comparten todos. Pero quizá sea bueno que los lectores sepan qué matices colorean las gafas a través de las cuales veo el mundo y distorsionan mi visión y mi escritura.

De adolescente era una persona inquieta y llena de problemas. El mundo no tenía sentido para mí y no hallaba respuestas a las grandes preguntas que me formulaba acerca de la vida. En particular, no comprendía por qué había tanto sufrimiento en el mundo y en mi propia existencia, y qué podía hacerse al respecto. Todo lo que obtuve de la gente que me rodeaba y de los libros que leía eran ficciones complicadas: mitos religiosos sobre dioses y cielos, mitos nacionalistas sobre la patria y de su misión histórica, mitos románticos sobre el amor y la aventura, o mitos capitalistas sobre el crecimiento económico, y sobre cómo comprar y consumir cosas me haría feliz. Yo tenía juicio suficiente para darme cuenta de que probablemente todos estos mitos eran ficciones, pero no tenía idea de cómo encontrar la verdad.

Cuando empecé a estudiar en la universidad, pensé que sería el lugar ideal para dar con las respuestas. Pero me llevé un desengaño.

El mundo académico me proporcionó herramientas potentes para deconstruir los mitos que los humanos han forjado, pero no respuestas satisfactorias a las grandes preguntas de la vida. Por el contrario, me animaba a centrarme en preguntas cada vez más reducidas. Acabé escribiendo una tesis doctoral en la Universidad de Oxford sobre textos autobiográficos de soldados medievales. Como pasatiempo complementario leí muchísimos libros de filosofía y mantuve numerosos debates filosóficos, pero, aunque esto me proporcionaba un entretenimiento intelectual infinito, apenas aportaba un conocimiento real. Resultaba muy frustrante.

Finalmente, mi buen amigo Ron me sugirió que, al menos por unos días, dejara de lado todos los libros y discusiones intelectuales y probara con un curso de meditación Vipassana. (*Vipassana* significa «introspección» en el lenguaje pali de la antigua India.) Pensé que se trataba de alguna monserga new age, y puesto que no tenía ningún interés en escuchar otra mitología más, rehusé ir. Pero después de un año de paciente insistencia, en abril de 2000 mi amigo me llevó a un retiro Vipassana de diez días.[1]

Por entonces yo sabía muy poco de la meditación, y suponía que debía implicar todo tipo de complicadas teorías místicas. De modo que me sorprendió lo práctica que resultó ser la enseñanza. El profesor del curso, S. N. Goenka, instruía a los alumnos a sentarse con las piernas cruzadas y los ojos cerrados, y a centrar toda su atención en el aire que entraba y salía por sus orificios nasales al respirar. «No hagáis nada —repetía una y otra vez—, no intentéis controlar la respiración ni respirar de una manera determinada. Simplemente observad la realidad del momento presente, sea la que sea. Cuando el aire entra solo sois conscientes de que ahora el aire está entrando. Y cuando perdéis vuestra concentración y vuestra mente empieza a vagar por recuerdos y fantasías, solo sois conscientes de que ahora vuestra mente se ha alejado de la respiración.» Fue lo más importante que nadie me había dicho nunca.

Cuando las personas formulan las grandes preguntas de la vida, por lo general no tienen el menor interés en saber cuándo entra el aire por sus orificios nasales y cuándo sale. Lo que desean es saber cosas tales como qué ocurre cuando nos morimos. Pero el enigma real de la vida no es qué ocurre cuando nos morimos, sino qué ocurre antes. Si queremos comprender la muerte, necesitamos comprender la vida.

La gente pregunta: «Cuando muera, ¿desapareceré simplemente por completo? ¿Iré al cielo? ¿Renaceré en un nuevo cuerpo?». Estas preguntas se basan en la suposición de que existe un «yo» que dura desde el nacimiento hasta la muerte, y la pregunta es: «¿Qué le ocurrirá a este yo al morir?». Pero ¿qué perdura desde el nacimiento hasta la muerte? El cuerpo cambia a cada momento, el cerebro cambia a cada momento, la mente cambia a cada momento. Cuanto más detenidamente nos observamos, más evidente resulta que nada perdura, ni siquiera de un instante al siguiente. Así pues, ¿qué mantiene unida toda una vida? Si no conocemos la respuesta a esta pregunta, no comprendemos la vida, y ciertamente no tenemos oportunidad de comprender la muerte. Si alguna vez descubrimos lo que mantiene unida la vida, la respuesta a la gran pregunta sobre la muerte se hará también evidente.

La gente dice: «El alma dura desde el nacimiento a la muerte y, por tanto, mantiene unida la vida»; pero eso es solo un cuento. ¿Ha observado el lector alguna vez un alma? Eso puede estudiarse en cualquier momento, no solo en el de la muerte. Si podemos entender qué nos ocurre cuando termina un momento y otro momento empieza, también entenderemos qué nos ocurrirá en el instante de la muerte. Si somos capaces de observarnos de verdad durante el tiempo que dura una única respiración, lo entenderemos todo.

Lo primero que aprendí al observar mi respiración fue que, a pesar de todos los libros que había leído y todas las clases a las que había asistido en la universidad, no sabía casi nada sobre mi mente y tenía muy poco control sobre ella. Aunque me esforzaba mucho, no lograba contemplar la realidad del aire de mi respiración al entrar por mis orificios nasales y al salir de ellos durante más de diez segundos sin que mi mente empezara a vagar. Durante años viví con la impresión de que era el dueño de mi vida y el director general de mi propia marca personal. Pero unas pocas horas de meditación bastaron para mostrarme que apenas tenía ningún control sobre mí mismo. Yo no era el director general, casi ni era el portero. Se me pidió que me situara en el portal de mi cuerpo (los orificios nasales) y simplemente observara lo que entraba o salía. Pero a los pocos instantes perdí la concentración y abandoné el puesto. Fue una experiencia reveladora.

A medida que el curso avanzaba, a los alumnos se nos enseñó a observar no solo nuestra respiración, sino sensaciones a través de todo nuestro cuerpo. No sensaciones especiales de arrobamiento o éxtasis, sino las sensaciones más prosaicas y ordinarias: calor, presión, dolor, etcétera. La técnica del Vipassana se basa en la intuición de que el flujo de la mente se halla estrechamente interconectado con las sensaciones corporales. Entre yo y el mundo siempre hay sensaciones corporales. Nunca reacciono a los acontecimientos del mundo exterior: siempre reacciono a las sensaciones de mi propio cuerpo. Cuando la sensación es desagradable, reacciono con aversión. Cuando la sensación es placentera, con ganas de tener más. Incluso cuando pensamos que reaccionamos a lo que otra persona ha hecho, al último tuit del presidente Trump o a un lejano recuerdo de la infancia, lo cierto es que siempre reaccionamos a nuestras sensaciones corporales inmediatas. Si nos ofendemos porque alguien ha insultado a nuestra nación o a nuestro dios, lo que hace que el insulto resulte insoportable son las sensaciones ardientes en la boca del estómago y la franja de dolor que atenaza nuestro corazón. Nuestra nación no nota nada, pero nuestro cuerpo está realmente dolido.

¿Quiere saber el lector lo que es la ira? Bueno, pues observe simplemente las sensaciones que surgen en su cuerpo y que lo atraviesan cuando está enfadado. Yo tenía veinticuatro años cuando fui a este retiro, y antes había estado enfadado probablemente diez mil veces, pero nunca me había preocupado de observar cómo se siente en realidad la ira. Siempre que había estado enojado, me centraba en el objeto de mi enfado (algo que alguien había hecho o dicho) y no en la realidad sensorial del enfado.

Creo que aprendí más cosas sobre mí mismo y los humanos en general observando mis sensaciones durante aquellos diez días que lo que había aprendido en toda mi vida hasta ese momento. Y para ello no tuve que aceptar ningún cuento, teoría o mitología. Solo tuve que observar la realidad tal como es. Lo más importante de lo que me di cuenta es que el origen profundo de mi sufrimiento se halla en las pautas de mi propia mente. Cuando quiero algo y no ocurre, mi mente reacciona generando sufrimiento. El sufrimiento no es una condición objetiva en el mundo exterior. Es una reacción mental generada por mi propia mente. Aprender esto es el primer paso para dejar de generar más sufrimiento.

A partir de aquel primer curso en 2000, empecé a meditar durante dos horas diarias y todos los años realizo un largo retiro de meditación de un par de meses. No es una huida de la realidad. Es entrar en contacto con la realidad. Al menos durante dos horas diarias observo de verdad la realidad como es, mientras que a lo largo de las otras veintidós horas me abruman los mensajes de correo electrónico y los tuits y los vídeos de cachorros encantadores. Sin la concentración y la claridad que proporciona esta práctica, no podría haber escrito *Sapiens* ni *Homo Deus*. Al menos para mí, la meditación nunca ha entrado en conflicto con la investigación científica. Al contrario: ha sido otro instrumento valioso en la caja de herramientas científica, sobre todo cuando he intentado entender la mente humana.

Cavar desde ambos lados

A la ciencia le resulta difícil descifrar los misterios de la mente en gran parte porque carecemos de herramientas eficientes. Muchas personas, incluidos muchos científicos, tienden a confundir la mente con el cerebro, pero en realidad son cosas muy diferentes. El cerebro es una red material de neuronas, sinapsis y sustancias bioquímicas. La mente es un flujo de experiencias subjetivas, como dolor, placer, ira y amor. Los biólogos suponen que el cerebro produce de alguna manera la mente, y que reacciones bioquímicas en miles de millones de neuronas generan de algún modo experiencias como dolor y amor. Sin embargo, hasta el momento no tenemos ninguna explicación en absoluto de cómo la mente surge del cerebro. ¿Cómo es que cuando miles de millones de neuronas disparan señales eléctricas en un determinado patrón, yo siento dolor, y cuando las disparan siguiendo una pauta diferente, siento amor? No tenemos ni idea. De ahí que incluso si la mente surge realmente del cerebro, al menos por ahora estudiar la mente es una empresa diferente de estudiar el cerebro.

La investigación del cerebro está avanzando deprisa gracias a la ayuda de microscopios, escáneres cerebrales y potentes ordenadores. Pero no podemos ver la mente en un microscopio o en un escáner cerebral. Estos dispositivos nos permiten detectar cambios en las actividades bioquímicas y eléctricas del cerebro, pero no nos dan ningún acceso a las experiencias subjetivas asociadas a dichas actividades. En 2018, la única mente a la que puedo acceder directamente es la mía. Si quiero saber qué están experimentando otros seres sintientes, solo puedo lograrlo basándome en informes de segunda mano, que como es obvio adolecen de numerosas distorsiones y limitaciones.

Desde luego, podríamos recoger muchos informes de segunda mano procedentes de varias personas y utilizar estadísticas para identificar patrones recurrentes. Tales métodos han permitido a psicólogos y neurocientíficos no solo comprender mucho mejor la mente, sino también mejorar la vida, e incluso salvarla, de millones de personas. Sin embargo, es difícil ir más allá de un determinado punto empleando solo informes de segunda mano. En ciencia, cuando se investiga un fenómeno concreto, es mejor observarlo de manera directa. Los antropólogos, por ejemplo, hacen un uso exhaustivo de las fuentes secundarias, pero si uno quiere comprender en verdad la cultura samoana, más tarde o más temprano tendrá que hacer las maletas y visitar Samoa.

Por supuesto, con visitar no basta. Un blog escrito por un mochilero que viaje por Samoa no se consideraría un estudio antropológico científico, porque la mayoría de los mochileros carecen de los instrumentos y la preparación necesarios. Sus observaciones son demasiado aleatorias y sesgadas. Para convertirnos en antropólogos dignos de confianza, hemos de aprender cómo observar las culturas humanas de manera metódica y objetiva, libre de ideas preconcebidas y prejuicios. Eso es lo que se estudia en los departamentos de Antropología y es lo que permitió a los antropólogos desempeñar un papel tan fundamental a la hora de acercar posiciones entre diferentes culturas.

El estudio científico de la mente rara vez sigue este modelo antropológico. Mientras que los antropólogos suelen informar de sus visitas a islas distantes y países misteriosos, los estudiosos de la conciencia no suelen emprender viajes personales de este tipo a los ámbitos de la mente. Porque la única mente que puedo observar de forma directa es la mía, y por difícil que sea observar la cultura samoana sin sesgos ni prejuicios, más difícil aún es observar con objetividad mi propia mente. Después de más de un siglo de trabajo duro, en la actualidad los antropólogos disponen de poderosos procedimientos para la observación objetiva. En cambio, aunque los estudiosos de la mente desarrollaron muchas herramientas para acopiar y analizar informes de segunda mano, en lo que respecta a observar nuestra propia mente apenas hemos arañado la superficie.

En ausencia de métodos modernos para la observación directa de la mente, podemos intentar utilizar algunas de las herramientas desarrolladas por las culturas premodernas. Varias culturas antiguas prestaron mucha atención al estudio de la mente, y no se basaron en reunir informes de segunda mano, sino en adiestrar a personas para que observaran de manera sistemática su propia mente. Los métodos que desarrollaron están agrupados bajo el término genérico de «meditación». Hoy en día, dicho término suele asociarse a religión y a misticismo, pero en principio la meditación es cualquier método de observación directa de nuestra propia mente. En efecto, muchas religiones han hecho un uso exhaustivo de varias técnicas de meditación, pero eso no significa que la meditación sea necesariamente religiosa. Muchas religiones han hecho también un gran uso de los libros, y eso no significa que servirse de los libros sea una práctica religiosa.

A lo largo de milenios, los humanos han desarrollado cientos de técnicas de meditación que difieren en sus principios y eficacia. Yo solo he tenido experiencia con una técnica, la Vipassana, de modo que es la única de la que puedo hablar con cierta autoridad. Al igual que otras técnicas de meditación, se dice que la Vipassana la descubrió Buda en la India. A lo largo de los siglos se han atribuido a Buda muchas teorías y relatos, a menudo sin contar con ninguna prueba al respecto. Pero para meditar no es necesario creerse ninguno de ellos. El maestro del que yo aprendí Vipassana, Goenka, era un tipo de guía muy práctico. Instruía repetidamente a los alumnos que cuando observaran la mente debían dejar de lado todas las descripciones de segunda mano, dogmas religiosos y conjeturas filosóficas, y centrarse en su propia experiencia y en cualquier realidad que encontraran de verdad. Numerosos alumnos acudían a diario a su habitación para buscar consejo y plantear preguntas. En la puerta había un cartel que rezaba: «Evitad por favor las discusiones teóricas y filosóficas, y centrad vuestras preguntas en asuntos relacionados con vuestra práctica real».

La práctica real significa observar las sensaciones corporales y las reacciones mentales a las sensaciones de manera metódica, continua y objetiva, descubriendo así las pautas básicas de la mente. A veces la gente convierte la meditación en una búsqueda de experiencias especiales de arrobamiento y éxtasis. Pero la verdad es que la conciencia es el mayor misterio del universo, y las sensaciones prosaicas de calor y comezón son tan misteriosas como las de embeleso o unidad cósmica. A los que meditan con Vipassana se les advierte de que no se embarquen en una búsqueda de experiencias especiales, sino que se concentren en comprender la realidad de su mente, sea cual sea dicha realidad.

En años recientes, los estudiosos de la mente y el cerebro han mostrado un interés creciente en dichas técnicas de meditación, pero hasta ahora la mayoría de los investigadores han usado esta herramienta solo de manera indirecta.[2] El científico típico no practica en verdad la meditación. Lo que hace es invitar a meditadores experimentados a su laboratorio, cubre sus cabezas con electrodos, les pide que mediten y observa las actividades cerebrales resultantes. Esto puede enseñarnos muchas cosas interesantes acerca del cerebro, pero si el objetivo es entender la mente, nos estamos perdiendo algunas de las percepciones más importantes. Es como alguien que intentara comprender la estructura de la materia observando una piedra con una lupa. Nos acercamos a dicha persona, le damos un microscopio y le decimos: «Pruebe con esto. Lo verá mucho mejor». Dicha persona toma el microscopio, lo pone bajo la lupa en la que confía y observa con cuidado a través de ella la materia de la que está hecho el microscopio. La meditación es un instrumento para observar directamente la mente. Si en lugar de meditar nosotros hacemos el seguimiento de las actividades eléctricas en el cerebro de algún otro meditador, nos perderemos la mayor parte de su potencial.

No estoy sugiriendo en absoluto que se abandonen los instrumentos y las prácticas actuales de investigación del cerebro. La meditación no los sustituye, pero podría complementarlos. Es algo así como unos ingenieros que excavan un túnel a través de una montaña enorme. ¿Por qué excavar únicamente desde un lado? Es mejor excavar a la vez desde ambos lados. Si mente y cerebro son de verdad una única cosa, los dos túneles acabarán por encontrarse. ¿Y si el cerebro y la mente no son la misma cosa? Entonces todavía es más importante excavar en la mente, y no solo en el cerebro.

Algunas universidades y laboratorios han empezado, en efecto, a usar la meditación como instrumento de investigación en lugar de solo como un mero objeto para los estudios del cerebro. Pero este proceso se halla aún en sus albores, en parte porque requiere una inversión extraordinaria de los investigadores. La meditación seria exige una disciplina tremenda. Si intentamos observar de manera objetiva nuestras sensaciones, lo primero que advertiremos es lo salvaje e impaciente que es la mente. Incluso si nos centramos en observar una sensación distinta, como el aire que entra y sale de nuestros orificios nasales, nuestra mente puede hacerlo por lo general durante solo unos pocos segundos antes de perder la concentración y empezar a vagar entre pensamientos, recuerdos y ensoñaciones.

Cuando un microscopio se desenfoca, solo necesitamos girar una pequeña manecilla. Si la manecilla está rota, podemos llamar a un técnico para que la repare. Pero si la mente se desenfoca, no podemos repararla tan fácilmente. Por lo general hace falta mucho entrenamiento para calmarnos y concentrar la mente, de manera que sea capaz de empezar a observarse a sí misma de forma metódica y objetiva. Quizá en el futuro podremos tomarnos una píldora y conseguir la concentración instantánea. Pero puesto que la meditación pretende explorar la mente en lugar de solo centrarla, este atajo podría resultar contraproducente. La píldora quizá haga que estemos muy alerta y centrados, pero al mismo tiempo podría impedirnos explorar todo el espectro de la mente. Al fin y al cabo, incluso hoy en día podemos concentrar fácilmente la mente al ver una buena película de suspense en la televisión, pero la mente está tan centrada en el filme que no puede observar su propia dinámica.

Sin embargo, aunque no podamos fiarnos de estos artefactos tecnológicos, no hemos de desistir. Los antropólogos, zoólogos y astronautas pueden servirnos de inspiración. Los antropólogos y zoólogos pasaron años en islas remotas, expuestos a una plétora de males y peligros. Los astronautas dedican muchos años a difíciles regímenes de adiestramiento como preparación para sus arriesgadas excursiones al espacio exterior. Si estamos dispuestos a hacer tales esfuerzos para entender culturas extrañas, especies desconocidas y planetas lejanos, valdría la pena trabajar con el mismo empeño a fin de comprender nuestra propia mente. Y es mejor que comprendamos nuestra mente antes de que los algoritmos lo hagan por nosotros.

La observación de uno mismo nunca ha sido fácil, pero con el tiempo podría resultar aún más difícil. A medida que la historia se desplegaba, los humanos fueron generando relatos cada vez más complejos sobre sí mismos que hicieron que cada vez resultara más difícil saber quiénes somos en verdad. Esos relatos tuvieron como objetivo unir a grandes cantidades de personas, acumular poder y preservar la armonía social. Fueron cruciales para alimentar a miles de millones de individuos hambrientos y garantizar que no se degollaran los unos a los otros. Cuando la gente intentaba observarse, lo que solía encontrar eran esos relatos prefabricados. La exploración libre y abierta resultaba demasiado peligrosa: amenazaba con socavar el orden social.

Con la mejora en la tecnología ocurrieron dos cosas. En primer lugar, mientras los cuchillos de sílex evolucionaron gradualmente hacia los misiles nucleares, se volvió más peligroso desestabilizar el orden social. En segundo lugar, mientras las pinturas rupestres evolucionaron gradualmente hacia las emisiones televisivas, se volvió más fácil engañar a la gente. En el futuro cercano, los algoritmos podrían completar este proceso, haciendo imposible que la gente observe la realidad sobre sí misma. Serán los algoritmos los que decidan por nosotros quiénes somos y lo que deberíamos saber sobre nosotros.

Durante unos cuantos años o décadas más, aún tendremos la posibilidad de elegir. Si hacemos el esfuerzo, todavía podemos investigar quiénes somos en realidad. Pero si queremos aprovechar de verdad esta oportunidad, será mejor que lo hagamos ahora.

Notas

1. Decepción

1. Véase por ejemplo el discurso inaugural de George W. Bush en 2005, en el que dijo: «Los acontecimientos y el sentido común nos llevan a una conclusión: la supervivencia de la libertad en nuestro país depende cada vez más del éxito de la libertad en otros países. La mejor esperanza para la paz en nuestro mundo es la expansión de la libertad en todo el mundo». («Bush Pledges to Spread Democracy», CNN, 20 de enero de 2005, http://edition.cnn.com/2005/ALLPOLITICS/01/20/bush.speech, consultado el 7 de enero de 2018.) Para Obama, véase por ejemplo su discurso final en las Naciones Unidas: Katie Reilly, «Read Barack Obama's Final Speech to the UN as President», *Time*, 20 de septiembre de 2016, http://time.com/4501910/president-obama-united-nations-speech-transcript, consultado el 3 de diciembre de 2017.

2. William Neikirk y David S. Cloud, «Clinton: Abuses Put China "On Wrong Side of History"», *Chicago Tribune*, 30 de octubre de 1997, http://articles.chicagotribune.com/1997-10-30/news/9710300304_1_human-rights-jiang-zemin-chinese-leader, consultado el 3 de diciembre de 2017.

3. Eric Bradner, «Hillary Clinton's Email Controversy, Explained», CNN, 28 de octubre de 2016, http://edition.cnn.com/2015/09/03/politics/hillary-clinton-email-controversy-explained-2016/index.html, consultado el 3 de diciembre de 2017.

4. Chris Graham y Robert Midgley, «Mexico Border Wall: What is Donald Trump Planning, How Much Will It Cost and Who Will Pay for It?», *The Telegraph*, 23 de agosto de 2017, http://www.telegraph.co.

uk/news/0/mexico-border-wall-donald-trump-planning-much-will-cost-will, consultado el 3 de diciembre de 2017; Michael Schuman, «Is China Stealing Jobs? It May Be Losing Them, Instead», *The New York Times*, 22 de julio de 2016, https://www.nytimes.com/2016/07/23/business/international/china-jobs-donald-trump.html, consultado el 3 de diciembre de 2017.

5. Para diversos ejemplos del siglo XIX y principios del XX, véanse Evgeny Dobrenko y Eric Naiman (eds.), *The Landscape of Stalinism: The Art and Ideology of Soviet Space*, Seattle, University of Washington Press, 2003; W. L. Guttsman, *Art for the Workers: Ideology and the Visual Arts in Weimar Germany*, Nueva York, Manchester University Press, 1997. Para una discusión general, véase por ejemplo Nicholas John Cull, *Propaganda and Mass Persuasion: A Historical Encyclopedia, 1500 to the Present*, Santa Bárbara, ABC-CLIO, 2003.

6. Para esta interpretación, véanse Ishaan Tharoor, «Brexit: A modern-day Peasants' Revolt?», *The Washington Post*, 25 de junio de 2016, https://www.washingtonpost.com/news/worldviews/wp/2016/06/25/the-brexit-a-modern-day-peasants-revolt/?utm_term=.9b8e81bd5306; John Curtice, «US election 2016: The Trump-Brexit voter revolt», BBC, 11 de noviembre de 2016, http://www.bbc.com/news/election-us-2016-37943072.

7. De ellos, el más famoso sigue siendo, desde luego, Francis Fukuyama, *The End of History and the Last Man*, Londres, Penguin, 1992 [hay trad. cast.: *El fin de la historia y el último hombre*, Barcelona, Planeta De Agostini, 1994].

8. Karen Dawisha, *Putin's Kleptocracy*, Nueva York, Simon & Schuster, 2014; Timothy Snyder, *The Road to Unfreedom: Russia, Europe, America*, Nueva York, Tim Duggan Books, 2018; Anne Garrels, *Putin Country: A Journey Into the Real Russia*, Nueva York, Farrar, Straus & Giroux, 2016; Steven Lee Myers, *The New Tsar: The Rise and Reign of Vladímir Putin*, Nueva York, Knopf Doubleday, 2016.

9. Credit Suisse, *Global Wealth Report 2015*, p. 53, https://publications.credit-suisse.com/tasks/render/file/?fileID=F2425415-DCA7-80B8-EAD989AF9341D47E, consultado el 12 de marzo de 2018; Filip Novokmet, Thomas Piketty y Gabriel Zucman, «From Soviets to Oligarchs: Inequality and Property in Russia 1905-2016», julio de 2017, *World Wealth and Income Database*, http://www.piketty.pse.ens.fr/files/NPZ2017WIDworld.pdf, consultado el 12 de marzo de 2018; Shaun Walker, «Unequal Russia», *The*

Guardian, 25 de abril de 2017, https://www.theguardian.com/inequality/2017/apr/25/unequal-russia-is-anger-stirring-in-the-global-capital-of-inequality, consultado el 12 de marzo de 2018.

10. Ayelet Shani, «The Israelis Who Take Rebuilding the Third Temple Very Seriously», *Haaretz*, 10 de agosto de 2017, https://www.haaretz.com/israel-news/.premium-1.805977, consultado en enero de 2018; «Israeli Minister: We Should Rebuild Jerusalem Temple», *Israel Today*, 7 de julio de 2013, http://www.israeltoday.co.il/Default.aspx?tabid=178&nid=23964, consultado el 7 de enero de 2018; Yuri Yanover, «Dep. Minister Hotovely: The Solution Is Greater Israel without Gaza», *Jewish Press*, 25 de agosto de 2013, http://www.jewishpress.com/news/breaking-news/dep-minister-hotovely-the-solution-is-greater-israel-without-gaza/2013/08/25, consultado el 7 de enero de 2018; «Israeli Minister: The Bible Says West Bank Is Ours», *Al Jazeera*, 24 de febrero de 2017, http://www.aljazeera.com/programmes/upfront/2017/02/israeli-minister-bible-west-bank-170224082827910.html, consultado el 29 de enero de 2018.

11. Katie Reilly, «Read Barack Obama's Final Speech to the United Nations as President», *Time*, 20 de septiembre de 2016, http://time.com/4501910/president-obama-united-nations-speech-transcript, consultado el 3 de diciembre de 2017.

2. Trabajo

1. Gregory R. Woirol, *The Technological Unemployment and Structural Unemployment Debates*, Westport, Greenwood Press, 1996, pp. 18-20; Amy Sue Bix, *Inventing Ourselves out of Jobs? America's Debate over Technological Unemployment, 1929-1981*, Baltimore, Johns Hopkins University Press, 2000, pp. 1-8; Joel Mokyr, Chris Vickers y Nicolas L. Ziebarth, «The History of Technological Anxiety and the Future of Economic Growth: Is This Time Different?», *Journal of Economic Perspectives*, 29, 3 (2015), pp. 33-42; Joe Mokyr, *The Gifts of Athena: Historical Origins of the Knowledge Economy*, Princeton, Oxford, Princeton University Press, 2002, pp. 255-257; David H. Autor, «Why Are There Still So Many Jobs? The History and the Future of Workplace Automation», *Journal of Economic Perspectives*, 29, 3 (2015), pp. 3-30; Melanie Arntz, Terry Gregory y Ulrich Zierahn, «The Risk of

Automation for Jobs in OECD Countries», *OECD Social, Employment and Migration Working Papers* 89 (2016); Mariacristina Piva y Marco Vivarelli, «Technological Change and Employment: Were Ricardo and Marx Right?», *IZA Institute of Labor Economics, Discussion Paper No. 10471* (2017).

2. Véase, por ejemplo, que la IA se desempeña mejor que los humanos en el vuelo, y especialmente en simulaciones de vuelo de combate: Nicholas Ernest *et al.*, «Genetic Fuzzy based Artificial Intelligence for Unmanned Combat Aerial Vehicle Control in Simulated Air Combat Missions», *Journal of Defense Management*, 6, 1 (2016), pp. 1-7; sistemas inteligentes de tutoría y enseñanza: Kurt VanLehn, «The Relative Effectiveness of Human Tutoring, Intelligent Tutoring Systems, and Other Tutoring Systems», *Educational Psychologist*, 46, 4 (2011), pp. 197-221; comercio algorítmico: Giuseppe Nuti *et al.*, «Algorithmic Trading», *Computer*, 44, 11 (2011), pp. 61-69; planificación financiera, gestión de carteras de valores, etcétera: Arash Baharammirzaee, «A comparative Survey of Artificial Intelligence Applications in Finance: Artificial Neural Networks, Expert System and Hybrid Intelligent Systems», *Neural Computing and Applications*, 19, 8 (2010), pp. 1165-1195; análisis de datos complejos en sistemas médicos y producción de diagnóstico y tratamiento: Marjorie Glass Zauderer *et al.*, «Piloting IBM Watson Oncology within Memorial Sloan Kettering's Regional Network», *Journal of Clinical Oncology*, 32, 15 (2014), p. e17653; creación de textos originales en lenguaje natural a partir de cantidades enormes de datos: Jean-Sébastien Vayre *et al.*, «Communication Mediated through Natural Language Generation in Big Data Environments: The Case of Nomao», *Journal of Computer and Communication*, 5 (2017), pp. 125-148; reconocimiento facial: Florian Schroff, Dmitry Kalenichenko y James Philbin, «FaceNet: A Unified Embedding for Face Recognition and Clustering», *The IEEE Conference on Computer Vision and Pattern Recognition (CVPR)* (2015), pp. 815-823; y conducción de vehículos: Cristiano Premebida, «A Lidar and Vision-based Approach for Pedestrian and Vehicle Detection and Tracking», *2007 IEEE Intelligent Transportation Systems Conference* (2007).

3. Daniel Kahneman, *Thinking, Fast and Slow*, Nueva York, Farrar, Straus & Giroux, 2011 [hay trad. cast.: *Pensar rápido, pensar despacio*, Barcelona, Debate, 2012]; Dan Ariely, *Predictably Irrational*, Nueva York, Harper, 2009 [hay trad. cast.: *Las trampas del deseo. Cómo controlar los impulsos irracionales que nos llevan al error*, Barcelona, Ariel, 2008]; Brian D. Ripley, *Pa-*

ttern Recognition and Neural Networks, Cambridge University Press, 2007; Christopher M. Bishop, *Pattern Recognition and Machine Learning*, Springer, 2007.

4. Seyed Azimi *et al.*, «Vehicular Networks for Collision Avoidance at Intersections», *SAE International Journal of Passenger Cars – Mechanical Systems*, 4 (2011); pp. 406-416; Swarun Kumar *et al.*, «CarSpeak: A Content-Centric Network for Autonomous Driving», *SIGCOM Computer Communication Review*, 42 (2012), pp. 259-270; Mihail L. Sichitiu y Maria Kihl, «Inter-Vehicle Communication Systems: A Survey», *IEEE Communications Surveys & Tutorials* (2008), p. 10; Mario Gerla, Eun-Kyu Lee y Giovanni Pau, «Internet of Vehicles: From Intelligent Grid to Autonomous Cars and Vehicular Clouds», *2014 IEEE World Forum on Internet of Things (WF-IoT)* (2014), pp. 241-246.

5. David D. Luxton *et al.*, «mHealth for Mental Health: Integrating Smartphone Technology in Behavioural Healthcare», *Professional Psychology: Research and Practice*, 42, 6 (2011), pp. 505-512; Abu Saleh Mohammad Mosa, Illhoi Yoo y Lincoln Sheets, «A Systematic Review of Healthcare Application for Smartphones», *BMC Medical Informatics and Decision Making*, 12, 1 (2012), p. 67; Karl Frederick Braekkan Payne, Heather Wharrad y Kim Watts, «Smartphone and Medical Related App Use among Medical Students and Junior Doctors in the United Kingdom (UK): A Regional Survey», *BMC Medical Informatics and Decision Making*, 12, 1 (2012), p. 121; Sandeep Kumar Vashist, E. Marion Schneider y John H.T. Loung, «Commercial Smartphone-Based Devices and Smart Applications for Personalised Healthcare Monitoring and Management», *Diagnostics*, 4, 3 (2014), pp. 104-128; Maged N. Kamel Bouls *et al.*, «How Smartphones Are Changing the Face of Mobile and Participatory Healthcare: An Overview, with Example from eCAALYX», *BioMedical Engineering OnLine*, 10, 24 (2011), https://doi.org/ 10.1186/1475-925X-10-24, consultado el 30 de julio de 2017; Paul J. F. White, Blake W. Podaima y Marcia R. Friesen, «Algorithms for Smartphone and Tablet Image Analysis for Healthcare Applications», *IEEE Access* 2 (2014), pp. 831-840.

6. Organización Mundial de la Salud, *Global status report on road safety 2015* (2016); «Estimates for 2000-2015, Cause-Specific Mortality», http:// www.who.int/healthinfo/global_burden_disease/estimates/en/index1. html, consultado el 6 de septiembre de 2017.

7. Para un análisis de las causas de accidentes de automóvil en Estados Unidos, véase Daniel J. Fagnant y Kara Kockelman, «Preparing a Nation for Autonomous Vehicles: Opportunities, Barriers and Policy Recommendations», *Transportation Research Part A: Policy and Practice*, 77 (2015), pp. 167-181; para un análisis mundial general, véase, por ejemplo *OECD/ITF, Road Safety Annual Report 2016*, París, OECD Publishing, 2016, http://dx.doi.org/10.1787/irtad-2016-en.

8. Kristofer D. Kusano y Hampton C. Gabler, «Safety Benefits of Forward Collision Warning, Brake Assist, and Autonomous Braking Systems in Rear-End Collisions», *IEEE Transactions on Intelligent Transportation Systems*, 13, 4 (2012), pp. 1546-1555; James M. Anderson *et al.*, *Autonomous Vehicle Technology: A Guide for Policymakers*, Santa Mónica, RAND Corporation, 2014, esp. pp. 13-15; Daniel J. Fagnant y Kara Kockelman, «Preparing a Nation for Autonomous Vehicles: Opportunities, Barriers and Policy Recommendations», *Transportation Research Part A: Policy and Practice*, 77 (2015), pp. 167-181; Jean-François Bonnefon, Azim Shariff e Iyad Rahwan, «Autonomous Vehicles Need Experimental Ethics: Are We Ready for Utilitarian Cars?», *arXiv* (2015), pp. 1-15. Para sugerencias para que las redes entre vehículos prevengan colisiones, véanse Seyed R. Azimi *et al.*, «Vehicular Networks for Collision Avoidance at Intersections», *SAE International Journal of Passenger Cars – Mechanical Systems*, 4, 1 (2011), pp. 406-416; Swarun Kumar *et al.*, «CarSpeak: A Content-Centric Network for Autonomous Driving», *SIGCOM Computer Communication Review*, 42, 4 (2012), pp. 259-270; Mihail L. Sichitiu y Maria Kihl, «Inter-Vehicle Communication Systems: A Survey», *IEEE Communications Surveys & Tutorials*, 10, 2 (2008); Mario Gerla *et al.*, «Internet of Vehicles: From Intelligent Grid to Autonomous Cars and Vehicular Clouds», *2014 IEEE World Forum on Internet of Things (WF-IoT)* (2014), pp. 241-246.

9. Michael Chui, James Manyika y Mehdi Miremadi, «Where Machines Could Replace Humans – and Where They Can't (Yet)», *McKinsey Quarterly* (2016), http://www.mckinsey.com/business-functions/digital-mckinsey/our-insights/where-machines-could-replace-humans-and-where-they-cant-yet, consultado el 1 de marzo de 2018.

10. Wu Youyou, Michal Kosinski y David Stillwell, «Computer-based personality judgments are more accurate than those made by humans», *PANS*, California, vol. 112 (2014), pp. 1036-1138.

11. Stuart Dredge, «AI and music: will we be slaves to the algorithm?», *The Guardian*, 6 de agosto de 2017, https://www.theguardian.com/tech nology/2017/aug/06/artificial-intelligence-and-will-we-be-slaves-to-the-algorithm, consultado el 15 de octubre de 2017. Para una revisión general de métodos, véase José David Fernández y Francisco Vico, «AI Methods in Algorithmic Composition: A Comprehensive Survey», *Journal of Artificial Intelligence Research*, 48 (2013), pp. 513-582.

12. Eric Topol, *The Patient Will See You Now: The Future of Medicine is in Your Hands*, Basic Books, 2015; Robert Wachter, *The Digital Doctor: Hope, Hype and Harm at the Dawn of Medicine's Computer Age*, Nueva York, McGraw-Hill Education, 2015; Simon Parkin, «The Artificially Intelligent Doctor Will Hear You Now». *MIT Technology Review* (2016), https://www.technologyreview.com/s/600868/the-artificially-intelligent-doctor-will-hear-you-now/; James Gallagher, «Artificial intelligence "as good as cancer doctors"», BBC, 26 de enero de 2017, http://www.bbc.com/news/health-38717928.

13. Kate Brannen, «Air Force's lack of drone pilots reaching "crisis" levels», *Foreign Policy*, 15 de enero de 2015, http://foreignpolicy.com/2015/01/15/air-forces-lack-of-drone-pilots-reaching-crisis-levels.

14. Tyler Cowen, *Average is Over: Powering America Beyond the Age of the Great Stagnation*, Nueva York, Dutton, 2013; Brad Bush, «How combined human and computer intelligence will redefine Jobs», *TechCrunch* (2016), https://techcrunch.com/2016/11/01/how-combined-human-and-computer-intelligence-will-redefine-jobs.

15. Ulrich Raulff, *Farewell to the Horse: The Final Century of Our Relationship*, Londres, Allen Lane, 2017; Gregory Clark, *A Farewell to Alms: A Brief Economic History of the World*, Princeton, Princeton University Press, 2008, p. 286 [hay trad. cast.: *Adiós a la sopa de pan, hola al sushi. Breve historia económica mundial*, Valencia, Universitat de València, 2014]; Margo DeMello, *Animals and Society: An Introduction to Human-Animal Studies*, Nueva York, Columbia University Press, 2012, p. 197; Clay McShane y Joel Tarr, «The Decline of the Urban Horse in American Cities», *The Journal of Transport History*, 24, 2 (2003), pp. 177-198.

16. Lawrence F. Katz y Alan B. Krueger, «The Rise and Nature of Alternative Work Arrangements in the United States, 1995-2015», *National Bureau of Economic Research* (2016); Peter H. Cappelli y J. R. Keller,

«A Study of the Extent and Potential Causes of Alternative Employment Arrangements», *ILR Review*, 66, 4 (2013), pp. 874-901; Gretchen M. Spreitzer, Lindsey Cameron y Lyndon Garrett, «Alternative Work Arrangements: Two Images of the New World of Work», *Annual Review of Organizational Psychology and Organizational Behavior*, 4 (2017), pp. 473-499; Sarah A. Donovan, David H. Bradley y Jon O. Shimabukuru, «What Does the Gig Economy Mean for Workers?», Washington DC: Congressional Research Service (2016), https://fas.org/sgp/crs/misc/R44365.pdf, consultado el 11 de febrero de 2018; «More Workers Are in Alternative Employment Arrangements», Pew Research Center, 28 de septiembre de 2016, http://www.pewsocialtrends.org/2016/10/06/the-state-of-american-jobs/st_2016-10-06_jobs-26, consultado el 11 de febrero de 2018.

17. David Ferrucci *et al.*, «Watson: Beyond *Jeopardy!*», *Artificial Intelligence*, 199-200 (2013), pp. 93-105.

18. «Google's AlphaZero Destroys Stockfish in 100-Game Match», Chess.com, 6 de diciembre de 2017, https://www.chess.com/news/view/google-s-alphazero-destroys-stockfish-in-100-game-match, consultado el 11 de febrero de 2018; David Silver *et al.*, «Mastering Chess and Shogi by Self-Play with a General Reinforcement Learning Algorithm», *arXiv* (2017), https://arxiv.org/pdf/1712.01815.pdf, consultado el 2 de febrero de 2018; véase también Sarah Knapton, «Entire Human Chess Knowledge Learned and Surpassed by DeepMind's AlphaZero in Four Hours», *Telegraph*, 6 de diciembre de 2017, http://www.telegraph.co.uk/science/2017/12/06/entire-human-chess-knowledge-learned-surpassed-deepminds-alphazero/, consultado el 11 de febrero de 2018.

19. Tyler Cowen, *Average is Over: Powering America Beyond the Age of the Great Stagnation*, Nueva York, Dutton, 2013; Tyler Cowen, «What are humans still good for? The turning point in freestyle chess may be approaching» (2013), http://marginalrevolution.com/marginalrevolution/2013/11/what-are-humans-still-good-for-the-turning-point-in-freestyle-chess-may-be-approaching.html.

20. Maddalaine Ansell, «Jobs for Life Are a Thing of the Past. Bring On Lifelong Learning», *The Guardian*, 31 de mayo de 2016, https://www.theguardian.com/higher-education-network/2016/may/31/jobs-for-life-are-a-thing-of-the-past-bring-on-lifelong-learning.

21. Alex Williams, «Prozac Nation Is Now the United States of Xanax», *The New York Times*, 10 de junio de 2017, https://www.nytimes.com/2017/06/10/style/anxiety-is-the-new-depression-xanax.html.

22. Simon Rippon, «Imposing Options on People in Poverty: The Harm of a Live Donor Organ Market», *Journal of Medical Ethics*, 40 (2014), pp. 145-150; I. Glenn Cohen, «Regulating the Organ Market: Normative Foundations for Market Regulation», *Law and Contemporary Problems*, 77 (2014); Alexandra K. Glazier, «The Principles of Gift Law and the Regulation of Organ Donation», *Transplant International*, 24 (2011), pp. 368-372; Megan McAndrews y Walter E. Block, «Legalizing Saving Lives: A Proposition for the Organ Market», *Insights to A Changing World Journal*, 2015, pp. 1-17.

23. James J. Hughes, «A Strategic Opening for a Basic Income Guarantee in the Global Crisis Being Created by AI, Robots, Desktop Manufacturing and BioMedicine», *Journal of Evolution & Technology*, 24 (2014), pp. 45-61; Alan Cottey, «Technologies, Culture, Work, Basic Income and Maximum Income», *AI & Society*, 29 (2014), pp. 249-257.

24. Jon Henley, «Finland Trials Basic Income for Unemployed», *The Guardian*, 3 de enero de 2017, https://www.theguardian.com/world/2017/jan/03/finland-trials-basic-income-for-unemployed, consultado el 1 de marzo de 2018.

25. «Swiss Voters Reject Proposal to Give Basic Income to Every Adult and Child», *The Guardian*, 5 de junio de 2017, https://www.theguardian.com/world/2016/jun/05/swiss-vote-give-basic-income-every-adult-child-marxist-dream.

26. Isabel Hunter, «Crammed into squalid factories to produce clothes for the West on just 20p a day, the children forced to work in horrific unregulated workshops of Bangladesh», *Daily Mail*, 1 de diciembre de 2015, http://www.dailymail.co.uk/news/article-3339578/Crammed-squalid-factories-produce-clothes-West-just-20p-day-children-forced-work-horrific-unregulated-workshops-Bangladesh.html, consultado el 15 de octubre de 2017; Chris Walker y Morgan Hartley, «The Culture Shock of India's Call Centers», *Forbes*, 16 de diciembre de 2012, https://www.forbes.com/sites/morganhartley/2012/12/16/the-culture-shock-of-indias-call-centres/#17bb61d372f5, consultado el 15 de octubre de 2017.

27. Klaus Schwab y Nicholas Davis, *Shaping the Fourth Industrial Revolution*, World Economic Forum, 2018, p. 54. Sobre estrategias de desarrollo

a largo plazo, véase Ha-Joon Chang, *Kicking Away the Ladder: Development Strategy in Historical Perspective*, Londres, Anthem Press, 2003 [hay trad. cast.: *Retirar la escalera. La estrategia del desarrollo en perspectiva histórica*, Madrid, Los Libros de la Catarata, 2004].

28. Lauren Gambini, «Trump Pans Immigration Proposal as Bringing People from "Shithole Countries"», *The Guardian*, 12 de enero de 2018, https://www.theguardian.com/us-news/2018/jan/11/trump-pans-immigration-proposal-as-bringing-people-from-shithole-countries, consultado el 11 de febrero de 2018.

29. Para la idea de que una mejora absoluta en las condiciones tendría que ir acompañada de un aumento de la inequidad relativa, véase en particular Thomas Piketty, *Capital in the 21st Century*, Cambridge, MA, Harvard University Press, 2013 [hay trad. cast.: *El capital en el siglo XXI*, Madrid, Fondo de Cultura Económica, 2014].

30. «2017 Statistical Report on Ultra-Orthodox Society in Israel», *The Israel Democracy Institute* y *Jerusalem Institute for Israel Studies* (2017), https://en.idi.org.il/articles/20439, consultado el 1 de enero de 2018; Melanie Lidman, «As ultra-Orthodox women bring home the bacon, don't say the F-word», *The Times of Israel*, 1 de enero de 2016, https://www.timesofisrael.com/as-ultra-orthodox-women-bring-home-the-bacon-dont-say-the-f-word/, consultado el 15 de octubre de 2017.

31. Melanie Lidman, «As ultra-Orthodox women bring home the bacon, don't say the F- Word», *The Times of Israel*, 1 de enero de 2016, https://www.timesofisrael.com/as-ultra-Orthodox-women-bring-home-the-bacon-dont-say-the-f-word/, consultado el 15 de octubre de 2017; «Statistical Report on Ultra-Orthodox Society in Israel», *The Israel Democracy Institute* y *Jerusalem Institute for Israel Studies* (2016), p. 18, https://en.idi.org.il/media/4240/shnaton-e_8-9-16_web.pdf, consultado el 15 de octubre de 2017. En cuanto a la felicidad, Israel se hallaba recientemente en el puesto undécimo de un total de treinta y ocho países en satisfacción vital, según la OCDE: «Life Satisfaction», OECD Better Life Index, http://www.oecdbetterlifeindex.org/topics/life-satisfaction, consultado el 15 de octubre de 2017.

32. «2017 Statistical Report on Ultra-Orthodox Society in Israel», *The Israel Democracy Institute* y *Jerusalem Institute for Israel Studies* (2017), https://en.idi.org.il/articles/20439, consultado el 1 de enero de 2018.

3. LIBERTAD

1. Margaret Thatcher, «Interview for *Woman's Own* ("no such thing as society")», *Margaret Thatcher Foundation*, 23 de septiembre de 1987, https://www.margaretthatcher.org/document/106689, consultado el 7 de enero de 2018.

2. Keith Stanovich, *Who Is Rational? Studies of Individual Differences in Reasoning*, Nueva York, Londres, Psychology Press, 1999.

3. Richard Dawkins, «Richard Dawkins: We Need a New Party – the European Party», *NewStatesman*, 29 de marzo de 2017, https://www.newstatesman.com/politics/uk/2017/03/richard-dawkins-we-need-new-party-european-party, consultado el 1 de marzo de 2018.

4. Steven Swinford, «Boris Johnson's allies accuse Michael Gove of "systematic and calculated plot" to destroy his leadership hopes», *The Telegraph*, 30 de junio de 2016, http://www.telegraph.co.uk/news/2016/06/30/boris-johnsons-allies-accuse-michael-gove-of-systematic-and-calc, consultado el 3 de septiembre de 2017; Rowena Mason y Heather Stewart, «Gove's thunderbolt and Boris's breaking point: a shocking Tory morning», *The Guardian*, 30 de junio de 2016, https://www.theguardian.com/politics/2016/jun/30/goves-thunderbolt-boris-johnson-tory-morning, consultado el 3 de septiembre de 2017.

5. James Tapsfield, «Gove presents himself as the integrity candidate for Downing Street job but sticks the knife into Boris AGAIN», *Daily Mail*, 1 de julio de 2016, http://www.dailymail.co.uk/news/article-3669702/I-m-not-great-heart-s-right-place-Gove-makes-bizarre-pitch-Downing-Street-admitting-no-charisma-doesn-t-really-want-job.html, consultado el 3 de septiembre de 2017.

6. En 2017, un equipo de Stanford produjo un algoritmo que supuestamente puede detectar si uno es gay o no con una precisión del 91 por ciento, basándose únicamente en el análisis de unas pocas fotografías faciales del sujeto (https://osf.io/zn79k/). Sin embargo, puesto que el algoritmo se desarrolló sobre la base de fotografías que las personas seleccionaron para colgar en páginas web de citas, puede ser que el algoritmo identifique en realidad diferencias en los ideales culturales. No es que los rasgos faciales de las personas homosexuales sean necesariamente diferentes de los de las perso-

nas heterosexuales. Más bien, los hombres homosexuales que cuelgan fotos en páginas web de citas homosexuales intentan ajustarse a ideales culturales diferentes de los de los hombres heterosexuales que cuelgan fotos en páginas web de citas heterosexuales.

7. David Chan, «So Why Ask Me? Are Self-Report Data Really That Bad?», en Charles E. Lance y Robert J. Vandenberg (eds.), *Statistical and Methodological Myths and Urban Legends*, Nueva York, Londres, Routledge, 2009, pp. 309-336; Delroy L. Paulhus y Simine Vazire, «The Self-Report Method», en Richard W. Robins, R. Chris Farley y Robert F. Krueger (eds.), *Handbook of Research Methods in Personality Psychology*, Londres, Nueva York, The Guilford Press, 2007, pp. 228-233.

8. Elizabeth Dwoskin y Evelyn M. Rusli, «The Technology that Unmasks Your Hidden Emotions», *The Wall Street Journal*, 28 de enero de 2015, https://www.wsj.com/articles/startups-see-your-face-unmask-your-emotions-1422472398, consultado el 6 de septiembre de 2017.

9. Norberto Andrade, «Computers Are Getting Better Than Humans at Facial Recognition», *The Atlantic*, 9 de junio de 2014, https://www.theatlantic.com/technology/archive/2014/06/bad-news-computers-are-getting-better-than-we-are-at-facial-recognition/372377, consultado el 10 de diciembre de 2017; Elizabeth Dwoskin y Evelyn M. Rusli, «The Tech nology That Unmasks Your Hidden Emotions», *The Wall Street Journal*, 28 de junio de 2015, https://www.wsj.com/articles/startups-see-your-face-unmask-your-emotions-1422472398, consultado el 10 de diciembre de 2017; Sophie K. Scott, Nadine Lavan, Sinead Chen y Carolyn McGettigan, «The Social Life of Laughter», *Trends in Cognitive Sciences*, 18, 12 (2014), pp. 618-620.

10. Daniel First, «Will big data algorithms dismantle the foundations of liberalism?», *AI & Soc*, 10.1007/s00146-017-0733-4.

11. Carole Cadwalladr, «Google, Democracy and the Truth about Internet Search», *The Guardian*, 4 de diciembre de 2016, https://www.theguardian.com/technology/2016/dec/04/google-democracy-truth-internet-search-facebook, consultado el 6 de septiembre de 2017.

12. Jeff Freak y Shannon Holloway, «How Not to Get to Straddie», *Red Land City Bulletin*, 15 de marzo de 2012, http://www.redlandcitybulletin.com.au/story/104929/how-not-to-get-to-straddie.

13. Michelle McQuigge, «Woman Follows GPS; Ends Up in Ontario Lake», *Toronto Sun*, 13 de mayo de 2016, http://torontosun.com/2016/

05/13/woman-follows-gps-ends-up-in-ontario-lake/wcm/fddda6d6-6b6e-41c7-88e8-aecc501faaa5, consultado el 1 de marzo de 2018; «Woman Follows GPS into Lake», News. com. au, 16 de mayo de 2016, http://www.news.com.au/technology/gadgets/woman-follows-gps-into-lake/news-story/a7d362dfc4634fd094651afc63f853a1, consultado el 1 de marzo de 2018.

14. Henry Grabar, «Navigation Apps Are Killing Our Sense of Direction. What if They Could Help Us Remember Places Instead?», *Slate*, http://www.slate.com/blogs/moneybox/2017/07/10/google_and_waze_are_killing_out_sense_of_direction_what_if_they_could_help.html, consultado el 6 de septiembre de 2017.

15. Joel Delman, «Are Amazon, Netflix, Google Making Too Many Decisions For Us?», *Forbes*, 24 de noviembre de 2010, https://www.forbes.com/2010/11/24/amazon-netflix-google-technology-cio-network-decisions.html, consultado el 6 de septiembre de 2017; Cecilia Mazanec, «Will Algorithms Erode Our Decision-Making Skills?», *NPR*, 8 de febrero de 2017, http://www.npr.org/sections/alltechconsidered/2017/02/08/514120713/will-algorithms-erode-our-decision-making-skills, consultado el 6 de septiembre de 2017.

16. Jean-François Bonnefon, Azim Shariff e Iyad Rawhan, «The Social Dilemma of Autonomous Vehicles», *Science*, 352, 6293 (2016), pp. 1573-1576.

17. Christopher W. Bauman *et al.*, «Revisiting External Validity: Concerns about Trolley Problems and Other Sacrificial Dilemmas in Moral Psychology», *Social and Personality Psychology Compass*, 8, 9 (2014), pp. 536-554.

18. John M. Darley y Daniel C. Batson, «"From Jerusalem to Jericho": A Study of Situational and Dispositional Variables in Helping Behavior», *Journal of Personality and Social Psychology*, 27, 1 (1973), pp. 100-108.

19. Kristofer D. Kusano y Hampton C. Gabler, «Safety Benefits of Forward Collision Warning, Brake Assist, and Autonomous Braking Systems in Rear-End Collisions», *IEEE Transactions on Intelligent Transportation Systems*, 13, 4 (2012), pp. 1546-5155; James M. Anderson *et al.*, *Autonomous Vehicle Technology: A Guide for Policymakers*, Santa Mónica, RAND Corporation, 2014, esp. pp. 13-15; Daniel J. Fagnant y Kara Kockelman, «Preparing a Nation for Autonomous Vehicles: Opportunities, Barriers and Policy Recommendations», *Transportation Research Part A: Policy and Practice*, 77 (2015), pp. 167-181.

20. Tim Adams, «Job Hunting Is a Matter of Big Data, Not How You Perform at an Interview», *The Guardian*, 10 de mayo de 2014, https://www.theguardian.com/technology/2014/may/10/job-hunting-big-data-interview-algorithms-employees, consultado el 6 de septiembre de 2017.

21. Para un tratamiento muy esclarecedor, véase Cathy O'Neil, *Weapons of Math Destruction: How Big Data Increases Inequality and Threatens Democracy*, Nueva York, Crown, 2016. Este libro es realmente de lectura obligatoria para quien esté interesado en los efectos potenciales de los algoritmos en la sociedad y la política.

22. Bonnefon, Shariff y Rahwan, «Social Dilemma of Autonomous Vehicles».

23. Vincent C. Müller y Thomas W. Simpson, *Autonomous Killer Robots Are Probably Good News*, memorándum político de la Universidad de Oxford, Blavatnik School of Government, noviembre de 2014. Ronald Arkin, *Governing Lethal Behaviour: Embedding Ethics in a Hybrid Deliberative/Reactive Robot Architecture*, Georgia Institute of Technology, Mobile Robot lab, 2007, pp. 1-13.

24. Bernd Grainer, *War without Fronts: The USA in Vietnam*, trad. Anne Wyburd y Victoria Fern, Cambridge, MA, Harvard University Press, 2009, p. 16. Para al menos una referencia del estado emocional de los soldados, véase Herbert Kelman y V. Lee Hamilton, «The My Lai Massacre: A Military Crime of Obedience», en Jodi O'Brien y David M. Newman (eds.), *Sociology: Exploring the Architecture of Everyday Life Reading*, Los Ángeles, Pine Forge Press, 2010, pp. 13-25.

25. Robert J. Donia, *Radovan Karadzic: Architect of the Bosnian Genocide*, Cambridge, Cambridge University Press, 2015. Véase también Isabella Delpla, Xavier Bougarel y Jean-Louis Fournel, *Investigating Srebrenica: Institutions, Facts, and Responsibilities*, Nueva York, Oxford, Berghahn Books, 2012.

26. Noel E. Sharkey, «The Evitability of Autonomous Robot Warfare», *International Rev. Red Cross*, 94 (886), 2012, pp. 787-799.

27. Ben Schiller, «Algorithms Control Our Lives: Are They Benevolent Rulers or Evil Dictators?», *Fast Company*, 21 de febrero de 2017, https://www.fastcompany.com/3068167/algorithms-control-our-lives-are-they-benevolent-rulers-or-evil-dictators, consultado el 17 de septiembre de 2017.

28. Elia Zureik, David Lyon y Yasmeen Abu-Laban (eds.), *Surveillance and Control in Israel/Palestine: Population, Territory and Power*, Londres, Rout-

ledge, 2011; Elia Zureik, *Israel's Colonial Project in Palestine*, Londres, Routledge, 2015; Torin Monahan (ed.), *Surveillance and Security: Technological Politics and Power in Everyday Life*, Londres, Routledge, 2006; Nadera Shalhoub-Kevorkian, «E-Resistance and Technological In/Security in Everyday Life: The Palestinian case», *The British Journal of Criminology*, 52, 1 (2012), pp. 55-72; Or Hirschauge y Hagar Sheizaf, «Targeted Prevention: Exposing the New System for Dealing with Individual Terrorism», *Haaretz*, 26 de mayo de 2017, https://www.haaretz.co.il/magazine/.premium-1.4124379, consultado el 17 de septiembre de 2017; Amos Harel, «The IDF Accelerates the Crisscrossing of the West Bank with Cameras and Plans to Surveille all Junctions», *Haaretz,* 18 de junio de 2017, https://www.haaretz.co.il/news/politics/.premium-1.4179886, consultado el 17 de septiembre de 2017; Neta Alexander, «This is How Israel Controls the Digital and Cellular Space in the Territories», 31 de marzo de 2016, https://www.haaretz.co.il/magazine/.premium-MAGAZINE-1.2899665, consultado el 12 de enero de 2018; Amos Harel, «Israel Arrested Hundreds of Palestinians as Suspected Terrorists Due to Publications on the Internet», *Haaretz*, 16 de abril de 2017, https://www.haaretz.co.il/news/politics/.premium-1.4024578, consultado el 15 de enero de 2018; Alex Fishman, «The Argaman Era», *Yediot Aharonot, Weekend Supplement,* 28 de abril de 2017, p. 6.

29. Yotam Berger, «Police Arrested a Palestinian Based on an Erroneous Translation of "Good Morning" in His Facebook Page», *Haaretz*, 22 de octubre de 2017, https://www.haaretz.co.il/.premium-1.4528980, consultado el 12 de enero de 2018.

30. William Beik, *Louis XIV and Absolutism: A Brief Study with Documents*, Boston, MA, Bedford/St. Martin's, 2000.

31. O'Neil, *Weapons of Math Destruction, op. cit.*; Penny Crosman, «Can AI Be Programmed to Make Fair Lending Decisions?», *American Banker*, 27 de septiembre de 2016, https://www.americanbanker.com/news/can-ai-be-programmed-to-make-fair-lending-decisions, consultado el 17 de septiembre de 2017.

32. Matt Reynolds, «Bias Test to Prevent Algorithms Discriminating Unfairly», *New Scientist*, 29 de mayo de 2017, https://www.newscientist.com/article/mg23431195-300-bias-test-to-prevent-algorithms-discriminating-unfairly, consultado el 17 de septiembre de 2017; Claire Cain Miller, «When Algorithms Discriminate», *The New York Times*, 9 de julio de

2015, https://www.nytimes.com/2015/07/10/upshot/when-algorithms-discriminate.html, consultado el 17 de septiembre de 2017; Hannah Devlin, «Discrimination by Algorithm: Scientists Devise Test to Detect AI Bias», *The Guardian*, 19 de diciembre de 2016, https://www.theguardian.com/technology/2016/dec/19/discrimination-by-algorithm-scientists-devise-test-to-detect-ai-bias, consultado el 17 de septiembre de 2017.

33. Snyder, *Road to Unfreedom, op. cit.*

34. Anna Lisa Peterson, *Being Animal: Beasts and Boundaries in Nature Ethics*, Nueva York, Columbia University Press, 2013, p. 100.

4. IGUALDAD

1. «Richest 1 Percent Bagged 82 Percent of Wealth Created Last Year – Poorest Half of Humanity Got Nothing», *Oxfam*, 22 de enero de 2018, https://www.oxfam.org/en/pressroom/pressreleases/2018-01-22/richest-1-percent-bagged-82-percent-wealth-created-last-year, consultado el 28 de febrero de 2018; Josh Lowe, «The 1 Percent Now Have Half the World's Wealth», *Newsweek*, 14 de noviembre de 2017, http://www.newsweek.com/1-wealth-money-half-world-global-710714, consultado el 28 de febrero de 2018; Adam Withnall, «All the World's Most Unequal Countries Revealed in One Chart», *The Independent*, 23 de noviembre de 2016, http://www.independent.co.uk/news/world/politics/credit-suisse-global-wealth-world-most-unequal-countries-revealed-a7434431.html, consultado el 11 de marzo de 2018.

2. Tim Wu, *The Attention Merchants*, Nueva York, Alfred A. Knopf, 2016.

3. Cara McGoogan, «How to See All the Terrifying Things Google Knows about You», *Telegraph*, 18 de agosto de 2017, http://www.telegraph.co.uk/technology/0/see-terrifying-things-google-knows, consultado el 19 de octubre de 2017; Caitlin Dewey, «Everything Google Knows about You (and How It Knows It)», *The Washington Post*, 19 de noviembre de 2014, https://www.washingtonpost.com/news/the-intersect/wp/2014/11/19/everything-google-knows-about-you-and-how-it-knows-it/?utm_term=.b81c3ce3ddd6, consultado el 19 de octubre de 2017.

4. Dan Bates, «YouTube Is Losing Money Even Though It Has More Than 1 Billion Viewers», *Daily Mail*, 26 de febrero de 2015, http://www.

dailymail.co.uk/news/article-2970777/YouTube-roughly-breaking-nine-years-purchased-Google-billion-viewers.html, consultado el 19 de octubre de 2017; Olivia Solon, «Google's Bad Week: YouTube Loses Millions As Advertising Row Reaches US», *The Guardian*, 25 de marzo de 2017, https://www.theguardian.com/technology/2017/mar/25/google-youtube-advertising-extremist-content-att-verizon, consultado el 19 de octubre de 2017; Seth Fiegerman, «Twitter Is Now Losing Users in the U.S.», CNN, 27 de julio de 2017, http://money.cnn.com/2017/07/27/technology/business/twitter-earnings/index.html, consultado el 19 de octubre de 2017.

5. COMUNIDAD

1. Mark Zuckerberg, «Building Global Community», 16 de febrero de 2017, https://www.facebook.com/notes/mark-zuckerberg/building-global-community/10154544292806634, consultado el 20 de agosto de 2017.

2. John Shinal, «Mark Zuckerberg: Facebook can play a role that churches and Little League once filled», CNBC, 26 de junio de 2017, https://www.cnbc.com/2017/06/26/mark-zuckerberg-compares-facebook-to-church-little-league.html, consultado el 20 de agosto de 2017.

3. https://www.cnbc.com/2017/06/26/mark-zuckerberg-compares-facebook-to-church-little-league.html; https://www.cnbc.com/2017/06/22/facebook-has-a-new-mission-following-fake-news-crisis-zuckerberg-says.html.

4. Robin Dunbar, *Grooming, Gossip, and the Evolution of Language*, Cambridge, MA, Harvard University Press, 1998.

5. Véase, por ejemplo, Pankaj Mishra, *Age of Anger: A History of the Present*, Londres, Penguin, 2017 [hay trad. cast.: *La edad de la ira. Una historia del presente*, Barcelona, Galaxia Gutenberg, 2017].

6. Para una revisión general y una crítica, véase Derek Y. Darves y Michael C. Dreiling, *Agents of Neoliberal Globalization: Corporate Networks, State Structures and Trade Policy*, Cambridge, Cambridge University Press, 2016.

7. Lisa Eadicicco, «Americans Check Their Phones 8 Billion Times a Day», *Time*, 15 de diciembre de 2015, http://time.com/4147614/smartphone-usage-us-2015, consultado el 20 de agosto de 2017; Julie Beck, «Ignoring People for Phones Is the New Normal», *The Atlantic*, 14 de junio de 2016,

https://www.theatlantic.com/technology/archive/2016/06/ignoring-people-for-phones-is-the-new-normal-phubbing-study/486845, consultado el 20 de agosto de 2017.

8. Zuckerberg, «Building Global Community», *op. cit.*

9. *Time Well Spent*, http://www.timewellspent.io, consultado el 3 de septiembre de 2017.

10. Zuckerberg, «Building Global Community», *op. cit.*

11. https://www.theguardian.com/technology/2017/oct/04/facebook-uk-corporation-tax-profit; https://www.theguardian.com/business/2017/sep/21/tech-firms-tax-eu-turnover-google-amazon-apple; http://www.wired.co.uk/article/facebook-apple-tax-loopholes-deals.

6. Civilización

1. Samuel P. Huntington, *The Clash of Civilizations and the Remaking of World Order*, Nueva York, Simon & Schuster, 1996 [hay trad. cast.: *El choque de civilizaciones y la reconfiguración del orden mundial*, Barcelona, Paidós, 1997]; David Lauter y Brian Bennett, «Trump Frames Anti-Terrorism Fight As a Clash of Civilizations, Defending Western Culture against Enemies», *Los Angeles Times*, 6 de julio de 2017, http://www.latimes.com/politics/la-na-pol-trump-clash-20170706-story.html, consultado el 29 de enero de 2018; Naomi O'Leary, «The Man Who Invented Trumpism: Geert Wilders' Radical Path to the Pinnacle of Dutch Politics», *Politico*, 23 de febrero de 2017, https://www.politico.eu/article/the-man-who-invented-trumpism-geert-wilders-netherlands-pvv-vvd-populist, consultado el 31 de enero de 2018.

2. Pankaj Mishra, *From the Ruins of Empire: The Revolt Against the West and the Remaking of Asia*, Londres, Penguin 2013 [hay trad. cast.: *De las ruinas de los imperios: la rebelión contra Occidente y la metamorfosis de Asia*, Barcelona, Galaxia Gutenberg - Círculo de Lectores, 2014]; Pankaj Mishra, *Age of Anger: A History of the Present, op. cit.*; Christopher de Bellaigue, *The Muslim Enlightenment. The Modern Struggle Between Faith and Reason*, Londres, The Bodley Head, 2017.

3. «Treaty Establishing A Constitution for Europe», *European Union*, https://europa.eu/european-union/sites/europaeu/files/docs/body/trea-

ty_establishing_a_constitution_for_europe_es.pdf, consultado el 18 de octubre de 2017.

4. Phoebe Greenwood, «Jerusalem Mayor Battles Ultra-Orthodox Groups over Women-Free Billboards», *The Guardian*, 15 de noviembre de 2011, https://www.theguardian.com/world/2011/nov/15/jerusalem-mayor-battle-orthodox-billboards, consultado el 7 de enero de 2018.

5. http://nypost.com/2015/10/01/orthodox-publications-wont-show-hillary-clintons-photo.

6. Simon Schama, *The Story of the Jews: Finding the Words 1000 BC – 1492 AD*, Nueva York, Ecco, 2014, pp. 190-197 [hay trad. cast.: *La historia de los judíos*, Barcelona, Debate, 2015]; Hannah Wortzman, «Jewish Women in Ancient Synagogues: Archaeological Reality vs. Rabbinical Legislation», *Women in Judaism*, 5, 2 (2008), http://wjudaism.library.utoronto.ca/index.php/wjudaism/article/view/3537, consultado el 29 de enero de 2018; Ross S. Kraemer, «Jewish Women in the Diaspora World of Late Antiquity», en Judith R. Baskin (ed.), *Jewish Women in Historical Perspective*, Detroit, Wayne State University Press, 1991, esp. p. 49; Hachlili Rachel, *Ancient Synagogues – Archaeology and Art: New Discoveries and Current Research*, Leiden, Brill, 2014, pp. 578-581; Zeev Weiss, «The Sepphoris Synagogue Mosaic: Abraham, the Temple and the Sun God-They're All in There», *Biblical Archeology Society* 26, 5 (2000), pp. 48-61; David Milson, *Art and Architecture of the Synagogue in Late Antique Palestine*, Leiden, Brill, 2007, p. 48.

7. Ivan Watson y Pamela Boykoff, «World's Largest Muslim Group Denounces Islamist Extremism», CNN, 10 de mayo de 2016, http://edition.cnn.com/2016/05/10/asia/indonesia-extremism/index.html, consultado el 8 de enero de 2018; Lauren Markoe, «Muslim Scholars Release Open Letter To Islamic State Meticulously Blasting Its Ideology», *Huffington Post*, 25 de septiembre de 2014, https://www.huffingtonpost.com/2014/09/24/muslim-scholars-islamic-state_n_5878038.html, consultado el 8 de enero de 2018; para la carta, véase «Open Letter to Al-Baghdadi», http://www.letter-tobaghdadi.com, consultado el 8 de enero de 2018.

8. Chris Perez, «Obama Defends the "True Peaceful Nature of Islam"», *New York Post*, 18 de febrero de 2015, http://nypost.com/2015/02/18/obama-defends-the-true-peaceful-nature-of-islam, consultado el 17 de octubre de 2017; Dave Boyer, «Obama Says Terrorists Not Motivated By True Islam», *The Washington Times*, 1 de febrero de 2015, http://www.washingtontimes.

com/news/2015/feb/1/obama-says-terrorists-not-motivated-true-islam, consultado el 18 de octubre de 2017.

9. Christopher de Bellaigue, *The Islamic Enlightenment, op. cit.*

10. Christopher McIntosh, *The Swan King: Ludwig II of Bavaria*, Londres, I.B. Tauris, 2012, p. 100.

11. Robert Mitchell Stern, *Globalization and International Trade Policies*, Hackensack, NJ, World Scientific, 2009, p. 23.

12. John K. Thornton, *A Cultural History of the Atlantic World, 1250-1820*, Cambridge, Cambridge University Press, 2012, p. 110.

13. Susannah Cullinane, Hamdi Alkhshali y Mohammed Tawfeeq, «Tracking a Trail of Historical Obliteration: ISIS Trumpets Destruction of Nimrud», CNN, 14 de abril de 2015, http://edition.cnn.com/2015/03/09/world/iraq-isis-heritage/index.html, consultado el 18 de octubre de 2017.

14. Kenneth Pomeranz, *The Great Divergence: China, Europe and the Making of the Modern World Economy*, Princeton, Oxford, Princeton University Press, 2001, pp. 36-38.

15. «ISIS Leader Calls for Muslims to Help Build Islamic State in Iraq», CBCNEWS, 1 de julio de 2014, http://www.cbc.ca/news/world/isis-leader-calls-for-muslims-to-help-build-islamic-state-in-iraq-1.2693353, consultado el 18 de octubre de 2017; Mark Townsend, «What Happened to the British Medics Who Went to Work for ISIS?», *The Guardian*, 12 de julio de 2015, https://www.theguardian.com/world/2015/jul/12/british-medics-isis-turkey-islamic-state, consultado el 18 de octubre de 2017.

7. Nacionalismo

1. Francis Fukuyama, *Political Order and Political Decay: From the Industrial Revolution to the Globalization of Democracy*, Nueva York, Farrar, Straus & Giroux, 2014 [hay trad. cast.: *Orden y decadencia de la política: desde la revolución industrial a la globalización de la democracia*, Barcelona, Deusto, 2016].

2. Ashley Killough, «Lyndon Johnson's "Daisy" Ad, Which Changed the World of Politics, Turns 50», CNN, 8 de septiembre de 2014, http://edition.cnn.com/2014/09/07/politics/daisy-ad-turns-50/index.html, consultado el 19 de octubre de 2017.

3. «Cause-Specific Mortality: Estimates for 2000-2015», *World Health*

Organization, http://www.who.int/healthinfo/global_burden_disease/estimates/en/index1.html, consultado el 19 de octubre de 2017.

4. David E. Sanger y William J. Broad, «To counter Russia, U.S. signals nuclear arms are back in a big way», *The New York Times*, 4 de febrero de 2018, https://www.nytimes.com/2018/02/04/us/politics/trump-nuclear-russia.html, consultado el 6 de febrero de 2018; Departamento de Defensa de los Estados Unidos, «Nuclear Posture Review 2018», https://www.defense.gov/News/Special-Reports/0218_npr, consultado el 6 de febrero de 2018; Jennifer Hansler, «Trump Says He Wants Nuclear Arsenal in "Tip-Top Shape", Denies Desire to Increase Stockpile», CNN, 12 de octubre de 2017, http://edition.cnn.com/2017/10/11/politics/nuclear-arsenal-trump/index.html, consultado el 19 de octubre de 2017; Jim Garamone, «DoD Official: National Defense Strategy Will Enhance Deterrence», *Department of Defense News, Defense Media Activity*, 19 de enero de 2018, https://www.defense.gov/News/Article/Article/1419045/dod-official-national-defense-strategy-will-rebuild-dominance-enhance-deterrence, consultado el 28 de enero de 2018.

5. Michael Mandelbaum, *Mission Failure: America and the World in the Post-Cold War Era*, Nueva York, Oxford University Press, 2016.

6. Elizabeth Kolbert, *Field Notes from a Catastrophe*, Londres, Bloomsbury, 2006 [hay trad. cast.: *La catástrofe que viene. Apuntes desde el frente del cambio climático*, Barcelona, Planeta, 2008]; Elizabeth Kolbert, *The Sixth Extinction*, Londres, Bloomsbury, 2004 [hay trad. cast.: *La sexta extinción. Una historia nada natural*, Barcelona, Crítica, 2015]; Will Steffen *et al.*, «Planetary Boundaries: Guiding Human Development on a Changing Planet», *Science*, 347, 6223, 13 de febrero de 2015, DOI: 10.1126/science.1259855.

7. John Cook *et al.*, «Quantifying the Consensus on Anthropogenic Global Warming in the Scientific Literature», *Environmental Research Letters* 8, 2 (2013); John Cook *et al.*, «Consensus on Consensus: A Synthesis of Consensus Estimates on Human-Caused Global Warming», *Environmental Research Letters* 11, 4 (2016); Andrew Griffin, «15,000 Scientists Give Catastrophic Warning about the Fate of the World in New "Letter to Humanity"», *The Independent*, 13 de noviembre de 2017, http://www.independent.co.uk/environment/letter-to-humanity-warning-climate-change-global-warming-scientists-union-concerned-a8052481.html, consultado el 8 de enero de 2018; Justin Worland, «Climate Change Is Already Wreaking Havoc on

Our Weather, Scientists Find», *Time*, 15 de diciembre de 2017, http://time.com/5064577/climate-change-arctic, consultado el 8 de enero de 2018.

8. Richard J. Millar *et al.*, «Emission budgets and pathways consistent with limiting warming to 1.5 C», *Nature Geoscience*, 10 (2017), pp. 741-747; Joeri Rogelj *et al.*, «Differences between carbon budget estimates unravelled», *Nature Climate Change*, 6 (2016), pp. 245-252; Akshat Rathi, «Did We Just Buy Decades More Time to Hit Climate Goals», *Quartz*, 21 de septiembre de 2017, https://qz.com/1080883/the-breathtaking-new-climate-change-study-hasnt-changed-the-urgency-with-which-we-must-reduce-emissions, consultado el 11 de febrero de 2018; Roz Pidcock, «Carbon Briefing: Making Sense of the IPCC's New Carbon Budget», *Carbon Brief*, 23 de octubre de 2013, https://www.carbonbrief.org/carbon-briefing-making-sense-of-the-ipccs-new-carbon-budget, consultado el 11 de febrero de 2018.

9. Jianping Huang *et al.*, «Accelerated Dryland Expansion under Climate Change», *Nature Climate Change* 6 (2016), pp. 166-171; Thomas R. Knutson, «Tropical Cyclones and Climate Change», *Nature Geoscience,* 3 (2010), pp. 157-163; Edward Hanna *et al.*, «Ice-Sheet Mass Balance and Climate Change», *Nature*, 498 (2013), pp. 51-59; Tim Wheeler y Joachim von Braun, «Climate Change Impacts on Global Food Security», *Science*, 341, 6145 (2013), pp. 508-513; A. J. Challinor *et al.*, «A Meta-Analysis of Crop Yield under Climate Change and Adaptation», *Nature Climate Change*, 4 (2014), pp. 287-291; Elisabeth Lingren *et al.*, «Monitoring EU Emerging Infectious Disease Risk Due to Climate Change», *Science,* 336, 6080 (2012), pp. 418-419; Frank Biermann e Ingrid Boas, «Preparing for a Warmer World: Towards a Global Governance System to Protect Climate Change», *Global Environmental Politics,* 10, 1 (2010), pp. 60-88; Jeff Goodell, *The Water Will Come: Rising Seas, Sinking Cities and the Remaking of the Civilized World*, Nueva York, Little, Brown and Company, 2017; Mark Lynas, *Six Degrees: Our Future on a Hotter Planet*, Washington, National Geographic, 2008; Naomi Klein, *This Changes Everything: Capitalism vs. Climate*, Nueva York, Simon & Schuster, 2014 [hay trad. cast.: *Esto lo cambia todo. El capitalismo contra el clima*, Barcelona, Paidós, 2015]; Kolbert, *The Sixth Extinction*, *op. cit.*

10. Johan Rockström *et al.*, «A Roadmap for Rapid Decarbonization», *Science*, 355, 6331, 23 de marzo de 2017, DOI, 10.1126/science.aah3443.

11. Institution of Mechanical Engineers, *Global Food: Waste Not, Want Not*, Londres, Institution of Mechanical Engineers, 2013, p. 12.

12. Paul Shapiro, *Clean Meat: How Growing Meat Without Animals Will Revolutionize Dinner and the World*, Nueva York, Gallery Books, 2018.

13. «Russia's Putin Says Climate Change in Arctic Good for Economy», CBS News, 30 de marzo de 2017, http://www.cbc.ca/news/technology/russia-putin-climate-change-beneficial-economy-1.4048430, consultado el 1 de marzo de 2018; Neela Banerjee, «Russia and the US Could be Partners in Climate Change Inaction», *Inside Climate News*, 7 de febrero de 2017, https://insideclimatenews.org/news/06022017/russia-Vladímir-putin-donald-trump-climate-change-paris-climate-agreement, consultado el 1 de marzo de 2018; Noah Smith, «Russia Wins in a Retreat on Climate Change», *Bloomberg View*, 15 de diciembre de 2016, https://www.bloomberg.com/view/articles/2016-12-15/russia-wins-in-a-retreat-on-climate-change, consultado el 1 de marzo de 2018; Gregg Easterbrook, «Global Warming: Who Loses-and Who Wins?», *Atlantic* (abril de 2007), https://www.theatlantic.com/magazine/archive/2007/04/global-warming-who-loses-and-who-wins/305698/, consultado el 1 de marzo de 2018; Quentin Buckholz, «Russia and Climate Change: A Looming Threat», *Diplomat*, 4 de febrero de 2016, https://thediplomat.com/2016/02/russia-and-climate-change-a-looming-threat, consultado el 1 de marzo de 2018.

14. Brian Eckhouse, Ari Natter y Christopher Martin, «President Trump slaps tariffs on solar panels in major blow to renewable energy», 22 de enero de 2018, http://time.com/5113472/donald-trump-solar-panel-tariff, consultado el 30 de enero de 2018.

15. Miranda Green y Rene Marsh, «Trump Administration Doesn't Want to Talk about Climate Change», CNN, 13 de septiembre de 2017, http://edition.cnn.com/2017/09/12/politics/trump-climate-change-silence/index.html, consultado el 22 de octubre de 2017; Lydia Smith, «Trump Administration Deletes Mention of "Climate Change" from Environmental Protection Agency's Website», *The Independent*, 22 de octubre de 2017, http://www.independent.co.uk/news/world/americas/us-politics/donald-trump-administration-climate-change-deleted-environmental-protection-agency-website-a8012581.html, consultado el 22 de octubre de 2017; Alana Abramson, «No, Trump Still Hasn't Changed His Mind About Climate Change After Hurricane Irma and Harvey», *Time*, 11 de septiembre de 2017, http://time.com/4936507/donald-trump-climate-

change-hurricane-irma-hurricane-harvey, consultado el 22 de octubre de 2017.

16. «Treaty Establishing A Constitution for Europe», *European Union*, https://europa.eu/european-union/sites/europaeu/files/docs/body/treaty_establishing_a_constitution_for_europe_en.pdf, consultado el 23 de octubre de 2017.

8. RELIGIÓN

1. Bernard S. Cohn, *Colonialism and Its Forms of Knowledge: The British in India*, Princeton, Princeton University Press, 1996, p. 148.

2. «Encyclical Letter "Laudato Si" of the Holy Father Francis on Care for Our Common Home», *The Holy See*, http://w2.vatican.va/content/francesco/en/encyclicals/documents/papa-francesco_20150524_enciclica-laudato-si.html, consultado el 3 de diciembre de 2017.

3. Freud lo introdujo por primera vez en su tratado de 1930 «Civilization and Its Discontents»: Sigmund Freud, *Civilization and Its Discontents*, trad. de James Strachey, Nueva York, W. W. Norton, 1961, p. 61.

4. Ian Buruma, *Inventing Japan, 1853-1964*, Nueva York, Modern Library, 2003 [hay trad. cast.: *La creación de Japón, 1853-1964*, Barcelona, Mondadori, 2003].

5. Robert Axell, *Kamikaze: Japan's Suicide Gods*, Londres, Longman, 2002.

6. Charles K. Armstrong, «Familism, Socialism and Political Religion in North Korea», *Totalitarian Movements and Political Religions*, 6, 3 (2005), pp. 383-394; Daniel Byman y Jennifer Lind, «Pyongyang's Survival Strategy. Tools of Authoritarian Control in North Korea», *International Security*, 35, 1 (2010), pp. 44-74; Paul French, *North Korea: The Paranoid Peninsula,* 2.ª ed., Londres, Nueva York, Zed Books, 2007; Andrei Lankov, *The Real North Korea: Life and Politics in the Failed Stalinist Utopia*, Oxford, Oxford University Press, 2015; Young Whan Kihl, «Staying Power of the Socialist "Hermit Kingdom"», en Hong Nack Kim y Young Whan Kihl (eds.), *North Korea: The Politics of Regime Survival*, Nueva York, Routledge, 2006, pp. 3-36.

9. Inmigración

1. «Global Trends: Forced Displacement in 2016», UNHCR, http://www.unhcr.org/5943e8a34.pdf, consultado el 11 de enero de 2018.

2. Lauren Gambini, «Trump Pans Immigration Proposal as Bringing People from "Shithole Countries"», *The Guardian*, 12 de enero de 2018, https://www.theguardian.com/us-news/2018/jan/11/trump-pans-immigration-proposal-as-bringing-people-from-shithole-countries, consultado el 11 de febrero de 2018.

3. Tal Kopan, «What Donald Trump Has Said about Mexico and Vice Versa», CNN, 31 de agosto de 2016, https://edition.cnn.com/2016/08/31/politics/donald-trump-mexico-statements/index.html, consultado el 28 de febrero de 2018.

10. Terrorismo

1. http://www.telegraph.co.uk/news/0/many-people-killed-terrorist-attacks-uk; National Consortium for the Study of Terrorism and Responses to Terrorism (START) (2016), Global Terrorism Database [archivo de datos], consultado en https://www.start.umd.edu/gtd; http://www.cnsnews.com/news/article/susan-jones/11774-number-terror-attacks-worldwide-dropped-13-2015;http://www.datagraver.com/case/people-killed-by-terrorism-per-year-in-western-europe-1970-2015; http://www.jewishvirtuallibrary.org/statistics-on-incidents-of-terrorism-worldwide; Gary LaFree, Laura Dugan y Erin Miller, *Putting Terrorism in Context: Lessons from the Global Terrorism Database*, Londres, Routledge, 2015; Gary LaFree, «Using open source data to counter common myths about terrorism», en Brian Forst, Jack Greene y Jim Lynch (eds.), *Criminologists on Terrorism and Homeland Security*, Cambridge, Cambridge University Press, 2011, pp. 411-442; Gary LaFree, «The Global Terrorism Database: Accomplishments and challenges», *Perspectives on Terrorism*, 4 (2010), pp. 24-46; Gary LaFree y Laura Dugan, «Research on terrorism and countering terrorism», en M. Tonry (ed.), *Crime and Justice: A Review of Research*, Chicago, University of Chicago Press, 2009, 38, pp. 413-477; Gary LaFree y Laura Dugan, «Introducing the global terrorism data base», *Political Violence and Terrorism*, 19 (2007), pp. 181-204.

2. «Deaths on the roads: Based on the WHO Global Status Report on Road Safety 2015», Organización Mundial de la Salud, consultado el 26 de enero de 2016; https://wonder.cdc.gov/mcd-icd10.html; «Global status report on road safety 2013», World Health Organisation; http://gamapserver. who.int/gho/interactive_charts/road_safety/road_traffic_deaths/atlas.html; http://www.who.int/violence_injury_prevention/road_safety_status/ 2013/en; http://www.newsweek.com/2015-brought-biggest-us-traffic-death-increase-50-years-427759.

3. http://www.euro.who.int/en/health-topics/noncommunicable-diseases/diabetes/data-and-statistics; http://apps.who.int/iris/bitstream/ 10665/204871/1/9789241565257_eng.pdf?ua=1; https://www.theguardian. com/environment/2016/sep/27/more-than-million-died-due-air-pollution-china-one-year.

4. Para la batalla, véase Gary Sheffield, *Forgotten Victory: The First World War. Myths and Reality*, Londres, Headline, 2001, pp. 137-164.

5. «Victims of Palestinian Violence and Terrorism since September 2000», Israel Ministry of Foreign Affairs, http://mfa.gov.il/MFA/Foreig-nPolicy/Terrorism/Palestinian/Pages/Victims%20of%20Palestinian%20 Violence%20and%20Terrorism%20sinc.aspx, consultado el 23 de octubre de 2017.

6. «Car Accidents with Casualties, 2002», *Central Bureau of Statistics* (en hebreo), http://www.cbs.gov.il/www/publications/acci02/acci02h.pdf, consultado el 23 de octubre de 2017.

7. «Pan Am Flight 103 Fast Facts», CNN, 16 de diciembre de 2016, http://edition.cnn.com/2013/09/26/world/pan-am-flight-103-fast-facts/index.html, consultado el 23 de octubre de 2017.

8. Tom Templeton y Tom Lumley, «9/11 in Numbers», *The Guardian*, 18 de agosto de 2002, https://www.theguardian.com/world/2002/ aug/18/usa.terrorism, consultado el 23 de octubre de 2017.

9. Ian Westwell y Dennis Cove (eds.), *History of World War I,* vol. 2, Nueva York, Marshall Cavendish, 2002, p. 431. Para Isonzo, véase John R. Schindler, *Isonzo: The Forgotten Sacrifice of the Great War,* Westport, Praeger, 2001, pp. 217-218.

10. Sergio Catignani, *Israeli Counter-Insurgency and the Intifadas: Dilemmas of a Conventional Army*, Londres, Routledge, 2008.

11. «Reported Rapes in France Jump 18% in Five Years», France 24,

11 de agosto de 2015, http://www.france24.com/en/20150811-reported-rapes-france-jump-18-five-years, consultado el 11 de enero de 2018.

11. GUERRA

1. Yuval Noah Harari, *Homo Deus: A Brief History of Tomorrow*, Nueva York, HarperCollins, 2017, pp. 14-19 [hay trad. cast.: *Homo Deus. Breve historia del mañana*, Barcelona, Debate, 2016]; «Global Health Observatory Data Repository, 2012», World Health Organization, http://apps.who.int/gho/data/node.main.RCODWORLD?lang=en, consultado el 16 de agosto de 2015; «Global Study on Homicide, 2013», UNDOC, http://www.unodc.org/documents/gsh/pdfs/2014_GLOBAL_HOMICIDE_BOOK_web.pdf; consultado el 16 de agosto de 2015; http://www.who.int/healthinfo/global_burden_disease/estimates/en/index1.html.

2. «World Military Spending: Increases in the USA and Europe, Decreases in Oil-Exporting Countries», *Stockholm International Peace Research Institute*, 24 de abril de 2017, https://www.sipri.org/media/press-release/2017/world-military-spending-increases-usa-and-europe, consultado el 23 de octubre de 2017.

3. http://www.nationalarchives.gov.uk/battles/egypt/popup/tele14.htm.

4. Spencer C. Tucker (ed.), *The Encyclopedia of the Mexican-American War: A Political, Social and Military History*, Santa Bárbara, ABC-CLIO, 2013, p. 131.

5. Ivana Kottasova, «Putin Meets Xi: Two Economies, Only One to Envy», CNN, 2 de julio de 2017, http://money.cnn.com/2017/07/02/news/economy/china-russia-putin-xi-meeting/index.html, consultado el 23 de octubre de 2017.

6. El PIB, según las estadísticas del FMI, se calcula sobre la base de paridad en el poder adquisitivo: Fondo Monetario Internacional, «Report for Selected Countries and Subjects, 2017», https://www.imf.org/external/pubs/ft/weo/2017/02/weodata/index.aspx, consultado el 27 de febrero de 2018.

7. http://www.businessinsider.com/isis-making-50-million-a-month-from-oil-sales-2015-10.

8. Ian Buruma, *Inventing Japan*, Londres, Weidenfeld & Nicolson, 2003

[hay trad. cast.: *La creación de Japón, 1853-1964*, Barcelona, Mondadori, 2003]; Eri Hotta, *Japan 1941: Countdown to Infamy*, Londres, Vintage, 2014 [hay trad. cast.: *Japón 1941: el camino a la infamia*, Barcelona, Galaxia Gutenberg, 2015].

12. Humildad

1. http://www.ancientpages.com/2015/10/19/10-remarkable-ancient-indian-sages-familiar-with-advanced-technology-science-long-before-modern-era; https://www.hindujagruti.org/articles/31.html; http://mcknowledge.info/about-vedas/what-is-vedic-science.

2. Estas cifras y la proporción pueden verse claramente en el gráfico siguiente: Conrad Hackett y David McClendon, «Christians Remain World's Largest Religious Group, but They Are Declining in Europe», *Pew Research Center*, 5 de abril de 2017, http://www.pewresearch.org/fact-tank/2017/04/05/christians-remain-worlds-largest-religious-group-but-they-are-declining-in-europe, consultado el 13 de noviembre de 2017.

3. Jonathan Haidt, *The Righteous Mind: Why Good People Are Divided by Politics and Religion*, Nueva York, Pantheon, 2012; Joshua Greene, *Moral Tribes: Emotion, Reason, and the Gap Between Us and Them*, Nueva York, Penguin Books, 2013.

4. Marc Bekoff y Jessica Pierce, «Wild Justice – Honor and Fairness among Beasts at Play», *American Journal of Play*, 1, 4 (2009), pp. 451-475.

5. Frans de Waal, *Our Inner Ape*, Londres, Granta, 2005, cap. 5 [hay trad. cast.: *El mono que llevamos dentro*, Barcelona, Tusquets, 2007].

6. Frans de Waal, *Bonobo: The Forgotten Ape*, Berkeley, University of California Press, 1997, p. 157 [hay trad. cast.: *El bonobo y los diez mandamientos*, Barcelona, Tusquets, 2014].

7. El relato se convirtió en el tema de un documental titulado *Chimpanzee*, que en 2010 emitió Disneynature.

8. M. E. J. Richardson, *Hammurabi's Laws*, Londres, Nueva York, T&T Clark International, 2000, pp. 29-31.

9. Loren R. Fisher, *The Eloquent Peasant*, 2.ª ed., Eugene, Wipf and Stock Publishers, 2015.

10. Algunos rabinos permitieron que se profanara el Sabbat con el

fin de salvar a un gentil, basándose en el típico ingenio del Talmud. Argumentaron que si los judíos se abstenían de salvar a gentiles, esto indignaría a los gentiles y haría que estos atacaran y mataran a judíos. De modo que, salvando al gentil, indirectamente se podía salvar a un judío. Pero incluso este argumento destaca el valor diferente que se atribuye a la vida de gentiles y judíos.

11. Catherine Nixey, *The Darkening Age: The Christian Destruction of the Classical World*, Nueva York, Macmillan, 2017 [hay trad. cast.: *La edad de la penumbra*, Barcelona, Taurus, 2018].

12. Charles Allen, *Ashoka: The Search for India's Lost Emperor*, Londres, Little, Brown, 2012, pp. 412-413.

13. Clyde Pharr *et al.* (eds.), *The Theodosian Code and Novels, and the Sirmondian Constitutions*, Princeton, Princeton University Press, 1952, pp. 440, 467-471.

14. *Ibid.*, esp. pp. 472-473.

15. Sofie Remijsen, *The End of Greek Athletics in Late Antiquity*, Cambridge, Cambridge University Press, 2015, pp. 45-51.

16. Ruth Schuster, «Why Do Jews Win So Many Nobels?», *Haaretz*, 9 de octubre de 2013, https://www.haaretz.com/jewish/news/1.551520, consultado el 13 de noviembre de 2017.

13. Dios

1. Lillian Faderman, *The Gay Revolution: The Story of the Struggle*, Nueva York, Simon & Schuster, 2015.

2. Elaine Scarry, *The Body in Pain: The Making and Unmaking of the World*, Nueva York, Oxford University Press, 1985.

14. Laicismo

1. Jonathan H. Turner, *Incest: Origins of the Taboo*, Boulder, Paradigm Publishers, 2005; Robert J. Kelly *et al.*, «Effects of Mother-Son Incest and Positive Perceptions of Sexual Abuse Experiences on the Psychosocial Adjustment of Clinic-Referred Men», *Child Abuse & Neglect*, 26, 4 (2002),

pp. 425-441; Mireille Cyr *et al.*, «Intrafamilial Sexual Abuse: Brother-Sister Incest Does Not Differ from Father-Daughter and Stepfather-Stepdaughter Incest», *Child Abuse & Neglect*, 26, 9 (2002), pp. 957-973; Sandra S. Stroebel, «Father-Daughter Incest: Data from an Anonymous Computerized Survey», *Journal of Child Sexual Abuse*, 21, 2 (2010), pp. 176-199.

15. Ignorancia

1. Steven A. Sloman y Philip Fernbach, *The Knowledge Illusion: Why We Never Think Alone*, Nueva York, Riverhead Books, 2017; Greene, *Moral Tribes*, *op. cit.*

2. Sloman y Fernbach, *The Knowledge Illusion*, *op. cit.*, p. 20.

3. Eli Pariser, *The Filter Bubble*, Londres, Penguin Books, 2012; Greene, *Moral Tribes*, *op. cit.*

4. Greene, *Moral Tribes*, *op. cit.*; Dan M. Kahan, «The Polarizing Impact of Science Literacy and Numeracy on Perceived Climate Change Risks», *Nature Climate Change*, 2 (2012), pp. 732-735. Pero para una opinión contraria, véase Sophie Guy *et al.*, «Investigating the Effects of Knowledge and Ideology on Climate Change Beliefs», *European Journal of Social Psychology*, 44, 5 (2014), pp. 421-429.

5. Arlie Russell Hochschild, *Strangers in Their Own Land: Anger and Mourning on the American Right*, Nueva York, The New Press, 2016.

16. Justicia

1. Greene, *Moral Tribes*, *op. cit.*; Robert Wright, *The Moral Animal*, Nueva York, Pantheon, 1994.

2. Kelsey Timmerman, *Where Am I Wearing?: A Global Tour of the Countries, Factories, and People That Make Our Clothes*, Wiley, 2012; Kelsey Timmerman, *Where Am I Eating?: An Adventure Through the Global Food Economy*, Hobolcen Wiley, 2013.

3. Reni Eddo-Lodge, *Why I Am No Longer Talking to White People About Race*, Londres, Bloomsbury, 2017; Ta-Nehisi Coates, *Between the World and Me*, Melbourne, Text Publishing Company, 2015.

4. Josie Ensor, «"Everyone in Syria Is Bad Now", Says UN War Crimes Prosecutor as She Quits Post», *The New York Times*, 17 de agosto de 2017, http://www.telegraph.co.uk/news/2017/08/07/everyone-syria-bad-now-says-un-war-crimes-prosecutor-quits-post, consultado el 18 de octubre de 2017.

5. Por ejemplo, Helena Smith, «Shocking Images of Drowned Syrian Boy Show Tragic Plight of Refugees», *The Guardian*, 2 de septiembre de 2015, https://www.theguardian.com/world/2015/sep/02/shocking-image-of-drowned-syrian-boy-shows-tragic-plight-of-refugees, consultado el 18 de octubre de 2017.

6. T. Kogut e I. Ritov, «The singularity effect of identified victims in separate and joint evaluations», *Organizational Behavior and Human Decision Processes*, 97, 2 (2005), pp. 106-116; D. A. Small y G. Loewenstein, «Helping a victim or helping the victim: Altruism and identifiability», *Journal of Risk and Uncertainty*, 26, 1 (2003), pp. 5-16; Greene, *Moral Tribes, op. cit.*, p. 264.

7. Russ Alan Prince, «Who Rules the World?», *Forbes*, 22 de julio de 2013, https://www.forbes.com/sites/russalanprince/2013/07/22/who-rules-the-world/#63c9e31d7625, consultado el 18 de octubre de 2017.

17. Posverdad

1. Julian Borger, «Putin Offers Ukraine Olive Branches Delivered by Russian Tanks», *The Guardian*, 4 de marzo de 2014, https://www.theguardian.com/world/2014/mar/04/putin-ukraine-olive-branches-russian-tanks, consultado el 11 de marzo de 2018.

2. Serhii Plokhy, *Lost Kingdom: The Quest for Empire and the Making of the Russian Nation*, Nueva York, Basic Books, 2017; Snyder, *The Road to Unfreedom, op. cit.*

3. Mateo de París, *Matthew Paris' English History*, trad. de J. A. Gyles, vol. 3, Londres, Henry G. Bohn, 1854, pp. 138-141; Patricia Healy Wasyliw, *Martyrdom, Murder and Magic: Child Saints and Their Cults in Medieval Europe*, Nueva York, Peter Lang, 2008, pp. 123-125.

4. Cecilia Kang y Adam Goldman, «In Washington Pizzeria Attack, Fake News Brought Real Guns», *The New York Times*, 5 de diciembre de 2016, https://www.nytimes.com/2016/12/05/business/media/comet-

ping-pong-pizza-shooting-fake-news-consequences.html, consultado el 12 de enero de 2018.

5. Leonard B. Glick, *Abraham's Heirs: Jews and Christians in Medieval Europe*, Siracusa, Syracuse University Press, 1999, pp. 228-229.

6. Anthony Bale, «Afterword: Violence, Memory and the Traumatic Middle Ages», en Sarah Rees Jones y Sethina Watson (eds.), *Christians and Jews in Angevin England: The York Massacre of 1190, Narrative and Contexts*, York, York Medieval Press, 2013, p. 297.

7. Aunque la cita se suele atribuir a Goebbels, es adecuado indicar que ni yo ni mi leal ayudante de investigación hemos podido verificar que Goebbels la escribiera ni la dijera nunca.

8. Hilmar Hoffman, *The Triumph of Propaganda: Film and National Socialism, 1933-1945*, Providence, Berghahn Books, 1997, p. 140.

9. Lee Hockstader, «From A Ruler's Embrace To A Life In Disgrace», *The Washington Post*, 10 de marzo de 1995, consultado el 29 de enero de 2018.

10. Thomas Pakenham, *The Scramble for Africa*, Londres, Weidenfeld & Nicolson, 1991, pp. 616-617.

18. Ciencia ficción

1. Aldous Huxley, *Brave New World*, Londres, Vintage cap. 17 [hay trad. cast.: *Un mundo feliz*, Barcelona, Plaza & Janés, 1983].

19. Educación

1. Wayne A. Wiegand y Donald G. Davis (eds.), *Encyclopedia of Library History*, Nueva York, Londres, Garland Publishing, 1994, pp. 432-433.

2. Verity Smith (ed.), *Concise Encyclopedia of Latin American Literature*, Londres, Nueva York, Routledge, 2013, pp. 142, 180.

3. Cathy N. Davidson, *The New Education: How to Revolutionize the University to Prepare Students for a World in Flux*, Nueva York, Basic Books, 2017; Bernie Trilling, *21st Century Skills: Learning for Life in Our Times*, San Francisco, Jossey-Bass, 2009; Charles Kivunja, «Teaching Students to Learn and to Work Well with 21st Century Skills: Unpacking the Career and Life

Skills Domain of the New Learning Paradigm», *International Journal of Higher Education*, 4, 1 (2015). Para la página web del P21, véase «P21 Partnership for 21st Century Learning», http://www.p21.org/our-work/4cs-research-series, consultado el 12 de enero de 2018. Para un ejemplo de la implementación de nuevos métodos pedagógicos, véase por ejemplo la publicación de la National Education Association de Estados Unidos: «Preparing 21st Century Students for a Global Society», NEA, http://www.nea.org/assets/docs/A-Guide-to-Four-Cs.pdf, consultado el 21 de enero de 2018.

4. Maddalaine Ansell, «Jobs for Life Are a Thing of the Past. Bring On Lifelong Learning», *The Guardian*, 31 de mayo de 2016, https://www.theguardian.com/higher-education-network/2016/may/31/jobs-for-life-are-a-thing-of-the-past-bring-on-lifelong-learning.

5. Erik B. Bloss *et al.*, «Evidence for Reduced Experience-Dependent Dendritic Spine Plasticity in the Aging Prefrontal Cortex», *The Journal of Neuroscience*, 31, 21 (2011), pp. 7831-7839; Miriam Matamales *et al.*, «Aging-Related Dysfunction of Striatal Cholinergic Interneurons Produces Conflict in Action Selection», *Neuron*, 90, 2 (2016), pp. 362-372; Mo Costandi, «Does your brain produce new cells? A skeptical view of human adult neurogenesis», *The Guardian*, 23 de febrero de 2012, https://www.theguardian.com/science/neurophilosophy/2012/feb/23/brain-new-cells-adult-neurogenesis, consultado el 17 de agosto de 2017; Gianluigi Mongillo, Simon Rumpel y Yonatan Loewenstein, «Intrinsic volatility of synaptic connections – a challenge to the synaptic trace theory of memory», *Current Opinion in Neurobiology*, 46 (2017), pp. 7-13.

20. SIGNIFICADO

1. Karl Marx y Friedrich Engels, *The Communist Manifesto*, Londres, Nueva York, Verso, 2012, pp. 34-35 [hay trad. cast.: *El manifiesto comunista*, Madrid, Turner, 2005].

2. *Ibid.*, p. 35.

3. Raoul Wootlif, «Netanyahu Welcomes Envoy Friedman to "Jerusalem, Our Eternal Capital"», *The Times of Israel*, 16 de mayo de 2017, https://www.timesofisrael.com/netanyahu-welcomes-envoy-friedman-to-jerusalem-our-eternal-capital, consultado el 12 de enero de 2018;

Peter Beaumont, «Israeli Minister's Jerusalem Dress Proves Controversial in Cannes», *The Guardian*, 18 de mayo de 2017, https://www.theguardian.com/world/2017/may/18/israeli-minister-miri-regev-jerusalem-dress-controversial-cannes, consultado el 12 de enero de 2018; Lahav Harkov, «New 80-Majority Jerusalem Bill Has Loophole Enabling City to Be Divided», *The Jerusalem Post*, 2 de enero de 2018, http://www.jpost.com/Israel-News/Right-wing-coalition-passes-law-allowing-Jerusalem-to-be-divided-522627, consultado el 12 de enero de 2018.

4. K. P. Schroder y Robert Connon Smith, «Distant Future of the Sun and Earth Revisited», *Monthly Notices of the Royal Astronomical Society*, 386, 1 (2008), pp. 155-163.

5. Véase especialmente Roy A. Rappaport, *Ritual and Religion in the Making of Humanity*, Cambridge, Cambridge University Press, 1999 [hay trad. cast.: *Ritual y religión en la formación de la humanidad*, Madrid, Alcalá, 2016]; Graham Harvey, *Ritual and Religious Belief: A Reader,* Nueva York, Routledge, 2005.

6. Esta es la interpretación más común, aunque no la única, del truco de la combinación: Leslie K. Arnovick, *Written Reliquaries*, Amsterdam, John Benjamins Publishing Company, 2006, p. 250, n. 30.

7. Joseph Campbell, *The Hero with a Thousand Faces*, Londres, Fontana Press, 1993, p. 235 [hay trad. cast.: *El héroe de las mil caras. Psicoanálisis del mito*, México, Fondo de Cultura Económica, 1959].

8. Xinzhong Yao, *An Introduction to Confucianism*, Cambridge, Cambridge University Press, 2000, pp. 190-199.

9. «Flag Code of India, 2002», Press Information Bureau, Government of India, http://pib.nic.in/feature/feyr2002/fapr2002/f030420021.html, consultado el 13 de agosto de 2017.

10. http://pib.nic.in/feature/feyr2002/fapr2002/f030420021.html

11. https://www.thenews.com.pk/latest/195493-Heres-why-Indias-tallest-flag-cannot-be-hoisted-at-Pakistan-border.

12. Stephen C. Poulson, *Social Movements in Twentieth-Century Iran: Culture, Ideology and Mobilizing Frameworks*, Lanham, Lexington Books, 2006, p. 44.

13. Houman Sharshar (ed.), *The Jews of Iran: The History, Religion and Culture of a Community in the Islamic World*, Nueva York, Palgrave Macmillan, 2014, pp. 52-55; Houman M. Sarshar, *Jewish Communities of Iran*, Nueva York, Encyclopedia Iranica Foundation, 2011, pp. 158-160.

14. Gersion Appel, *The Concise Code of Jewish Law*, 2.ª ed., Nueva York, KTAV Publishing House, 1991, p.191.

15. Véase especialmente Robert O. Paxton, *The Anatomy of Fascism*, Nueva York, Vintage Books, 2005 [hay trad. cast.: *Anatomía del fascismo*, Barcelona, Península, 2005].

16. Richard Griffiths, *Fascism*, Londres, Nueva York, Continuum, 2005, p. 33.

17. Christian Goeschel, *Suicide in the Third Reich*, Oxford, Oxford University Press, 2009.

18. «Paris attacks: What happened on the night», BBC, 9 de diciembre de 2015, http://www.bbc.com/news/world-europe-34818994, consultado el 13 de agosto de 2017; Anna Cara, «ISIS expresses fury over French airstrikes in Syria; France says they will continue», CTV News, 14 de noviembre de 2015, http://www.ctvnews.ca/world/isis-expresses-fury-over-french-airstrikes-in-syria-france-says-they-will-continue-1.2658642, consultado el 13 de agosto de 2017.

19. Jean de Joinville, *The Life of Saint Louis*, en M. R. B. Shaw (ed.), *Chronicles of the Crusades*, Londres, Penguin, 1963, p. 243; Jean de Joinville, *Vie de saint Louis*, ed. Jacques Monfrin, París, 1995, cap. 319, p. 157.

20. Ray Williams, «How Facebook Can Amplify Low Self-Esteem/Narcissism/Anxiety», *Psychology Today*, 20 de mayo de 2014, https://www.psychologytoday.com/blog/wired-success/201405/how-facebook-can-amplify-low-self-esteemnarcissismanxiety, consultado el 17 de agosto de 2017.

21. *Mahasatipatthana Sutta*, cap. 2, sec. 1, ed. Vipassana Research Institute, Igatpuri, Vipassana Research Institute, 2006, pp. 12–13.

22. *Ibid.*, 5.

23. G. E. Harvey, *History of Burma: From the Earliest Times to 10 March 1824*, Londres, Frank Cass & Co. Ltd., 1925, pp. 252-260.

24. Brian Daizen Victoria, *Zen at War*, Lanham, Rowman & Littlefield, 2006; Buruma, *Inventing Japan, op. cit.*; Stephen S. Large, «Nationalist Extremism in Early Showa Japan: Inoue Nissho and the "Blood-Pledge Corps Incident", 1932», *Modern Asian Studies*, 35, 3 (2001), pp. 533-564; W. L. King, *Zen and the Way of the Sword: Arming the Samurai Psyche*, Nueva York, Oxford University Press, 1993; Danny Orbach, «A Japanese pro-

phet: eschatology and epistemology in the thought of Kita Ikki», *Japan Forum*, 23, 3 (2011), pp. 339-361.

25. «Facebook removes Myanmar monk's page for "inflammatory posts" about Muslims», *Scroll.in*, 27 de febrero de 2018, https://amp.scroll.in/article/870245/facebook-removes-myanmar-monks-page-for-inflammatory-posts-about-muslims, consultado el 4 de marzo de 2018; Marella Oppenheim, «"It only takes one terrorist": The Buddhist monk who reviles Myanmar's Muslims», *The Guardian*, 12 de mayo de 2017, https://www.theguardian.com/global-development/2017/may/12/only-takes-one-terrorist-buddhist-monk-reviles-myanmar-muslims-rohingya-refugees-ashin-wirathu, consultado el 4 de marzo de 2018.

26. Jerzy Lukowski y Hubert Zawadzki, *A Concise History of Poland*, Cambridge, Cambridge University Press, 2001, p. 163 [hay trad. cast.: *Historia de Polonia*, Cambridge, Cambridge University Press, 2002].

21. MEDITACIÓN

1. www.dhamma.org.

2. Britta K. Hölzel *et al.*, «How Does Mindfulness Meditation Work? Proposing Mechanisms of Action from a Conceptual and Neural Perspective», *Perspectives on Psychological Science*, 6, 6 (2011), pp. 537-559; Adam Moore y Peter Malinowski, «Meditation, Mindfulness and Cognitive Flexibility», *Consciousness and Cognition*, 18, 1 (2009), pp. 176-186; Alberto Chiesa, Raffaella Calati y Alessandro Serretti, «Does Mindfulness Training Improve Cognitive Abilities? A Systematic Review of Neuropsychological Findings», *Clinical Psychology Review*, 31, 3 (2011), pp. 449-464; Antoine Lutz *et al.*, «Attention Regulation and Monitoring in Meditation», *Trends in Cognitive Sciences*, 12, 4 (2008), pp. 163-169; Richard J. Davidson *et al.*, «Alterations in Brain and Immune Function Produced by Mindfulness Meditation», *Psychosomatic Medicine*, 65, 4 (2003), pp. 564-570; Fadel Zeidan *et al.*, «Mindfulness Meditation Improves Cognition: Evidence of Brief Mental Training», *Consciousness and Cognition*, 19, 2 (2010), pp. 597-605.

Agradecimientos

Quisiera dar las gracias a todos los que me ayudaron a escribir, y también a borrar:

A Michal Shavit, mi editor en Penguin Random House en el Reino Unido, que fue quien me dio la idea para este libro y quien me guio durante el largo proceso de escribirlo; y también a todo el equipo de Penguin Random House, por su duro trabajo y su apoyo.

A David Milner, quien, como de costumbre, hizo un magnífico trabajo al editar el texto original. A veces yo solo tenía que pensar qué diría David para trabajar más a fondo el texto.

A Suzanne Dean, mi directora creativa en Penguin Random House, que es el genio que hay detrás de la cubierta del libro.

A Preena Gadher y sus colegas en Riot Communications, por haber orquestado una campaña brillante de relaciones públicas.

A Cindy Spiegel, de Spiegel & Grau, por sus comentarios y por cuidarse de las cosas al otro lado del Atlántico.

A todos mis otros editores en todos los continentes del mundo (excepto en la Antártida), por su confianza, dedicación y trabajo profesional.

A mi ayudante de investigación, Idan Sherer, por comprobarlo todo, desde los datos de las sinagogas antiguas hasta los de la inteligencia artificial.

A Shmuel Rosner, por su apoyo continuo y sus buenos consejos.

A Yigal Borochovsky y Sarai Aharoni, que leyeron el original y dedicaron mucho tiempo y esfuerzo a corregir mis errores, y me ayudaron a ver las cosas desde otras perspectivas.

A Danny Orbach, Uri Sabach, Yoram Yovell y Ron Merom, por su conocimiento de los kamikazes, la vigilancia, la psicología y los algoritmos.

A mi fiel equipo (Ido Ayal, Maya Orbach, Naama Wartenburg y Eilona Ariel), que ha pasado muchos días pendiente del correo electrónico por mi causa.

A todos mis amigos y a los miembros de mi familia, por su paciencia y amor.

A mi madre, Pnina, y a mi suegra, Hannah, por dedicarme su tiempo y experiencia.

A mi esposo y agente, Itzik, sin el cual nada de esto habría ocurrido. Yo solo sé cómo escribir libros. Él hace todo lo demás.

Y, por último, a todos mis lectores por su interés, tiempo y comentarios. Si un libro se halla en una estantería y nadie lo lee, ¿acaso tiene algún efecto?

Como se indicó en la introducción, este libro se ha escrito en conversación con el público. Muchos de sus capítulos se compusieron en respuesta a preguntas que me dirigieron lectores, periodistas y colegas. Algunas versiones originales de algunas partes se publicaron previamente como ensayos y artículos, lo que me dio la oportunidad de recibir comentarios y perfeccionar mis argumentos. Dichas versiones incluyen los siguientes ensayos y artículos:

«If We Know Meat Is Murder, Why Is It So Hard For Us to Change and Become Moral?», *Haaretz*, 21 de junio de 2012.
«The Theatre of Terror», *The Guardian*, 31 de enero de 2015.
«Judaism Is Not a Major Player in the History of Humankind», *Haaretz*, 31 de julio de 2016.
«Yuval Noah Harari on Big Data, Google and the End of Free Will», FT.com, 26 de agosto de 2016.
«Isis is as much an offshoot of our global civilisation as Google», *The Guardian*, 9 de septiembre de 2016.
«Salvation by Algorithm: God, Technology and New 21st Century Religion», *New Statesman*, 9 de septiembre de 2016.

AGRADECIMIENTOS

«Does Trump's Rise Mean Liberalism's End?», *The New Yorker*, 7 de octubre de 2016.

«Yuval Noah Harari Challenges the Future According to Facebook», *Financial Times*, 23 de marzo de 2017.

«Humankind: The Post-Truth Species», Bloomberg.com, 13 de abril de 2017.

«People Have Limited Knowledge. What's the Remedy? Nobody Knows», *The New York Times*, 18 de abril de 2017.

«The Meaning of Life in a World Without Work», *The Guardian*, 8 de mayo de 2017.

«In Big Data vs. Bach, Computers Might Win», *Bloomberg View*, 13 de mayo de 2017.

«Are We About to Witness the Most Unequal Societies in History?», *The Guardian*, 24 de mayo de 2017.

«Universal Basic Income is Neither Universal Nor Basic», *Bloomberg View*, 4 de junio de 2017.

«Why It's No Longer Possible For Any Country to Win a War», Time.com, 23 de junio de 2017.

«The Age of Disorder: Why Technology is the Greatest Threat to Humankind», *New Statesman*, 25 de julio de 2017.

«Reboot for the AI Revolution», *Nature News*, 17 de octubre de 2017.

Índice alfabético

Yuval Noah Harari

(1976) es profesor de historia en la Universidad Hebrea de Jerusalén. Se especializó en historia medieval e historia militar, pero tras doctorarse en Historia por la Universidad de Oxford, pasó al campo más amplio de la historia del mundo y los procesos macrohistóricos. Sus dos libros *Sapiens. De animales a dioses* (Debate, 2014) y *Homo Deus. Breve historia del mañana* (Debate, 2016) siguen siendo fenómenos editoriales internacionales con más de doce millones de ejemplares vendidos en todo el mundo y se han traducido a más de cuarenta y cinco idiomas.